交通职业教育教学指导委员会推荐教材
高职高专院校公路监理专用教学用书

高等职业教育规划教材

Gonglu Shigong Zhiliang Jianli

公路施工质量监理

仇益梅　主编
王进思　主审

人民交通出版社

内 容 提 要

本书为交通职业教育教学指导委员会推荐教材，由路桥工程专业指导委员会组织编写。全书共九章，主要内容包括：绪论，公路工程施工质量监理，路基工程施工质量监理，路面工程施工质量监理，桥涵工程施工质量监理，隧道工程施工质量监理，交通工程施工质量监理，公路环境工程质量监理，竣（交）工验收及缺陷责任期质量监理。

本书是高职高专院校公路监理专业教学用书，也可供从事公路工程施工、监理及交通行业的有关人员学习参考。

图书在版编目（CIP）数据

公路施工质量监理／仇益梅主编. —北京：人民交通出版社，2010.5

ISBN 978-7-114-08281-8

Ⅰ.①公…　Ⅱ.①仇…　Ⅲ.①道路工程－工程施工－工程质量－施工监督　Ⅳ.①U415.12

中国版本图书馆 CIP 数据核字（2010）第 043015 号

交通职业教育教学指导委员会推荐教材
高等职业教育规划教材

书　　名：公路施工质量监理
著 作 者：仇益梅
责任编辑：周往莲　黎小东
出版发行：人民交通出版社
地　　址：（100011）北京市朝阳区安定门外外馆斜街 3 号
网　　址：http://www.ccpress.com.cn
销售电话：（010）59757973
总 经 销：人民交通出版社发行部
经　　销：各地新华书店
印　　刷：北京盈盛恒通印刷有限公司
开　　本：787 × 1092　1/16
印　　张：16.75
字　　数：404 千
版　　次：2010 年 5 月　第 1 版
印　　次：2016 年 1 月　第 2 次印刷
书　　号：ISBN 978-7-114-08281-8
定　　价：35.00 元

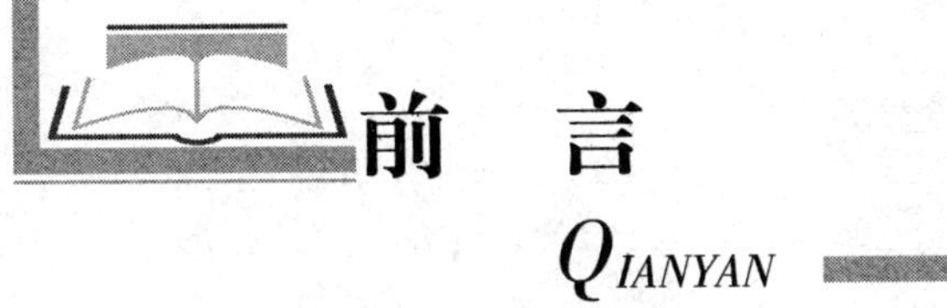

前　言

QIANYAN

为深入贯彻落实《高等教育面向21世纪教学内容和课程体系改革计划》，按照教育部"以教育思想、观念改革为先导，以教学改革为核心，以教学基本建设为重点，注重提高质量，努力办出特色"的基本思路，交通职业教育教学指导委员会路桥工程专业指导委员会在总结道路桥梁工程技术专业教学文件编制及其教材编写工作经验的基础上，组织开发了相关专业的教学指导方案及部分专业教材，其中包括三年制高职高专院校公路监理专业教学指导方案及六门课程的规划教材。

公路监理专业教材依据教育部对高职高专人才培养目标、培养规格、培养模式及与之相适应的知识、技能、能力和素质结构的要求进行编写，并融入了全国交通类高职高专院校公路监理专业的教学改革成果，紧密跟踪我国公路监理方面的技术发展，采用了最新的技术标准、规范，具有较强的针对性。教材编写中较好地贯彻了素质教育的思想，力求体现以人为本、注重知识实用性的现代职业教育理念，从交通行业岗位群对人才的知识结构和技能要求出发，结合对培养学生创新能力、职业道德方面的要求，提出教学目标和教学内容，在教材的理论体系、组织结构、内容描述上与传统教材有了明显的区别。

《公路施工质量监理》是高职高专院校公路监理专业规划教材之一，内容包括：绪论，公路工程施工质量监理，路基工程施工质量监理，路面工程施工质量监理，桥涵工程施工质量监理，隧道工程施工质量监理，交通工程施工质量监理，公路环境工程质量监理，竣（交）工验收及缺陷责任期质量监理。

本书由广西交通职业技术学院仇益梅主编，湖北交通职业技术学校王进思主审。

本套教材是路桥工程专业指导委员会委员及长期从事公路监理专业教学与工程实践的教师们工作经验的总结。但是，随着各项改革的逐步深入，书中难免有不妥之处，敬请广大读者批评指正。

本套教材在编写过程中得到了交通职业教育教学指导委员会的关心与指导，全国各交通职业技术学院的领导也给予了大力支持，在此，向他们表示诚挚的谢意。

交通职业教育教学指导委员会

路桥工程专业指导委员会

2009年11月

目 录

MULU

第一章
绪　论

教学要求

1. 解释工程质量有关的概念，叙述工程质量管理的重要性及发展阶段；

2. 叙述工程项目质量管理体系标准及其形成；

3. 分析建立和完善质量体系的程序，描述公路工程质量保证体系各个环节的职能。

•第一节　工程质量管理•

在公路工程建设中，质量是项目建设的关键，是最终目标。任何一种不符合技术规范要求的质量问题，都会给工程的整体质量带来严重后果，直接影响公路的使用性能，甚至造成巨大的经济损失。因此，为了提高公路建设项目的投资效益，必须进行全面质量管理。

一、工程质量管理的重要性

所谓质量管理，广义地说，是为了最经济地生产出适合使用者要求的高质量产品所采用的各种方法的体系。随着科学技术的发展和市场竞争的需要，质量管理已越来越为人们所重视，并逐渐发展成为一门新兴的学科。

随着科技进步和行业发展，质量管理工作已经越来越为人们所重视，企业领导清醒地认识到高质量的产品与服务是市场竞争的有效手段，是争取用户、占领市场和发展企业的根本保证。但是与国民经济发展水平和国际水平相比，我国的质量水平仍有很大差距。世界著名的管理专家桑德霍姆教授说："质量是打开世界市场的金钥匙。"美国的质量专家朱兰博士对20世纪90年代的经济发展提出了质量改进理论，日本的质量管理专家明确阐述了质量经济的思路。这些质量管理理论都极大地推动了各国经济的发展，特别是国际标准化组织（ISO）于1987年发布的通用ISO 9000《质量管理和质量保证》系列标准，并得到国际组织的认可和采用，已逐步成为世界各国共同遵守的工作规范。因此，从发展战略高度来认识质量问题，质量已关系到国家的命运、民族的未来，质量管理的水平已关系到行业的兴衰、企业的存亡。

公路工程作为建设工程产品，投资和耗费的人工、材料、能源都相当大，投资者（业主）付出巨大的投资，要求获得满足使用要求的产品，以期在额定时间内能发挥作用，为社会经济建设和物质文化生活的需要作出贡献。如果工程质量差，公路不但不能发挥应有的效用，而且还有可能因质量、安全等问题影响国计民生和社会环境安全。由此，工程质量的优劣，直接影响国家建设的速度。工程质量差本身就是最大的浪费,低劣的质量一方面需要大幅度增加返修、加固、补强等人工、器材、能源消耗,另一方面还将给用户增加使用过程中的维修、改造费用。同时,低劣的质量必然缩短工程的使用寿命,使用户遭受经济损失。此外,质量低劣还会带来其他的间接损失,给国家和使用者造成更大的浪费、损失。因此质量问题直接影响着我国经济建设的速度。对建设者来说,把质量管理放在首要的位置是刻不容缓的当务之急。

二、工程质量管理的发展

最早提出质量管理的国家是美国。日本在第二次世界大战后引进美国的一套质量管理技术和方法,结合本国实际,又将其向前推进,使质量管理走上了科学的道路,取得了世界瞩目的成绩。质量管理作为企业的有机组成部分,它的发展也是随着企业管理的发展而发展的,其产生、形成、发展和日益完善的过程大体经历了以下几个阶段。

1. 质量检验阶段(20 世纪 20 ~40 年代)

20 世纪以前,主要是手工业和个体生产方式,依靠生产操作者自身的手艺和经验来保证质量。进入 20 世纪,由于生产力的发展,机械化生产方式与手工作业的管理制度的矛盾,阻碍了生产力的发展,于是出现了管理革命。美国的泰勒研究了从工业革命以来的大工业生产的管理实践,创立了“科学管理”的新理论。他提出了计划与执行、检查与生产的职能需要分开的主张,即企业中设置专职的质量检验部门和人员,从事质量检验。这使产品质量有了基本保证,对提高产品质量、防止不合格产品出厂或流入下一道工序有积极的意义。由于这个阶段的特点是质量管理单纯依靠事后检验,剔出废品,因此,它的管理效能有限。按现在的观点来看,它只是质量管理中的一个必不可少的环节。

1924 年,美国统计学家休哈特提出了“预防缺陷”的概念。他认为,质量管理工作除了事后检查以外,还应做到事先预防,应在有不合格产品出现的苗头时,就应发现并及时采取措施予以制止。他创造了统计质量控制图等一套预防事故的理论。与此同时,还有一些统计学家提出抽样检验的方法,把统计方法引入了质量管理领域,使得检验成本得到降低。但由于当时不为人们充分认识和理解,故未得到真正执行。

2. 统计质量管理阶段(20 世纪 40 ~50 年代)

第二次世界大战初期,由于战争的需要,美国许多民用生产企业转为军用品生产企业。由于事先无法控制产品质量,造成废品量很大,耽误了交货期,甚至因军火质量差而发生事故。同时,军需品的质量检验大多属于破坏性检验,不可能进行事后检验。于是人们采用了休哈特的“预防缺陷”的理论。美国国防部邀请休哈特等研究制订了一套美国战时质量管理方法,强制生产企业执行。这套方法主要是采用统计质量控制图,了解质量变动的先兆,进行预防,使不合格品率大为下降,对保证产品质量收到了较好的效果。这种用数理统计方法来控制生产过程影响质量的因素,把单纯的质量检验变成了过程管理,使质量管理从“事后”转到了“事中”,较单纯的质量检验进了一大步。但因为对数理统计知识的掌握有一定的要求,在过分强调的情况下,给人们以统计质量管理是少数数理率统计人员责任的错觉,而忽略了广大生产与管理人的作用,结果是既没有充分发挥数理统计方法的作用,又影响了管理功能的发展,把数理统计在质量管理中的应用推向了极端。到了 20 世纪 50 年代,人们认识到统计质量方法并不能全面保证产品质量,进而导致了“全面质量管理”新阶段的出现。

3. 全面质量管理阶段(20 世纪 60 年代以后)

20 世纪 60 年代以后,随着社会生产力的发展和科学技术的进步,经济上的竞争也日趋激烈。特别是一大批高安全性、高可靠性、高科技和高价值的技术密集型产品和大型复杂产品的质量,在很大程度上处于领先位置。对各种影响质量的因素加以控制,才能达到设计标准和使用要求。人们对质量控制的认识有了升华,意识到单纯靠检验手段已不能满足要求。大规模的工业化生产,其质量保证除与设备、工艺、材料、环境等因素有关外,还与职工的思想意识、技术素质、企业的生产技术管理等相关。同时质量检验的标准与用户需要的质量标准之间存在时差,必须及时地收集反馈信息,修改制订满足用户需要的质量标准,使产品具有竞争性。20 世纪 60 年代,美国的菲根堡姆首先提出了较系统的"全面质量管理"的概念。其中心意思是,数理统计方法是重要的,但不能单纯依靠它,只有将它和企业管理结合起来,才能保证产品质量。这一概念通过不断完善,便形成了今天的"全面质量管理"。

全面质量管理阶段的特点是针对不同企业的生产条件、工作环境及工作状态等多方面因素的变化,把组织管理、数理统计方法、现代科学技术、社会心理学、行为科学等综合运用于质量管理,建立适用和完善的质量工作体系,对每一个生产环节加以管理,做到全面运行和控制,通过改善和提高工作质量来保证产品质量;通过对产品形成和使用全过程管理,全面保证产品质量;通过形成生产(服务)企业全员、全企业、全过程的质量工作系统和监理质量体系,以保证产品质量始终满足用户需要,使企业以最少的投入获得最佳的效果。

三、质量管理与质量保证标准的形成

质量检验、统计质量管理和全面质量管理三个阶段的质量管理理论和实践的发展,促使世界各发达国家和企业纷纷制订新的国家标准和企业标准,以适应全面质量管理的需要。这样的做法虽然促进了质量管理水平的提高,却也出现了各种各样的不同标准。各国在质量管理术语、概念、质量保证要求、管理方式等方面都存在很大差异,这种情况显然不利于国际交往与合作的进一步发展。

近三十年来,随着国际化市场经济的迅速发展,国际商品和资本的流动空前增长,国际经济合作、依赖和竞争日益增强,有些产品已超越国界形成国际范围的社会化大生产。特别是不少国家把商品的质量作为限入奖出的保护手段,利用商品的非价格因素竞争设置关贸壁垒。为了解决国际质量争端、消除和减少技术壁垒、有效地开展国际贸易、加强国际间技术合作、统一国际质量工作语言、制订共同遵守的国际规范,各国政府企业和消费者都需要一套通用的、具有灵活性的国际质量保证模式。20 世纪 70 年代末,在总结发达国家质量工作经验的基础上,国际标准化组织着手制订国际通用的质量管理和质量保证标准。1980 年 5 月,国际标准化组织的质量保证技术委员会在加拿大应运而生。它通过总结各国质量管理的经验,于 1987 年 3 月制定和颁布了 ISO 9000 系列质量管理及质量保证标准,此后又不断对它进行补充、完善。标准一经发布,很多国家和地区表示欢迎,等同或等效采用该标准,指导企业开展质量工作。

质量管理和质量保证的概念和理论是在质量管理发展的三个阶段的基础上逐步形成的,是市场经济和社会化大生产发展的产物,是与现代生产规模、条件相适应的质量管理工作模式。因此,ISO 9000 系列标准的诞生,顺应了消费者的要求,为生产方提供了当代企业寻求发展的途径,有利于一个国家对企业的规范化管理,更有利于国际贸易和生产合作。

●第二节　工程质量管理体系●

一、工程项目质量管理体系标准

1987 年 3 月国际标准化组织(ISO)正式发布了 ISO 9000《质量管理和质量保证》系列标准,我国于 1992 年发布了等同采用国际标准的 GB/T 19000—ISO 9000《质量管理和质量保证》系列标准。这一系列标准是为了帮助企业建立和完善质量体系,提高质量意识和质量保证能力,提高管理素质和市场经济条件下的竞争能力而制订的,由五个标准组成,分别是:

GB/T 19000—ISO 9000《质量管理和质量保证——选择与使用指南》;

GB/T 19000—ISO 9001《质量体系——设计/开发、生产、安装和服务质量保证模式》;

GB/T 19000—ISO 9002《质量体系——生产、安装和服务质量保证模式》;

GB/T 19000—ISO 9003《质量体系——最终检验和试验的质量保证模式》;

GB/T 19000—ISO 9004《质量管理和质量体系要素——指南》。

二、质量体系的建立及运行

1. 建立和完善质量体系的程序

按照国际标准 ISO 9000 和国家标准 GB/T 19000 建立一个新的质量体系或更新且完善的现行质量体系,一般都经历以下步骤。

1)企业领导决策

企业领导要下决心走质量效益型的发展道路,有建立质量体系的迫切需要。建立质量体系是涉及企业内部很多方面的一项全面性工作,如果没有企业主要领导亲自领导、亲自实践和统筹安排,是很难做好这项工作的。因此,领导真心实意地要求建立质量体系,是建立健全质量体系的首要条件。

2)编制工作计划

工作计划包括培训教育、体系分析、职能分配、配备仪器仪表设备等内容。

3)分层次教育培训

组织学习 ISO 9000 和 GB/T 19000 系列标准,结合本企业的特点,了解建立质量体系的目的和作用,详细研究与本职工作有直接联系的要素,提出控制要素的办法。

4)分析企业特点

结合施工企业的特点和具体情况,确定采用哪些要素和采用程度。要素要对控制过程实体质量起主要作用,能保证过程的适用性、适合性。

5)落实各项要素

企业在选好合适的质量体系要素后,要进行二级要素展开,制订实施二级要素所必需的质量活动计划,并把各项质量活动落实到具体部门或个人。

一般,企业在领导的亲自主持下,合理地分配各项要素与活动,使企业各项职能部门都明确各自在质量体系中应担负的责任,应开展的活动和各项活动的衔接办法。分配各级要素与活动的一个重要原则就是责任部门只能是一个,但允许有若干个配合部门。

在各级要素和活动分配落实后,为了便于实施、检查和考核,还要把工作程序文件化,即把企业的各级管理标准、工作标准、质量责任制、岗位责任制编制成与各级要素和活动相对应的有效运行文件。

6)编制质量体系文件

质量体系文件按其作用可分为法规性文件和见证性文件两类。质量体系法规性文件是用以规定质量管理工作原则的,是阐述质量体系构成,明确有关部门和人员质量职能,规定各项活动目的、要求、内容和程序的文件。在合同环境下,这些文件是供方向需方证实质量体系适用性的证据。质量体系的见证性文件是用以表明质量体系的运行情况和证实其有效性的文件。这些文件记载了各质量要素的实施情况和工程实体质量的状态,是质量体系运行的见证。

2. 质量体系的运行

保证质量体系的正常运行和持续实用有效,是企业质量管理的一项重要任务,是质量体系发挥实际效能、实现质量目标的主要阶段。

质量体系运行是执行质量体系文件、实现质量目标、保持质量体系持续有效和不断优化的过程。

质量体系的有效运行是通过对体系的组织机构进行组织协调、实施质量监督、开展信息反馈、进行质量体系审核和复审来实现的。

1)组织协调

质量体系是人选的软件体系,它的运行是借助于质量体系组织结构的组织和协调来运行的。组织和协调工作是维护质量体系运行的动力。质量体系的运行涉及企业众多部门的活动。就公路施工企业而言,计划部门、施工部门、技术部门、试验部门、测量部门、检查部门等都必须在目标、分工、时间和联系方面协调一致,责任范围不能出现空当,保持体系的有序性。这些都需要通过组织和协调工作来实现。实现这种协调工作的人,应是企业的主要领导,只有主要领导主持,质量管理部门负责,通过组织协调才能保持体系的正常运行。

2)质量监督

质量体系在运行过程中,各项活动及其结果不可避免地会发生偏离标准的可能,为此,必须实施质量监督。

质量监督有企业内部监督和外部监督两种,需方或第三方对企业进行的监督是外部质量监督。需方的监督权是在合同环境下进行的,就公路工程施工企业来说,叫做甲方的质量监督,按照合同规定,从路基开始,甲方对隐蔽工程进行检查签证。第三方的监督,是对单位工程和重要分部工程进行质量核定,并在工程开工前检查企业的质量体系;施工过程中,监督企业质量体系的运行是否正常。

质量监督是符合性监督。质量监督的任务是对工程实体进行连续性的监视和验证。发现偏离管理标准或技术标准的情况时及时反馈,要求企业采取纠正措施,严重者责令停工整顿,从而促使企业的质量活动和工程实体质量均符合标准所规定的要求。

实施质量监督是保证质量体系正常运行的手段。外部质量监督应与企业本身的质量监督考核工作相结合,杜绝重大质量事故的发展,促使企业各部门认真贯彻各项规定。

3)质量信息管理

企业的组织机构是企业质量体系的骨架,而企业的质量信息系统则是质量体系的神经系统,是保证质量体系正常运行的重要系统。在质量体系的运行中,通过质量信息反馈系统对异常信息的反馈和处理,进行动态控制,从而使各项质量活动和工程实体质量保持受控状态。

质量信息管理和质量监督、组织协调工作是密切联系在一起的,异常信息一般来自质量监督,异常信息的处理要依靠组织协调工作。因此,质量信息管理、质量监督和组织协调工作这三者的有机结合,是使质量体系有效运行的保证。

4)质量体系审核与评审

企业进行定期的质量体系审核与评审,一是对体系要素进行审核、评价,确定其有效性;二是对运行中出现的问题采取纠正措施,对体系的运行进行管理,保证体系的有效性;三是评价质量体系对环境的适应性,对体系结构中不适用的部分采取改进措施。开展质量体系审核和评审是保持质量体系持续有效运行的主要手段。

三、公路工程质量保证体系

政府监督、项目法人、施工监理、企业自检是构成严密、完整、有机的工程质量保证体系必不可少的四个环节。公路工程项目施工须建立健全"政府监督、项目法人、社会监理、企业自检"的质量保证体系,即严格实行质量自检,加强质量监理和质量监督。参加工程项目建设的施工企业、监理机构和政府监督部门,应按照全面质量管理的要求,采取切实有效的措施,不断提高自身的质量管理水平,并以抓好工程质量为基础,确保分项工程、分部工程、单位工程和整个建设项目的质量。

1. 政府监督

政府监督是指政府交通主管部门及其所属的质量监督机构依法对工程建设和工程建设从业单位及从业人员进行监督管理的活动。政府监督是公路工程质量保证体系中极其重要的质量监督环节之一,是政府职能部门强化对工程质量管理的具体体现,在质量保证体系中处于龙头地位,强化政府监督的作用,可以使质量保证体系有序高效地运作。

政府监督的职能是对工程建设行为实施的管理。按照我国政府机关行政分工的格局,工程建设项目前期阶段是由计划、规划、土地管理、环保等部门负责;建设实施阶段则主要由建设主管部门负责。上述部门分别代表国家或委托专门机构行使政府职能,即充分运用审查、许可、监督、检查、强制等手段对工程项目的建设实施管理。另一方面,政府对社会监理实行监督管理的职能,主要是通过指定有关法规、政策,审批社会监理单位的成立、资质等级、变更、停业、办理监理工程师的注册、监督管理监理工程师的工作情况等来实现的。

政府监督部门则代表政府,对一个工程建设项目的质量进行阶段性、控制性的监督,即定期或不定期地对工程质量进行抽检,以检查监理工程师的检验结果是否符合实际。当工程项目完工后,则负责按现行《公路工程质量检验评定标准(土建工程)》(JTG F80/1—2004)组织工程质量的竣工检查和进行等级评定。

政府监督具有四个性质,包括强制性、执法性、全面性、宏观性。即遵照规定的管理程序,在工程建设项目实施的全过程中行使监督、检查、许可、纠正和强制执行等权利,但侧重于对项目的阶段性、控制性的监督管理。

2. 法人管理

法人管理是指项目法人通过招标择优选择监理单位、承包人，以合同的形式，明确建设各方的质量、费用、安全、环保等职责，并通过对监理单位、承包人履约检查对工程质量、进度、费用、安全、环保等进行管理和承担管理责任，确保质量等目标的实现。因此，项目法人在质量保证体系中处于主体地位。

为了建立投资约束机制，规范业主的行为，建设工程应当按照政企分开的原则，实行项目法人责任制，即由项目法人对项目的策划、资金筹措、建设实施、生产经营、债务偿还和资产的保值增值，实行全过程负责的制度。

实行项目法人责任制，应贯彻执行谁投资、谁决策、谁承担风险的市场经济下的基本原则。项目法人作为工程建设投资行为的主体，应当承担投资风险，承担公路建设相关责任和义务，承担建设项目质量、投资、工期等的管理责任。工程建设项目是一项专业性很强的工作，对于工程项目法人而言，他们通常缺乏工程建设方面的专业知识，缺乏工程项目管理的经验。因此，为了提高工程建设投资效益，确保工程质量、进度、费用等目标的实现，项目法人必然要根据自己的需要和有关法律法规的规定委托高智能的监理单位，把公路施工活动中的各项管理工作交给监理单位。监理单位根据项目法人的授权，发挥自己的专长，有效地对工程质量、施工安全、环境保护、进度、费用等进行监控，使工程项目的建设总目标得以最优实现。

项目法人的职责包括：①筹措建设资金；②编制项目实施计划和年度计划；③依法选择勘察、施工、监理单位和设备、材料供应单位；④向交通主管部门办理开工报告；⑤按照合同约定，对工程质量、进度、投资、安全生产和环境保护实行监督管理，审查施工组织设计、重要施工工艺和标准试验，以及工程分包等事项，保证工程处于受控状态；⑥接受交通主管部门和公路工程质量监督机构的监督检查，按时报送项目建设的有关信息资料；⑦执行国家档案管理规定，建立健全建设项目的所有档案；⑧及时组织交工验收，做好竣工验收的准备工作；⑨组织项目后评价，提出项目后评价报告；⑩按照有关技术标准和规范的要求，做好公路养护管理工作，负责收费管理，按期偿还贷款。

3. 社会监理

社会监理是指具有法人资格和相应监理资质的社会监理单位，受项目业主的委托，依据监理合同和施工合同，全面监督和管理工程的实施，对工程质量、安全、环保、进度、费用及合同其他事项进行全面监理，同时做好信息管理工作和组织协调的专业化管理活动。在实施监理的过程中，监理单位是处于工程承包合同签约双方，即建设单位和施工单位以外的独立一方。行使工程监理服务合同所确认的职权，承担相应的职业道德责任和法律责任，而不是以建设单位的名义或建设单位的代表行使职权；当然，监理也不得参与承包单位工程造价承包的利益分配，否则，它又变成了承包单位经营的合伙者，丧失了自己的独立地位。

社会监理处于工程管理新体制中的核心地位，监理工程师则代表业主，在政府监督的管理之下，依据合同、标准和规范，对项目实施过程中进行连续的、全方位、全环节和全过程的动态控制，跟踪纠偏，并对工程质量按质量检验评定标准规定的频率抽查，严格进行质量把关。对质量不合格的工程一律不予签收，不予结算工程价款；对质量合格的工程除进行签收外，还应对其进行质量等级评定。

社会监理具有四个性质，包括服务性、公正性、独立性和科学性。即按照合同规定对工程建设项目的实施实行全方位、全环节、全过程的检查、监督和管理。

应该强调指出，监理单位和监理人员应按照“严格监理、热情服务、秉公办事、一丝不苟”的监理原则，认真贯彻执行有关工程监理的各项方针政策、法律、法规，制订详细工作计划，明确岗位职责，严格检查制度，努力做好施工监理工作。

4. 企业自检

施工企业作为公路工程产品的直接生产者，在公路工程质量保证体系中占有特别重要的地位，否则，尽管政府监督有力，施工监理规范，监理工程师的工作认真、细致，但监理工程师不可能亲自对分项工程的每一项试验、每一道工序都进行检验，更不可能代替承包人去具体地施工。施工企业应当尽早建立周密的自检系统，包括配备自检人员和试验设备，采用标准、规范化的工作方法，建立和健全标准化、规范化的工作制度，在施工企业中实施全面质量管理。全面质量管理的工作方法是：“计划—执行—检查—处理”的一套工作循环，简称 PDCA 循环。工程质量是施工出来的而不是检验出来的，施工企业建立完善的自检系统是形成公路工程质量保证体系的前提条件。承包人必须按质量检验评定标准对施工的全过程严格地按照质量要求，进行有效的质量控制和管理。但施工企业有片面追求自身利益的倾向，赶工省钱、降低质量标准的情况时有发生，因此必须建立相应的外部控制系统，这个外部控制系统除政府监督以外，就是工程施工全过程的全委托监理。

复习思考题

1. 什么是政府监督、法人管理及社会监理？
2. 工程项目质量管理体系标准的组成是什么？
3. 叙述建立和完善质量体系的程序。
4. 质量保证体系的四个必不可少的环节是什么？其职能分别是什么？
5. 政府监督和社会监理的区别是什么？
6. 建立一个新的质量体系或更新且完善的现行质量体系的步骤是什么？

第二章

公路工程施工质量监理

教学要求

1. 解释施工质量监理有关的概念，叙述公路施工监理机构的设置，描述质量形成、质量控制的目的和方法；

2. 叙述公路工程施工监理的依据、内容、任务、原则和特点；

3. 描述质量控制程序、要点、环节、工作方法及措施；

4. 进行公路工程施工监理阶段的划分，描述公路工程各监理阶段的工作内容；

5. 分析工程质量评分及等级评定的方法；

6. 描述在公路工程施工中，监理工程师对质量缺陷或质量事故采取的处理程序和措施。

●第一节　质量控制及其组织机构●

一、公路工程施工质量控制

1. 有关质量概念

1）质量

质量是指反映产品或服务满足明确和隐含需要能力的特征和特性的总和。

质量的主体包括产品与服务。质量的基本要素有两个：一是（必须）符合规定要求；二是满足用户期望。质量具有四个特点：①质量不仅包括结果，也包括质量形成和实现的过程；②质量不仅包括产品质量和服务质量，也包括其形成和实现过程中的工作质量；③质量不仅要满足顾客的需求，还要满足社会的需要；④质量不但存在于工业、建筑业，还存在于物质生产和社会服务的各个领域。

2）工程项目质量

工程项目质量包括工程实体质量、工程服务质量、施工质量和工作质量四个部分，且实体质量和服务质量决定于施工质量和工作质量。

实体质量适合于某种规定用途，满足人们要求的适用性、可靠性、协调性、安全性、经济性。

服务质量是指企业在推销前、销售时、售后服务过程中，满足用户要求的程度，包括服务时间、服务能力和服务态度。

施工质量是指施工过程中人员、机具、材料、方法和环境对工程质量的影响程度。

工作质量是指参与工程建设者,为保证工程质量所从事工作的素质水平和完善程度。

3)公路工程质量

公路工程质量是指反映公路工程满足相关标准规定或合同约定的要求,包括安全、使用功能、耐久性能及环境保护等方面明显和隐含能力的特性总和。

2. 质量形成的过程

任何工程项目从酝酿筹备到投产运行都先后经历可行性研究、决策、设计、施工、竣工验收及运行保修六个阶段,构成质量形成的全过程,且各阶段对工程项目的质量均有不同的影响。

在工程项目的可行性研究阶段,主要是研究质量目标和质量控制的依据,直接影响项目的决策质量和设计质量。

决策规划阶段主要是制订项目的质量目标和质量水平的基本依据,要能充分反映建设单位对质量的要求和意愿。

设计阶段是通过勘察设计使质量目标具体化。设计文件是体现质量目标的主体文件,是制订质量控制计划的具体依据,是影响工程项目质量的决定性环节。

施工阶段则是将质量目标付诸实施并得以实现的重要过程,且通过施工及相应的质量控制把设计图纸变成工程实体。这一阶段是质量控制的关键时期,直接影响工程的最终质量。

竣工验收阶段则是对工程项目的质量目标的完成程度进行检验、评定和考核的过程,是实现建设投资向生产力转化的标志,是体现工程质量水平的最终结果,应积极慎重地抓好这一重要环节。

运行保修阶段,即缺陷责任期阶段,是通过运行保修过程收集有关的质量信息,巩固和确保工程质量,并在此基础上总结经验教训,以使同类工程项目的质量不断提高。

3. 影响工程质量的因素

影响工程项目质量的因素很多,可概括为人员、机械、材料、方法、环境等五大因素。其中人员系指与工程项目建设有关的部门所有人员;机械是指施工机械设备;材料则是指原材料、混合料及半成品,如砂、石、水泥、预制构件等;方法系指施工方法,包括施工方案和施工工艺等;环境是指施工环境,包括自然环境、气候条件等。

4. 工程项目质量的特点

公路工程项目是建筑产品,它与一般的工业产品不同。工程项目质量的特点是由工程项目的特点决定的。

工程项目的特点是:具有单体性;具有生产的一次性和寿命的长期性;具有高投入性;具有生产管理方式的特殊性;具有风险性。

工程项目质量的特点是:

(1)影响因素多。如决策、设计、材料、机械、环境、施工方案、操作方法、技术措施、管理制度、施工人员素质等均直接或间接影响工程项目的质量。

(2)质量波动大。工程建设具有复杂性和单一性,不像一般工业产品的生产那样,有固定生产线,有规范化的生产工艺,完善的监测技术,成套的生产设备和稳定的生产环境,有相同系列规格和相同功能的产品,而是与此相反,所以其波动性大。

(3)质量变异大。由于影响工程质量的因素多,任一因素的出现,均会引起工程建设系统

的变异,造成工程质量事故。

(4)具有质量隐蔽性。工程项目在施工过程中,由于工序交接多,中间产品多,隐蔽工程多,若不及时检查并发现其存在的质量问题,事后看表面可能很好,容易产生判断错误,将不合格的产品判定为合格。

(5)终检局限性大。鉴于工程项目是一次性产品,建造过程中,某些缺陷不可能立即显现;项目建成后,在进行竣工验收时,既不可能发现内在的、隐蔽的质量缺陷,也不可能像工业产品那样,检查出质量问题后采取替换的方式处理。

所以,应特别重视质量的事前控制,防患于未然,把质量事故消除于萌芽状态。

5. 施工质量控制

1)工程质量控制的目的

监理工程师控制质量的目的,概括起来有下列几个方面:

(1)维护建设单位的建设意图,保证投资效益即社会效益和经济效益。

(2)防止质量事故的发生,特别是事后质量问题的发生。

(3)防止承包单位做出有损工程质量的不良行为。

2)工程质量控制的方法

(1)审核有关技术文件、报告或报表。

对质量文件、报告或报表的审核,是对工程质量进行全面质量控制的重要手段,监理工程师应按施工顺序、工程进度和奖励计划及时审核和签署有关质量文件和报表。其具体内容有:

①审核进入施工现场各分包单位的技术资质证明文件。

②审核承包单位的正式开工报告,并经现场核实后,下达开工指令。

③审核承包单位提交的施工方案和施工组织设计,确保工程质量有可靠的技术措施。

④审核承包人提交的有关材料、半成品的质量检验报告。

⑤审核承包人提交的反映工序质量动态的统计资料或管理图表。

⑥审核设计变更、图纸修改和技术核定书。

⑦审核有关工程质量事故处理报告。

⑧审核有关应用新工艺、新技术、新材料、新结构的技术鉴定书。

⑨审核承包人提交的关于工序交接检查、单项工程质量检查报告。

⑩审核并签署现场有关文件和质量技术确认等。

(2)质量监督与检查。

监理工程师应常驻现场,执行质量监督和检查。现场检查的具体内容有:

①开工前检查。检查是否具备开工条件,开工后能否保证工程质量,能否连续进行正常施工。

②工序交接检查。对于重要的工序或对工程质量有重大影响的工作,在自检、抽检的基础上,还要经监理人员交接验收检查。

③隐蔽工程检查。凡是隐蔽工程,需经监理人员检查确认后方能覆盖。

④停工后复工前的检查。当承包人严重违反质量规定,监理人员可行使质量否决权,指令其停工,或工程因某种原因停工后需复工时,均应检查认可后才能下达复工令。

⑤分项、分部工程完工后,应经监理人员检查认可后,签署验收记录或中间交工证书。

⑥随班或跟踪检查。对于施工难度较大的工程结构或容易产生的质量通病施工，监理工程师还应进行随班跟踪检查。

监理工程师在工程质量检查中，如对质量文件产生疑点，则要求施工单位加以澄清；如发现工程存在质量问题时，一般首先要立即下达停工指令，通知施工单位停止该项施工，然后要施工单位提出报告，说明质量缺陷情况及其严重程度、产生缺陷的原因和处理方法、今后保证质量的措施。待质量缺陷处理完后，经监理工程师检查认可，方可继续施工。

二、施工质量控制的组织机构

1. 监理组织机构

1）监理机构

监理机构是指由监理单位派出，并代表监理单位履行监理合同的现场监理组织。

监理单位与业主签订监理合同后，应根据监理合同规定的监理服务任务、服务内容、服务期限、工程组成、工程规模、技术复杂程度、现场条件及施工条件等因素，建立现场监理机构。现场监理机构组织形式和规模可视工程情况设置一级监理组织机构或二级监理组织机构。

一级监理组织机构设置总监理工程师办公室（简称“总监办”）。二级监理组织机构设置总监理工程师办公室和驻地监理工程师办公室（简称“驻地办”）。高速公路和一级公路可设置二级监理组织机构。开工里程在20km以下的宜设置一级监理组织机构。二级和二级以下的低等级公路可视工程情况设置一级监理组织机构或二级监理组织机构。独立大桥或独立隧道工程可设置一级监理组织机构。

2）监理试验室

监理试验室作为监理组织机构控制施工质量的关键部门，应根据工程规模大小和其施工特点，并与监理组织机构层次相对应进行设置。

（1）监理试验室的职责。监理试验室的中心任务是控制工程质量。监理工程师对施工质量的判断，则以检测试验数据为依据，而数据的主要来源又是承包人的施工质量自检报告。由于某些原因，在承包人的自检结果中往往会掺杂一些不可信的数据，为了对这些有疑问的数据进行核查，监理工程师必须设立自己专用的试验室，即中心试验室和驻地试验室。

专用试验室应当是对整个工程项目进行数据控制和检验测定的中心。凡涉及决定质量标准的一切试验，经现场材料试验监理人员监督审查后，报监理工程师批准，当监理工程师认为有必要时，可指令监理试验室做对比试验；承担各合同段送交或提交的抽样试验，并根据部分工程完工情况迅速提出试验数据，满足各合同段的需要；当现场各专业监理人员对承包人提供的试验资料有疑问，或认为其可靠性有问题时，应提请监理试验室进行核查，并提供正确的数据；定期或不定期对承包人的试验仪器和设备进行检验，并监督承包人将其交由政府监督部门进行标定。

对经监理工程师审查并经业主批准，承包人采用合同未曾列明或无现成标准可循的新材料、新技术、新工艺进行施工的特殊项目时，试验监理工程师应要求承包人提供相关的科技及鉴定报告，拟定出符合工程实际的暂行标准或规程，并经监理工程师审查批准后执行。

（2）监理试验室的工作程序。监理试验室的工作程序如下：

①不定期地对承包人所用各种材料，按规范要求进行抽查与评定，如发现明显问题应及时

向监理工程师或承包人反馈信息，并根据监理工程师的指令对其处理。

②当承包人的单项工程完工后，在承包人已自检完毕的基础上，先由驻地监理进行测定，若符合规范要求，则由承包人填写“质量验收通知单”，经驻地监理签字后，向中心试验室提出验收申请。中心试验室在收到“质量验收通知单”之后，应先查阅承包人的各种自检记录，然后再对已完工的单项工程进行实地试验，待所测得的各种试验结果合格后，由中心试验室分别向驻地监理与承包人发出质量评定意见。驻地监理则把中心试验室对该单项工程的评定结果，作为中间计量的依据。

③凡需监理试验室批准的各种文件，均应在24h以内进行核实，并上报监理工程师予以批复。

④每月配合总监代表处进行批准支付本合同段的拟支付工程的抽查，进行一系列的试验与检查工作。

3）监理试验类型

监理试验的类型可分为下列五大类：

（1）验证试验。是对材料或构件预先鉴定，以决定取舍。验证试验应按以下要求进行。

①在材料或商品构件订货之前，应要求承包人提供生产厂家的产品合格证书及试验报告。必要时监理人员还应对生产厂家的生产设备、工艺及产品的合格率进行现场调查了解，或由承包人提供样品进行试验，以决定同意采购与否。

②材料或商品构件运入现场后，应按规定的批量和频率进行抽样试验，不合格的材料或商品构件不准用于工程，并应由承包人运出场外。

③在施工进行中，应随机对用于工程的材料或商品构件进行符合性的抽样试验检查。

④随时监督检查各种材料的储存、堆放、保管及防护措施。

（2）标准试验。是对各项工程的内在品质进行施工前的数据采集，如标准击实试验确定的土的最大干密度与最佳含水率，混凝土配合比试验确定的混合料的坍落度和强度等，作为控制与指导施工的科学依据。标准试验应按以下要求进行。

①在各项工程开工前、合同规定或合理的时间内，应由承包人先完成标准试验，并将试验报告及试验材料提交监理工程师中心试验室审查批准。试验监理工程师应派出试验监理人员参加承包人试验的全过程，并进行有效的现场监督检查。

②监理工程师中心试验室应在承包人进行标准试验的同时或以后，平行进行复核（对比）试验，以肯定、否定或调整承包人标准试验的参数或指标。

（3）工艺试验。是按照技术规范规定，在动工之前，对路基路面等工程需要预先通过试验确定施工工艺，并依据试验结果全面指导施工。工艺试验应按以下要求进行。

①监理工程师应要求承包人提出工艺试验的施工方案和实施细则，并予以审查批准。

②工艺试验的机械组合、人员配额、材料、施工程序、预埋观测以及操作方法等应有两组以上方案，以便通过试验选定方案。

③监理工程师应对承包人的工艺试验进行全过程的旁站监理，并应进行详细记录。

④试验结束后由承包人提出试验报告，并经监理工程师审查批准。

（4）抽检试验。是对各项工程实施中的实际内在品质进行符合性检查，是实现质量控制的关键环节。如压实度、弯沉值、强度等。抽检试验应按以下要求进行。

①监理工程师应随时派出试验监理人员，对承包人的各种抽样频率、取样方法及试验过程进行检查。

②在承包人的工地试验室（流动试验室）按技术规范的规定，在进行全频率抽样试验的基础上，监理工程师中心试验室按10%～20%的频率独立进行抽样试验，以鉴定承包人的抽样试验结果是否真实可靠。

③当施工现场的旁站监理人员对施工质量或材料产生疑问并提出要求时，监理中心试验室应随时进行抽样试验，必要时还应要求承包人增加抽样频率。

(5)验收试验。是对各项已完工程的实际内在品质作出评定。验收试验应按以下要求进行：

①监理工程师应派出试验监理人员，对承包人进行的钻芯抽样试验的频率、抽样方法和试验过程进行有效的监督。

②监理工程师应对承包人按技术规范要求进行的加载试验或其他检测试验项目的试验方案、设备及方法进行审查批准；对试验的实施进行现场检查监督；对试验的结果进行评定。

2. 承包人质量自检系统

为了使承包人正确地履行合同义务，承包人应按合同要求建立一个完整的以自检为主的质量保证组织体系。监理工程师应审查批准承包人在投标书中所报负责质量保证和自检工作负责人的资格，并要求其一直在工程现场专职负责本工程的自检工作。各级自检人员应由富有施工经验、具有专业技术职称、熟悉规范和图纸，并且工作作风优良的技术人员担任。

承包人试验室是承包人施工质量自检的关键部门。监理工程师应监督、检查和批准承包人筹备的工地试验室和流动试验室，其规模、设备及人员配备应能满足本工程各项试验的需要。

承包人自检职责及其要求如下所述：

(1)在工程开工之前，承包人应自检各项工程的开工条件，满足要求后，提交各项工程的开工报告及其有关技术资料。

(2)在各项工程的施工中，承包人自检人员应按照监理工程师规定的质量监控程序，对每道工序或工艺进行现场质量自检，保证整个施工过程中材料、操作及工艺符合要求，并获得监理工程师的认可。

(3)当施工过程中出现质量缺陷时，经监理人员确认后，应及时采取措施予以消除。

(4)对工程质量事故或安全事故进行现场记录，并及时报告监理工程师。

(5)及时检测各工程部位的高程、位置和几何尺寸，并将检测资料提交监理工程师，以获得其认可。

(6)按合同和规范规定的抽样频率、时间、方法，及时通知工地试验室进行取样或现场试验，并对保留在工程现场试样的养护与管理进行监督检查。

(7)对每道工序或分项工程完工后进行自检和测定，并配合监理工程师进行检查验收。

(8)最后，对各项工程质量进行数理统计和分析整理，建立关于施工质量的档案系列，即完整的施工原始记录、试验数据、分项工程自检数据等质量保证资料。其内容应包括：

①所用材料、半成品和成品质量检验的结果；

②复合材料配合比、拌和、加工控制检验和试验的数据；

③地基处理和隐蔽工程的施工记录；

④各项质量控制指标的试验记录和质量检验汇总图表；

⑤施工过程中遇到的不正常情况记录及其对工程质量影响的分析；

⑥施工中如发生质量事故，经补救处理后，达到设计要求的认可证明文件等。在交工验收时提供详实的施工资料和图表。

3. 监理工程师对承包人质量自检体系的管理

对承包人的工地试验室和流动试验室，监理工程师中心试验室应派人员对其进行全面的监督和管理。对承包人质量自检体系和负责人，要进行资格审查；要求其所有试验仪器均须经事前标定及定期进行鉴定；所有参加试验工作的人员必须持有经过业务培训和考核的上岗证书，在试验中必须严格执行试验规范和操作规程；对重要的试验，监理工程师应旁站监督；对不称职或不合格的试验人员，监理工程师应根据合同规定，建议承包人撤换。

•第二节　质量监理的依据、任务及特点•

一、质量监理的依据

公路工程质量监理的主要依据是合同条件、设计图纸、技术规范和质量标准。合同条件，即项目各项工程质量的保障责任、处理程序、费用支付等，均应符合合同条件的规定；设计（合同）图纸，即全部工程应符合合同图纸，并符合监理工程师批准的变更与修改要求；技术规范，即所有用于工程的材料、设施、设备及施工工艺，均应符合合同文件所列的技术规范的要求；质量标准，即监理工程师同意使用的国家或行业质量标准。

二、质量监理的任务

监理工程师在质量监理方面的主要任务如下：

（1）审查承包人的质量控制体系和措施，核实质量文件，对施工依据的合同文件、设计图纸、技术要求和质量标准等进行检查和认可，对施工质量进行监督。

（2）对单项工程、隐蔽工程和施工前的准备工作等进行检查、验收，发布开工令、停工令、复工令等监理指令，对施工质量进行检验和评价。

即对施工全过程进行检查、监督和管理，制止影响工程质量的各种不利因素，使承包人提交的工程项目符合合同图纸、技术规范、使用要求和验收标准。

三、质量监理的特点

工程质量监理的特点如下：

（1）监理工程师对工程质量的监理权受法律保护。

（2）监理工程师对工程项目实行全方位、全环节、全过程的全面质量管理。

（3）工程质量的监理强调事先主动监理，监理的重点则是施工前的准备阶段和施工过程中的各个环节，力求及早发现问题，“防患于未然”。

(4)质量监理应与工程支付挂钩,未经监理工程师验收并签认的工程项目,其费用一律不予支付。

●第三节 公路工程施工质量监理的程序和方法●

一、质量监理程序

1.分项、分部或单位工程施工

质量监理的程序即在合同管理中,为保证监理工程师有效地控制工程质量,而将工程施工过程中承包人和监理工程师应做的工作,按时间先后顺序确定下来的工作步骤。

工程在开工前,监理工程师应向承包人提出适用于对所有工程项目进行质量控制的程序及其说明,以供所有监理人员、承包人的质量自检人员和施工人员共同遵循,使工程质量的控制程序化。工程质量控制一般按以下程序进行:

(1)审批开工报告。在各单位工程、分部工程或分项工程开工之前,驻地高级监理工程师应要求承包人提交工程开工报告并进行审批。工程开工报告应包括以下内容:工程实施计划和施工方案;根据技术规范列明本项工程的质量控制指标、检验频率和方法;说明材料、设备、劳力及现场管理人员等项的准备情况;提供放样测量、标准试验、施工图等必要的基础资料。

(2)工序施工质量自检。承包人的质量自检人员按照专业监理工程师批准的施工工艺流程和提出的工序检查程序,在每道工序完工后首先进行自检,自检合格后,提交工序自检报告,报专业监理工程师检查认可。

(3)工序质量检查认可。监理工程师收到承包人的"工序检验申请通知单"后,应紧接承包人的自检,或与承包人的自检同时对每道工序完工后进行检查验收;然后根据检验结果,填写"质量验收单",并将一份复印件交给承包人,作为对该道工序的质量鉴定结果。若监理工程师检验合格,可批准其进行下一道工序施工;而对不合格的工序,则应指示承包人进行缺陷修补或返工。若前道工序未经检查认可,则不得进行下一道工序施工。

(4)提交中间交工报告。当分项工程、分部工程或单位工程完工后,承包人的质量自检人员还应再进行一次系统的自检,汇总各道工序的检查记录及测量和抽样试验的结果,然后提出交工报告。对自检资料不全的交工报告,专业监理工程师应拒绝签收。

(5)签发中间交工证书。专业监理工程师应首先对承包人按工程量清单分项完工的单项工程,进行一次系统的检查验收,必要时,还应做测量或抽样试验。当检查合格后,再提请驻地高级监理工程师签发"中间交工证书"[见《公路工程施工监理规范》(JTG G10—2006)附录D]。未经中间交工检验或检验不合格的工程不得进行下一工程项目的施工。

(6)中间计量。对签发了"中间交工证书"的工程,应进行工程计量,并由驻地高级监理工程师签发"中间计量表"。

(7)费用支付。合格工程通过计量,并由驻地高级监理工程师签发"中间计量表"后,进行工程款项核算,经总监办审查,总监理工程师签发"费用支付表",最后由业主支付费用。

综上所述，一个分项工程的质量控制程序是从开工到完工而言的，且主要是控制开工申请批复、质量检查与验收、中间交工证书的签发三个基本环节。为了减少工作层次，并节省时间，使在检查中所发现的问题能得到及时沟通和纠正，在质量控制程序具体执行中，若承包人与监理工程师配合得好，承包人的自检与监理工程师的抽检可以同时平行进行。

单项工程（分项、分部或单位工程）施工质量监理的程序流程如图2-1所示。

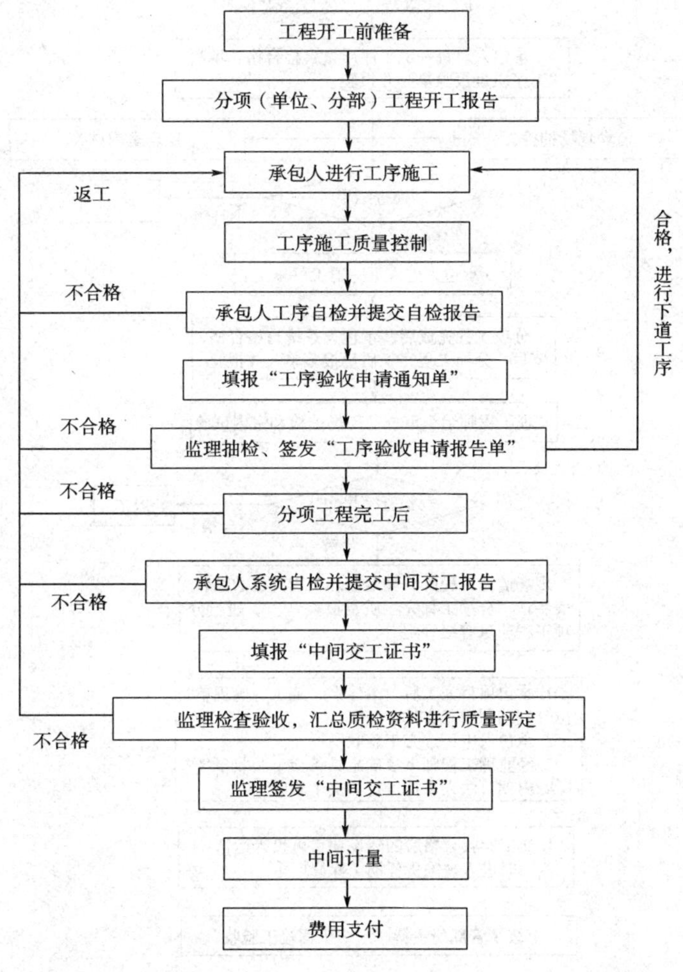

图2-1　分项工程质量监理工作流程

2. 工程项目（整个工程）施工质量监理的程序

为保证监理工程师有效地控制工程质量，使质量监理工作系统化、标准化和程序化，必须在单项工程的施工质量监理程序的基础上制订一套用于整个工程项目的质量监理程序来指导工程的施工和监理，以规范承包人施工活动和监理工程师为监督、检查和管理而确定的工作步骤。因此，整个工程项目的质量监理程序一经确定，承包人和监理人员都必须严格执行。

工程项目质量监理工作程序流程如图2-2所示。

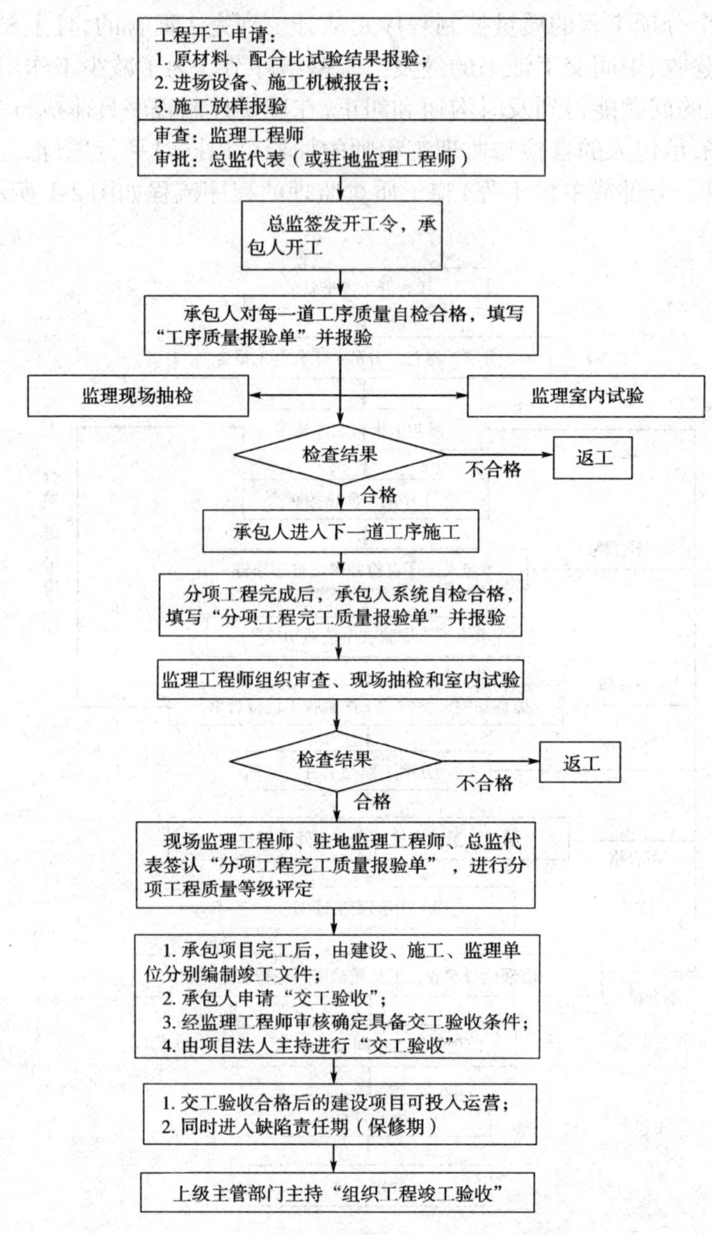

图 2-2　工程项目质量监理工作流程

二、质量监理要点

在施工阶段，公路工程质量监理的要点如下。

1. 建立、健全监理组织机构

监理组织机构应在工程施工合同和监理服务合同的要求下建立和健全。在此基础上，应根据不同的工程特点、不同的施工阶段，对监理岗位和人员力量进行科学组合和明确分工。另一方面，健全各项规章制度，并在工作中严格执行。

2. 明确工程质量目标和监理工作程序

在工程开工前监理组织的第一次工地会议上，应明确工程质量目标和整个工程内容的监理工作程序，以及各级监理机构、岗位的职责和权限。为此可编制本工程的《工程监理实施办法及其监理细则》，并发放给承包人，使每个人心中有数。

3. 把好开工前的审查关

在工程开工前，承包人应完成并提交总体施工计划（包括施工组织计划），由监理工程师审查和批准。监理工程师按照合同文件认真检查承包人的履约情况。

4. 保证现场监督和检查的力度

施工监理要做到全方位、全环节、全过程的现场监理，同时可根据工程的进度情况，监理机构应定期或不定期地组织质量检查。另一方面，监理人员按规定频率独立抽检是控制工程质量的重要手段，必须不折不扣地做到。通过以上检查和监督可及时发现问题并及时处理。

5. 坚持监理原则和工作程序

在符合合同文件和《公路工程施工监理规范》（JTG G10—2006）要求的同时，按《工程监理实施办法》既定的程序和原则严格执行。这就要求监理人员自觉遵守质量监理的"四不准"原则，即无开工报告的工程不能开工；未经监理检验合格的材料不能使用；上道工序不合格的工程不能进行下一道工序，不合格的工程不予计量；未经监理批准的有可能降低质量标准的特殊工艺不能用于施工等，以保证全过程的质量监理工作程序化、标准化、规范化和科学化。这是有效地实施质量监理的关键所在，也是监理工作程序所要求的重要内容。

6. 及时发布监理指令

监理工程师可通过指令文件对工程质量进行监控。当工程质量存在缺陷、施工准备不充分时，都可通过指令文件要求承包人及时纠正。这种方法更容易引起承包人的重视。

7. 抓好内业资料的质量

抓好内业资料的质量是监理工作和工程本身的需要，也是工程质量的证明材料。为保证内业资料的及时、完整，监理部门应在工程开工前按《公路工程质量检验评定标准（土建工程）》（JTG F80/1—2004）将本工程的所有单位工程、分部工程、分项工程进行划分并编号，这便于资料的及时归档，也为监理过程中对所完成的工程及时验收和评定提供明确的依据。

8. 严格履行合同文件中赋予的权利和义务

在工程质量监理过程中，监理工程师必须严格履行合同文件中赋予的权利和义务，这是保证工程质量的前提。

三、质量监理的方法及措施

在施工阶段，监理工程师对现场施工质量监理的方法，主要是对工程承包人的各项施工程序、方法、工艺、材料、设备、机械、配合比等进行全方位巡视、全环节抽检、全过程旁站，使工程的施工质量得到有效的监督和管理。

"全方位巡视"，即监理人员对施工现场或关键工程所进行的经常性的检查。巡视工作由总监理工程师和驻地高级监理工程师进行。在工程的施工期间，驻地高级监理工程师应每天对施工现场巡视一次，以便及时发现并处理施工中的质量问题。

"全环节抽检",即现场监理工程师(或其助手)应对承包人的每道施工工序、每一分项工程、分部工程或单位工程按照规定方法和频率及时进行检验和评定,发现质量问题及时指令。

"全过程旁站",即监理人员对工程的重要环节或关键部位,实施全过程的现场察看监理。对承包人施工的隐蔽工程、关键工程部位、重要工序及工艺等,专业监理工程师(或其助手)应实行全过程的旁站监督,以便及时消除影响工程质量的不利因素。

监理工程师在现场质量监理中,采取的监理手段有测量、试验、检测、验收、发布指令文件、计量与支付、工序控制等。现分述如下。

1. 现场测量

测量是监理人员对承包人的路线放样和有关几何指标进行检查和控制的重要手段。在公路工程开工之前,对承包人依据监理工程师提供的原始基准点、基准线、基准高程所进行的定线控制测量进行监督、检查和认可;在各单项工程开工之前,对承包人的施工放线测量进行监督、检查和认可;在各单项工程的施工过程中,对控制工程的位置、高程、尺寸及其线形的准确性进行监督、检查和认可;在各分项工程、分部工程、单位工程、工程区段或整个工程项目的中间交工和竣工验收时进行测量,汇总并提出各项工程的测量成果资料。

当发现承包人的放样测量不合格时,要督促其返工;对已完成工程进行测量验收时,若发现不合格,要责令承包人整修;对通过整修仍达不到质量要求的工程,应坚决予以返工重建。

2. 试验检测

对公路工程施工质量合格与否的判断,大多是要通过试验检测结果才能做出结论的,试验检测是监理工程师进行质量监控的重要手段。

对材料或商品构件应进行预先鉴定,即进行验证试验,以决定其是否可以用于工程;在材料或商品构件的采购、储存保管、施工进行中,均应按规定的批量和频率进行抽样,对不合格者不准用于工程施工,还应指令承包人运出场外。

在各项工程开工前,承包人应在合同规定或合理的时间内,先行完成如各种标准击实试验、集料的级配试验、混合料的配合比试验、结构的强度试验等标准试验,并将试验报告及试验资料提交监理工程师中心试验室审查批准;同时,试验监理工程师应派出试验监理人员参加承包人试验的全过程,并进行现场监督检查。

对于路基、路面及其他需预先通过工艺试验方能正式进行施工的分项工程,应预先进行工艺试验,然后根据试验结果全面指导施工;在进行工艺试验之前,监理工程师应要求承包人提出工艺试验的施工方案和实施细则,并予以审批;对工艺试验的机械组合、人员配置、材料、施工程序及操作方法等应有两组以上方案,以便通过试验做出选定。对承包人进行工艺试验的全过程,监理工程师应旁站监理,并进行详细记录。工艺试验结束后,由承包人提出试验报告,并经监理工程师批准。

在工程项目的施工过程中,抽检试验是对各项工程实施中的实际内在品质进行的符合性检查,如压实度、弯沉值、强度等,是实现质量控制的关键环节。

3. 工序控制

工程项目的施工过程,就是完成各道工序的过程,所以施工过程的质量监理主要就是工序的质量控制,而工序的质量控制又表现为施工现场的质量控制,这也是施工阶段质量监理的重点。因此,工序控制是监理工程师对施工质量进行有效监理的重要手段之一,必须按"质量监理程序流程”中质量监理的“四不准”原则进行严格控制，以确保工程质量达到合同要求。

4. 交工验收

对各项已完成工程的实际内在品质做出决定，需按照《公路工程质量检验评定标准（土建工程）》（JTG F80/1—2004）进行验收试验。对承包人进行钻芯抽样试验等的抽检频率、抽样方法和试验过程进行有效的监督，而对承包人按技术规范要求进行的加载试验或其他检测试验项目的试验方案、设备及方法，监理工程师应进行审批，对试验的实施进行现场检查、监督，并对试验结果进行评定。

5. 计量与支付

所谓计量与支付，是指在向承包人支付各项工程款时，必须由监理工程师进行计量并签发支付证书后，业主才能向承包人支付工程款，否则不能支付。这是监理合同赋予监理工程师的一项权力，监理工程师可以利用这一权力进行质量监理，即只有施工质量达到规定的标准和要求时，监理工程师才能进行计量并签发支付证书，否则可拒绝计量并拒签支付证书。监理工程师有了这个权力，就能运用经济手段对工程质量进行监理。

6. 发布监理指令

监理工程师可通过发布指令性文件对工程质量进行监控，如变更设计、补充技术标准和质量要求，以及一些通知、会议记录等，都可按监理指令性文件发布给承包人。对施工中存在的问题或质量事故苗头，亦可以监理指令向承包人发布，提醒其加以注意和改进。对于重大质量事故，还可向承包人发出质量事故通知单，要求承包人迅速采取措施加以控制和补救。由于质量事故通知单要存入竣工文件和档案中，会影响承包人的形象，因此，应随时提醒承包人重视企业自身的形象，重视施工质量，力求避免发生质量事故。

四、质量监理的主要环节

1. 施工准备检查

施工准备检查是对承包人的履约、施工组织、施工方案等进行的检查，以确保工程顺利进行。

2. 施工放样检查

施工放样检查主要是对承包人恢复线路中线、横断面施工放样尺寸进行检查，目的是保证施工线路和单项工程的几何尺寸符合设计图纸、标准和规范的精度要求，使工程能按时开工。

3. 材料试验检查

材料试验检查是对单项工程施工中所需的各种材料及公路沿线土质进行规定指标的试验，并进行复查，以便保证将合格材料用于工程中。

4. 工序检查

工序检查是指施工过程中每一道工序完成后的质量抽样检查，看其是否符合设计和规范的要求，并对发现的质量缺陷及时予以排除。在缺陷未排除前，不得进行下一道工序的施工。

5. 验收检查

验收检查是对某一单项工程或独立部位进行的检查。此种验收性质的检查可分为工地试验室检查和中心试验室抽查两种。验收检查一般由驻地高级监理工程师负责实施，但承包人必须履行中间交验手续，即填报中间交验申请。

●第四节　公路工程施工质量监理阶段及工作内容●

公路工程建设项目施工质量监理划分为三个阶段，即施工准备阶段、施工阶段、交工验收及缺陷责任期阶段。自监理合同签订之日起至合同工程开工令确定的开工之日止为施工准备阶段；合同工程开工之日至合同工程交工验收申请受理之日为施工阶段；合同工程交工验收申请受理之日至缺陷责任终止证书签发之日为交工验收及缺陷责任期阶段。监理工程师在施工准备阶段、施工阶段及缺陷责任期阶段的监理工作，是有机联系的，而且某些工作也不可能在准备阶段一次性完成，需要在整个施工过程中分期分段穿插进行。

一、施工准备阶段的质量监理

在施工准备阶段，监理工程师的工作主要是围绕召开第一次工地会议、为签发开工令而进行的。在施工准备阶段的主要监理工作包括如下内容。

1. 监理准备

1）熟悉文件

施工监理人员在合同规定的开工日期以前适当的时间进驻施工现场后，首先应全面熟悉合同文件、设计文件、有关标准和试验检测方法，对合同文件和设计文件中存在的差错、遗漏、含糊不清等问题要查证清楚，作出合理解释，并应提出合理的处理方法。

2）筹备监理试验室

总监办中心试验室应按监理合同要求配备常规的试验检测设备；驻地办试验室应按监理合同要求配备现场常用的试验检测设备。

3）调查施工环境条件

监理工程师还应对施工环境进行调查，尤其应要求承包人对工程占地范围以内尚未拆迁的建筑物及其他障碍物、施工尚不能按时交接的工程占地及有争议的工程占地进行调查，并根据调查结果提出处理措施，向业主报告。

4）编制监理文件

（1）监理计划。总监理工程师应在合同规定的期限内主持编制监理计划，按合同规定报批后执行。监理计划应明确监理目标、依据、范围和内容，监理机构各部门及岗位职责，监理人员和设备的配备及进退场计划，监理制度、程序、表格、监理设施等。

（2）监理细则。驻地监理工程师应根据监理计划在相应工程开工前主持编制监理细则，明确监理的重点、难点、具体措施及方法步骤，保证可操作性，经总监理工程师批准后实施。

（3）监理图表。监理工程师应根据施工合同文件的要求及工程项目实际，在选用《公路工程施工监理规范》（JTG G10—2006）有关表格的基础上，补充完善并统一制订出一套进行质量监理、进度监理、费用监理和合同管理的各种记录、报表、证书及图表等，以便供监理工程师和承包人双方共同使用。

2. 监理工作

1）参加设计交底

监理工程师应参加设计交底，掌握工程的设计意图、设计标准和要点，对材料和工艺的要

求，施工中应特别注意的事项，以及对施工安全、环保工作的要求等，澄清有关问题，收集资料并做好记录。审查施工单位安全生产的规章和标准、安全生产责任制、安全技术措施及安全防护措施。

2）审批施工组织设计

总监理工程师应在合同规定的期限内及时审批施工单位提交的施工组织设计及总体进度计划。重点审核施工单位组织设计的审批手续是否齐全有效；安全技术措施、施工现场临时用电方案、工程项目应急救援方案是否符合要求；施工质量、安全、环保、进度、费用目标是否与合同一致；质量、安全和环保等保证体系（包括预案）是否健全有效；施工总体部署与施工方案和安全、环保等应急预案是否合理可行；总体进度计划安排是否满足合同工期要求。

技术复杂或采用新技术、新工艺或在特殊季节施工的分项、分部工程（包括危险性较大的分部工程），应要求施工单位编制专项施工方案，并由驻地监理工程师审核、总监办审定后实施。

3）审查保证体系

检查施工单位质量、安全和环保等保证体系是否落实，质量、安全和环保人员的履约到位情况及岗位职责，项目经理、技术负责人、试验负责人的资格。

4）检查验收现场测量

（1）监理工程师应要求承包人对施工合同文件中提供的图纸和定线数据等设计资料进行必要的现场核对复查，纠正差错，补充缺漏；当发现有重大错误、漏项或方案性问题时，应向业主提出报告。

（2）监理工程师应在合同规定的时间内或在承包人进行施工定线之前，全面向承包人提供原始基准点、基准线、基准高程的方位和数据。若原始基准点或基准高程连续在两个点以上发生损坏或丢失，应通过业主予以补定；若仅有一个点损坏或丢失时，承包人可直接予以补定，但须经监理工程师复核认定；对承包人为加密控制以定线和施工放样为目的的测量工作，监理工程师亦应进行现场监督、检查及复核认定；对业主提供的或图纸上的原始资料进行复核时发现差错，且又无能力消除时，应通过业主予以纠正；对于所有永久性标桩，包括中线桩、转角桩、水准基点、三角网点、桥涵和隧道的控制点以及工程放样和检验必须的标桩等，承包人应根据监理工程师的指示，加以恢复。

（3）监理工程师应要求承包人对合同段的全部工程或开工段落的原始地面线进行实际测定，并对其测定工作进行检查验收，以作为路基横断面施工图和土石方、桥涵结构等工程计量的依据。对业主已经移交了的工程用地，承包人应对尚未施工的路段的原始地面线进行有效的保护，即不得随意开挖或向上倾倒垃圾，否则会被认为受到施工干扰，由此增加的工程数量或工程费用将不予承认。

（4）承包人测量时所使用的仪器精度及操作方法必须符合勘察设计要求与规定。监理工程师应要求承包人根据合同文件提供的标准横断面、纵断面等资料进行测量，并对承包人旨在影响土石方工程数量的任何加桩及横向测点的不合理性加以纠正，以使纵向加桩的连线及横向测点的连线与实际地面线相吻合。然后，要求承包人按合同文件提供的纵、横断面图及实际测定的原始地面线资料，提交用于施工放样的横断面施工图及用于确定实际土石方工程数量和结构工程数量的计算表，以供监理工程师审核。

5)审批施工图纸和核算工程量清单

监理工程师应在各项工程开工前,在合同规定的合理时间内,对承包人依据合同规定完成并提交的各种施工图进行审核批准。承包人提交的施工图,其图幅应按统一规定,且应与设计文件的施工图一致。

工程量清单是合同工程计量支付的主要依据,审核工程量清单应以合同条件、合同图纸和技术规范为依据。审核无误后,及时对施工单位提交的工程量清单复核结果予以签认。

6)确认现场用地

监理工程师应要求承包人预先提出工程场地占用计划(附图)给业主,以便业主能在合理的时间内完成工程场地的准备。在合同规定的开工令发出之前,以及各项工程开工前合理的时间内,监理工程师应督促业主将全部工程或施工段落的工程场地移交给承包人使用。倘若业主一时难以按工程进度计划及场地占用计划提供施工段落的工程场地时,监理工程师应与承包人协商,合理地对施工段落的顺序安排加以调整;占用工程场地的交接工作应在工程现场进行,并履行必要的文字手续,即各有关代表均需在文件上签字;对已占有的工程场地,承包人应根据监理工程师指示,埋置永久性的界桩,并对场地进行看管。

7)审查施工机械设备

监理工程师应按其批准的承包人的工程进度计划分期审查承包人在实施工程时所使用的施工机械设备,包括承包人进场机械设备(包括计划进场的机械设备)的数量、型号、规格、生产能力、完好率是否与工程进度计划,尤其是与网络计划中的关键线路相适应;检查承包人各种施工机械设备的配套情况,及满足施工技术要求的适应性;当承包人的施工机械设备数量不足或不配套时,应限期补足进场;审验不合格的施工机械设备,应限期让承包人撤离工地;若承包人要求替代或更换施工机械设备,应要求承包人事先征得监理工程师同意;最后,已运入施工现场并经监理工程师审查的施工机械设备,未征得同意,承包人不得将其运出工地。

8)召开第一次工地会议

总监理工程师应主持召开第一次工地会议。会议的组织和要求应符合有关规定。

9)签发工程开工令

监理工程师收到施工单位提交的合同工程开工申请后,应对合同工程的开工条件进行核查。具备开工条件的,由总监理工程师签发合同工程开工令,并报建设单位备案。

二、施工阶段质量监理的内容

施工阶段是对工程主体实施现场施工的阶段。在此阶段里,监理工程师的主要任务如下:

(1)督促承包人按照规定的施工方法、质量标准和批准的施工方案及进度计划进行施工。

(2)检查承包人使用的测量仪器是否按规定进行校准,审查其提交的施工测量放样数据、图表及成果并予以批复。

(3)要求承包人及时提交分项、分部工程的开工申请,在合同规定的时间内按规定审查其是否具备开工条件,以确定是否批复其开工申请。

(4)对进入现场的所有材料、设备、构件、配件、混合料都要进行检验,不符合规定要求的要拒收;对构件、设备和重要材料的生产、制造和装配场所要实行监督。

(5)督促施工单位进行安全、环保技术交底。进行公路建设项目的环境影响评价、水土保持方案审批和竣工环境保护验收。

(6)协助承包人完善工序控制,提出工序控制的质量要求,抓好工序管理,每道工序开工都要申请和审批,只有最后验收合格才能进行下一道工序的施工。

(7)落实合同要求的试验,并对实施工程的重要部位和薄弱环节安排增加试验。

(8)制订巡视工地的次序和周期,对整个施工过程进行全方位巡视检查,对隐蔽工程、重点部位及关键工序进行全过程旁站监督和检验;未经监理人员检查或同意,不得将隐蔽工程覆盖或进行下一道工序施工。

(9)组织分项工程、分部工程质量验收和质量等级评定。

(10)针对重大质量隐患或缺陷下达停工令,要求施工单位停工整改;待整改完毕并经验收符合要求,签发复工令。

(11)审批设计变更和图纸修改,确认变更费用。

(12)开好工地会议,组织质量专题会议,形成现场质量管理制度。

(13)审查分包人资质,审批分包合同和分包工程内容。

(14)审查承包人的交工资料,严格进行中间交工验收,参加业主组织的竣工验收,并提供相关的监理资料。

(15)对施工单位的修复活动进行监理,对修复工程的质量进行验收,确定质量缺陷责任归属。

公路工程施工阶段质量监理流程框图如图2-3所示。

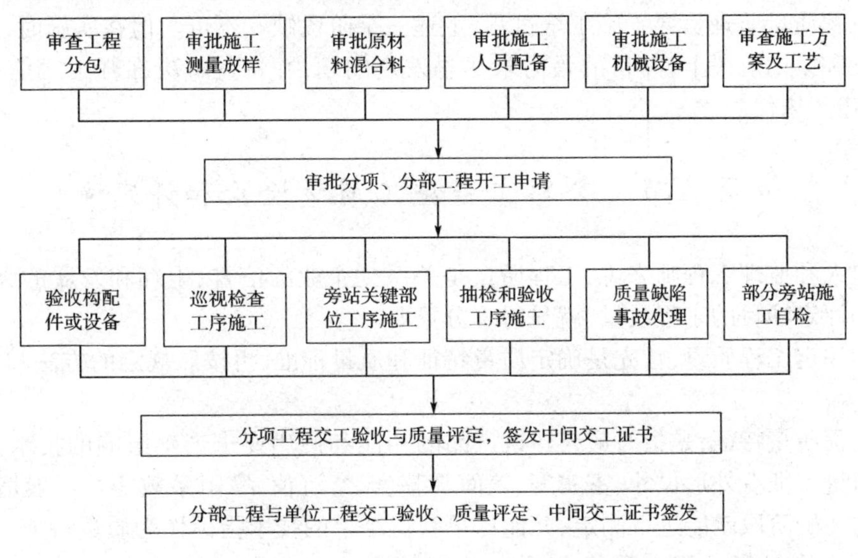

图2-3　施工阶段质量监理流程框图

三、竣(交)工验收及缺陷责任期质量监理的内容

当工程项目完工或部分(合同段)工程完工后,即进入竣(交)工验收及缺陷责任期阶段监理。在工程竣(交)工验收及缺陷责任期阶段,监理工程师的主要任务如下:

(1)竣(交)工验收前,督促承包人做好竣(交)工验收准备,按合同及有关规定的要求,审

查施工单位提交的合同工程竣(交)工验收申请。

(2)按合同要求组织初验,进行竣(交)工工程的检查和验收。对工程施工时存在的缺陷及签发交工证书之后发生的工程缺陷情况进行记录,对工程缺陷发生的原因和责任者进行调查,确定缺陷责任和修复费用,并指示承包人限期进行修复,以确保工程实体的质量达到合同规定和评定标准有关的质量要求。对非承包人原因造成的工程缺陷,监理工程师应对修复工作作出费用估价,安排承包人修复时应向项目法人签发追加费用的证明。

(3)审阅承包人关于未完工作的计划和保证,检查承包人未完工程计划的实施,并视工程具体情况,建议承包人对未完工程的计划进行调整。

(4)监督工程项目的试运行,及时发现和解决质量问题。监督承包人完成剩余工程和修补质量缺陷,直至缺陷责任终止期满。

(5)及时汇总、整理监理资料,对工程的质量等级进行评定,按有关规定编制监理工作报告,并提交建设单位。

(6)参加建设单位组织的合同工程竣(交)工验收,接受对监理独立抽检资料、监理工作报告及质量评定资料的检查,协助建设单位检查施工单位的合同执行情况,核对工程数量,按合同要求进行竣工工程的检查和验收,评定各合同段的工程质量。对工程施工时存在的缺陷及签发交工证书之后发生的工程缺陷情况进行记录。

(7)督促承包人按合同规定完成竣工资料和竣工图纸,并审核竣工资料和竣工图纸。

(8)在规定的缺陷责任期内,监理工程师应督促设计单位、施工单位对竣工运营阶段进行质量回访,实行保修,以及向业主提供必要的服务。

公路工程质量监理贯穿于施工全过程,上述三个阶段缺一不可。但在实施时,应把重点放在第一阶段和第二阶段上,其目的是力求尽早发现问题,并将其解决在开工之前和施工过程中,做到防患于未然。

第五节 公路工程施工质量检验和评定

对承包人和监理工程师来说,工程质量是关系到企业的信誉、生存和发展的大事。因此,如何检验和评定项目的工程质量,就显得十分重要。

检验和评定工程质量,首先是确定质量特征和质量标准,再按照规定的方法和频率进行检验和评定。

所谓工程质量特征,是指对最终建筑产品的功能和使用要求产生影响的技术指标。如路面工程的质量特征有外形尺寸、密实度、表面平整度、弯沉值、摩阻系数等。一般情况下,可选择在施工的初始阶段就能进行测定,并能尽早获得结果的技术指标作为质量特征。

质量标准则是指由国家和行业颁发的有关公路工程施工及验收规范、《公路工程施工监理规范》(JTG G10—2006)、《公路工程质量检验评定标准(土建工程)》(JTG F80/1—2004)等所规定的各项质量特征值。质量特征值的分布,通常采用直方图来检查,并在满足质量标准的情况下,画出质量控制图。在控制图中,若发现质量特征值分布出现异常情况时,应利用质量因素分析的方法查找原因,并进行改正,以保证施工过程中质量的稳定。

一、单位工程、分部工程及分项工程的划分

根据建设任务、施工管理和质量检验评定的需要，按照路基工程、路面工程、桥梁工程、立交工程、隧道工程、交通安全设施工程等将建设项目划分为单位工程、分部工程、分项工程。现分述如下。

1. 单位工程

在建设项目中，根据业主下达的任务和签订的合同，具有独立施工条件，并可单独作为成本计算对象的工程，称为单位工程。

2. 分部工程

在单位工程中，按其结构部位、路段长度及施工特点（或施工任务）再度划分的工程，称为分部工程。

3. 分项工程

在分部工程中，按其不同的施工方法、材料、工序及路段长度等再划分的工程，即为分项工程。

在一个建设项目中，承包人应对各分项工程按《公路工程质量检验评定标准（土建工程）》（JTG F80/1—2004）所列基本要求、实测项目、外观鉴定进行自检，并按要求提交真实、完整的自检资料，对工程质量逐级进行自我评定。监理工程师（单位）应按规定对工程质量进行独立抽检，对施工单位检评资料进行签认，并按照此工程划分，逐级进行工程质量的等级评定。建设单位根据工程质量的检查及平时掌握的情况，对工程监理单位所做的工程质量评分及等级进行审定。质量监督部门、质量检测机构可依据公路工程质量标准进行检测和鉴定。

二、工程质量检验与评定

1. 抽样检验

检验是指通过测量、试验等质量检测方法，将工程产品与其质量标准相比较，并作出质量评判的过程。工程质量的检验是工程质量控制的一个重要环节，是保证工程质量的必要手段。

检验可分为全数检验和抽样检验两大类。全数检验是对一批产品中的每一个产品进行检查，从而判断该批产品的质量状况；抽样检验是从一批产品中抽出少量单个产品进行检验，从而判断该批产品的质量状况。抽样检验方法是以数理统计学为理论依据，具有很强的科学性和经济性。对于公路工程质量检验而言，只能采用抽样检验。

1）抽样检验的类型

（1）非随机抽样。人为的有意识的挑选取样即为非随机抽样。非随机抽样中，人的主观因素占主导作用，由此所得到的质量数据，往往会对总体作出错误的判断。因此，非随机抽样方法所得到的检验结论，其可信度较低。

（2）随机抽样。随机抽样排除了人的主观因素，使待验总体中的每一个产品具有同等被抽取的机会。只有随机抽取的样本才能客观反映总体的质量状况。这类方法所得到的数据代表性强，质量检验的可靠性得到了基本保证。因此，随机抽样是根据数理统计的原理，以样本取得的质量数据来推测、判断总体的一种科学抽样检验方法，因而广泛使用。

2）随机抽样的方法

随机抽样的方法很多，适合于公路工程质量检验的随机抽样方式一般有以下三种：

（1）单纯随机抽样。在总体中，直接抽取样本的方法即为单纯随机抽样，这是一种完全随机化的抽样方法。要实现单纯随机抽样，首先要对总体中的个体进行编号。随机抽样并不是随便地抽样，而是采取一定的方式获取随机数，以确保抽样的随机性。

（2）系统抽样。系统地将总体分成若干部分，然后从每一部分抽取一个或若干个个体，组成样本，这一方法称之为系统抽样。

（3）分层抽样。一项工程或工序往往是由若干不同的班组施工的。分层抽样法就是根据此类情况，将工程或工序分为若干层，如路基压实层，然后按一定比例确定每层应抽取样品数，再对每层按单纯随机抽样法抽取样品。分层抽样法便于了解每层的质量状况，分析每层产生质量问题的原因。

2. 抽样检验的评定方法

抽样检验的目的，就是根据样本取得的数据来推测样本所属的一批产品或工序的质量状况，并判断该产品或该工序是否合格。抽样检验评定的原理是从批量产品 N 中随机抽取 n 个样本，其中抽出样本中不合格样本数为 d，允许不合格样本数（或称合格判断数）为 c。若 $d \leqslant c$，则认为该批产品合格，可以接收；若 $d > c$，则说明该批产品不合格，应拒绝接收。

抽样检验的评定方法多采用数理统计的方法。反映工程质量抽样检验的统计数据有两个基本特性，一是统计数据的差异性；二是统计数据的规律性。用于表示抽样数据分布及其统计的特征量分为两大类：一类表示数据的集中位置，包括算术平均值、中位数等；一类表示数据的离散程度，主要有标准差、变异系数、极差等。

1）算术平均值

算术平均值是表示一组数据集中位置最有用的统计特征量，经常用样本的算术平均值来代表总体的平均水平。总体的算术平均值用 μ 表示，样本的算术平均值用 $\bar{x}$ 表示。如果 n 个样本数据为 x_1、x_2、…、x_n，则样本的算术平均值为：

$$\bar{x} = \frac{1}{n}(x_1 + x_2 + \cdots + x_n) = \frac{1}{n}\sum_{i=1}^{n} x_i \tag{2-1}$$

2）标准差

标准差有时也称标准偏差、标准离差或均方差，是衡量样本数据波动性的指标。在质量检验中，总体的标准偏差 σ 一般不易求得。样本的标准偏差 S 为：

$$S = \sqrt{\frac{(x_1 - \bar{x})^2 + (x_2 - \bar{x})^2 + \cdots + (x_n - \bar{x})^2}{n-1}} = \sqrt{\frac{\sum_{i=1}^{n}(x_i - \bar{x})^2}{n-1}} \tag{2-2}$$

3）变异系数

标准偏差是反映样本数据的绝对波动状况，当测量较小的量值时，绝对误差一般较大；当测量较大的量值时，绝对误差一般较小。因此，用相对波动的大小，即变异系数，更能反映样本数据的波动性。变异系数用 C_v 表示，是标准偏差 S 与算术平均值 $\bar{x}$ 的比值，即：

$$C_v = \frac{S}{\bar{x}} \times 100\% \tag{2-3}$$

4）评定指标的代表值

质量指标的代表值由算术平均值 $\bar{x}$ 和标准偏差 S，并按照《公路工程质量检验评定标准（土建工程）》（JTG F80/1—2004）中的规定进行计算。

三、工程质量等级的评定

1. 工程质量评分方法

公路工程质量检验与评分，以分项工程为评定单元，并采用100分制的方法进行。然后，在分项工程评分的基础上，逐级计算各相应分部工程、单位工程、合同段和建设项目评分值。

1）分项工程评分方法

分项工程质量检验内容包括基本要求、实测项目、外观鉴定和质量保证资料四个部分。分项工程质量检验条件：只有在其使用的原材料、半成品、成品及施工工艺符合基本要求的规定，且无严重外观缺陷和质量保证资料基本齐全时，方可对分项工程的质量进行检验与评定。

分项工程评分满分为100分，按实测项目采用加权平均法计算，存在外观缺陷或资料不全时，应予减分。

$$\text{分项工程得分} = \frac{\sum[\text{检查项目得分} \times \text{权值}]}{\sum \text{检查项目权值}} \tag{2-4}$$

$$\text{分项工程评分值} = \text{分项工程得分} - \text{外观缺陷减分} - \text{资料不全减分} \tag{2-5}$$

分项工程检验评定的具体步骤如下：

(1)基本要求检查。首先按基本要求对分项工程进行认真检查。各分项工程所列的基本要求，对施工质量的优劣具有关键作用，经检查符合基本要求规定时，即可对工程质量进行检验和评定。

(2)实测项目计分。对规定检查的项目采用现场抽样的方法，按规定频率和下列计分方法对分项工程的施工质量直接进行检测计分。实测项目除按数理统计方法评定的项目以外，均应按单点（组）测定值是否符合标准要求进行评定，以合格率计分。

$$\text{检查项目合格率} = \frac{\text{检查合格的点（组）数}}{\text{该检查项目的全部点（组）数}} \times 100\% \tag{2-6}$$

$$\text{检查项目的评定分数} = \text{检查项目的全部规定分数} \times \text{合格率} \tag{2-7}$$

对于路基路面的压实度、弯沉值、路面结构层厚度、水泥混凝土的抗折强度、半刚性材料强度等检查项目，则应分别采用《公路工程质量检验评定标准（土建工程）》（JTG F80/1—2004）附录所列数理统计的方法进行评定计分。

(3)外观缺陷减分。对工程外表状况应逐项进行全面检查，并按工程外表缺陷的实际状况区分档次，进行减分。对较为严重的外观缺陷，应让承包人采取合适的措施进行整修处理。

(4)质检资料不全减分。施工单位应有完整的施工原始记录、试验数据、分项工程自查数据等质量保证资料,并进行整理分析,负责提交齐全、真实和系统的施工资料和图表。工程监理单位负责提交齐全、真实和系统的监理资料。质量保证资料应包括以下六个方面:

(1)所用原材料、半成品和成品质量检验结果。

(2)材料配比、拌和加工控制的检验和试验数据。

(3)地基处理、隐蔽工程施工记录、大桥和隧道施工监控资料。

(4)各项质量控制指标的试验记录和质量检验汇总图表。

(5)施工过程中遇到的非正常情况的记录及其对工程质量的影响分析。

(6)施工过程中如发生质量事故,经处理补救后,达到设计要求的认可证明文件。

当承包人应提交的资料不全时,应予以减分,减分幅度按承包人应提交的资料逐项检查,视资料不全情况,每项减1~3分。而对分项工程的施工资料和图表残缺不全和缺乏最基本数据者,或伪造涂改者,则不予检验和评定。

2)分部工程和单位工程评分方法

《公路工程质量检验评定标准(土建工程)》(JTG F80/1—2004)附录A表,将分部工程和单位工程区分为一般工程和主要(主体)工程。进行分部、单位工程评分时,可采用加权平均值计算法确定相应的评分值,而对一般工程和主要工程,则分别给以1和2的权值。即:

$$\text{分部(单位)工程评分值}=\frac{\sum[\text{分项(分部)工程评分值}\times\text{相应权值}]}{\sum\text{分项(分部)工程权值}} \tag{2-8}$$

3)合同段和建设项目工程质量评分

合同段和建设项目工程质量评分按《公路工程竣(交)工验收办法》进行计算。

各合同段工程质量评分采用所含各单位工程质量评分的加权平均值。即:

$$\text{合同段工程质量评分值}=\frac{\sum(\text{单位工程质量评分值}\times\text{该单位工程投资额})}{\text{合同段总投资额}} \tag{2-9}$$

工程各合同段交工验收结束后,由项目法人对整个工程项目进行工程质量评定,工程质量评分采用各合同段工程质量评分的加权平均值。即:

$$\text{项目工程质量评分值}=\frac{\sum(\text{合同段工程质量评分值}\times\text{该合同段投资额})}{\text{项目总投资额}} \tag{2-10}$$

工程质量等级评定分为合格和不合格,工程质量评分值大于等于75分的为合格,小于75分的为不合格。

2. 工程质量等级评定办法

建设项目工程质量评定等级分为合格与不合格。应按分项工程、分部工程、单位工程、合同段和建设项目逐级评定。现分述如下:

(1)分项工程质量等级评定。分项工程评分值不小于75分者为合格;小于75分者为不合格。分项工程经检查被评为不合格时,允许进行加固、补强、整修或返工,待满足设计要求和评定标准后,可以重新评定其质量等级,但计算分部工程评分值时按其复评分值的90%计算。

(2)分部工程质量等级评定。分部工程中所属各分项工程全部合格,则该分部工程评为

合格;所属任意分项工程不合格,则该分部工程评为不合格。

(3)单位工程质量等级评定。单位工程中所属各分部工程全部合格,则该单位工程评为合格;所属任意分部工程不合格,则该单位工程评为不合格。

(4)合同段和建设项目工程质量等级评定。合同段和建设项目所含各单位工程全部合格,则其工程质量评为合格;所属任意单位工程不合格,则该合同段和建设项目工程质量评为不合格。

•第六节 工程质量事故的处理•

一、工程质量事故及其产生的原因

在工程实际中,凡工程不符合规定的质量标准或设计要求的,均称为工程质量事故。具体指由于勘测、设计、施工、监理、试验检测等责任过失而使工程在下述情况遭受损毁或产生不可弥补的本质缺陷,或因构造物倒塌造成人员伤亡、财产损失以及需加固、补强、返工处理的事故。造成工程质量事故的原因,主要有以下几个方面:

(1)违背基本建设程序,如边设计,边施工;在没有或缺乏水文、工程地质等自然资料,以及施工工艺不过关的情况下盲目施工。

(2)设计计算失误。

(3)工程地质勘察失误,或地基处理失误。

(4)原材料、预制构件质量指标不符合要求。

(5)施工管理不当或未按操作规程作业,或运行管理不当。

(6)自然环境方面的影响。

二、工程质量事故的分类及特点

公路工程质量事故按性质和严重程度可分为质量问题、一般质量事故及重大质量事故三类。

1. 质量问题

质量较差、造成直接经济损失(包括修复费用)在20万元以下。

2. 一般质量事故

质量低劣或达不到合格标准,需加固补强,直接经济损失(包括修复费用)在20万元至300万元之间的事故。一般质量事故分下列三个等级。

(1)一级一般质量事故:直接经济损失在150万~300万元之间。

(2)二级一般质量事故:直接经济损失在50万~150万元之间。

(3)三级一般质量事故:直接经济损失在20万~50万元之间。

3. 重大质量事故

由于责任过失造成工程倒塌、报废和造成人身伤亡或者重大经济损失的事故。重大质量事故分为三个等级。

1)具备下列条件之一者为一级重大质量事故。

(1)死亡30人以上。

(2)直接经济损失1 000万元以上。

(3)特大型桥梁主体结构垮塌。

2)具备下列条件之一者为二级重大质量事故。

(1)死亡10人以上,29人以下。

(2)直接经济损失500万元以上,不满1 000万元。

(3)大型桥梁主体结构垮塌。

3)具备下列条件之一者为三级重大质量事故。

(1)死亡1人以上,9人以下。

(2)直接经济损失300万元以上,不满500万元。

(3)中小型桥梁主体结构垮塌。

工程质量事故,一般均具有复杂性、严重性、可变性及多发性的特点,处理起来也颇为困难。因此,对于在施工过程中发生的某些质量问题,凡可以不作处理或稍作处理即可达到合同和规范要求的质量标准者,均不宜轻易将其定为质量事故,而应按质量缺陷加以处理。

三、质量事故报告制度与报告内容

1. 质量事故报告制度

(1)质量事故发生后,事故发生单位必须以最快的方式,将事故的简要情况同时向建设单位、监理单位、质量监督站报告。在质量监督站初步确定质量事故的类别性质后,再按下述要求进行报告。

质量问题:问题发生单位应在2d内书面上报建设单位、监理单位、质量监督站。

一般质量事故:事故发生单位应在3d内书面上报质量监督站,同时报企业上级主管部门、建设单位、监理单位和省级质量监督站。

重大质量事故:事故发生单位必须在2h内速报省级交通主管部门和国务院交通主管部门,同时报告省级质量监督站和部级质量监督总站(传真号:010-65261138),并在12h内报出“公路工程重大质量事故快报”。

(2)根据公路工程质量事故定期报告制度,各级质量监督站每季度末将“公路工程质量事故情况季报”报上一级交通主管部门和质量监督站。

(3)质量事故发生单位隐瞒不报、谎报、故意拖延报告期限的、故意破坏现场的、阻碍调查工作正常进行的、拒绝提供与事故有关情况和资料的、提供伪证的,由上级主管部门按有关规定给予行政处分。构成犯罪的,由司法机关依法追究刑事责任。

2. 质量事故书面报告的内容

(1)工程项目名称,事故发生的时间、地点,建设、设计、施工、监理等单位名称。

(2)事故发生的简要经过、造成工程损伤状况、伤亡人数和直接经济损失的初步估计。

(3)事故发生原因的初步判断。

(4)事故发生后采取的措施及事故控制情况。

(5)事故报告单位。

四、工程质量事故的处理权限和处理原则

1. 质量事故处理权限

国务院交通主管部门归口管理全国公路工程质量事故，省级交通主管部门归口管理本辖区内的公路工程质量事故。质量事故的调查处理实行统一领导、分级负责的原则。

重大质量事故由国务院交通主管部门会同省级交通主管部门负责调查处理；一般质量事故由省级交通主管部门负责调查处理。

2. 质量事故处理原则

质量事故处理实行“三不放过”原则：事故原因不清不放过；事故责任者和群众没有受到教育不放过；没有防范措施不放过。对工程质量缺陷与事故的处理还必须坚持以下原则：

(1)监理工程师具有质量否决权。

(2)质量问题的处理必须是先进行调查，分清责任，以明确处理费用的承担者。

(3)在施工中，前一道工序有质量问题，未经监理工程师认可不准进行下一道工序。

(4)承包人必须执行监理工程师对质量缺陷与事故的处理意见。

(5)承包人对质量缺陷与事故的处理方案和措施，必须经过监理工程师批准方可实施。

(6)承包人对质量缺陷与事故的处理完成后，必须接受监理工程师的检查和验收。

五、工程质量事故处理的目的及程序

分析与处理工程质量的目的在于：正确分析事故，创造正常的施工条件；保证结构的安全使用，减少事故损失；总结经验教训，预防同类事故重复发生；了解结构(新结构)的实际工作状态，为正确选择结构计算简图、构造设计、修订规范(规程)和有关技术措施提供依据。

工程项目出现质量事故，其直接责任者一般是承包人，但由于监理工程师对工程项目的建设负监控责任，所以，监理工程师对质量事故也应负失控的责任。在各项工程的施工过程中或其完工以后，若工程项目明显存在着技术规范所不允许的质量缺陷时，承包人应立即报告监理工程师。监理工程师在收到报告后，应详细调查该质量缺陷产生的基本情况，并根据其性质和严重程度，酌情按以下方式处理：

(1)当因施工而引起的质量缺陷尚处在萌芽状态时，应及时加以制止，并要求承包人改变不正确的施工方法及操作工艺。

(2)若因材料、设备不合格，或不称职的施工人员所为，应要求承包人立即予以更换。

(3)当因施工而引起的质量缺陷已出现时，应立即向承包人发出暂停施工的指令(先口头再书面)，待承包人采取了能足以保证施工质量的有效措施，并对质量缺陷进行了正确的补救处理后，再书面通知其恢复施工。

(4)当质量缺陷发生在某道工序或分项工程完工以后，且对下道工序或分项工程的质量将产生影响时，监理工程师应对质量缺陷产生的原因及责任预先作出判定，并确定了补救方案后，再进行质量缺陷的处理或进行下道工序，或分项工程的施工。

(5)若施工质量缺陷在缺陷责任期内才发现，则监理工程师应及时指令承包人进行修补、

加固或返工处理。

对已完工程的质量缺陷,若危及工程安全,且又能满足设计和使用要求时,在征得业主同意后,可不进行加固或变更处理。倘若工程的质量缺陷确属承包人的责任,通过业主与承包人协商后,可降低对此项工程的支付费用。

当某项工程在施工期间(包括责任缺陷期)出现了断层、裂缝、倾斜、倒塌、沉降、强度不足等技术规范所不允许的情况时,应视其为质量事故,并按以下程序处理:

(1)监理工程师应立即向承包人发出工程暂时停工指令,要求停止质量事故部位和与其有关联部位及下道工序的施工,并要求采取必要的措施,保护事故现场,抢救人员和财产,防止事故扩大,并做好相应的记录。

(2)监理工程师应要求承包人尽快提出质量事故报告并报业主,在质量事故报告中,承包人应详细而真实地反映发生事故的工程名称、部位、产生的原因、应急措施、处理方案、损失的费用等内容。

(3)监理工程师则应立即组织有关人员到事故现场进行调查研究,并在审查、分析、诊断或测试的基础上,对承包人报告中提出的处理方案予以审查、修正、批准,再指令承包人恢复该项工程的施工。

(4)当事故比较严重,在技术规范规定范围内无法解决时,监理工程师应组织专家进行专项调查研究,并提出处理方法。

(5)对承包人提出的有争议的质量事故,监理工程师应全面审查有关的施工记录、设计资料及水文地质现状等(必要时还应实际检验测试),对质量事故的责任予以判定,同时,在分清技术责任时,还应明确事故处理的费用数额,承担比例及其支付方式。

对因施工原因而产生的质量缺陷的修补与加固,应先由承包人提出修补方案及方法,经监理工程师批准后方可进行。对因设计原因而产生的质量缺陷,应通过业主提出处理方案及方法,由承包人进行修补。修补措施及方法要保证质量控制指标和验收标准,并应是技术规范允许的或是行业公认的良好工程技术。

六、工程质量事故处理的结论

监理工程师应根据设计要求、施工规范及质量检验评定标准等对工程质量事故的处理效果作出结论。监理工程师所作的结论应该明确,不能含糊其辞。结论包括:

(1)质量事故已经排除,可以继续施工;隐患已经消除,工程结构安全。

(2)经修补后,完全满足使用要求。

(3)基本满足使用要求,但附有限制条件。

(4)对耐久性及安全方面影响的结论。

(5)对工程外观影响的结论。

工程质量事故经处理后,应重新进行工程质量的检查和评定,并在质量等级评定栏内,加盖"处理"章。对于重大质量事故,经处理后,还应呈报上级主管部门和上一级质量监督部门备案。

工程质量事故的处理程序框图如图 2-4 所示。

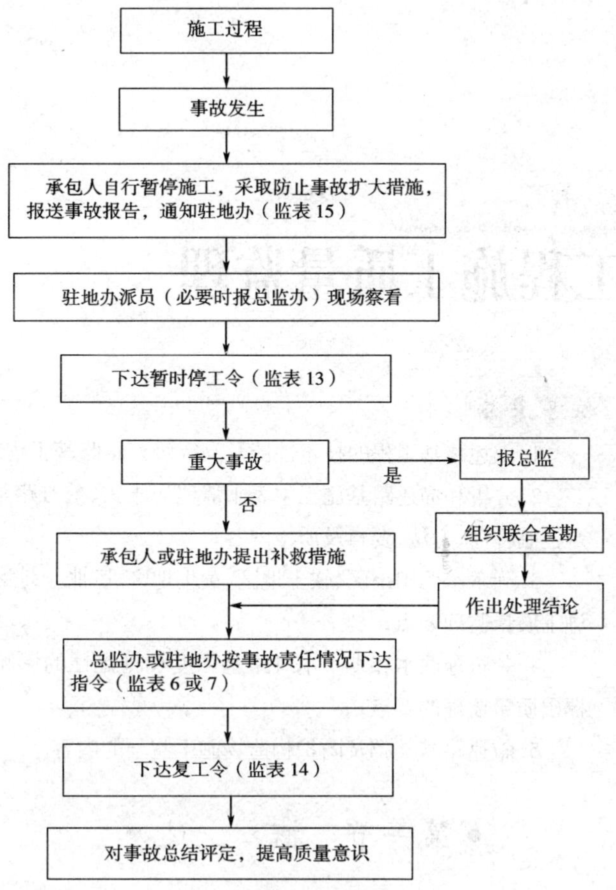

图2-4　工程质量事故处理的程序

复习思考题

1. 简述公路工程施工质量控制的组织机构的形式及职能。
2. 简述公路工程施工质量监理的程序及要点。
3. 公路工程施工质量监理的主要工作方法是什么？
4. 公路工程施工监理分哪几个阶段？各阶段的主要工作有哪些？
5. 公路工程的分项工程、分部工程及单位工程是如何划分的？
6. 简述公路工程施工质量检验与评定的方法。
7. 公路工程质量事故分为哪几种类型？如何按照规定的程序进行质量事故处理？
8. 配备监理人员的原则是什么？人员的层次如何划分？
9. 简述公路工程施工监理的主要任务与特点。
10. 在质量监理的过程中，监理单位和监理人员应遵循的原则是什么？

第三章 路基工程施工质量监理

教学要求

1. 叙述路基工程的技术性能及高等级公路路基工程的特点；

2. 分析和描述路基施工中表土清理与压实、挖方路基和填方路基施工等的质量控制程序、方法、要点及质检内容；

3. 列举水稻田地区、软土地区、黄土地区、膨胀土地区及滑坡地段等特殊路基施工质量监理要点；

4. 分析地面水和地下水对路基强度和稳定性的影响，针对不同的涵洞形式，提出质量监理的要点；

5. 叙述路基支挡及防护构造物施工监理的内容。

第一节 概　　述

一、路基工程的基本要求

路基的强度和稳定性是保证路面强度和稳定性的先决条件，提高路基的强度和稳定性，可以适当减小路面的结构层厚度，从而达到降低工程造价的目的。因此，除要求路基断面尺寸符合设计外，还应满足下列要求：

(1)具有足够的强度(和刚度)。在行车荷载和自重作用下，为保证路基不产生超值变形，要求路基应有足够的承受荷载和抵抗变形的能力。

(2)具有足够的整体稳定性。路基修建改变了原地面的天然平衡状态，当地质不良时，原地面的不平衡状态加剧，在行车荷载和自然因素作用下，路基将发生沉陷、滑坍、崩坍等病害，造成路基损坏。因此，必须因地制宜采取一定措施，避免路基发生过大变形或破坏，以保证路基有足够的整体稳定性。

(3)具有足够的水温稳定性。路基在地面水和地下水的作用下，其强度将会显著降低。特别是在冰冻地区，周期性冻融作用易形成冻胀与翻浆，路基强度急剧下降。因此，路基不仅要求有足够的强度，还应采取措施确保路基在不利的水温状况下强度不致过度降低的水温稳定性。

(4)具有足够的耐久性。满足使用性能和使用寿命的要求。

二、高等级公路路基工程的特点

公路工程建设的特点是:线长、面广,工程量大,投资大,影响因素复杂。随着公路等级的提高,几何线形的标准提高了,使得高等级公路路基的设计和施工均有别于一般公路。高等级公路的路基工程具有以下特点。

1. 高填或深挖的路基增多

为了减少横向交通干扰,必须在高等级公路上设置供横穿公路的行人和车辆行走的设施。对于山丘区,可利用地形布置天桥式横穿道。对于平原区,则只能以提高路基填土高度来满足设置下穿式通道的要求。因此,在平原区修筑高等级公路,其路基填土高度一般应足以设置下穿式通道。

填土高度的增加,既增加了填土路堤的工程量,又要求填土材料具有良好的较均匀的性质,施工时含水率和压实度也应尽量均匀一致,以免引起路基体发生过大的或不均匀的沉降变形。

由于高等级公路线形要求纵坡平缓、弯道半径大,当路线通过山区或丘陵区时,则会出现较多的高填或深挖问题。对于深挖路堑,有可能因地质、土质和水文地质情况的变化,使路堑的路基体出现软弱土层及地下水侵蚀,而使路基体强度降低。对于高填方路堤,应特别注重填筑质量。无论是深挖路堑还是高填路堤,均有高边坡的稳定问题,需要在设计和施工中考虑支挡、护坡及施工工艺的合理性。

2. 特殊地质条件的路基增多

由于高等级公路线形的重要性,路线通过不良地质地段的机会较多。尤其是丘陵区,往往由于深挖和高填,使路基坐落在软土或强风化岩层上的机会比较多。在冲积平原和三角洲地区修筑高等级公路,通常会遇到大面积的和深层的软土地基。以上情况,对路基而言,则需要考虑换土或改良和加固路基土的问题,这就要求采取特殊的施工工艺。

3. 路线中的桥涵和通道增多

高等级公路一般采取全封闭或半封闭的方式,以保证车辆的快速通行和安全行驶。由于公路要通过广大农村地区,为解决农村人口生产和生活,需要增设较多的小桥、过水涵洞和灌溉虹吸管,以及人行或拖拉机的通道,对于这些情况,则要求路基施工时对桥涵和通道台背填土碾压密实。由于台背填土压实施工较麻烦,施工时常被放松和疏忽,日后则发生较明显的下沉,致使路基路面与桥涵、通道衔接不平顺而影响高速行车。

4. 取土、弃土矛盾增大

当路线通过山区和丘陵区时,由于线形标准的提高,则设计时难以考虑好土方的填挖平衡,有可能增大借土的数量和带来公路用地范围的扩大。这些问题在设计时必须充分考虑到。当路线通过平原区时,由于路基两侧大都为良田,征地的费用较高,且我国的人均耕地极少,为了减小取土占地的矛盾,有时不得不将路基设计成高架桥的形式。

三、路基的几何要素

路基的几何要素主要指路基宽度、路基高度和路基边坡坡度。

公路路基的宽度指的是路基某一横断面上两路肩外缘之间的宽度,它一般为行车道与路肩宽度之和。当设有中间带、变速车道、爬坡车道、紧急停车带时，尚应包括这部分的宽度。公路等级越高，路基的宽度越大。

路基高度是指路堤的填筑高度或路堑的开挖深度，是路基设计高程与原地面高程之差。

由于原地面横向往往倾斜，在路基宽度范围内，两侧的相对高差常有不同，通常，路基高度是指中心线处的设计高程与该处原地面高程之差，但对路基边坡高度来说，则指坡脚、坡顶边缘高程与路肩边缘高程之差。所以，路基高度有中心高度与边坡高度之分。在正常条件下，可根据土质类别的不同，将边坡高度小于1m的填方路基称为矮路堤，将大于18m（土质）或20m（石质）的填方视为高路堤，将大于20m的挖方视为深路堑。

为保证路基稳定而在其两侧做成的具有一定坡度的坡面称为路基边坡。公路路基的边坡坡度，可用边坡高度 H 与边坡宽度 b 之比值表示，并取 $H=1$。路基边坡坡度对路基的稳定起着重要的作用，边坡坡度的大小，取决于边坡的土质、岩石的性质以及水文地质条件等自然因素和边坡的高度。

四、路基施工的一般要求

（1）路基开工前，应在全面理解设计要求和设计交底的基础上，进行现场调查和核对。

（2）在详细的现场调查后，应根据设计要求、合同、现场情况等，编制实施性施工组织设计，并按管理规定报批。

（3）路基开工前必须建立健全质量、环保、安全管理体系和质量检验体系，并对各类施工人员进行岗前培训和技术、安全交底。

（4）临时工程，应满足正常施工需要，应保证路基施工影响范围内原有道路、结构物及农田水利等设施的使用功能。

（5）填方路堤施工前应按照规范的有关规定对原地面进行清理及压实。所有填方作业均应严格按照图纸或监理人员的要求进行。

（6）路堤基底应在填筑前进行压实，承包人应将压实后新测绘的填方工程断面图提交监理人员核准，否则不得填筑。

（7）填方作业不得对邻近的结构物和其他设施产生损坏和干扰，否则，由此而引起的后果应由承包人自负。

（8）整个施工期间，必须保证排水畅通。如因排水不当而造成工程损坏，承包人应自费立即进行修补。

（9）当路堤填料中石料含量小于30%时，按填土路堤施工；填料中石料含量等于或大于70%时，按填石路堤施工；填料中石料含量小于70%、大于30%时，按土石路堤施工。各种情况均应符合图纸要求及有关规范规定。

（10）特殊路基施工前，承包人应按图纸要求，提出处理方案报监理人批准。

（11）路堤基底及路堤每层施工完成后未经监理人检验合格，不得进行上一层的填土施工。

（12）施工机械选择，应考虑工程特点、土石种类及数量、地形、填挖高度、远距、气候条件、工期等因素，做到经济合理。

•第二节 路基工程施工准备质量监理•

从承包人进场至监理工程师正式签发开工令之前，即为路基工程的施工准备阶段。监理工程师在此阶段的工作重点是根据合同规定对承包人开工前的准备工作进行检查。为了使路基工程能按时顺利开工，且在开工后能继续顺利施工，达到充分保护业主和承包人双方的利益、减少风险损失的目的，监理工程师一定要抓好承包人施工准备阶段的质量监理。

一、进场材料的质量控制

(1)由于路基工程的备料有数量大、所需劳力多、涉及面宽、耗资大(约占总投资的25%～40%)和高等级公路一次性要求用量多、难度大等特点，因此，为避免不符合要求的材料进入施工现场，造成工程质量事故，在材料进入工地之前，要对其进行严格的控制。

(2)首先对外购材料或构件，如管道、混凝土构件等，要求生产厂家提供试验报告，以备监理工程师审批；对自制材料，承包人应提供该料场的开采机械、加工设备、成品率及取样试验资料给监理工程师审查，以便确定该料场的采用与否。

(3)对合同段内准备用做填方材料的挖方段或借土场，承包人应每5 000m^3 或在土质变化时取样，按《公路土工试验规程》(JTG E40—2007)进行土的塑限、液限、塑性指数、颗粒分析、天然含水率、干湿重度、有机质含量等指标的检测试验，并将报告提交监理工程师审批。

(4)对已进场的材料，亦应按规范规定做进一步的抽样试验，并将报告提交监理工程师审批。凡是经检验不合格的材料，应清出场外，不得用于工程施工。

二、施工现场测量放样的校核

承包人根据监理工程师书面提供的原始基准点、基准线和基准高程，对施工中需要的所有中线点、高程、位置、尺寸等数据进行计算和确定，经核对无误后报监理工程师审批。然后，再根据批准后的定线数据进行准确的放样，并将放样数据及图表报监理工程师审批。监理工程师收到报告后，会同承包人到现场，按交通运输部颁发的公路验收标准或合同规定的技术标准，对放样精度进行复核，无误后由监理工程师审批。当施工放样测量满足《公路路基施工技术规范》(JTG F10—2006)等规定后，双方应签字认可。

三、施工机械检查和审批

承包人进入现场的土方施工机械设备，不仅关系到开工后的施工质量和进度，而且对因工期的延误产生的索赔费用计算有直接的影响。因此，监理工程师应要求承包人详细填写施工机械进场检验单，并依照进场检验单对机械设备的数量、型号、规格、生产能力、完好率等进行认真的检查和记录。当发现承包人进场的机械设备和投标书附表所填不一致时，应查明原因，尤其对承包人直接用于网络计划中关键线路工程上的机械的生产能力、效率、性能、配套使用及周转情况等，更应特别仔细地进行检查，并以满足施工需要为准。

四、试验路段施工监理

路基试验路段应选择在地质条件、断面形式等工程特点具有代表性的地段，路段长度不宜小于100m。承包人需按要求在正式开工28d前提交填方路堤试验路段施工总结报告，并经监理工程师审批。试验路段施工总结报告应包括以下内容(或通过试验路段的修筑，需要提交正式施工的技术参数和标准方法)：

(1)填料试验、检测报告等。

(2)压实工艺主要参数，包括机械组合和机械规格、松铺厚度、碾压遍数和碾压速度、最佳含水率及碾压时含水率允许偏差等。

(3)过程质量控制方法和指标。

(4)质量评价指标与标准。

(5)优化后的施工组织方案及工艺流程。

(6)原始记录和过程记录。

(7)确定每一作业段的合适长度。

(8)对施工设计图的修改建议等。

通过对路基试验路段的施工，获得合理的试验参数，从中选出最优方案，指导路基全线大规模施工。

五、施工方案的审批

承包人在提交《路基工程开工申请单》报告时，应附一份根据核实的工程量、现场条件、工期要求及施工设备情况，制订包括选择施工方案、确定施工方法、布置施工场地、编制施工进度计划、材料、劳力、机械计划、拟订关键工程的施工技术措施与安全措施等内容的实施性施工组织设计，并报监理工程师审批。

六、施工质量自检系统的审查

在工程开工前，应尽早督促承包人建立施工质量自检系统，并对其配备的自检人员(包括项目经理、技术负责人、试验室负责人)的资格及质检设备进行审查。

七、审批开工申请

当监理工程师对承包人的施工准备工作和开工条件经过认真核查，确认已满足合同规定的开工条件时，应立即签发路基开工报告批复单。开工报告应包括以下内容：工程实施计划和施工方案；根据技术规范列明本项工程的质量控制指标、检验频率和方法；说明材料、设备、劳力及现场管理人员等项的准备情况；提供放样测量、标准试验、施工图等必要的基础资料。

• 第三节　路基工程施工质量监理 •

工程施工阶段是一项工程的形成阶段。在此阶段，监理工程师的重点是要抓住各道施工工序的检查，严格执行工序质量监理程序，以确保每道工序的质量符合规范和设计文件的技术要求。

路基工程各工序质量监理工作要点,具体如下。

一、表土的清理与压实

表土是指自然地面表层有利于植物生长的土。通常在路基施工范围内的树根或有树根的表层土必须挖除,且应挖掘至自然地面以下 50cm;对路堤填土高度小于 80cm 的路段,其挖掘深度应达到 100cm;挖方及高填方路段的表土、草皮,应挖至自然地面以下 20cm;建筑物或其他障碍物的地下部分,应挖掘到设计图纸要求或监理工程师指示的深度;挖掘出的不带树根的表土,应搬运到由承包人提供且经监理工程师同意的储料堆存放。

对于路基地基表层处理的规定具体如下:

(1)为使土方能均匀压实,无论是旧路基或新铺平的地面,在清表后均应先使用平地机或推土机将原地面推平,平整度误差不应超过 5cm,再进行碾压,并达到压实标准:二级及二级以上的公路路堤基底(地面以下 20cm 以内)的压实度应不小于 90%;三、四级公路应不小于 85%。路基填土高度小于路面和路床总厚度时,基底应按要求处理。

(2)对零填方路段及土质较差的路段,应将地面表土挖除一层(厚约 30cm),换土填筑后碾压,其压实度应达到 90%。

(3)原地面坑、洞、穴等,应在清除沉积物后,用合格填料分层回填分层压实,压实度符合规定要求。

(4)泉眼和地下水,应按设计要求,采取有效导排措施后方可填筑路堤;地下水位较高时,应按设计要求进行处理。

(5)地基为耕地、松散土、水稻田、湖塘、软土、高液限土等时,应按设计要求进行处理,局部软弹的部分也应采取有效的处理措施;对膨胀土、污染土、软土地基,则要进行特殊处理。

(6)陡坡地段,当原地面横坡较陡,为 1:5 ~ 1:2.5 时,应将原地面挖成宽度不小于 1m 的台阶形;当原地面横坡度陡于 1:2.5 时,则应按特殊路基处理。

土石混合地基、填挖界面、高填方地基等都应按设计要求进行处理。

施工场地的清理及拆除工作完成后,应由监理工程师进行现场检查验收,在验收合格后才能进行下一道工序的施工。

路基填方施工前,原地面表面的清理与压实的工序流程以及质量监理工作内容,如图 3-1 所示。

二、填方路基施工与质量控制

填方路基由路床和路堤组成。路床是指路面底面或路基顶面以下 80cm 范围内的路基部分,分为上路床 0 ~ 30cm 和下路床 30 ~ 80cm。路堤是路床底面至原地面的路基填方部分,分为上路堤和下路堤。上路堤为路床底面或路基顶面以下 80 ~ 150cm 范围内的路基填方部分;下路堤为上路堤以下的填方部分。

1. 填土路基

1)填料的技术要求

路基在施工前和施工过程中,对填方材料应按要求进行颗粒分析、塑性、液限、有机质含量及标准击实等试验，并将试验结果报监理工程师审批。土质路基的填料应满足以下技术要求：

(1)凡具有规定强度且能被压实到规定密实度和能形成稳定填方的材料均为适用填料。当填料中的石料含量小于30%时，可用于填土路基的填筑。对于下列材料严禁作为路基填料。

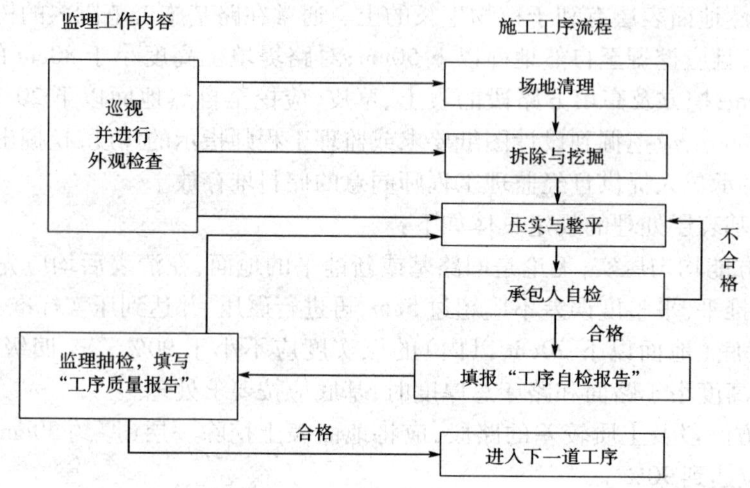

图3-1 表土清理与压实程序流程图

①沼泽土、泥炭、淤泥、冻土、生活垃圾和建筑垃圾；

②含有树根、草皮和腐殖质的土；

③有机质含量大于5%的土；

④液限大于50%、塑性指数大于26的土。

(2)强膨胀土、易溶盐和含水率超过允许含量的土，不得直接用于填筑路基；确需使用时，必须采取技术措施进行处理，经检验满足设计要求后方可使用。

(3)利用粉煤灰等工业废渣填筑路堤，应先进行试验，并将试验报告及其施工方案报监理工程师批准后，方可使用。

(4)对填挖交界、台背回填、上路床(0～30cm)等部位的填筑材料，应先报告监理工程师批准后，方可使用。粉质土不宜直接填筑于路床，不得直接填筑于浸水部分的路堤及冰冻地区的路床。

(5)填石路堤填料中其石块最大粒径应不大于500mm，并不宜超过层厚的2/3，不均匀系数宜为15～20；路床底面以下40cm范围内，填料粒径应小于150mm。

(6)填料强度和粒径应符合表3-1的规定。

2)路基借方

(1)路基填方取土，应根据设计要求，结合路基排水和当地土地规划、环境保护要求进行，不得任意挖取。

(2)施工取土应不占或少占良田，尽量利用荒坡、荒地，取土深度应结合地下水等因素考虑，利于复耕。原地面耕植土应先集中存放，以利再用。

(3)自行选定取土方案时，应符合下列技术要求：

①地面横向坡度陡于1:10时，取土坑应设在路堤上侧；

路基填料最小强度和最大粒径要求　　表 3-1

填挖类型		路床顶面以下深度(cm)	填料强度(CBR)(%)			填料最大粒径(mm)
			高速公路、一级公路	二级公路	三、四级公路	
路堤	上路床	0~30	8	6	5	100
	下路床	30~80	5	4	3	100
	上路堤	80~150	4	3	3	150
	下路堤	>150	3	2	2	150
零填及挖方路基		0~30	8	6	5	100
		30~80	5	4	3	100

②桥头两侧不设置取土坑；

③取土坑与路基之间的距离，应满足路基边坡稳定性的要求。取土坑与路基坡脚之间的护坡道应平整密实，表面设1%～2%向外倾斜的横坡；

④取土坑兼做排水沟时，其底面宜高出附近水域的常水位或与永久排水系统及桥涵出水口的高程相适应，纵坡不宜小于0.2%，平坦地段不宜小于0.1%；

⑤线外取土坑等与排水沟、鱼塘、水库等蓄水（排洪）设施连接时，应采取防冲刷、防污染的措施。

（4）对取土造成的裸露面，应采取整治或防护措施。

3）施工机械选择

应考虑工程特点、工程规模、场地大小、填料种类、土石种类及数量、地形、填挖高度、运距、工期、压实要求、施工条件、现场条件、机械使用性能等因素，经济合理地确定。填方压实应配备专用碾压机具。

4）压实标准与压实度检测

（1）土质路基的压实度标准应符合表3-2的规定。

土质路基压实度标准　　表 3-2

填挖类型		路床顶面以下深度(cm)	压实度(%)		
			高速公路、一级公路	二级公路	三、四级公路
路堤	上路床	0~30	≥96	≥95	≥94
	下路床	30~80	≥96	≥95	≥94
	上路堤	80~150	≥94	≥94	≥93
	下路堤	>150	≥93	≥92	≥90
零填及挖方路基		0~30	≥96	≥95	≥94
		30~80	≥96	≥95	—

注：①表列压实度以《公路土工试验规程》(JTG E40—2007)重型击实试验法为准；

②三、四级公路铺筑沥青混凝土和水泥混凝土路面时，其压实度应采用二级公路的规定值；

③路堤采用特殊填料或处于特殊气候地区时，压实度标准根据试验路在保证路基强度要求的前提下可适当降低；

④特别干旱地区的压实度标准可降低2%～3%。

（2）压实度检测的规定。

①用灌砂法、灌水（水袋）法检测压实度时，取土样的底面位置为每一压实层底部；用环刀

法试验时,环刀中部处于压实层厚的1/2深度;用核子密度仪试验时,应根据其类型,按说明书要求办理。

②施工过程中,每一压实层均应检验压实度,检测频率按照《公路工程质量检验评定标准(土建工程)》(JTG F80/1—2004)路基土石方工程4.1.2规定:如果检查路段以延米计时,则为双车道公路每一检查段内的最低检查频率:即每压实层每200m检验4点,不足200m时检验4点,必要时可根据需要增加检验点。多车道公路必须按车道数与双车道之比,相应增加检查数量。

5)铺筑试验路段

路基施工前还应对用于填方的各种主要填料进行试验路段的铺筑压实试验。承包人在路基填方开工28d前,应遵照监理工程师指示,结合现场实际情况,选择面积不小于1 000m^2或长度不小于100m的试验场地,进行试验路段的施工。试验路段施工时,监理工程师应加强旁站检查,并应记录:压实设备的类型、型号、规格及其最佳组合方式;填筑材料每层的松铺厚度;材料的含水率;填筑碾压工序;碾压遍数及碾压速度等。试验结果经监理工程师批准后,即成为一套标准的施工方法,可作为该填料施工时的依据。

6)路堤填筑质量监理要点

(1)承包人在路基填方时,性质不同的填料,应水平分层、分段填筑,分层压实。同一水平路基的全宽应采用同一种填料,不得混合填筑。每种填料压实后的连续厚度不宜小于50cm。填筑路床顶层时,压实后的厚度应不小于10cm。

(2)潮湿或冻融敏感性小的填料应填筑在路基上层,强度较小的填料应填筑在下层。在有地下水的路段或临水路基范围内,宜填筑透水性好的填料。

(3)在透水性不好的压实层上填筑透水性较好的填料前,应在其表面做2%~4%的双向横坡,并采取相应的防水措施。不得在由透水性较好的填料所填筑的路堤边坡上覆盖透水性不好的填料。

(4)路堤填筑应从基底最低处起按路面平行线在路基范围内依次向上分层填筑,逐层压实。当原地面纵坡大于12%或横坡陡于1:5时,应按设计要求挖台阶,台阶宽度应满足摊铺和压实设备操作的需要,且不得小于2m,台阶顶一般做成向内并大于4%的坡度,如图3-2所示。砂类土则不开挖台阶,但应将原地面以下20~30cm表土翻松。

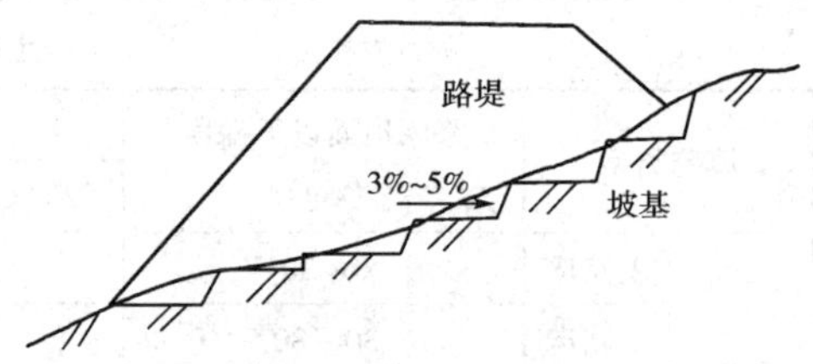

图3-2　倾斜基底的处理

(5)填方分几个作业段施工时,接头部位如不能交替填筑,则先填路段,应按1:1坡度分层留台阶;如能交替填筑,则应分层相互交替搭接,搭接长度不小于2m。

(6)每种填料的松铺厚度应通过试验确定,填料的松铺厚度是影响压实度的重要因素之一,当填土厚度过大时,其深部不能获得要求的压实度。因此,填方路基的填料应分层平行摊铺,每层的松铺厚度可根据现场压实试验确定。一般情况下,填筑层的松铺厚度不大于30cm,最小压实厚度应不小于10cm;每一填筑层填料铺设的宽度每侧应超出路堤设计宽度30cm。每一压实层上土之前应打格定点,以便土层的摊铺、整平和碾压质量的控制。

(7)路基分层碾压时,特别注意边坡部分的压实质量控制。当土层压实后,压实后的宽度

不得小于设计宽度，以保证路基边缘的压实度；若不注意全宽碾压，当路堤填筑到一定高度时，会出现程度不同的纵向裂缝，严重的还会使路面出现纵向裂缝。每种填料的填筑层压实后的连续厚度不宜小于50cm。在路基压实时，监理工程师尤其应注意检查填土的含水率，一般情况下，填方填料的压实含水率应控制在不高于或不低于最佳含水率2%～3%范围内，当填料的含水率超过此范围时，应将土料晒干或加水进行处理，以便达到规定压实度。

(8)控制压实质量的关键，首先应分析影响压实度的各种因素，然后根据现场实际情况采取相应技术措施，充分发挥现场压实机械的工作效率，使所施工的路基达到压实标准的要求。为此，监理工程师在施工过程中进行质量监理时，应注意以下几点：

①确定不同种类填土最大干密度和最佳含水率；

②检查控制填土压实含水率；

③分层填筑，分层碾压；

④全宽填筑，全宽碾压；

⑤加强现场施工检测试验；

⑥进行现场压实质量的评定。

(9)路基压实质量的检验。在压实过程中，施工单位的自检人员应经常检查压实度是否符合要求，检测频率为每压实层每200m测4处，必要时可增加检查点数，以防止压实不足处漏检。路基的压实度应以重型击实标准为准。检查压实度一般采用规范规定的灌砂法和烘干法。当采用环刀法或核子密度仪法时，因为测试条件不同，必须以灌砂法为标准进行对比试验，找出相关的压实度修正系数。

(10)填方路基现场压实质量的评定，按照部颁《公路工程质量检验评定标准(土建工程)》(JTG F80/1—2004)进行。反映压实质量的指标是压实度，压实度的评定以1～3km长的路段压实层为检验评定单元，如检验不合格能及时补压，不至于因等待过久而含水率变化过大。检验评定段的压实度代表值K_1按式(3-1)计算，若$K_1 \geq$压实度标准值K_0，且单点压实度K_i全部大于或等于规定值减2%时，评定路堤的压实度合格率为100%；当$K_1 \geq$压实度标准值K_0，且单点压实度全部大于等于规定值时，按测定值不低于规定值减2%的测点数计算合格率。$K_1 < K_0$或某一单点压实度K_i小于规定值时，该评定路段压实度为不合格，相应分项工程评为不合格。

$$K_1 = \overline{K} - t_\alpha S/\sqrt{n} \geq K_0$$

式中：$\overline{K}$——检验评定段内各检验点压实度的算术平均值；

t_α——t分布表中随自由度和保证率(或置信率)而变化的系数，通常保证率为95%；

S——检验值的标准差；

n——检验点数。

7)施工质量检验与质量标准

填土路基填筑至设计高程并整修完成后，其施工质量应符合表3-3的规定。

填土路堤铺筑工序流程及其监理工作内容如图3-3所示。

2.填石路堤

1)填料要求

(1)填石路堤的填料中石料含量应等于或大于70%，且应符合图纸要求及有关规范规定。

土质路堤施工实测项目与质量标准 表3-3

项次	检查项目	规定值或允许值			检查方法和频率	权值
		高速公路、一级公路	二级公路	三、四级公路		
1	压实度(%)	符合规定			按 JTG F80/1—2004 附录 B 检查	3
2	弯沉(0.1mm)	不大于设计值			按 JTG F80/1—2004 附录 I 检查	3
3	纵面高程(mm)	+10,-15	+10,-20	+10,-20	水准仪:每 200m 测 4 个断面	2
4	中线偏位(mm)	50	100	100	经纬仪:每 200m 测 4 个断面,弯道加测 HY、YH 两点	2
5	宽度(mm)	符合设计要求			尺量:每 200m 测 4 处	2
6	平整度(mm)	15	20	20	3m 直尺:每 200m 测 2 处×10 尺	2
7	横坡(%)	±0.3	±0.5	±0.5	水准仪:每 200m 测 4 个断面	1
8	边坡坡度	符合设计要求			尺量:每 200m 抽查 4 处	1

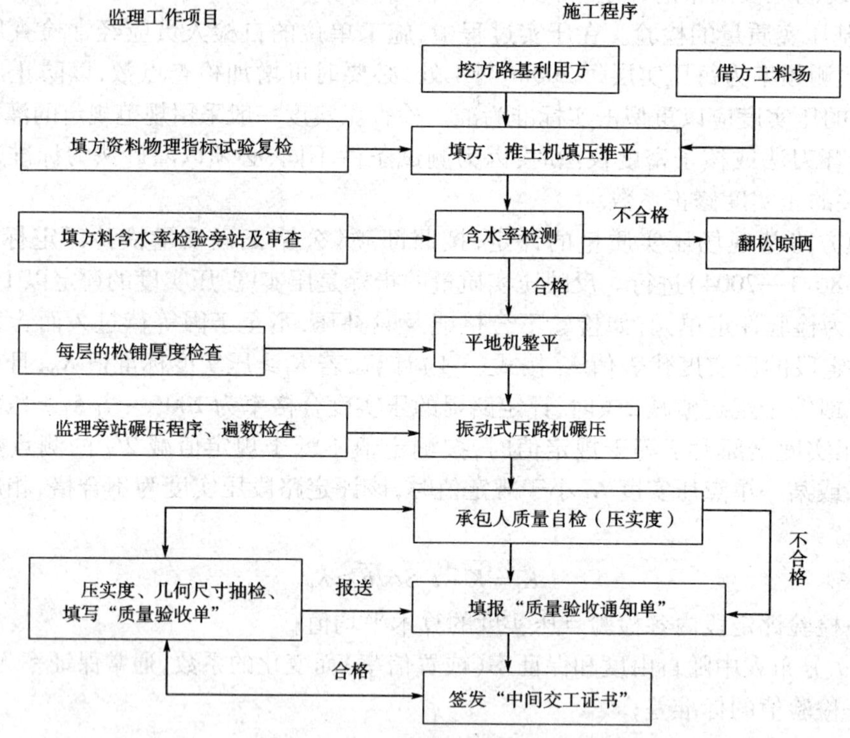

图 3-3 填方铺筑压实工序流程

(2)膨胀岩石、易溶性岩石不宜直接用于路堤填筑,强风化石料、崩解性岩石和盐化岩石不得直接用于路堤填筑。

(3)路堤填料粒径应不大于500mm,并不宜超过层厚的2/3,不均匀系数宜为15~20;路床底面以下40cm范围内,填料粒径应小于150mm。

(4)路床填料粒径应小于100mm。

(5)填石路堤上必须设置过渡层时,其颗粒组成应符合规范要求。

2)基底处理

(1)基底处理除满足前述规定外,承载能力应满足设计要求。

(2)在非岩石地基上,填筑填石路堤前,应按设计要求设计过渡层。

3)填石路堤压实标准

石质路基压实标准应符合表3-4的规定。

填石路基上、下路堤压实标准　　表3-4

分区	路床顶面以下深度(cm)	硬质石料孔隙率(%)	中质石料孔隙率(%)	软质石料孔隙率(%)
上路堤	80～150	≤23	≤22	≤20
下路堤	>150	≤25	≤24	≤22

4)填筑质量监理要点

(1)路堤施工前,应先修筑试验路段,确定满足规定的孔隙率标准的松铺厚度、压实机械型号及组合、压实速度及压实遍数、沉降差等参数。

(2)路床施工前,应先修筑试验路段,确定能达到最大压实干密度的松铺厚度、压实机械型号及组合、压实速度及压实遍数、沉降差等参数。

(3)二级及二级以上公路的填石路堤应分层填筑压实。二级以上砂石路面公路的陡峻山坡地段施工特别困难时,可采用倾填的方式将石料填筑于路堤下部,但在路床底面以下不小于1.0m范围内仍应分层填筑压实。

(4)岩性相差较大的填料应分层或分段填筑。严禁将软质石料与硬石料混合使用。

(5)中硬、硬质石料填筑路堤时,应进行边坡码砌。码砌边坡的石料强度、尺寸及码砌厚度应符合设计要求。边坡码砌与路基填筑宜基本同步进行。

(6)压实机械宜选用自重不小于180kN的振动压路机。

(7)在填石路堤顶面与细粒土层之间应按设计要求设过渡层。

(8)填石路堤施工过程中的每一层压实质量,可用试验路段确定的施工工艺流程、工艺参数(压实功率、碾压速度、压实遍数、铺设层厚等)及压实质量检测联合控制;压实质量采用试验路段确定的沉降差或孔隙率指标控制。孔隙率的检测应采用水袋法进行。

5)施工质量检验与质量标准

填石路基填筑至设计高程并修整后,其施工质量应符合表3-5的规定。

填石路堤施工实测项目与质量标准　　表3-5

项次	检查项目	规定值或允许值		检验频率	权值
		高速公路、一级公路	其他等级公路		
1	压实	符合试验路确定的施工工艺		查施工记录	3
		沉降差≤试验路确定的沉降差		水准仪:每40m检测1个断面×5～9点	
2	纵面高程(mm)	+10,-20	+10,-30	水准仪:每200m测4个断面	2
3	中线偏位(mm)	50	100	经纬仪:每200m测4个断面,弯道加测HY、YH两点	2
4	宽度(mm)	不小于设计值		尺量:每200m测4处	2

续上表

<table>
<tr><th rowspan="2">项次</th><th colspan="2" rowspan="2">检查项目</th><th colspan="2">规定值或允许值</th><th rowspan="2">检 验 频 率</th><th rowspan="2">权值</th></tr>
<tr><th>高速公路、一级公路</th><th>其他等级公路</th></tr>
<tr><td>5</td><td colspan="2">平整度(mm)</td><td>20</td><td>30</td><td>3m 直尺:每 200m 测 2 处×10 尺</td><td>2</td></tr>
<tr><td>6</td><td colspan="2">横坡(%)</td><td>±0.3</td><td>±0.5</td><td>水准仪:每 200m 测 4 个断面</td><td>1</td></tr>
<tr><td rowspan="2">7</td><td rowspan="2">边坡</td><td>坡度</td><td colspan="2">不陡于设计坡度</td><td rowspan="2">尺量:每 200m 抽查 4 处</td><td rowspan="2">1</td></tr>
<tr><td>平顺度</td><td colspan="2">符合设计要求</td></tr>
</table>

3. 土石路堤

1)填料要求

(1)填石路堤的填料应符合图纸要求及有关规范规定。填料中土石比例宜为 30%～70%,以利于压实质量的控制。

(2)膨胀岩石、易溶性岩石等不宜直接用于路堤填筑,崩解性岩石和盐化岩石等不得直接用于路堤填筑。

(3)天然土石混合填料中,中硬、硬质石料的最大粒径不得大于压实层厚的 2/3;石料为强风化石料或软质石料时,其 CBR 值应符合规范要求,石料最大粒径不得大于压实层厚。

2)基底处理

基底处理除满足前述规定外,在陡、斜坡地段,土石路堤靠山一侧应按设计要求做好排水和防渗处理。

3)填筑质量监理要点

(1)压实机械宜选用自重不小于 180kN 的振动压路机。

(2)施工前,应根据土石混合材料的类型分别进行试验路段施工,确定能达到最大压实干密度的松铺厚度、压实机械型号及组合、压实速度及压实遍数、沉降差等参数。

(3)土石路堤不得倾填,应分层填筑压实。碾压前应使大粒径石料均匀分散到填料中,石料间孔隙应填充小粒径石料、土和石渣。

(4)压实后透水性差异大的土石混合材料,应分层或分段填筑,不宜纵向分幅填筑;如确需纵向分幅填筑,应将压实后渗水良好的土石混合材料填筑于路堤两侧。

(5)土石混填材料来自不同料场,其岩性或土石比例相差较大时,宜分层或分段填筑。

(6)填料由土石混合材料变化为其他填料时,土石混合材料最后一层的压实厚度应小于 30cm,该层填料最大粒径宜小于 150mm,压实后,该层表面应无孔洞。

(7)中硬、硬质石料的土石路堤,应进行边坡码砌。码砌边坡的石料强度、尺寸及码砌厚度应符合设计要求。边坡码砌与路堤填筑宜基本同步进行。软质石料土石路堤的边坡按土质路堤边坡处理。中硬、硬质石料土石路堤质量应符合的规定:施工过程中的每一压实层,可用试验路段确定的工艺流程和工艺参数,控制压实过程;用试验路段确定的沉降差指标,检测压实重量;路基成型后质量应符合规范规定要求。

(8)施工过程中的每一压实层,可用试验路段确定的工艺流程和工艺参数,控制压实过程;用试验路段确定的沉降差指标,检测压实重量。

4. 高填方路堤

高填方路堤填筑质量监理要点具体如下:

(1)宜优先采用强度高、水稳定性好的材料,或采用轻质材料。受水淹、浸的部分,应采用水稳性和透水性均好的材料。

(2)基底承载能力应满足设计要求。特殊地段或承载能力不足的地基应按设计要求进行处理;覆盖层较浅的岩石地基,宜清除覆盖层。

(3)施工中应按设计要求预留路堤高度与宽度,并进行动态监控。

(4)高填方路堤宜优先安排施工。

(5)高填方路堤如果材料来源不同,其性能相差较大时,应分层填筑,不应分段或分幅填筑。

(6)填挖结合断面的一侧高填方路基为斜坡时,应按图纸要求挖好横向台阶、并应在填方路堤完成后,对设计边坡外的松散弃土进行清理。

(7)施工过程中宜进行沉降和位移观测,按照设计要求进行填筑速率控制。观测方法和观测资料经监理工程师审查和批准。

5. 填挖结合路基、路堤与路堑过渡段

填挖结合路基、路堤与路堑过渡段施工质量监理要点具体如下:

(1)应从填方坡脚起向上设置内侧倾斜的台阶,台阶宽度不小于2m,在挖方一侧,台阶应与每个行车道宽度一致、位置重合。

(2)石质山坡,应清除原地面松散风化层,按设计开凿台阶,孤石、石笋应清除。

(3)纵向填挖结合段,应合理设置台阶。

(4)有地下水或地面水汇流的路段,应采用合理措施导排水流。

(5)纵(横)向填挖结合路基应从最低高程处的台阶开始分层填筑,分层压实。

(6)填筑时,应严格处理横向、纵向、原地面等结合界面,确保路基的整体性。

(7)路基填筑过程,应及时清理设计边坡外的松土、弃土。

(8)高度小于80cm的路堤、零填及挖方路床的加固换填,应选用水稳定性较好的材料。

(9)如纵(横)向填挖结合路基采用土工合成材料加筋时,则土工合成材料的设置部位、层数、材料规格及质量要求应符合设计图纸要求。

(10)纵(横)向填挖交界处的开挖,必须待填方处原地面处理好并经监理工程师检验合格后,方可开挖挖方地面。禁用挖方中非适用材料。

6. 桥涵及构造物的回填

(1)填料宜采用透水性材料、轻质材料、无机结合料等,非透水性材料不得直接用于回填。

(2)基坑回填必须在隐蔽工程的验收合格后方可进行,基坑回填应分层填筑、分层压实,分层厚度宜为10~20cm。二级及二级以上公路,采用小型夯实机具时,基坑回填的分层压(夯)实厚度不宜大于15cm,并应压(夯)实到设计要求的压实度。

(3)台背与路堤间的回填。台背与路堤间的回填施工应符合以下规定:

①二级及二级以上公路应按设计做好过渡段,过渡段路堤压实度应不小于96%,并应按设计做好纵向和横向防排水系统。

②二级以下公路的路堤与回填的联结部,应按设计要求预留台阶。

③台背回填部分的路床宜与路堤路床同步填筑。台背回填范围应符合图纸要求。图纸无规定时应按如下要求执行:台背填土顺路线方向长度,顶部为距翼墙尾端不小于桥台高度加

2m,底部距基础内缘不小于2m;拱桥台背填土长度应为台高的3~4倍;涵洞填土长度每侧不应小于2倍孔径。

④锥坡填土应与桥台背填土同步进行施工,一次填足并保证压实整修后能达到设计宽度要求。紧靠台背部分的填土应采用小型压实机具分层压实。

⑤搭板的设置应在路基填筑预压期完成并基本稳定后,经监理工程师批准后方可进行,搭板下垫层应平整、密实,且应符合图纸的要求。

(4)涵洞回填施工。涵洞回填施工应符合下列规定:洞身两侧,应对称分层回填压实,填料粒径宜小于150mm;两侧及顶面填土时,应采取措施防止压实过程对涵洞产生不利后果。

(5)桥涵及其他构造物的回填土的压实度标准:桥台背后、涵洞两侧与顶部、锥坡及挡墙构造物背后的填土均应分层压实、分层检查。检查频率每$50m^2$检验1点,不足$50m^2$时至少检验1点,每点都应合格,每一压实松铺厚度不宜超过20cm,其压实标准应满足下列要求:

①高速公路和一级公路的桥台、涵身、通道背后和涵洞顶部填土的压实标准为95%。

②其他等级公路为95%。

(6)地基处理的压实度标准:当用石灰或天然砂处理地基时,其压实度应达到重型压实标准的93%。当在软土地基或过湿土路基上修筑高等级公路、二级公路,采用重型压实标准确实有困难时,可放宽采用轻型压实标准,其压实度不低于表3-2的规定;铺筑中级或低级路面的三、四级公路可采用轻型压实标准。

三、挖方路基施工与质量控制

1. 开挖方式

路堑的开挖方式,可根据路堑的长短采用不同的方法。当路堑短而浅,从两端向中间掘进,采用全断面开挖法;当路堑较长,可采用分段开挖法施工,即两端为纵向出土,而在中部选择适当地点挖穿堑壁,采用横向出土,以加快施工进度;拟设挡土墙的路堑,亦可考虑采用纵向分段开挖,以便同时分段修筑挡土墙;防护工程的边坡,当防护工程不能紧跟开挖施工时,应留下一定厚度的保护层,待防护工程施工时再刷坡挖足;当路堑较深时,可采用上层在前、下层随后的台阶式分层开挖。

2. 开挖规定

1)路基开挖

当挖方路基(含取土坑)有不同的土或岩石层时,承包人应尽可能按土和岩层分层进行开挖。在开挖中,如果出现石方(某些合同规定,对体积大于$1m^3$的孤石,可称为石方),承包人应测出土石分界线,经监理工程师鉴定认可。无论在什么情况下,是否按石方开挖,都需经监理工程师同意并批准,方能按石方计量付款;承包人应将开挖中挖出的适用材料和不适用材料严格分开,未经监理工程师同意,不得将可利用的适用材料倾弃;在开挖中应尽量避免超挖,因超挖数量不仅不得计量支付,而且承包人还要自费按照监理工程师批准的材料和要求将路基坡面的超挖回填压实。

2)边沟与截水沟开挖

在路堑施工中,边沟与截水沟的开挖应符合下列要求:

(1)边沟、截水沟及其他引、截排水设施的位置、断面尺寸及有关要求,应严格按照设计图纸的规定施工。应先做好这类排水设施，其出口应通至桥涵进、出口处。截水沟不应在地面坑凹处通过，必须通过时，应按路堤填筑要求将凹处填平压实，然后开挖，并防止不均匀沉陷和变形。

(2)平曲线外边沟沟底纵坡，应与曲线前后的沟底相衔接。曲线内侧不得有积水或水外溢现象发生。

(3)路堑和路堤交接处的边沟应徐缓地引向路堤两侧的天然沟或排水沟，不得冲刷路堤。路基坡脚附近不得积水。

(4)所有排水沟渠应从下游出口向上游开挖。边沟及截水沟开挖后，应及时进行防渗处理，不得渗漏、积水和冲刷边坡及路基。

3.路基开挖施工

1)土方工程

(1)土方路基开挖施工应符合下列规定：

①可作为路基填料的土方，应分类开挖、分类使用。非适用材料应按设计要求或作为弃方按规定进行处理。

②土方开挖应自上而下进行，不得乱挖超挖，严禁掏底开挖。

③开挖过程中，应采取措施保证边坡稳定。开挖至边坡线前，应预留一定宽度，预留的宽度应保证刷坡过程中设计边坡线外的土层不受扰动。

④路基开挖中，基于实际情况，如需修改设计边坡坡度、截水沟和边沟的位置和尺寸等时，应及时按规定报批。边坡上稳定的孤石应保留。

⑤开挖至零填、路堑路床部分后，应尽快进行路床施工；如不能及时进行，宜在设计路床顶面高程以上预留至少30cm厚的保护层。

⑥应采取临时排水措施，确保施工作业面不积水。

⑦挖方路基路床顶面终止高程，应考虑因压实而产生下沉量，其值通过试验确定。

(2)挖方路基施工遇到地下水时应按下列规定处理：

①应采取排导措施，将水引入路基排水系统，不得随意堵塞泉眼。

②路床土含水率高或为含水层时，应采取设置渗沟、换填、改良土质、土工织物等措施进行处理。路床填料应符合规定，还应具有良好的透水性能。

(3)土质路基开挖应根据地面坡度、开挖断面、纵向长度及出土方向等因素，结合土方调配，选用安全、经济的开挖方案。

2)石方工程

(1)石方路基开挖应根据岩石的类别、风化程度、岩层产状、岩体断裂构造、施工环境等因素确定开挖方案。

(2)深挖路基施工，应逐级开挖，逐级按设计要求进行防护。

(3)爆破作业必须符合《爆破安全规程》(GB 6722—2003)的规定。爆破施工组织设计应按相关规定报批。

(4)石方开挖严禁采用峒室爆破，近边坡部分宜采用光面爆破或预裂爆破。

(5)爆破法开挖石方，应先查明：空中电缆线、地下管线的位置，开挖边界线外可能受爆破影响的建筑物结构类型、居民居住情况等，然后制订详细的爆破技术安全方案。

(6)爆破开挖石方,宜按以下程序进行:爆破影响的调查与评价;爆破施工组织设计、培训考核;技术交底;主管部门批准;清理爆破区施工现场的危石等;炮眼钻孔作业;爆破器材检查测试;炮孔检查合格;装炸药及安装引爆器材;布设安全警戒岗;堵塞炮孔;撤离施爆警戒区和飞石、振动影响区的人、畜等;爆破作业信号发布及作业;清除盲炮;解除警戒;测定、检查爆破效果(包括飞石、地震波及对施爆区内构造物的损伤、损失等)。

(7)边坡整修及检验。

①挖方边坡应从开挖面往下分段整修,每下挖 2 ~ 3m,宜对新开挖边坡刷坡,同时清除危石及松动石块;

②石质边坡不宜超挖;

③石质边坡上无松石、危石。

(8)路床清理及验收。

①欠挖部分必须凿除。超挖部分应采用无机结合料稳定碎石或级配碎石填平并碾压密实,严禁用细粒土找平。

②石质路床底面有地下水时,可设置渗沟进行排导,渗沟宽度不宜小于 10cm,横坡不宜小于 0.6%。渗沟应用坚硬碎石回填。

(9)石质路床的边坡应与路床同步施工。路床的压实标准如表 3-2 所示。

3)深挖路基

(1)施工前应理解设计的边坡方案,并编制详细的施工方案,获批准后实施。

(2)施工过程中,应根据开挖情况随时进行地质核查,并对边坡稳定性进行监测。如实际情况与设计不符,应会同设计单位等进行处理。

(3)应根据地形特征设置边坡控制点。

4. 弃方处理

路基弃方包括两个方面,一是路堑开挖中挖出的未被利用的剩余材料,另一个是清理表土时各清理场地的杂物和废料,以及不适合作路堤填料的材料。对于路基工程的弃方,应做到:

(1)施工前,应对设计图纸标示或承包人提供的弃方方案进行现场核对,若有疑问,应及时处理。

(2)弃土不得占用耕地。

(3)沿河弃土不得影响排洪、通航,不得加剧河岸冲刷。不得向水库、湖泊、岩溶漏斗及暗河口处弃土。禁止在贴近桥墩台、涵洞口处弃土。

(4)沿线弃土堆设置应符合设计要求,设计无要求时应符合下列规定并经监理工程师批准。

①弃土应相对集中堆放,并与周边环境相协调,严禁随意处理。

②弃土堆的几何尺寸、压实程度、位置,应保证路基边坡和弃土堆自身的稳定。弃土堆的边坡不陡于 1∶1.5,顶面向外设不小于 2% 的横坡,其内侧高度不宜大小 3m。

③在地面横坡陡于 1∶5的路段,不得在高于路堑边坡顶的山坡上方设弃土堆;在山坡上侧的弃土堆,应连续而不间断,并在弃土堆上侧设置截水沟;山坡下侧的弃土堆,应每隔 50 ~ 100m 设宽度不小于 1m 的缺口排水,排水主流方向不得对地面结构物及农田等造成不利影响,必要时可设人工沟渠导引排水。

④弃土堆坡脚应进行防护和加固。

(5)弃土按设计要求进行压实。

(6)应按设计要求及时完成弃土场的防护、排水工程。

上述任何因弃土而污染水源和淤塞水道所造成的损失,均应由承包人自行负责进行处理。

挖方路基施工的工序流程及监理工作内容如图 3-4 所示。

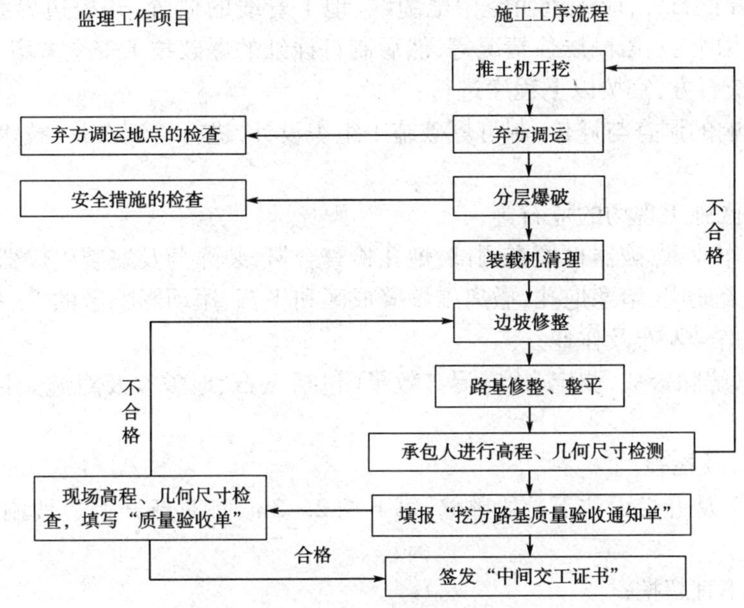

图 3-4　挖方路基施工程序流程

四、石质路基爆破施工与质量控制

山区公路路基石方工程量大而且集中,爆破是该路基施工最有效的方法。公路工程中选用综合爆破、大爆破等施工技术,对公路选线、设计有较大的影响。这样,就要在爆破工程理论的指导下,研究爆破方法、爆破作用原理、影响爆破效率的因素、爆破器材及施工操作技术等有关问题,并对相关的问题予以现场技术与安全监理。重点说明如下。

1. 爆破作业的施工程序

(1)对爆破人员进行技术学习和安全教育。

(2)对爆破器材进行检查和试验。

(3)消除岩石表面的覆盖土及松散石层,确定炮型,选择炮位。

(4)钻眼或挖坑道、药室,装药及堵塞。

(5)敷设起爆网路。

(6)设置警戒。

(7)起爆。

(8)清理爆破现场(处理瞎炮,测定爆破效果等)。

2. 爆破施工技术与质量监理要点

(1)石方路基开挖应根据岩石的类别、风化程度、岩层产状、岩体断裂构造、施工环境等因素确定开挖方案。

(2)深挖路基施工,应逐级开挖,逐级按设计要求进行防护。

(3)爆破作业必须符合《爆破安全规程》(GB 6722—2003)的规定。爆破施工组织设计应按相关规定报批。

(4)石方开挖严禁采用峒室爆破,近边坡部分宜采用光面爆破或预裂爆破。

(5)爆破法开挖石方,应先查明空中电缆线、地下管线的位置,开挖边界线外可能受爆破影响的建筑物结构类型、居民居住情况等,然后制订详细的爆破技术安全方案。

(6)爆破开挖石方,宜按以下程序进行:

①对爆破影响的调查与评价,制订爆破施工组织设计,进行培训考核、技术交底,报主管部门批准;

②清理爆破区施工现场的危石等;

③炮眼钻孔作业,爆破器材检查测试,炮孔检查合格,装炸药及安装引爆器材;

④布设安全警戒岗,堵塞炮孔,撤离施爆警戒区和飞石、振动影响区的人、畜等;

⑤爆破作业信号发布及作业;

⑥清除盲炮,解除警戒,测定、检查爆破效果(包括飞石、地震波及对施爆区内构造物的损伤、损失等)。

(7)边坡整修及检验。

①挖方边坡应从开挖面往下分段整修,每下挖2~3m,宜对新开挖边坡刷坡,同时清除危石及松动石块;

②石质边坡不宜超挖;

③石质边坡上无松石、危石。

(8)路床清理及验收。

①欠挖部分必须凿除。超挖部分应采用无机结合料稳定碎石或级配碎石填平并碾压密实,严禁用细粒土找平。

②石质路床底面有地下水时,可设置渗沟进行排导,渗沟宽度不宜小于10cm,横坡不宜小于0.6%。渗沟应用坚硬碎石回填。

(9)石质路床的边坡应与路床同步施工。

3. 爆破施工易出现的问题及处治

1)爆破法开挖

爆破法开挖时,应注意以下问题:

(1)需用爆破法开挖的地段,必须查明空中缆线及地下管线的具体位置以确保安全。石方爆破开挖必须严格按前述程序进行。

(2)施爆及排水。进行爆破作业时,必须由经过专业培训的人员并取得爆破证书的专业人员施爆,要注意开挖区的施工排水,在纵向和横向形成坡面开挖面,以确保爆破出的石料不受积水浸泡。

(3)边坡清刷。

①石质挖方边坡应顺直、圆滑、大面平整,边坡上下不得有松石、危石。

②挖方边坡应从开挖面往下分级清刷边坡,下挖2~3m时,应对新开挖边坡刷坡,对于软

质岩石边坡可用人工或机械清刷，对于坚石和次坚石，可使用炮眼法、裸露药包法爆破清刷边坡，同时清除危石、松石，清刷后的石质路堑边坡不应陡于设计规定。

③石质路堑边坡如因过量超挖而影响上部边坡岩体稳定时，应用浆砌片石补砌超挖的坑槽。

(4)路床整修。石质路堑路床底高程应符合设计要求，开挖后的路床基岩高程与设计高程之差应符合规范要求。如过高，应凿平；过低，应用开挖的石屑或灰土碎石填平并碾压密实。

2）瞎炮处理

点火后未爆炸的炮为瞎炮。瞎炮不但浪费炸药和药料，影响施工进度，而且严重地影响安全生产。因此，必须采取一切有效的措施防止产生瞎炮。一旦出现瞎炮，应停止瞎炮附近的所有其他工作，由原施工人员参加处理，采取措施安全排除，其方法是：

对大爆破，应找出线头，接上电源，重新起爆；或沿导洞小心掏取堵塞物，取出起爆体；或用水灌浸药室使炸药失效后清除。

对中小炮，可在距瞎炮的最近距离不小于0.6m处，另行打眼爆破；当炮眼或装药不深时，也可用裸露药室爆破。

第四节　特殊路基施工质量监理

一、概　　述

特殊路基包括特殊土(岩)路基、不良地质路基和特殊条件(水田地区、泥沼、软土)下路基。路线通过特殊路段，应进行综合地质勘察，查明特殊地质体的性质、成因类型、规模、稳定状况及发展趋势，事先对其进行特殊处理，以保证路基的强度和稳定性。

特殊路基设计应考虑地质和环境等因素对路基的影响，以及这些因素的发展变化规律，路基病害整治应遵循以防为主、防治结合、力求根治的原则，通过综合技术经济比较，因地制宜，采取合理的整治方案和有效的工程措施。如果分散整治，应保证在各种因素的变化过程中不降低路基的安全度。

存在多种特殊土(岩)或特殊地质条件路基的工程应进行综合设计。特殊路基设计所需要的物理力学参数，宜采用原位测试数据，并结合室内试验资料综合分析确定。

特殊路基施工的一般规定如下：

(1)特殊路基施工，应进行必要的基础试验，编制专项施工组织设计，批准后实施。

(2)施工中如实际地质情况与设计不符或设计处治方案因故不能实施，应按有关规定办理。

(3)采用新技术、新工艺、新设备、新材料时，必须制订相应的工艺、质量标准。

(4)用湿黏土、红黏土和中、弱膨胀土作为填料直接填筑时，应符合下列规定：填料液限在40%～70%之间且CBR值满足规定；碾压时填料稠度应控制在1.1～1.3之间；压实度标准可比规定降低1%～5%，具体降低数应根据当地土质的情况通过试验确定；不得作为二级及二级以上公路路床、零填及挖方路基0～80cm范围内的填料；不得作为三、四级公路上路床、零填及挖方路基0～30cm范围内的填料。

特殊路基施工程序流程及监理工作项目内容如图3-5所示。

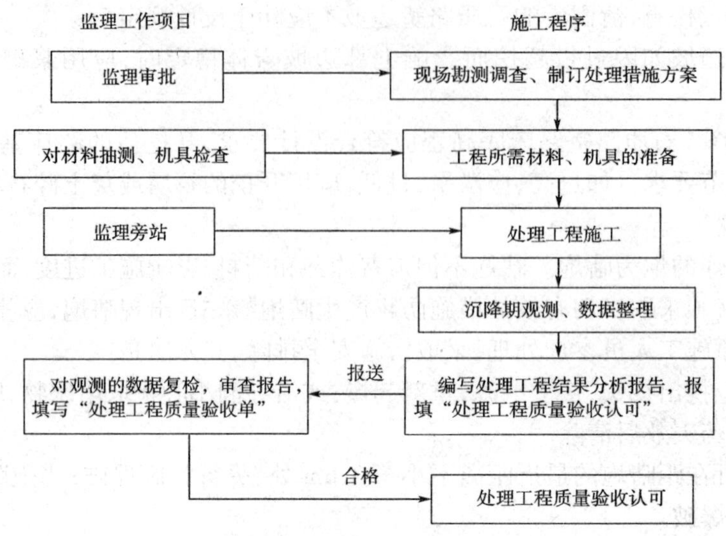

图3-5 特殊路基施工程序流程示意图

二、湿黏土路基施工质量监理

(1)用不符合相关要求的湿黏土填筑路基时,应进行处理,处理后应符合前述的相关规定,压实质量应符合路堤施工的相关规定。

(2)基底为软土时,应按相关的要求进行处治。

(3)不同类型的填料,不得填筑在同一压实层上。

(4)路堤填筑时,每层宜设2%～3%的横坡。当天的填土,宜当天完成压实。

(5)填筑层压实后,应采取措施防止路基工作面暴晒失水。

(6)水稻田地段路基施工应符合下列规定:

①水稻田地段路基施工,不得影响农田排灌。

②施工前应采取措施排除公路用地范围内的地表水。疏干地表水确有困难时,应按设计要求进行处治。

③二级及二级以上公路路堑段,应在边坡顶适当距离外,筑埂并挖截水沟;土质、风化岩石边坡,应浆砌护墙及护坡;路堑路段宜加大边沟尺寸并采用浆砌。

(7)河、塘、湖地段路堤施工应符合以下规定:

①受水浸润作用的路堤部分,宜用水稳定性好、塑性指数不小于6、压缩性小、不易风化的透水性填料填筑。

②在洪水淹没地段的路堤,两侧不得取土;三、四级公路,特殊情况下可在下游侧距路堤安全距离外取土。

③两侧水位相差较大的河滩路堤,根据具体情况,宜放缓下游一侧边坡,设滤水趾和反滤层,在基底设隔渗墙或隔渗层。

④防洪工程应在洪水期前完成,施工期间应注意防洪。

(8)多雨潮湿地区路基施工应符合下列规定:

①多雨潮湿地区施工，应注意排水。机具停放地、库房、生活区域应选在地势较高、不会被水淹的地点，并有完善的排水防洪设施。

②多雨潮湿地区，应按设计要求对基底过湿土层进行处理。

三、软土地区路基施工质量监理

(1)软土地基处治的施工必须保证施工质量，科学地做好施工组织设计，加强工地技术管理，严格按照有关的操作规程实施，并严格执行有关安全、劳保和环境保护等规定。

(2)所有运至工地的软土地基处置材料必须分类堆放，妥善保管，按有关标准进行质量检验，不合格材料不得用于工程。所使用的材料和试验报告提交监理工程师，并经监理工程师批准后才能施工。

(3)软土处治施工前应做好施工期间的排水措施，对常年地表积水、水塘地段，应按设计要求先做好抽水、排淤、回填工作。

(4)施工中应遵守“按图施工”的原则和“边观察、边分析”的方法，如发现现场地质情况与设计提供资料不符或原设计的处治方法因故不能实施需改变设计时，应及时报告监理并根据有关规定报请变更设计。

(5)软土地基处理的方法很多，常用的有安置塑料插板、格栅、砂井、石灰桩、碎石桩、土工布、路堤预压、重锤子夯实等。在软土地段填筑路堤时，承包人应将施工方法报监理工程师批准。采用新技术、新机具、新工艺、新材料、新测试方法时，必须制订不低于规范水平的质量标准和工艺要求，并应征得监理工程师认可。

(6)当采用路堤预压方法时，其预压材料要报经监理工程师批准，并分层摊铺压实，预压路堤顶面应设置一定横坡使之排水顺畅；同时，承包人还应按设计图纸沿路中心线安装预压路堤沉降板，沉降板间距一般为200mm，如软土地段较短，至少应在该路段中部设一块沉降板。在施工期间，应对所设置的沉降板严加保护，不要使其变形和破坏。承包人应每周定期测量一次路堤沉降，直到路堤沉降已稳定为止。承包人应在路堤顶面的中线和两侧边线上各设高50mm、长600mm、入土深度为450mm的木质监测桩，其纵向间距一般为50m，桥头引道地段为25m。承包人应每周定期测量一次监测桩高程。根据这些实测沉降量数据，计算路堤因产生沉降而应实际增加的额外填料。在距离路堤两侧坡脚5m处，承包人还应按纵向距离50m(桥头引道地段为25m)设置混凝土监测桩，在施工期间，承包人应每周定期测量一次标记位置(按三维控制)的监测桩高程，当路堤完工后，则每月测量一次。

(7)承包人应提前安排软土地段的施工，并在施工中做好沉降监测和严格控制施工填料的加载速度。填料的加载速度可按上述方法控制，即在已压实的填料上做标记，每日测一次高程，当日沉降量小于20mm时，则可继续加载填筑。承包人每次进行定期测量后，应将测量结果尽快提交给监理工程师审核。

软土地带在路堤完工和路面施工前，应有一段让路堤沉降的沉降期，沉降期一般为6个月(或由设计图示出)。在沉降期内，承包人不得在路堤上进行任何工程施工，且应进行沉降监测。在沉降期完成前10d，承包人应把监测记录，绘制的沉降曲线和完成沉降期的报告，提交给监理工程师审批。沉降期任务已完成并经监理工程师批准后，承包人应将路堤预压填料的多余部分移出，并将路基整修到路基设计高程。

四、膨胀土地区路基施工质量监理

(1)膨胀土地区的路基施工,应避开雨季作业,加强现场排水,保证地基和已填筑的路基不被水浸泡。

(2)膨胀土地区路基施工,开挖后各道工序要紧密衔接,连续施工,分段完成。路基填筑后不应间隔太久或越冬后做路面。

(3)路堑施工前,先开挖截水沟并铺设浆砌圬工,其出口应延伸到桥涵进出口。

(4)路堤、路堑边坡按设计修整后,应立即浆砌护墙护坡,防止雨水直接浸润。

(5)膨胀土稳定性差,不应作为路基填料;中等膨胀土宜经过加工、改良处理后作为填料;弱膨胀土可根据当地气候、水文情况以及道路等级加以应用。当直接使用中、弱膨胀土填筑路堤时,应及时对边坡及顶部进行防护。

①高速公路、一级公路、二级公路等采用中等膨胀土用做路床填料时,应作掺灰处理。改性处理后要求胀缩总率不超过0.7为宜。

②限于条件,高速公路、一级公路用中等膨胀土填筑路堤时,路堤填成后,应立即做浆砌护坡封闭边坡。当填至路床底面时,应停止填筑,改用符合规定强度的非膨胀土或改性处理的膨胀土填至路床顶面设计高程,并严格压实。如当年不能铺筑路面,作为封层的填筑厚度,不宜小于30cm,并做成不小于2%的横坡。

③使用膨胀土做填料时,为增加其稳定性,可采用石灰处治。石灰剂量可通过试验确定,要求掺灰处理后的膨胀土,其胀缩率以零为佳。

④可用接近最佳含水率的中等膨胀土填筑路堤,但两边边坡部分要用非膨胀土作为封层。路堤顶面也要用非膨胀土形成包芯填方。挖方地段当挖到距路床顶面以下30cm时,应停止向下开挖,并挖好临时排水沟。待做路面时,再挖至路床顶面以下30cm,并用非膨胀土回填,并按要求压实。

(6)高速公路、一级公路路堤原地面处理应按下列规定办理:

①填高不足1m的路堤,必须挖去地表30cm的膨胀土,换填好土,并按规定压实。

②地表为潮湿土时,必须挖去湿软土层,换填碎、砾石土,砂砾或挖方坚硬岩石碎渣,或将土翻开掺石灰稳定并按规定压实。

(7)膨胀土地区路堤施工前,应按规定做试验路段。

(8)膨胀土地区路堑开挖应按下列规定办理:

①挖方边坡不要一次挖到设计线,沿边坡预留厚度30~50cm一层,待路堑挖完时,再削去边坡预留部分,并立即浆砌护坡封闭。

②膨胀土地区路堑,高速公路、一级公路的路床应超挖30~50cm,并立即用粒料或非膨胀土分层回填或用改良性土回填,按规定压实。

(9)膨胀土地区,路基碾压应符合下列规定:

①根据膨胀土自由膨胀率的大小,选用工作质量适宜的碾压工具,碾压时应保持最佳含水率;压实土层松铺厚度不得大于30cm;土块应击碎至粒径5cm以下。

②在路堤与路堑交界地段,应采用台阶防水搭接,其长度不应小于2m,并碾压密实。

五、红黏土地区路基施工质量监理

(1)压缩系数大于0.5MPa^{-1}的红黏土不得直接用于填筑路堤。

(2)不符合规范的红黏土拟作为路基填料时,应进行处理,处理后的红黏土其压实度应符合规范规定。

(3)路堤施工前应做好临时排水及防渗设施,截断流向路堤作业区的水源,疏干地表水。

(4)路堤填筑应符合下列规定:

①应尽量避免雨季施工。雨季施工时,应防止松土被雨淋湿。施工中应保持作业面横坡不小于3%。雨后作业面,应经晾干且重新压实合格后方可进行下道工序的施工。

②填料应随挖随用。摊铺后必须及时碾压,做到当天摊铺当天完成碾压。

③路堤填料应连续,碾压完成后,应采取措施防止路堤作业面因暴晒失水。

(5)包边法施工应符合以下规定:

①包边材料应为透水性较差的低液限黏土、石灰土等,CBR应符合前述规定,严禁采用粉土、砂土等低塑性土包边。

②分层填筑时,先摊铺包边土,后摊铺红黏土。碾压前,应控制两种填料的各自含水率,使两种填料在同一压实工艺下能达到压实标准。包边土的压实度应符合规范规定。

③碾压应从两边向中间进行,对不同填料的结合处要增加碾压遍数1~2遍。

④超高弯道的碾压应自低处向高处进行。

(6)路堑边坡应按设计要求及时进行防护和综合排水施工。

(7)挖方边坡坡脚应按设计要求及时施工支挡工程。

六、黄土地区路基施工质量监理

(1)在黄土地区填路堤时,路基基底处理应按设计要求进行施工并应符合以下要求:

①若基底为湿陷性黄土,且无地下水活动时,可按一般黏性土地基进行基底处理,同时做好两侧的施工排水、防水工程。

②若基底为湿陷性黄土,应采取拦截、排除地表水的措施,防止地表水下渗,减少地基地层湿陷性下沉。其地下排水构造物与地面排水沟渠必须采取防渗措施。

③若地基土层具有强湿陷性或较高的压缩性,且容许承载力低于路堤自重压力时,应考虑地基在路堤自重和活载作用下所产生的压缩下沉。除采取防止地表水下渗的措施外,可考虑采用重锤夯实、石灰桩挤密加固、换填土等措施。

(2)用黄土填筑路堤应符合下列要求:

①新、老黄土均为路堤适用填料。老黄土透水性差,干湿难以调节,大块土料不易粉碎,使用前应通过试验决定措施,路床填料不得使用老黄土。新黄土为良好的填料,可用于填筑路床。黄土路堤应分层填筑,分层压实。大于10cm的块料,必须打碎,并应在接近土的压实最佳含水率时碾压密实。

②黄土路堤施工时,应做好填挖界面的结合(纵向),清除坡面杂草,挖好向内倾斜的台阶。如结合面陡立无法挖成台阶时,可采用土钉加强结合。

③黄土路堤的边坡应刷顺,整平拍实,并应及时予以防护,防止路表水冲刷。

④不应使用黄土填筑浸水路堤。必须使用时,应采取措施,并报请审批。

(3)黄土路堤的压实要求与一般黏性土相同,并应符合下列要求:

①黄土含水率过小,应均匀加水再行碾压;如含水率过大,可翻松晾晒至需要含水率再进行碾压,也可掺入适量石灰处理,降低含水率。掺石灰后应将土、灰拌匀,其最大干密度应通过击实试验确定。

②黄土地区路床土基强度应符合设计要求,当不能满足要求时,应对原土进行技术处治。

(4)高路堤路基施工期间,应在两侧或一侧(超高段)设临时阻水、拦水设施,以防雨水冲毁边坡。路堤填至设计高程后,应根据设计及时修筑外侧边缘的拦水、截水沟构造物和急流槽,将水引至坡脚以外。对高度大于 20m 的路堤,应按设计预留竣工后路堤自重压密固结产生的压缩下沉量。

(5)黄土路堑边坡,应严格按设计坡度开挖,如设计为陡坡时(如 1:0.1),施工中不得放缓,以免引起边坡冲刷。

路堑施工,当挖到接近设计高程时,应对上路床部分的土基整体强度和压实度进行检测。

如路堑路床土质不符合设计规定,则应将其挖除,另行取土,分层摊铺、碾压至规定的压实度。挖除厚度根据道路等级对路床的要求而定,高速公路及一级公路宜挖除 50cm,其他公路可挖除 30cm。

如路堑路床的密实不足,土质符合设计规定,则视其含水率情况,经洒水或经翻松晾晒至要求含水率再行整平碾压至规定压实度。

(6)黄土地区应特别注意路基排水,对地表水应采取拦截、分散、防冲、防渗、远接远送的措施进行处理。根据设计及时做好综合排水设施,将水迅速引离路基。在填挖交界处引出边沟水时,应做好出水口的加固。

①湿陷性黄土路基的地下排水管道与地面排水设施,应根据设计进行加固和采取防渗措施。

②黄土路基水沟的加固类型,宜用浆砌片石或混凝土板。如用预制混凝土板拼砌时,其接缝处应牢固,无渗漏。

(7)黄土陷穴应进行处理。处理时,首先要查清陷穴的供给来源、水量、发展方向及对路基可能造成的危害,视具体情况采取以下相应的处理方法:

①在路堑顶部及路堤的靠山侧做好排水工程,将地表水、地下水引入有防渗层的水沟内排走。

②对通过路基路床的陷穴,要向上游追踪至发源地点。在发源地点把陷穴进口封填好,并引排周围地表水,使其不再向陷穴进口流入。

③对现有陷穴、暗穴,可以采用灌砂、灌浆、开挖回填等措施,开挖的方法可以采用导洞、竖井和明挖等。

a. 灌砂法。本法适用于小而直的陷穴,以干砂灌实整个洞穴。

b. 灌浆法。本法适用于洞身不大,但洞壁起伏曲折较大,并离路基中线较远的小陷穴,施工时先将陷穴出口用草袋装土堵塞,再在陷穴顶部每隔 4 ~ 5m 打钻孔作为灌浆孔,待灌好的土浆凝固收缩后,再在各孔做补充灌浆,一般需重复 2 ~ 3 次,有时为了封闭水道也可灌水泥砂浆。

c. 开挖回填夯实。本法适用于各种形状的陷穴，填料一般用就地黄土分层夯实。

d. 导洞和竖井。本法适用较大、较深的洞穴。由洞内向外逐步回填夯实，在回填前，应将穴内虚土和杂物彻底清除干净。当接近地面 50cm 时，应用老回填土或新回填土加 10% 的石灰拌匀回填夯实。

④处理好的陷穴，其土层表面均应用石灰与土比例为 3∶7的石灰土填筑夯实或铺填老黄土等不透水材料加以改善。石灰土厚度应按设计严格执行，如原设计未要求时，其厚度不宜小于 30cm。应将流向陷穴附近的地面水引离，防止形成地表积水或水流集中产生冲刷。

(8) 黄土陷穴的处理范围，应视具体情况而定，宜在路基填方或挖方边坡外，上侧 50m，下侧 10 ~ 20m。若陷穴倾向路基，虽在 50m 以外，仍应做适当处理。对串珠状陷穴应彻底进行处治。

七、多雨潮湿地区路基施工质量监理

(1) 多雨潮湿地区进行路基施工时，应特别注意排水。机具停放地、库房、生活区域，都必须选在地势较高不易被水淹没的地点，并有可靠的排水防洪设施，预防洪水造成危害。

(2) 开工前场地准备工作应特别注意排除地面水。低洼地带沿用地两边应挖大断面的纵向排水沟并引向出水口。在纵向排水沟之间应挖掘横向排水沟并互相贯通疏干地表，以达到地面不积水。

(3) 多雨潮湿地区，原地面多为含水率过大的过湿土，应按下列方法处理：

①含水率过大的潮湿土深度在 2m 以内时，可挖去湿土，换填适用的干土或挖方石渣、天然砂砾等，并分层压实达到标准。

②挖去淤泥后，将土层湿土翻松耙碎掺 5% ~ 10% 的生石灰粉压实，其层厚以能达到规定压实度为准，使之成为稳定土加固层。

③当有非风化大块岩石可利用时，在挖去软湿土后铺筑厚 50cm 左右石块层，嵌填石渣后，用重型压路机碾压成型，再于其上填筑路堤。二级以下公路可以采用抛填片石挤淤，整理碾压成型后填筑路堤。

④当软湿土深度大于 2m 时，按软土路基的规定处理。

(4) 利用潮湿土填筑路堤时，应按下列压实标准和方法进行：

①当天然稠度小于 1.1、液限大于 40%、塑性指数大于 19 的黏质土用作高速公路、一级公路和二级公路上路床的填料时，应采用各种措施达到规定的压实度；上述土用作下路床及上、下路堤的填料时，当进行处治或采用重型压实度确有困难时，可采用轻型压实标准。填料经翻拌晾晒分层压实后，压实度应满足规定要求。

②碾压潮湿土填筑的路堤，适宜的压路机型号、规格、填土层的适宜厚度、所需碾压遍数和压实度，应通过试验确定。

③碾压完成后的路段，若不立即铺筑路面，且不需要维持通车时，应在路床顶再铺盖一层碾压紧密的防水黏土层或沥青封闭层。

④填料的天然稠度为 0.9 ~ 1.0 时，宜将土摊开翻拌晾晒，当含水率接受最佳含水率时即可碾压密实。

⑤填料的天然稠度为 0.5 ~ 0.9 时，宜将土中掺入生石灰等外掺剂拌和均匀后，分层填筑

压实。

(5)多雨潮湿地区,土的含水率大,地下水位高,容易影响路基稳定。填方边坡宜用浆砌护坡防护。二级以下公路也宜采用相应的防护措施。

(6)路堤坡脚护坡道外,应设置加大断面的石砌边沟,以降低地下水位。

八、岩溶地区路基施工质量监理

(1)影响路基稳定的溶洞,不论采用何种处理方法,在施工中均不应堵塞溶洞水路。

(2)路基基底的岩溶泉或冒水,不论采用何种方法排出,均应保证路床范围的土石方不受浸润;当修建高级或次高级路面时,应保证不因温差作用而使水汽上升,聚集在路面基层下。

(3)对路基上方岩溶泉或冒水点,可采用排水沟将水引离路基,不宜堵塞;对路基基底的岩溶泉或冒水点,宜设置涵洞(管)将水排除;流量较大的暗洞及消水洞,可用桥涵跨越通过。

(4)路堑边坡上危及路基稳定的干溶洞,可用干砌片石或砌片石堵塞。

(5)路基基底的溶洞,应采用桥涵通过,当为干溶洞且又不大时,可采用砂砾石、碎石和干、浆砌片石等回填密实。

(6)路基基底干溶洞的顶板太薄或顶板较破碎时,可采用加固或将顶板炸除之后,以桥涵跨越。

(7)路基基底干溶洞的顶板较完整,有较大厚度时,可按路基设计规范给出的路基基底溶洞顶板安全厚度的公式,予以验算,并根据验算的结果,确定处治方案。

(8)当路基溶洞位于边沟附近且较深时,可采用钢筋混凝土板封闭,并应防止边沟水渗漏到溶洞内。

(9)为防止溶洞的沉陷或坍塌,以及处理岩溶水引起的病害,可视溶洞的具体情况分别采用洞内加固(如桩基加固、衬砌加固)、盖板加固、封闭加固(如锚喷加固)等方法。

(10)对影响路基稳定的人工坑洞(如煤洞、古墓、枯井、掏沙坑、防空洞等),应查明后,参照岩溶处治方法进行处理。

九、冻土地区路基施工质量监理

(1)冻土路基施工,应根据图纸要求和现场调查,核对情况,合理选择施工方法,采取合理有效的抗冻措施。承包人的施工方法及抗冻措施应报监理审批。

(2)路床填料宜优先选择矿渣、炉渣、粉煤灰、砂、砂砾石及碎石等抗冻稳定性较好的材料。若路床或上路堤采用粉土、黏土填筑时,应按图纸要求对填料进行稳定处理。填料的改善或处理应根据路基抗冻胀性能要求,结合填料性质,经试验确定。试验资料应报监理批准。

(3)挖方段路基应分层开挖,一般宜从外侧向内侧挖掘,最后一层应从内向外挖掘。

(4)路床地基土的挖除和换填深度及换填材料应符合图纸要求。换填材料应分层填筑,压实度达到图纸要求。

(5)施工前应按图纸要求完成截水沟,填筑拦水埂,填平坡顶的冲沟、水坑;施工中应采取措施阻止边界外的水流入路基中;应保持排水沟通畅,将水迅速排出路基外。

(6)石质挖方、零填路段不宜超挖。超挖或清除软层后的凸凹面,严禁用挖方料和未经稳定处理的混合料回填;岩面凸出部分应凿除,超挖的坑槽及岩石凹面可用贫水泥混凝土浇筑,混凝土最小厚度应大于80mm。

(7)全冻路堤及非全冻路堤在冻深范围内的填筑施工应符合图纸要求及《公路路基施工技术规范》(JTG F10—2006)的规定。

十、冬季与雨季路基施工质量监理

冬季、雨季施工应根据季节特点和施工现场的地形地质条件,制订合理的施工方案;做好临时排水,并与永久性排水设施衔接顺畅;加强雨季施工安全管理,制订安全预案,加强气象信息的收集,做好防洪抢险的准备工作,避免灾害和事故的发生。

1.冬季施工

(1)在反复冻融地区,昼夜平均温度在-3℃以下,且连续10d以上,或者昼夜平均温度虽在-3℃以上,但冻土没有完全融化时,均应按冬季施工办理。

(2)高速公路、一级公路的土质路堤和地质不良地区二级及二级以下公路路堤,不宜进行冬季施工。河滩低洼地带,可被水淹没的填土路堤,不宜进行冬季施工。土质路堤路床以下1m范围内,不得进行冬季施工。半填半挖地段、挖填方交界处,不得在冬季施工。

(3)冬季路基施工应采取措施,及时排放雨雪水及路堑开挖时出现的地下水。

(4)路基基底处理应符合下列规定:

①冻结前应完成表层清理,挖好台阶,并应采取保温措施防止冻结。

②填筑前应将基底范围内的积雪和冰块清除干净。

③对需要换填土地段或坑洼处需补土的基底,应选用适宜的填料回填,并及时进行整平压实。

④基底处理后应立即采取保温措施防止冻结。

(5)填方路堤施工应符合下列规定:

①路堤填料,应选用未冻结的砂类土、碎石、卵石土、石渣等透水性良好的材料。不得用含水率过大的黏性土。

②填筑路堤,应按横断面全宽平填,每层松铺厚度应比正常施工减少20%~30%,且松铺厚度不得超过30cm。当天填土应当天完成碾压。

③中途停止填筑时,应整平填土层和边坡并进行覆盖防冻,恢复施工时应将表层冻雪清除,并补充压实。

④当填筑高程距路床底面1m时,碾压密实后应停止填筑,在顶面覆盖防冻保温层,待冬季过后整理复压,再分层填至设计高程。

⑤冬季过后必须对填方路堤进行补充压实,压实度应达到规范相关要求。

(6)挖方路基施工应符合下列规定:

①挖方边坡不得一次挖到设计线,应预留一定厚度的覆盖层,待到正常施工季节后再修整到设计坡面。

②路基挖至路床顶面以上1m时,完成临时排水沟后,应停止开挖,待冬季过后再施工。

(7)河滩地段可利用冬季水位低的有利条件,开挖基坑,修建防护工程,但应采取措施保证工程质量。

2. 雨季施工

1)路基排水

(1)雨季施工应综合规划,合理设置现场防、排水系统,采取有效措施,及时引排地面水。

(2)对施工临时挤占的沟渠、河道,应采取措施保证不降低原有的排水能力。

(3)路堤填筑的每一层表面应设2% ~4% 的排水横坡。

(4)在已填路堤路肩处,应采取设置纵向临时挡水土埂、每隔一定距离设出水口和排水槽等措施,引排雨水至排水系统。

(5)雨季路堑施工宜分层开挖,每挖一层应设置纵横排水坡,使水排放畅通。

2)路基基底处理

(1)在雨季前应将基底处理好,孔洞、坑洼处填平夯实,整平基底,并设纵横排水坡。

(2)低洼地段,应在雨季前将原地面处理好,并将填筑作业面填筑到可能的最高积水位0.5m以上。

3)填方路堤施工

(1)填料应选用透水性好的碎(卵)石土、砂砾、石方碎渣和砂类土等。利用挖方土做填料,含水率符合要求时,应随挖随填及时压实。含水率过大而难以晾晒的土,不得用做雨季施工填料。

(2)雨季填筑路堤需借土时,取土坑的设置应满足路基稳定性的要求。

(3)路堤应分层填筑,当天填筑的土层应当天或雨前完成压实。

4)挖方路基施工

(1)挖方边坡不宜一次挖至设计坡面,应预留一定厚度的覆盖层,待雨季过后再修整到设计坡面。

(2)雨季开挖路堑,当挖至路床顶面以上30 ~50cm 时应停止开挖,并在两侧挖好临时排水沟,待雨季过后再施工。

(3)雨季开挖岩石路基,炮眼宜水平设置。

5)结构物基坑在雨季开挖后未能及时施工时,应采取防浸泡措施,必要时雨后应对基坑底承载力再次检测,以确定是否满足设计要求。

第五节　路基附属工程施工质量监理

一、路基排水设施的施工与质量控制

路基排水工程主要分为地面排水设施和地下排水设施。地面排水设施包括边沟、截水沟、排水沟、跌水、急流槽、拦水缘石与蒸发池等;地下排水设施包括渗沟、渗井、隔离层等。

由于各种地面水与地下水对路基的强度和稳定性影响极大,在土方工程施工期间,为保证路基的稳定,必须修建永久性和临时性的路基排水设施,不断完善排水系统,使全线沟渠、管道、桥涵组成完整的排水系统,保证危害路基的地面水和地下水排出路基范围之外,保持路基施工现场始终处在良好的排水状态。

1. 基本要求

所有排水设施施工应满足下列质量要求：

（1）各种排水设施的施工质量应符合设计图纸和《公路工程质量检验评定标准（土建工程）》（JTG F80/1—2004）的要求。具体实测项目与质量标准如表3-6所示。

浆砌边沟、截水沟、排水沟施工实测项目　　表3-6

序号	检查项目	规定值或允许值	检查方法和频率	权值
1△	砂浆强度（MPa）	符合设计要求	每台班2组	3
2	轴线偏位（mm）	50	经纬仪：每200m测8处	1
3	墙面直顺度（mm）或坡度（%）	30或符合设计要求	20m拉线、坡度尺：每200m测4处	2
4	断面尺寸（mm）	±30	尺量：每200m测4处	1
5	铺砌厚度（mm）	不小于设计值	尺量：每200m测4处	2
6	基础垫层尺寸（mm）	不小于设计值	尺量：每200m测4处	1
7	沟底高程（mm）	±15	水准仪：每200m测8点	1

（2）沟基稳固，严禁将排水沟修筑在未加处理的弃土上。

（3）沟形整齐、纵坡顺适、沟底平顺、排水畅通，无冲刷或阻水现象。

（4）沟水排泄不得对路基产生危害。

（5）所用材料的主要技术指标测定值应符合要求。

2. 施工质量监理要点

路基排水工程施工质量监理的工作要点如下：

（1）根据路基施工的现场情况核对路基排水设计，系统检查各类排水设施的平面位置、断面形状、几何尺寸、纵坡与高程、砌筑材料、排水是否畅通、防渗漏的效果等，确保各类排水设施纵坡顺适、沟底平整、排水畅通、无冲刷和阻水现象。一旦发现有不符合规定要求者，应立即指令承包人返工。如果需要变更，施工监理应根据实际需要确定。

（2）在路堑施工中遇地下水时，应根据排水沟渠规定，结合现场实际按地下排水设施有关规定执行。当路堑路床顶部位于含水率较高的土层时，应换填透水性良好的材料，换填深度应满足设计要求，并整平凹槽底面，设置渗沟，将地下水引出路外，再分层回填压实。

（3）检查沟槽和护面砌片石的强度，严禁采用风化岩石；检查确定护面砌体所用砂浆和混凝土的配合比，抽样检查其强度。检查沟槽护面砌体的质量（包括砂浆饱满程度和密实程度），要求砌体咬扣紧密，勾缝平顺无脱落，缝宽大体一致。

（4）各种沟渠应从下游向上游开挖，且开挖后，应及时进行防渗处理，不得渗漏、积水和冲刷边坡及路基。

（5）边沟施工。

①挖方地段和填方地段均应按图纸规定设置边沟。路堤靠山一侧应设置不渗水的边沟。

②边沟应按图纸规定施工。边沟和涵洞拼接处应与涵洞洞口建筑配合，以便水流通畅进入涵洞。

③平曲线处边沟施工时，沟底纵坡应与曲线前后沟底纵坡平顺衔接，不允许曲线内侧有积水或外溢现象发生。曲线外侧边沟应适当加深，其增加值等于超高值；但曲线在坡顶时可不加

深边沟。

④边沟的加固。土质地段当沟底纵坡大于3%时应采取加固措施；采用干砌片石对边沟进行铺砌时，应选用有平整面的片石，各砌缝要用小石子嵌紧；采用浆砌石铺砌时，砌缝砂浆应饱满，沟身不漏水；若沟底采用抹面时，抹面应平整压光。

⑤石质路床的边沟应与路床同步进行。

(6)截水沟施工。

①截水沟的位置。在无弃土的情况下，截水沟的边缘离开挖方路基坡顶的距离视土质而定，以不影响边坡稳定为原则。如系一般土质至少应离开5m，对黄土地区不应小于10m并应进行防渗加固。截水沟挖出的土，可在路堑与截水沟之间修成土台并进行分层压实(夯实)，土台顶应筑成2%倾向截水沟的横坡，土台边缘坡脚距路堑顶的距离不应小于设计规定，当设计无规定时，可按弃土的规定办理。路基上方有弃土堆时，截水沟应离开弃土堆坡脚1~5m，弃土堆坡脚离开路基挖方坡顶不应小于10m，弃土堆顶部应设2%倾向截水沟的横坡。

②山坡上路堤的截水沟离开路堤坡脚至少2m，并用挖截水沟的土填在路堤与截水沟之间，修筑向沟倾斜的坡度应为2%的护坡道或土台，使路堤内侧地面水流入截水沟排出。

③截水沟应先施工并与其他排水设施平顺衔接。截水沟通过地面坑洼处时应填平夯实。截水沟应按图纸要求设置出水口，必要时须设置排水沟、跌水或急流槽。

④为防止水流下渗和冲刷，截水沟应进行严密的防渗和加固。地质不良地段和土质松软、透水性较大或裂隙较多的岩石路段，对沟底纵坡较大的土质截水沟及截水沟的出水口，均应采用加固措施防止渗漏和冲刷沟底及沟壁。

(7)排水沟施工。

①排水沟的线形要求平顺，尽可能采用直线形，转弯处宜做成弧形，其半径应符合图纸要求。

②排水沟的出水口，应按图纸要求设置跌水和急流槽，将水流引出中基或引入排水系统。

③排水沟沿路线布设时，应离路基尽可能远一些，距路基坡脚不宜小于3~4m。

④当排水沟、截水沟、边沟因纵坡过大产生水流速度大于沟底、沟壁土的容许冲刷流速时，应采用边沟表面加固措施。

(8)对于地下排水设施的施工现场，监理工程师应实行旁站监理，严格检查地下排水设施的施工程序，上一道工序的质量未经施工监理检查认可，不得进行下一道工序的施工。

(9)检查渗沟、渗井及隔离层的底面高程尺寸，确保地下排水设施的埋设深度符合设计要求。检查渗沟、渗井的回填渗透材料的规格尺寸，并对承包人填报的“隐蔽工程记录单”进行审核检查，然后填写“隐蔽工程质量验收单”，确认符合设计要求。

(10)所有排、截水设施应满足下列要求：

①沟基稳固，严禁将排水沟修筑在未加处理的弃土上。

②沟形整齐，沟坡、沟底平顺，沟内无浮土杂物。

③沟水排泄不得对路基产生危害。

④截水沟的弃土应用于路堑与截水沟间筑土台，并分层压实(夯实)。台顶设2%倾向截水沟的横坡，土台边缘坡脚距路堑顶的距离不应小于设计规定，当设计无规定时，可按弃土的规定办理。

(11)遇到下列情况时,监理工程师应详细检查地面排水系统是否采取了防漏或防冲的加固措施。

①位于松软或透水性大的土层,以及有裂缝的岩石上;

②流速较大,可能引起冲刷的地段;

③当纵坡大于4%,或者产生路基病害地段的边沟;

④路堑与路堤交接处的边沟出口处;

⑤水田地带、路基填土高度小于0.5m地段的排水沟;

⑥兼做灌溉渠的边沟或排水沟;

⑦有集中水流进入的截水沟或排水沟。

在路堑施工中遇地下水时,应根据排水沟渠规定,结合现场实际按地下排水设施有关规定执行。当路堑路床顶部位于含水率较高的土层时,应换填透水性良好的材料,换填深度应满足设计要求,并整平凹槽底面,设置渗沟,将地下水引出路外,再分层回填压实。

二、支挡及防护工程的施工与质量控制

路基支挡及防护构造物包括挡土墙、护脚墙、护面墙、护坡等。支挡构造物可利用墙身自重支撑墙背土压力,以防止路基变形或支挡路基,保证路基稳定性。支挡及石砌防护构造物施工一般分为挖基、构造物砌筑和回填等工序。其施工工序流程及监理工作项目框图如图3-6所示。

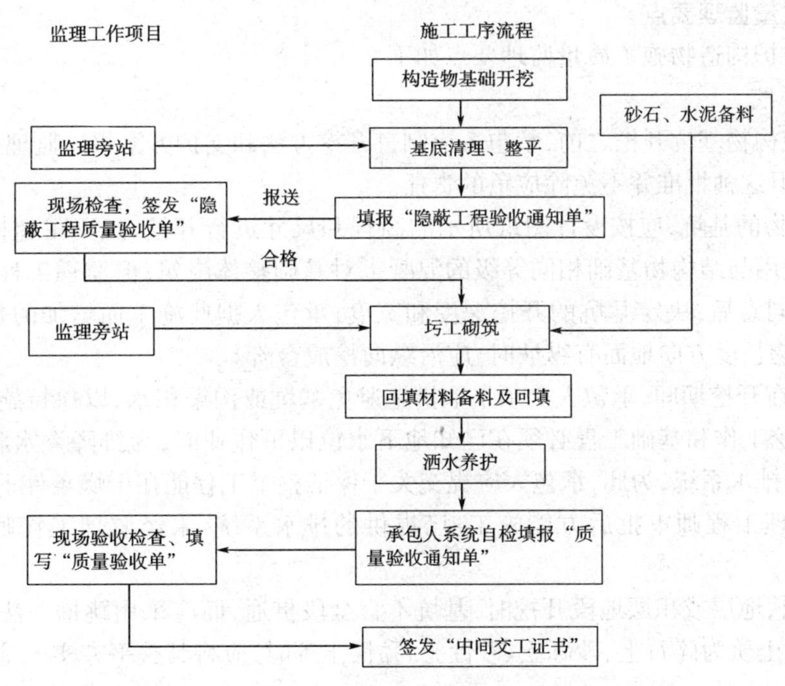

图3-6 支挡及防护构造物施工工序流程

1. 质量要求

(1)施工质量应符合设计图纸和《公路工程质量检验评定标准(土建工程)》(JTG F80/

1—2004)的要求。其具体实测项目与质量标准如表3-7所示。

砌体挡土墙施工实测项目及质量标准　　表3-7

序号	检 查 项 目		规定值或允许值	检查方法和频率	权值
1	砂浆强度(MPa)		符合设计要求	按JTG F80/1—2004附录F检查	3
2	平面位置(mm)		50	经纬仪:每20m检查墙顶外边线3点	1
3	顶面高程(mm)		±20	水准仪:每20m测1点	1
4	墙面直顺度(mm)或坡度(%)		0.5	吊垂线:每20m测2点	1
5	断面尺寸(mm)		符合设计要求	尺量:每20m测2处	3
6	底面高程(mm)		±50	水准仪:每20m测1点	1
7	表面平整度(mm)	块石	20	2m直尺:每20m检查3处,每处检查竖直和墙长两个方向	1
		片石	30		
		混凝土块、料石	10		

(2)用于支撑及防护构造物的块石、片石、砂浆、砂砾垫层材料、反滤层材料等,应符合合同条件及技术规范的要求。

(3)沉降缝、伸缩缝、防水层、泄水孔的位置和数量应符合图纸规定。

(4)墙背填料应符合设计要求。用作挡土墙泄水孔进口处的反滤层和墙背渗水层的材料为砾石、砂石、砂或其组合,其级配应符合设计要求。

2. 施工质量监理要点

支撑及防护构造物施工质量监理要点如下。

1)基坑开挖

在进行结构物基坑开挖之前,承包人应制订开挖方法和支护方案报送监理工程师,待批准后方能施工,但这种批准并不免除应负的责任。

(1)结构物的基坑,应按设计图纸所示的高程和尺寸进行开挖,且不得超挖,超挖部分承包人应自费使用与结构物基础相同等级的混凝土对基础整体浇筑;但监理工程师可根据实际情况,经业主同意后,决定基坑的开挖深度和宽度,承包人据此施工而增加的费用,由业主负担;当沿构造物长度方向地面有纵坡时,应沿纵向挖成台阶。

(2)基坑在开挖期间,承包人必须采取措施避免基坑或沟渠积水,以保持施工在干燥状态下进行;如开挖工作和基础工程必须在已知地下水位以下作业时,为排降渗水和积水,承包人应提供良好的排水系统,为此,承包人应提交关于保证整个工程能在干燥条件下施工的建议措施报告,经监理工程师审批后方能施工;已提供的排水系统,未经监理工程师批准,亦不得拆除。

(3)在松软地层或积层地段开挖时,基坑不宜全段贯通,而应采用跳槽办法开挖以防上部失稳。当基底土质为碎石土、砂砾土、砂性土、黏性土等时,应将其整平夯实。基础开挖大多采用明挖。

(4)当遇有基底软弱或土质不良地段时,可按以下方法分别进行处理:

①当地基软弱,地形平坦,墙身又超过一定高度时,为减少地基压应力,增加抗倾覆稳定,可在墙趾处伸出一个台阶,以拓宽基础。如地基压实力超过地基承载力过多时,为避免台阶过

多,可采用钢筋混凝土底板。

②如地层为淤泥质土、杂填土等,可采用砂砾、碎石、矿渣灰土等材料,可采用换填或砂桩、石灰桩、碎石桩、挤淤法、土工织物及粉体喷搅等方法分别予以处理。

(5)基坑开挖大小,需满足基础施工的要求,渗水土的基坑要根据基坑排水设施(包括排水沟、集水坑、网道)和基础模板等大小而定。一般基坑底面宽度应比设计尺寸各边增宽0.5~1.0m,以免干扰施工,基坑开挖坡度按地质、深度、水位等具体情况而定。

(6)任何土质基坑挖至高程后不得长时间暴露、扰动或浸泡而削弱其承载能力。一般土质基坑挖至接近高程时,保留10~20cm的厚度,在基础施工前以人工突击挖除。基底应尽量避免超挖,如有超挖或松动,应将其夯实。基坑开挖完成后,应放线复验,确认其位置无误并经监理签认后,方可进行基础施工。基坑抽水应保证砌体砂浆不受水流冲刷。当基础完成后,立即回填,以小型机械进行分层压实,并在表面层稍留向外斜坡,以免积水浸泡基底。

当基坑开挖后,若发现与设计情况有出入时,应按实际情况请示有关部门调整设计。

2)基底处理与检查

结构物基坑应分别按岩层(未风化、风化、泥岩等)、土层(碎石类、砂类、黏性土、不均匀土层等)及土质不良需换填等不同情况,分别加以处理。监理工程师应根据现场实际,对基底平面位置、尺寸大小、基底高程等按设计要求检验。在进行基础圬工施工前,监理工程师必须对基坑底土质及地质情况进行检验,确认符合设计要求并签认。

3)构造物施工

在构造物施工过程中,应严格按照设计图纸与技术规范控制工序和质量。

(1)砌筑基础的第一层时,如基底为基岩或混凝土基础,应先将基础表面加以清洗、湿润、坐浆砌筑。

(2)砌体应分层错缝砌筑,砌筑上层时,不应振动下层。砌石坐浆挤紧,嵌填饱满密实,无空洞。

(3)墙体泄水孔进口处的反滤层和墙背渗水层应合理设置。

3. 构造物养护

承包人应按《公路桥涵施工技术规范》(JTJ 041—2000)的要求加强水泥混凝土、水泥砂浆的养护管理。

●第六节　路基工程交工验收阶段的质量监理●

一、交工验收监理工作程序

路基工程完工后可根据以下程序进行交工验收:

(1)当工程按合同规定要求完工后,承包人应根据合同文件及《公路工程质量检验评定标准(土建工程)》(JTG F80/1—2004)的要求进行系统质量自检,并填写"质量自检报告",各项自检质量合格后,即可填写"中间交工验收申请报告",一并提交监理工程师审批。

(2)监理工程师收到承包人报送的"中间交工验收申请通知单"后,首先应汇总检查该项工程每道工序的"质量验收单",并将"质量验收单"编号,填写到"中间交工证书"中,然后检查“开工申请单”及相关的资料是否齐全。

(3)及时组织监理人员按照合同和《公路工程质量检验评定标准(土建工程)》(JTG F80/1—2004)规定的基本要求、实测项目和外观鉴定,对已竣工的工程进行现场验收检查,并核对承包人提交的自检报告和各项检验结果。若“质量验收单”证明每道工序均已符合规范要求,则最后的交工验收也应符合规范要求。当以上各项合格后,监理工程师即可填写“交工检验报告”。否则,应责令承包人返工,直至合格为止。

(4)成立该项工程竣工交工验收评估小组,根据检查结果进行工程质量等级评定,并填写“工程交工验收评估报告”。

(5)监理工程师签发“中间交工证书”,并进行工程计量与支付。

应当注意,“中间交工证书”不一定要与“开工申请单”和“质量验收单”一一对应。“中间交工证书”是对分项工程、分部工程及单位工程而言。

二、交工验收与质量评定

路基工程可根据上述交工验收程序,按照《公路工程质量检验评定标准(土建工程)》(JTG F80/1—2004)中的基本要求、实测项目、外观鉴定及质检资料四个方面要求,进行质量检验和评定。现以土方路基为例,说明其具体做法。

1. 基本要求

在土方路基施工中,以下所列基本要求,对其施工质量的优劣起关键作用,监理工程师应认真进行检查,以便进行工程质量的评定。

(1)在路基用地和取土范围内,承包人应认真清除地表植被、杂物、积水、淤泥和表土,处理坑塘,并对路基基底按路基施工规范的要求进行认真压实。

(2)路基填料应符合规范和设计的规定,经认真调查和试验后合理选用。

(3)填方的路基必须分层填筑和压实,每层表面应平整,路拱合适,排水良好。

(4)施工临时排水系统与设计的永久排水系统相结合,勿使路面附近积水,能保证整个施工过程有一个干燥的施工环境,同时,还应避免冲刷边坡。

(5)在设定取土区内合理取土,不得滥开滥挖,影响景观;完工后应按要求对取土坑和弃土场进行修整,保持合理的几何外形。

2. 实测项目

土方路基的实测项目及质量标准如表3-3所示。

3. 外观鉴定

土方路基的外观鉴定按下列条件进行:

(1)路基表面应平整,边线直顺。不符合要求时,单向累计长度每50m减1~2分。

(2)路基边坡坡面平顺、稳定,不得亏坡,曲线圆滑。不符合要求时,单向累计长度每50m减1~2分。

(3)取土坑、弃土堆、护坡道、碎落台的位置适当,外形整齐、美观,能防止水土流失。不符合要求时,每处扣减1~2分。

(4)不得因施工不当而影响河道流水。

(5)设计植草的路段,不得存在缺陷。

4. 质检资料

施工单位(承包人)应有完整的施工原始记录、试验数据、分项工程自检数据等质量保证资料,并进行整理分析,负责提交齐全、真实和系统的施工资料和图表,主要包括:

(1)所用原材料质量检验报告。

(2)混合料配合比与拌和加工控制检验和试验数据。

(3)地基处理、隐蔽工程施工记录,不良土的取舍记录,施工放样记录。

(4)各项质量控制指标的试验记录和质量检验汇总图表。

(5)施工过程中遇到的非正常情况记录及其对工程质量影响分析。

(6)施工过程中如发生质量事故,经处理补救后,达到设计要求的认可证明文件。

(7)各施工工序的"质量验收单"、"交工自检报告",且同时具备"开工申请单"。

分项工程的施工资料和图表残缺,缺乏最基本的数据,或有伪造涂改者,不予检验和评定。资料不全者应予减分,减分幅度可按《公路工程质量检验评定标准(土建工程)》(JTG F80/1—2004)中质量标准所列资料逐项检查,视资料不全情况每项减1~3分。

第七节　路基工程常见质量问题及防治

整个路基及其各部分都要承受自重、行车荷载及各种自然因素的作用,其中行车荷载与路堤自重相比,一般是不大的。

对路基稳定性起主要作用的自然因素有水分(流动的和不流动的)、温度变化(特别是从正温度过渡到负温度,或者从负温度过渡到正温度)以及风蚀作用等。由于这些力与因素的作用,路基及其各部分将产生弹性的(可回复的)和残留的(不能回复的)变形。

路基在自重、土的干缩以及汽车车轮的重复作用下所产生的残留变形,可能使土的密实度和强度有所增加,但若作用剧烈和变形过大,则可能危害路基稳定性。

在正确设计、修建和养护路基中,变形不应危及路基及其各部分的完整性和稳定性。

一、路基变形、破坏及其原因

1. 路堤沉陷

路基因填料(主要填土)不当、填筑方法不合理、压实不足,在荷载、水和温度的综合作用下,堤身可能向下沉陷。所谓填筑方法不合理,包括不同土混杂、未分层填筑和压实、土中含有未经打碎的大土块或冻土块等。填石路堤亦因石料规格不一、性质不匀,或就地爆破堆积,乱石中空隙很大,在一定期限内(例如经过一个雨季)亦可能产生局部的明显下沉。此外,原地面比较软弱,例如遇到泥沼、流沙或垃圾堆积等,填筑前未经换土或压实,造成地基下沉,亦可能引起路堤下陷。路堤不均匀下陷,造成局部路段破坏,影响公路交通。

填土因季节性交替产生含水率变化及温度变化的物理作用,使土体发生膨胀、收缩以及冬季冻胀、春季融化,强度减弱,形成翻浆而破坏。

2. 路基边坡坍方

路基边坡的坍方,是最常见的路基病害,亦是水毁的普遍现象。按照破坏规模与原因的不同,路基边坡坍方可以分为剥落、碎落、滑坍、崩坍及坍塌等。

剥落是指边坡表土层或风化层表面，在大气的干湿或冷热的循环作用下，表面发生胀缩现象使零碎薄层成片状，从边坡上剥落下来，而且老的剥落后，新的又不断产生。此种破坏现象，对于填土不均匀和易溶盐含量大的土层，以及泥岩、泥质岩、绿泥岩等松软岩层而言，较易产生。路堑边坡剥落的碎屑，堆积在坡脚下，堵塞边沟，影响路基的稳定，妨碍交通。

碎落是岩石碎块的一种剥落现象，其规模与危害程度比剥落严重。产生的主要原因是路堑边坡较陡（大于45°），岩石破碎和风化严重，在胀缩、振动及水的侵蚀与冲刷作用下，块状碎屑沿坡面向下滚落。如果落下的岩块较大（直径在40cm以上），以单个或多块落下，此种碎落现象可称为落石或坠落。因落石的石块较大，降落速度极快，所产生的冲击力，可使路基结构物遭到破坏，亦会威胁到行车和行人的安全，或引起其他病害同时发生。

滑坍是指路基边坡土体或岩石，沿着一定的滑动面成整体状向下滑动，其规模与危害程度，较碎落更为严重，有时滑动体可达数百立方米以上，造成严重的阻车。产生滑坍的主要原因是原山坡具有倾向公路的软弱构造面，如软弱夹层或风化层、覆盖层，由于施工以及水的侵蚀、冲刷，改变了原山坡平衡状态，使山坡在重力作用下沿软弱面整体滑动。因此，当基岩的界面倾向公路，特别是有地下水时，均可能形成滑坍。

崩坍是整体岩块在重力作用下倾倒、崩落。主要原因是岩体风化破碎，边坡较高，这比较常见，而且是危害较大的路基病害之一。它同滑坍的主要区别就在于崩坍无固定滑动面，坡脚线以下地基无移动现象，崩坍体的各部分相对位置在移动过程中完全打乱，其中较大石块翻滚较远，边坡下部形成石堆或岩堆。此外，还有坍塌（亦称为堆塌）等。其成因与形态同崩坍相似，但坍塌主要是土体（或土石混杂的堆积物）遇水软化，在45°～60°的较陡边坡无支撑情况下，因自重所产生的剪应力超过黏聚力和摩擦力所构成的抗剪力，沿松动面坠落散开，其变形速度比崩坍慢，很少有翻滚现象。

3. 路基沿山坡滑动

在较陡的山坡上填筑路基，如果原地面未清除杂草、凿毛或人工挖台阶，坡脚又未进行必要支撑，特别是又受水的润湿时，路基填方与原地面之间的抗剪力很小，填方在自重和荷载作用下，又可能使路基整体或局部沿原地面向下移动。此种破坏现象虽然不普遍，但亦不可忽视，如果不针对上述产生破坏的原因，采取相应预防措施，路基的稳定性就得不到保证，破坏将难以避免。

4. 特殊地质水文因素的毁坏

公路通过不良地质和水文地带，或遇较大的自然灾害，如滑坡、岩堆、错落、泥石流、雪崩、岩溶、地震及特大暴雨等，均能导致路基结构的严重破坏。

二、路基变形、破坏原因的综合分析

由上面简要介绍可知，路基病害的原因是多方面的，各种病害既有各自的特点，又有共同原因，大致可归纳为以下几个方面：

（1）不良的工程地质和水文地质条件，如土质构造复杂、岩层走向与倾角不利、岩性松软、风化严重、土质较差、地下水位较高以及其他地质不良灾害等。

（2）不利的水文与气候因素，如降雨量大、洪水猛烈、干旱、冰冻、积雪或温差特大等。

（3）设计不合理，如断面尺寸不符合要求，其中包括边坡取值不当，挖填布置不符合要求，

最小填土高度不足，以及排水、防护与加固不妥等。

(4)施工不符合规定，如填筑顺序不当，土基压实不足，盲目采用大型爆破，以及不按设计要求和操作规程进行施工，工程质量不符合标准等。

上述原因中，地质条件是影响工程质量和产生病害的基本前提，水是路基病害的主要原因，为此，必须强调设计前进行地质与水文的勘察工作，针对具体条件及各种因素的综合作用，采取正确的设计方案与施工方法，才能消除和尽可能减轻路基病害，确保路基工程达到规定的质量要求。

三、路基病害防治

为提高路基稳定性，防止各种病害的发生，主要有以下措施：

(1)正确设计路基横断面。

(2)选择良好的路基填土填筑路基，必要时对路基上层填土做稳定处理。

(3)采取正确的填筑方法，充分压实路基，保证达到规定的压实度。

(4)适当提高路基高度，防止水分从侧面渗入或从地下水位上升进入路基工作区范围。

(5)正确进行排水设计(包括地面排水、地下排水、路面结构排水以及地基的特殊排水)。

(6)必要时设置隔离层隔绝毛细水上升，设置隔温层减少路基冰冻深度和水分聚集，设置砂垫层以疏干土基。

(7)采取边坡加固、修整挡土墙、土体加筋等防护技术措施，以提高其整体稳定性。

以上各项技术措施的目的在于限制水分侵入路基，或使已侵入路基的水分迅速排除，以保持干燥，提高路基的整体强度和稳定性。

复习思考题

1. 简述路堤填方压实质量监理的要点及挖方路基施工监理的程序。

2. 路基堤料的试验项目有哪些?

3. 简述路基排水系统、路基支挡构造物的组成及设置。

4. 为什么路基施工前要修建试验路段? 试验路段总结报告的内容是什么?

5. 如何对承包人的施工机具设备进行履约检查?

6. 路基工程常见质量问题产生的主要原因有哪些?

7. 填石路堤填料的技术要求有哪些? 填石路堤的压实指标是什么?

8. 某地二级汽车专用公路施工的工地试验室对某段路基路床的施工压实度进行检测，抽样检测压实度结果如下:96.5%、96%、94%、95%、96.5%、96%、95.5%、95%、96%、94.6%，若按95%保证率考虑，试对该路段的压实质量进行评价。

第四章 路面工程施工质量监理

教学要求

1. 叙述路面各结构层及其混合材料组成设计的基本要求；
2. 描述各结构层试验路段的铺筑要求、目的、报告内容等；
3. 分析与描述路面基层(底基层)施工的工序流程和质量控制要点；
4. 针对沥青路面的不同类型,分析与描述其施工工序流程和质量控制要点、监理程序及工作内容；
5. 论述水泥混凝土路面施工所采用的摊铺机施工的工序流程、质量监理程序及控制要点；
6. 叙述路面结构层施工质量实测项目、检验方法及评定方法。

●第一节 概 述●

一、路面的功能与构造

1. 路面的主要功能

路面是用各种筑路材料铺筑在路基上供车辆行驶的层状构造物。路面不仅直接承受车辆荷载的作用,而且要经受自然因素(日光、温度和水等)和其他人为因素的作用。因此,高等级公路的路面必须具备下述功能:

(1)全天候地、稳定地供汽车行驶,即应保证路面良好的行车性能,使之不受任何季节和气候的影响。

(2)保证汽车高速和舒适地行驶,即路面应具有和保持较好的平整度,使汽车在高速行驶时不发生颠簸。

(3)保证汽车安全、经济地行驶,即路面表面应具有和保持一定的粗糙度。使汽车在高速行驶中需要紧急制动时不致因路滑而产生侧向或超长的纵向滑移,乃至冲撞事故。

2. 路面构造及结构层次

路面由行车道、硬路肩、土路肩、路缘石及中央分隔带等组成。

路面结构一般则由垫层(底基层)、基层、面层三部分组成,有时在面层之下还设有联结层。路面各结构层次的作用如下。

1）面层

面层是直接同行车和大气接触的表面层次，它承受较大的行车荷载的垂直力、水平力和冲击力作用，同时还受到降水的侵蚀和气温变化的影响。因此，同其他层次相比，面层应具备较高的结构强度、较好的抗变形能力、较好的水稳定性和温度稳定性，而且应当耐磨、不透水，其表面还应有良好的抗滑性和平整度。

修筑面层所用的材料主要有水泥混凝土、沥青混凝土、沥青碎（砾）石混合料、砂砾或碎石掺土或不掺土的混合料以及块料等。

2）基层

基层主要承受由面层传来的车辆荷载的垂直力，并扩散到下面的垫层和土基中去。实际上，基层是路面结构中的承重层，它应具有足够的强度和刚度，并具有良好的扩散应力的能力。基层遭受大气因素的影响虽然比面层小，但是仍然有可能经受地下水和通过面层渗入雨水的能力。基层能经受地下水和通过面层渗入雨水的浸湿，所以基层结构应具有足够的水稳定性。基层表面虽然不直接供车辆行驶，但仍然要求有较好的平整度，这是保证面层平整度的基本条件。

修筑基层的材料主要有各种结合料（如石灰、水泥或沥青等）稳定土或稳定碎（砾）石、贫水泥混凝土、天然砂砾、各种碎石或砾石、片石、块石或圆石，各种工业废渣（如煤渣、粉煤灰、矿渣、石灰渣等）和土、砂、石所组成的混合料等。

3）垫层

垫层介于土基与基层之间，它的功能是改善土基的湿度和温度状况，以保证面层及基层的强度、刚度和稳定性不受土基水文状况变化所造成的不良影响。另一方面的功能是将基层传下的车辆荷载应力加以扩散，以减小土基产生的应力和变形。同时，也能阻止路基土挤入基层中，影响基层结构的性能。

修筑垫层的材料，强度要求不一定高，但水稳定性和隔温性能要好。常用的垫层材料分为两种，一类是由松散粒料，如砂、砾石、炉渣等组成的透水性垫层；另一类是用水泥或石灰稳定土等修筑的稳定类垫层。

二、路面的分级与分类

1. 路面的分级

通常按路面面层的使用品质，材料组成类型以及结构强度和稳定性，将路面分为四个等级，各级路面的适用条件见表4-1。

各等级路面所具有的面层类型及其所适用的公路等级　　表4-1

路面	面层类型	所适用的公路等级
高级路面	水泥混凝土、沥青混凝土、厂拌沥青碎石、整齐石块或条石	高速、一级、二级
次高级路面	沥青贯入碎（砾）石、路拌沥青碎（砾）石、沥青表面处治、半整齐石块	二级、三级
中级路面	泥结或级配碎（砾）石、水结碎石、不整齐石块、其他粒料	三级、四级
低级路面	各种粒料或当地材料改善土，如炉渣土、砾石土和砂砾土等	四级

1）高级路面

高级路面的特点是强度高、刚度大、稳定性好、使用寿命长、能适应较繁重的交通量，路面平整、无尘埃，能保证高速行车，且高级路面养护费用少，运输成本低，但初期建设投资高，需要用质量高的材料来修筑。

2）次高级路面

次高级路面与高级路面相比，强度和刚度较差，使用寿命较短，所适应的交通量较小，行车速度也较低。次高级路面的初期建设投资虽较高级路面低些，但要求定期修理，养护费用和运输成本也较高。

3）中级路面

中级路面的强度和刚度低，稳定性差，使用期限短，平整度差，易扬尘，仅能适应较小的交通量，行车速度低。中级路面的初期建设投资虽然很低，但是养护工作量大，需要经常维修和补充材料，才能延长使用年限，运输成本也高。

4）低级路面

低级路面的强度和刚度最低，水稳定性差，路面平整性差，易扬尘，故只能保证低速行车，所适应的交通量最小，在雨季有时不能通车。低级路面的初期建设投资最低，但要求经常养护修理，而且运输成本最高。

2. 路面的分类

路面类型可以从不同的角度来划分，按面层所用的材料划分，如水泥混凝土路面、沥青路面、砂石路面等。在路面设计中，主要从路面结构的力学特性和设计方法的相似性出发，将路面划分为柔性路面、刚性路面和半刚性路面三种类型。

1）柔性路面

柔性路面的总体结构刚度较小，在车辆荷载作用之下产生较大的弯沉变形，路面结构本身的抗弯拉强度较低，它通过各结构层将车辆荷载传递给土基，使土基承受较大的单位压力。路基路面结构主要靠抗压强度和抗剪强度承受车辆荷载的作用。柔性路面主要包括各种未经处理的粒料基层和各类沥青面层、碎（砾）石面层或块石面层组成的路面结构。

2）刚性路面

刚性路面主要指用水泥混凝土作面层或基层的路面结构。水泥混凝土的强度高，与其他筑路材料相比，它的抗弯拉强度高，并且有较高的弹性模量，故呈现出较大的刚性。在车辆荷载作用下，水泥混凝土结构层处于板体工作状态，竖向弯沉较小，路面结构主要靠水泥混凝土板的抗弯拉强度承受车辆荷载，通过板体的扩散分布作用，传递给基础上的单位压力较柔性路面小得多。

3）半刚性路面

用水泥、石灰等无机结合料处治的土或碎（砾）石及含有水硬性结合料的工业废渣修筑的基层，在前期具有柔性路面的力学性质，后期的强度和刚度均有较大幅度的增长，但是最终的强度和刚度仍远小于水泥混凝土。由于这种材料的刚性处于柔性路面和刚性路面之间，因此把这种基层和铺筑在它上面的沥青面层统称为半刚性路面。

路面以力学特性为标准的分类方法主要是为了便于从功能原理和设计方法出发进行分工，并没有绝对的定量分界线。近年来，材料科学的发展正在逐步改变这种属性，如水泥混凝土的增塑研究正在使它的刚性降低而保留它的高强性质，沥青的改性研究使得沥青混凝土随气候而变化的力学性质趋于稳定，大幅度提高其刚度。这说明事物都在相互转化之中。

三、对路面的基本要求

(1)具有足够的强度和刚度。指路面整体结构能够抵抗各种外力综合作用,而不发生破坏和过大变形的性能。

(2)具有足够的稳定性。指路面在日光、大气、温度、湿度等自然因素影响之下,其整体强度不致迅速降低的性能。

(3)具有足够的耐久性。指路面在自然因素和行车荷载多次重复作用下,材料不致迅速衰变、结构不致因疲劳而破坏的性能。

(4)具有良好的表面性能。指路面表面的平整度和粗糙度,平整度用路面纵向凹凸量的偏差值表示;而粗糙度则用路面与轮胎的摩擦系数和路表纹理深度表示。

(5)良好的表面抗滑性。路面表面要求平整,但不宜光滑,确保汽车在路面上行驶时,车轮与路面之间存在足够的附着力和摩擦力。

(6)少尘性及低噪声。减少对环境的污染,使公路更环保。

●第二节 路面底基层和基层施工质量监理●

一、概 述

路面基层和底基层主要承受由面层传递的车辆荷载的垂直力,并扩散到下面的结构层中去,是路面结构中的承重层。路面基层(底基层)的类型按力学特性可分为半刚性类和柔性类。路面基层与底基层常用材料按组成可分为无机结合料稳定类、有机结合料稳定类和粒料类。我国常用的基层(底基层)材料是粒料类无机结合料稳定类。

1. 粒料类基层(底基层)

粒料类常分为嵌锁型和级配型,目前常用的有填隙碎石(嵌锁型)、级配碎(砾)石、天然砂砾(级配型)几种。我国大都将此类结构作为高等级公路的底基层或垫层,有些国家用级配碎(砾)石修筑基层或底基层,还用作沥青面层与半刚性基层间的联结层。粒料类基层(底基层)的主要特点是透水性大、施工方便。

嵌锁型粒料基层的整体强度主要依靠碎石颗粒之间的嵌锁和摩阻作用,颗粒间的黏结力很小。因此,嵌锁型结构强度主要取决于石料的强度、形状、尺寸、均匀性、表面粗糙度以及施工时的压实程度。当石料强度高,形状接近立方体、有棱角、尺寸均匀、表面粗糙压实度高,结构层的强度就高。

级配型粒料基层的强度和稳定性取决于内摩阻角和黏结力的大小。即其强度与稳定性在很大程度上取决于集料的类型(碎石、砾石或碎砾石)、集料的最大粒径和级配以及混合料中0.5mm以下细粒的含量及塑性指数,同时,还与其密实程度有关系。因此,对级配型粒料,主要控制最大粒径、细粒含量及其塑性指数和现场压实度。

2. 无机结合料稳定类基层(底基层)

无机结合料稳定类又称半刚性类,常用的半刚性基层(底基层)的类型如下:

(1)水泥稳定类。主要有水泥稳定土、水泥稳定碎石(或砂砾)及水泥稳定级配碎石(或石屑、石渣)等。

(2)石灰稳定类。主要有石灰土、石灰碎石土、石灰砾石土及石灰稳定级配碎石(砂砾)等。

(3)综合稳定类。主要有水泥石灰稳定类、水泥粉煤灰稳定类、石灰粉煤灰稳定类等。

半刚性基层(底基层)具有良好的力学性能,强度高、水稳定性好、板体性好。其强度不仅与使用材料本身性质有关,更主要的是混合料加水拌和碾压后发生的一系列物理—化学作用,强度随时间增长而逐渐提高。但这类基层的最大缺点是干缩或低温收缩时易于产生裂缝。为减少开裂,可在混合料中掺入60% ~80%的粒料。无机结合料稳定粒料基层中,水泥稳定碎石[或石屑的强度较高,适宜于大交通重轴载道路的基层,而无机结合料稳定土(如水泥土、石灰土、二灰土等)]仅适宜作高级路面的底基层。

由此可见,无机结合料稳定类基层的力学特性不仅与各组成材料本身的性质有关,而且与混合料的配合比有关。

3. 施工质量监控要求

对路面基层(底基层)施工质量监控的基本要求如下:

(1)施工时,严格控制原材料的质量。混合料的配料应准确,拌和要均匀,振捣应密实,尤其是边角处要加强振捣。接缝应平顺。

(2)严格控制结构层压实后的顶面高程和宽度。

(3)结构层压实后,必须按规定养生。

(4)严格控制交通开放。

4. 施工质量监理程序

路面基层(底基层)施工过程中,其施工工序流程及监理工作内容如图4-1所示。

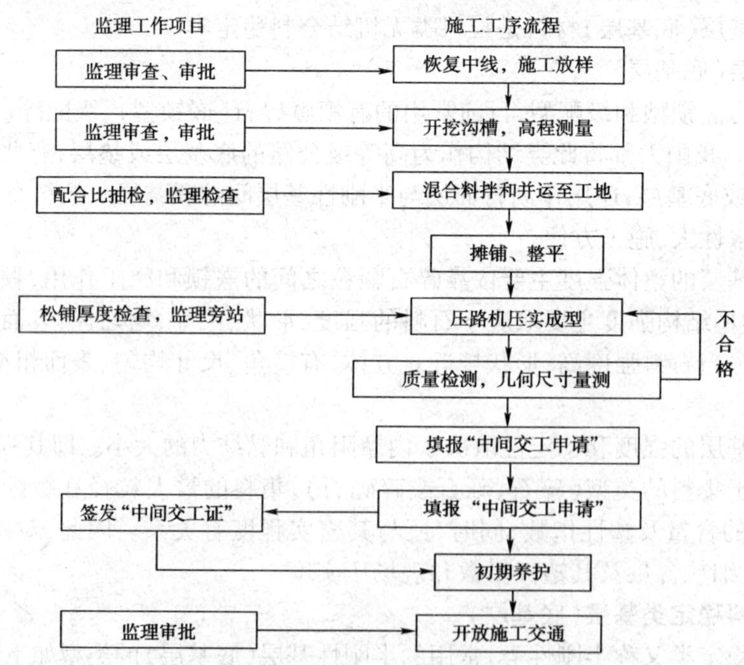

图4-1 底基层、基层施工程序及监理工作流程

二、基层(底基层)施工准备阶段的质量监理

监理工程师在准备阶段的工作要点主要是检查、审核以下几个方面。

1. 施工机械设备

主要指摊铺和压实等施工机械设备的数量、规格、型号及使用状况是否符合合同规定的要求等,是否能满足正常施工的需要,是否能保证施工质量。

2. 原材料质量

主要是对承包人提交的材料试验报告进行审核和抽检。包括天然级配料和自采料的物理力学指标的测定结果,外购材料的物理、化学和力学指标的测定结果,评判各类原材料的质量检查结果是否符合规范要求。

3. 混合料的组成设计试验报告

混合料试验检测的项目包括重型击实试验、承载比试验、抗压强度试验和耐久性试验。监理工程师应通过对比试验对承包人提供的基层混合料的组成设计试验报告进行审核。主要审查混合料组成设计的目标是否已达到,即在强度上满足设计要求,抗裂性达到最优且便于施工;混合料组成设计已满足其基本原则,即结合料剂量合理,且尽可能采用综合稳定及有一定级配的集料。在混合料组成中,结合料的剂量应适中,如剂量太低,则不能形成半刚性材料,剂量太高,则刚度太大,容易脆裂;集料数量则以达到靠拢而不紧密为原则,空隙被无机结合料填充,形成各自发挥优势的稳定结构。

4. 混合料拌和

主要检查混合料拌和场位置、拌和设备及运输车辆能否满足混凝土质量要求和保证连续施工拌和的要求。

承包人应按合同规定及监理工程师要求,对基层拌和场和沥青拌和站场地进行硬化处理及搭设遮雨棚。

(1)基层与水泥混凝土拌和场面积应满足施工需要,场地硬化宜采用水泥稳定土,下承层应作适当处理和补强,并设置纵横向排水沟和盲沟,以利场区排水。

(2)承包人应在路面集料堆放场地,为路面细集料搭设遮雨棚,设遮雨棚宜采用钢结构,净高不宜低于6m,棚顶应具有防风、防雨、防老化功能。遮雨棚面积应满足工程需要。

5. 下承层准备

按下承层的有关检验标准进行复检,下承层表面应平整、坚实、具有规定的路拱、没有任何松散和软弱处,凡不合格的路段应进行整修,使其达到标准。

6. 交通管理

对施工范围内的公路交叉口、部分设施,设置施工标志,进行交通管制;对于附近人群应进行施工安全宣传。

7. 测量放样

按要求在已经过加工的路基或底基层上恢复中线,并进行高程测量,并在两侧指示桩上用红漆标出基层的边缘设计高程及松铺厚度标记。所进行的测量,其精度要符合规范要求。

8. 试验路段施工与总结报告

在基层和底基层正式开工前至少一个月,承包人应自觉在监理工程师批准的地点试铺一

段长度为100~200m的试验路段,并应向监理工程师提供关于计划用于试验路段的原材料和混合料的组成设计以及备料、拌和、运输、摊铺、碾压、养生机械设备一览表,施工程序与工艺操作计划等详细说明,以便审批。该试验路段若经检验合格,亦可作为主体工程的一部分。

修筑试验路段的目的是检验承包人提出的施工方案和施工方法的可行性,检验各种施工机械的使用性能和实际效果,检验混合料的组成设计是否符合质量要求;检验和确认基层和底基层施工中各道工序的质量控制指标,提出保证质量的有效措施及质量检验的方法;获得基层和底基层正式施工的各项技术参数;提出标准的施工方法。

通过试验路段的修筑,需要提交如下正式施工的技术参数和标准方法。

(1)用于正式施工的基层材料配合比。

(2)混合料的松铺系数。

(3)水泥稳定类材料施工允许延迟的时间。

(4)标准的施工方法:

①混合料的原材料数量或比例的控制;

②合适的拌和方法、拌和速度与拌和遍数(或时间);

③混合料最佳含水率的控制方法;

④摊铺方法和适用的机具,整平和整型的合适机具与方法;

⑤压实机械的选择和组合,压实顺序、速度和遍数;

⑥现场压实度的检查方法及每一作业段的最小检查数量。

(5)确定一次铺筑的合适厚度。

(6)确定每一作业段的合适长度。

承包人需按要求在正式开工前的规定时间内,提交填方路堤试验路段施工总结报告,并经监理工程师审批后,即成为一套标准的施工方法,可作为该填料施工时的依据。试验路段施工总结报告应包括以上试验路段的修筑所获得的技术参数和标准方法等内容。

9. 签发"路面底基层和基层开工通知单"

监理工程师根据承包人提交的开工申请报告,按照有关规定和要求进行审查和批准,并签发"路面底基层和基层开工通知单"。

三、水泥稳定基层(底基层)施工质量监理

水泥稳定类基层(底基层)是在广义的土中,掺入适量的水泥和水,拌和后得到的混合料,经摊铺、压实及养护所形成的强度符合设计要求的结构层。

水泥稳定类包括水泥稳定砂砾、水泥稳定砂砾土、水泥稳定碎石、水泥稳定碎石土、水泥稳定土。水泥稳定类的初期强度较高,且能适应不同的气候与水文条件,特别是在潮湿寒冷地区的适应性较其他稳定土更强,因此使用范围很广。

1. 材料质量控制

水泥稳定土和水泥综合稳定土的力学特性取决于材料性质与组成。

1)土

凡能被粉碎的土都可用水泥稳定,其最大颗粒和颗粒组成应满足规范要求。对于细土而言,土的均匀系数应大于5,液限不应超过40%,塑性指数不应大于17。

集料的压碎值要求为：对于二级和二级以下公路基层不大于35%；对于二级和二级以下公路底基层不大于40%；对于高速公路和一级公路不大于30%。

2）水泥

普通水泥、矿渣水泥、火山水泥等都可使用，但应选用终凝时间较长（宜在6h以上）的水泥，快硬水泥、早强水泥以及已受潮变质的水泥不应使用。宜采用强度等级较低（如强度等级为32.5MPa）的水泥。

3）石灰

石灰质量应符合III级以上的生石灰或消石灰的技术指标，要尽量缩短石灰的存放时间。石灰在野外堆放时间较长时，应妥善覆盖保管，不应遭日晒雨淋。

对于高速公路和一级公路，宜采用磨细生石灰粉。

4）粉煤灰

粉煤灰中SiO_2、Al_2O_3和Fe_2O_3的总含量应大于70%，烧失量不应超过20%；其比表面积宜大于2 500m^2/g。

干粉煤灰和湿粉煤灰都可以应用。干粉煤灰如堆在空地上应加水，防止飞扬造成污染。湿粉煤灰的含水率不宜超过35%。使用时应将凝固的粉煤灰块打碎或过筛，同时清除有害杂质。

2.施工质量监理要点

（1）按要求在已经过加工的路基或底基层上恢复中线，并进行高程测量，并在两侧指示桩上用红漆标出基层的边缘设计高程及松铺厚度标记。所进行的测量，其精度要符合规范要求。

（2）检验材料层的松铺厚度是否符合预定要求。松铺厚度=压实厚度×松铺系数，水泥稳定类混合料和石灰稳定类混合料的松铺系数应符合规范要求。

（3）拌和与运输。

①承包人应将机械设备的选型，拌和设备的位置、布置与设计等，在任何机械安装前提交给监理工程师审查批准。土料和稳定材料应按配合比（质量或体积比）准确配料，充分拌和并达到均匀，此时监理的重点是检查无机结合料的剂量、最佳含水率的控制以及拌和方法等。水泥稳定类混合料的拌和应采用厂拌法。

②所有拌和设备，在拌和过程中，稳定材料应均匀地注入，并按质量或体积比例加水，且应有方法让监理工程师易于核对每一批的水量和连续式拌和机的水流量，其加水时间或水输入拌和机的位置，均须得到监理工程师的同意。

③混合料的运输车辆应根据需要配置并装载均匀，及时运至现场；当在远离施工地点拌和材料时，应保证混合料均匀，混合料运送时应覆盖，以防水分蒸发散失。

（4）摊铺与整型。

①混合料摊铺必须采用监理工程师批准的机械进行，并按试验路段所得的松铺系数进行摊铺，应力求在要求的宽度上均匀摊铺。

②混合料在路基上的摊铺量，应能保证在摊铺的宽度内达到压实厚度。混合料应确保不受污染，不再挖掘掺入新料，否则要换置新的混合料，这点监理工程师要特别注意。

③摊铺时混合料的含水率宜高于最佳含水率0.5%～1.0%，以补偿摊铺及碾压过程中的水分的散失。

④摊铺就绪后，以平地机整平，刮出路拱，然后进行压实作业。

⑤无机结合料稳定类结构层应用12t以上的压路机碾压，当用12～15t压路机碾压时，每层的压实厚度不超过15cm；当用18～20t压路机碾压时，每层的压实厚度不超过20cm；对于稳定中粒土和粗粒土，当采用能量大的振动压路机时，每层的压实厚度应根据试验确定（即试验路段确定），压实厚度超过上述规定时，应分层铺筑，但每层最小压实厚度不得小于10cm。

（5）碾压。

①混合料的碾压应按试验路段确认的施工方法、施工工艺、压实速度和遍数进行压实，并连续碾压达到规定的压实度。

②压实作业应遵循“先轻后重、先慢后快、先静后动、先边后中、先内后外”的原则，即直线段由两侧路肩向路中心碾压，平曲线路面由内侧路肩向外侧路肩进行碾压。

③碾压过程中，混合料的表面应始终保持潮湿，如表面水分散失太快，应及时补洒少量水。如有“弹簧”、松散、起皮等现象，应及时处理，使之达到质量要求。对于水泥稳定类，在施工过程中，从加水拌和到碾压终了的延迟时间不应超过规定。

④在碾压结束之前，应用平地机再终平一次，使其纵向顺适，路拱和超高符合设计要求。

⑤严禁压路机在已完成的或正在碾压的路段上掉头和紧急制动，以保证结构层表面不受破坏。施工接缝和压路机掉头，应按《公路路面基层施工技术规范》（JTJ 034—2000）的规定处理。

⑥压实作业完成后，从外观看，表面应无移动，无碾压痕迹、隆起、裂缝或松散材料。

（6）养护。碾压完成后应立即进行养护，养护时间不应少于7d，养护方法可视具体情况采用洒水或采用沥青乳液等。养护期间应封闭交通，不能封闭时，须经监理工程师批准，并将车速限制在30km/h以下，且应禁止重型车辆通行。

（7）气候条件。工地气温低于5℃时，不应进行施工，雨季施工，应特别注意天气变化，避免水泥和混合料受雨淋。降雨时应停止施工，但已摊铺的混合料应尽快碾压密实。

（8）抽样试验。混合料应在施工现场每天取样一次或每2 000m^{2}取样一次，并按《公路工程无机结合料稳定材料试验规程》（JTG E51—2009）标准方法进行各项试验；在已完成的铺筑层上按《公路路基路面现场测试规程》（JTG E60—2008）进行压实度试验。基层应取芯样检验其整体性。所有的试验结果，均报监理工程师审批，所发生的一切费用，由承包人自负。

3. 施工质量检验与质量标准

水泥稳定类基层（底基层）的实测项目与质量标准如表4-2、表4-3所示。

水泥稳定土基层和底基层实测项目与质量标准 表4-2

<table>
<tr><th rowspan="3">项次</th><th rowspan="3" colspan="2">检查项目</th><th colspan="4">规定值或允许偏差</th><th rowspan="3">检查方法和频率</th><th rowspan="3">权值</th></tr>
<tr><th colspan="2">基层</th><th colspan="2">底基层</th></tr>
<tr><th>高速公路
一级公路</th><th>其他
公路</th><th>高速公路
一级公路</th><th>其他
公路</th></tr>
<tr><td rowspan="2">1△</td><td rowspan="2">压实度
（%）</td><td>代表值</td><td>—</td><td>95</td><td>95</td><td>93</td><td rowspan="2">按附录B检查，每200m每车道2处</td><td rowspan="2">3</td></tr>
<tr><td>极值</td><td>—</td><td>91</td><td>91</td><td>89</td></tr>
<tr><td>2</td><td colspan="2">平整度（mm）</td><td>—</td><td>12</td><td>12</td><td>15</td><td>3m直尺：每200m测2处×10尺</td><td>2</td></tr>
</table>

续上表

项次	检查项目		规定值或允许偏差				检查方法和频率	权值
			基层		底基层			
			高速公路一级公路	其他公路	高速公路一级公路	其他公路		
3	纵面高程(mm)		—	+5,-15	+5,-15	+5,-20	水准仪:每200m测4个断面	1
4	宽度(mm)		符合设计要求		符合设计要求		尺量:每200m测4个断面	1
5△	厚度(mm)	代表值	—	-10	-10	-12	按附录H检查,每200m每车道1点	2
		极值	—	-20	-25	-30		
6	横坡(%)		—	±0.5	±0.3	±0.5	水准仪:每200m测4个断面	1
7△	强度(MPa)		符合设计要求		符合设计要求		按附录G检查	3

注:①表中"附录B、附录G、附录H"均为《公路工程质量检验评定标准(土建工程)》(JTG F80/1—2004)中的附录。

②表中△标识的实测项目为关键项目,余同。

水泥稳定粒料基层和底基层实测项目与质量标准 表4-3

项次	检查项目		规定值或允许偏差				检查方法和频率	权值
			基层		底基层			
			高速公路一级公路	其他公路	高速公路一级公路	其他公路		
1△	压实度(%)	代表值	98	97	96	95	按附录B检查,每200m每车道2处	3
		极值	94	93	92	91		
2	平整度(mm)		8	12	12	15	3m直尺:每200m测2处×10尺	2
3	纵面高程(mm)		+5,-10	+5,-15	+5,-15	+5,-20	水准仪:每200m测4个断面	1
4	宽度(mm)		符合设计要求		符合设计要求		尺量:每200m测4个断面	1
5△	厚度(mm)	代表值	-8	-10	-10	-12	按附录H检查,每200m每车道1点	2
		极值	-15	-20	-25	-30		
6	横坡(%)		±0.3	±0.5	±0.3	±0.5	水准仪:每200m测4个断面	1
7△	强度(MPa)		符合设计要求		符合设计要求		按附录G检查	3

注:表中"附录B、附录G、附录H"均为《公路工程质量检验评定标准(土建工程)》(JTG F80/1—2004)中的附录。

在底基层、基层施工过程中,监理工程师应检查承包人是否按合同与规范要求项目、频率进行质量自检,并经监理工程师的批准。

四、石灰稳定类基层(底基层)施工质量监理

石灰稳定类基层(底基层)是在广义的土中,掺入适量的石灰和水,拌和后得到的混合料,经摊铺、压实及养护所形成的强度符合设计要求的结构层。

石灰稳定类材料包括石灰稳定土、石灰稳定砂砾土、石灰稳定碎石土、石灰稳定级配砂砾、石灰稳定级配碎石等。

1. 强度的形成及影响因素

1)强度形成原理

石灰加入土中,发生强烈的相互作用,从而使土的工程性质发生变化。其强度形成主要依靠石灰与细粒土发生的一系列物理与化学反应,主要有离子交换作用、结晶作用、碳酸化作用和火山灰作用。初期表现为土的结团、塑性降低、最佳含水率增大和最大密实度减小等;其结果使黏土胶粒絮凝,生成晶体氢氧化钙、碳酸钙和含水硅、铝酸钙等胶结物,这些胶结物由胶凝状态向晶体状态转化,后期变化主要表现在结晶结构的形成,从而使石灰土的刚度不断增大,强度与水稳性不断提高。

2)影响强度的主要因素

影响石灰土强度与稳定性的因素有:土质、石灰的质量与剂量、含水率、压实度、养生条件与龄期等。各种成因的亚砂土、亚黏土、粉土类和黏土类都可以用石灰来稳定,各种化学组成的石灰均可用于稳定土。但白云石石灰的稳定效果比方解石石灰效果好。活性 CaO + MgO 的含量越高,稳定效果越好;石灰细度越大,比表面越大;在相同剂量下与土粒的作用越充分,反应进行得越快,效果越好。生石灰在灰土中消解可放出大量热能,加速灰土的硬化;另外,刚消解的石灰是胶状氢氧化钙,活性和溶解度较高,能保证石灰与土中胶粒更好地作用,所以采用生石灰稳定土的效果比熟石灰效果好。

石灰剂量是按消石灰占干土的百分率计。石灰剂量较低时(小于 3% ~4%),石灰主要起稳定作用,使土的塑性、膨胀性、吸水量降低,具有一定的水稳性。随着石灰剂量的增加,石灰土的强度和稳定性提高,但超过一定范围时,将导致石灰土的强度下降。石灰土的最佳剂量随土质不同而不同,土的分散性高、剂量大。

石灰土强度形成需要一定的温度和湿度。高温和适当的湿度对石灰强度的形成是有利的,高温可以使反应加快,适当的湿度为氢氧化钙结晶和火山灰反应提供了必要的结晶水。

石灰稳定土经拌和、摊铺、整型、碾压、养护后成型为(底)基层。石灰稳定土基层(底基层)的施工方法和程序,可参照交通部* 颁发的《公路路面基层施工技术规范》(JTJ 034—2000)的规定进行。在具备机械拌和的条件下,宜用中心站集中拌和法施工。

2. 材料要求

1)石灰

(1)石灰质量应符合 III 级以上的生石灰或消石灰的技术指标的规定,宜采用磨细生石灰粉。

(2)进场的生石灰粉块应妥善保管,加篷盖或覆土储存,应尽量缩短生石灰粉的存放时间。

2)稳定土

(1)适宜石灰稳定的土可以为细粒土、中粒土和粗粒土。级配碎石、未筛分碎石、砂砾、碎石土、砂砾土、煤矸石和各种粒状矿渣等集料,均适宜用做石灰稳定。石灰稳定土中上述粒状

---

* 交通部现已改名为交通运输部。

材料含量应在80%以上，并应具有良好的级配。石灰稳定土用做高速公路和一级公路的底基层或其他公路基层时，颗粒的最大粒径不大于37.5mm；用做其他公路底基层时，颗粒的最大粒径不大于53mm。石灰土混合料的用土应按照《公路土工试验规程》(JTG E40—2007)的规定进行试验。

(2)适宜石灰稳定的土可以是塑性指数为15~20(100g平衡锥法)的黏性土以及含有一定数量黏性土的中粒土和粗粒土。不含黏性土或无塑性指数的级配砂砾、级配碎石和未筛分碎石，应掺加15%左右黏性土，土粒的最大尺寸应不大于15mm。

(3)石灰稳定土中碎石或砾石的压碎值对高速公路和一级公路底基层应不大于35%，对其他公路底基层不大于40%；石灰稳定土做二级公路基层时，压碎值应不大于30%，做二级以下公路基层时应不大于35%。

(4)土中硫酸盐含量应不大于0.8%，腐殖质含量不超过10%。

3. 混合料组成设计

混合料的组成设计应符合《公路路面基层施工技术规范》(JTJ 034—2000)的有关规定。

石灰稳定土混合料的组成设计应按照《公路工程无机结合料稳定材料试验规程》(JTG E51—2009)的规定进行试验。

4. 集中拌和(厂拌)法施工技术与质量控制

1)拌和与运输

(1)厂拌的设备及设置位置应在拌和前提交监理工程师并取得批准后，方可进行设备的安装、检修、调试等，石灰稳定土中心站应用强制式拌和机进行集中拌和。

(2)在正式拌制稳定土混合料之前，应先调试所用的拌和设备，使混合料的配比和含水率都达到规定要求。

(3)稳定土混合料正式拌制时，应将土块粉碎，必要时，筛除原土中大于15mm的土块；配料要准确，各料(石灰、土、加水量)可按质量配比，也可按体积配比；拌和要均匀；加水量要略大于最佳含水率的1%~2%，使混合料运至现场摊铺后碾压时的含水率能接近最佳含水率。

(4)成品料露天堆放时，应减少临空面(建议堆成圆锥体)，并注意防雨水冲刷。对屡遭日光曝晒或受雨淋的料堆表面层材料应在使用前清除。

(5)上路摊铺前，应检测混合料中有效CaO+MgO含量，如达不到要求时，应在运料前加料(消石灰)重拌。

(6)混合料的运输设备，应根据需要配置，在已完成的铺筑层上通过时，速度宜缓，以减少不均匀碾压或车辙，成品料运达现场摊铺前应覆盖，以防水分蒸发。

(7)卸料时应注意速度，防止离析，运到现场的混合料应及时摊铺，现场存放时间不得超过24h。

2)摊铺

(1)可用稳定土摊铺机、沥青混凝土摊铺机或水泥混凝土摊铺机混合料；如没有上述摊铺机，也可用摊铺箱摊铺。如石灰土层分层摊铺时，应先将下层顶面拉毛，再摊铺上层混合料。

(2)拌和机与摊铺机的生产能力应互相协调。如拌和机的生产能力较低时，在用摊铺箱摊铺混合料时，应尽量采用最低速度摊铺，减少摊铺机停工待料的情况。

(3)石灰土混合料摊铺的松铺系数应视摊铺机机械类型而异，必要时，通过试铺碾压确定。

(4)现场混合料的摊铺段,应当天摊铺当天压实。

3)整型

(1)路拌混合料拌和均匀后或厂拌混合料运到现场经摊铺达预定的松铺厚度之时,即应进行初整型。在直线段,平地机由两侧向路中进行刮平;在平曲线超高段,平地机由内侧向外刮平。

(2)初整型的灰土可用履带拖拉机或轮胎压路机稳压1~2遍,再用平地机进行整型,并用上述压实机械再碾压一遍。

(3)对局部低洼处,应用齿耙将其表面5cm以上耙松,并用新拌的灰土混合料找补平整,再用平地机整型一次。

(4)在整型过程中,禁止任何车辆通行。

4)碾压

(1)混合料表面整型后立即开始压实。混合料的压实含水率应在最佳含水率±1%范围内,如因整型工序导致表面水分不足,应适当洒水。压实度要达到规范的要求。

(2)用12~15t三轮压路机碾压时,每层压实厚度不应超过15cm;用18~20t三轮压路机或用相应功能的滚动压路机碾压时,每层压实不应超过20cm。压实厚度超过上述规定时,应分层铺筑,每层的最小压实厚度为10cm。

(3)直线段由两侧路肩向路中心碾压,超高段由内侧路肩向外侧路肩碾压,碾压时后轮应重叠1/2的轮宽,后轮必须超过两段的接缝处。后轮(压实轮)压完路面全宽时,即为一遍。一般需要碾压6~8遍。压路机碾压速度,头两遍采用1挡(1.5~1.7km/h)为宜,以后用2挡(2.0~2.5km/h)。路面两侧应多压2~3遍。

(4)严禁压路机在已完成的或正在碾压的路上掉头和紧急制动,以保证灰土表面不受破坏。如确实必要时,应采取措施(如覆盖10cm厚的砂或砂砾)保护掉头部分的灰土表面。

(5)碾压过程中,石灰土的表面应始终保持湿润,如表面水分蒸发太快,应及时补充洒水,以防表面开裂。

(6)石灰土碾压中出现弹簧、松散、起皮现象,应及时翻开晾晒或换新混合料重新拌和碾压。

(7)在碾压结束之前,用平地机再终平一次,使其纵向顺适,路拱和超高符合设计要求。终平时必须将局部高出部分刮除,并扫出路外。

(8)一个作业段完成之后,应按《公路工程无机结合料稳定材料试验规程》(JTG E51—2009)相应的方法检查灰土的压实度。检查频率:开始阶段,每一作业段检查6次,然后用碾压遍数与检查相结合,每1 000m为6~10次。如果在铺一层或工程验收之前被检验的石灰土材料没达到所需的压实度,则必须返工。

5)养生

(1)刚压实成型的石灰土底基层,在铺筑基层之前,至少在潮湿状态下养生7d。养生方法可视具体情况采用洒水、覆盖砂等。养生期间石灰土表层不忽干忽湿,每次洒水应用压路机将表面压实。

(2)在养生期间未采用覆盖措施的石灰土底基层上,除洒水车外,应封闭交通;在采用覆

盖措施的石灰土底基层上，不能封闭交通时，应当限制车速不得超过 30km/h。

6）抽样与试验

石灰稳定土应在施工现场每天进行一次或每 2 000m^2 取样一次，并按《公路工程无机结合料稳定材料试验规程》（JTG E51—2009）的标准方法进行混合料的含水率、石灰含量和无侧向抗压强度试验；在已完成的下承层上按《公路路基路面现场测试规程》（JTG E60—2008）的规定进行压实度试验，每一作业段或不超过 2 000m^2 的路段检查 6 次以上。所有试验结果均报监理工程师审批，所发生的一切费用，由承包人自负。

5. 现场拌和（路拌）法施工技术与质量控制

1）摊铺

（1）摊铺土料前，应先在土基上洒水湿润，但不应过分潮湿而造成泥泞。

（2）用平地机或其他合适的机具将土料均匀地摊铺在预定的宽度上，表面应力求平整，并有规定的路拱。

（3）摊铺过程中，应将土中超尺寸颗粒及其他杂物清除干净。

（4）检验松铺土料层的厚度，不符合要求时，应进行减料或补料。

（5）除洒水车外，严禁其他车辆在土料层上通行。

（6）如黏土过干，应事先洒水闷料，使它的含水率略小于最佳值（一般至少闷料一夜）。

（7）石灰应摊铺均匀，石灰摊铺完后，应量测石灰的松铺厚度，并校核石灰用量是否合适。

2）拌和与洒水

（1）石灰土拌和应采用拌和机（宝马机或功效与之相当的其他型号拌和机）。

（2）拌和机应先将拌和深度调整好，由两侧向中心拌和，每次拌和应重叠 10 ~ 20cm，防止漏拌，先干拌一遍。为确保碾压时达到最佳含水率，应适当洒水（一般可比最佳含水率大 1% 左右），再进行补充拌和，以达到混合料颜色一致，没有灰条、灰团和花面为止。

（3）在路基上铺拌时应随时检查拌和深度，严禁在底部留下素土夹层，也应防止过多破坏土基表面，以免影响混合料的石灰剂量及底部压实。

（4）洒水要求用喷管式洒水车，并及时检查混合料含水率。洒水车起洒处和另一端掉头处都应超出拌和段才能掉头和停留，以防局部水量过大。

（5）在两工作段的搭接部分，应在前一段留 5 ~ 8m 不进行碾压，待后一段施工时，将前段留下未压部分再一起进行拌和。

（6）拌和机械及其他机械不宜在已压成的石灰土层上掉头，如必须在其上掉头时，应采取措施保护掉头部分，使石灰土表层不受破坏。

路拌法的其他工序的施工要点与厂拌法相同。

6. 施工质量检验与质量标准

石灰稳定类基层（底基层）的实测项目与质量标准如表 4-4、表 4-5 所示。

五、石灰粉煤灰稳定类基层（底基层）施工质量监理

石灰粉煤灰稳定类材料包括石灰粉煤灰稳定土、石灰粉煤灰稳定砂砾土、石灰粉煤灰稳定碎石土、石灰粉煤灰稳定级配砂砾、石灰粉煤灰稳定级配碎石等。

石灰稳定土基层和底基层实测项目与质量标准　　表 4-4

项次	检查项目		规定值或允许偏差				检查方法和频率	权值
			基层		底基层			
			高速公路一级公路	其他公路	高速公路一级公路	其他公路		
1△	压实度(%)	代表值	—	95	95	93	按附录 B 检查,每 200m 每车道 2 处	3
		极值	—	91	91	89		
2	平整度(mm)		—	12	12	15	3m 直尺:每 200m 测 2 处×10 尺	2
3	纵面高程(mm)		—	+5,-15	+5,-15	+5,-20	水准仪:每 200m 测 4 个断面	1
4	宽度(mm)		符合设计要求		符合设计要求		尺量:每 200m 测 4 个断面	1
5△	厚度(mm)	代表值	—	-10	-10	-12	按附录 H 检查,每 200m 每车道 1 点	2
		极值	—	-20	-25	-30		
6	横坡(%)		—	±0.5	±0.3	±0.5	水准仪:每 200m 测 4 个断面	1
7△	强度(MPa)		符合设计要求		符合设计要求		按附录 G 检查	3

注:表中“附录 B、附录 G、附录 H”均为《公路工程质量检验评定标准(土建工程)》中的附录。

石灰稳定粒料基层和底基层实测项目与质量标准　　表 4-5

项次	检查项目		规定值或允许偏差				检查方法和频率	权值
			基层		底基层			
			高速公路一级公路	其他公路	高速公路一级公路	其他公路		
1△	压实度(%)	代表值	—	97	96	95	按附录 B 检查,每 200m 每车道 2 处	3
		极值	—	93	92	91		
2	平整度(mm)		—	12	12	15	3m 直尺:每 200m 测 2 处×10尺	2
3	纵面高程(mm)		—	+5,-15	+5,-15	+5,-20	水准仪:每 200m 测 4 个断面	1
4	宽度(mm)		符合设计要求		符合设计要求		尺量:每 200m 测 4 个断面	1
5△	厚度(mm)	代表值	—	-10	-10	-12	按附录 H 检查,每 200m 每车道 1 点	2
		极值	—	-20	-25	-30		
6	横坡(%)		—	±0.5	±0.3	±0.5	水准仪:每 200m 测 4 个断面	1
7△	强度(MPa)		符合设计要求		符合设计要求		按附录 G 检查	3

注:表中“附录 B、附录 G、附录 H”均为《公路工程质量检验评定标准(土建工程)》(JTG F80/1—2004)中的附录。

1. 材料质量控制

1)石灰

石灰质量应符合 III 级以上的生石灰或消石灰的技术指标,要尽量缩短石灰的存放时间。

石灰在野外堆放时间较长时,应妥善覆盖保管,不应遭日晒雨淋。

对于高速公路和一级公路,宜采用磨细生石灰粉。

2)粉煤灰

粉煤灰中 SiO_2、Al_2O_3 和 Fe_2O_3 的总含量应大于 70%,烧失量不应超过 20%;其比表面积宜大于 2 500m^2/g。

干粉煤灰和湿粉煤灰都可以应用。干粉煤灰如堆在空地上应加水,防止飞扬造成污染。湿粉煤灰的含水率不宜超过 35%。使用时应将凝固的粉煤灰块打碎或过筛,同时清除有害杂质。

3)稳定土

(1)宜采用塑性指数 12~20 的黏性土(亚黏土),土中土块的最大尺寸不应大于 15mm。

(2)有机质含量超过 10% 的土不宜选用。

(3)用于高速公路和一级公路的二灰稳定土,应符合下列要求:

①二灰稳定土用做底基层时,土中碎石、砾石颗粒的最大粒径不应超过 37.5mm。各种细粒土、中粒土和粗粒土都可用二灰稳定后用做底基层。

②二灰稳定土用做基层时,二灰的质量应占 15%,最多不超过 20%,石料颗粒的最大粒径不应超过 31.5mm,其颗粒组成宜符合《公路路面基层施工技术规范》(JTJ 034—2000)第 5 章的要求,粒径小于 0.075mm 的颗粒含量宜接近 0。

(4)用于其他公路的二灰稳定土,应符合下列要求:

①二灰稳定土用做底基层时,石料颗粒的最大粒径不应超过 53mm。

②二灰稳定土用做基层时,石料颗粒的最大粒径不应超过 37.5mm,并符合《公路路面基层施工技术规范》(JTJ 034—2000)第五章的要求。

4)混合料组成设计

混合料的组成设计应符合《公路路面基层施工技术规范》(JTJ 034—2000)的有关规定。

石灰粉煤灰稳定土混合料的组成设计应按照《公路工程无机结合料稳定材料试验规程》(JTG E51—2009)的规定进行试验。

2. 施工要求

(1)石灰粉煤灰稳定土底基层或基层的最低施工温度应在 5℃以上,并在第一次重冰冻(-3~-5℃)到来之前一个月完成。雨季施工应采取措施,避免石灰、粉煤灰和细粒土遭受雨淋。

(2)承包人应为现场操作人员提供防护用品。

(3)除底基层的下层可以采用路拌法施工外,其他各稳定土层必须用集中厂拌法拌制混合料,并应用摊铺机摊铺。

3. 施工技术与质量控制

1)集中拌和(厂拌)混合料及摊铺

(1)厂拌的设备及设置位置应在拌和前提交监理工程师并取得批准后,方可进行设备的安装、检修、调试等。石灰粉煤灰稳定土中心站应用强制式拌和机进行集中拌和。

(2)在正式拌制稳定土混合料之前,应先调试所用的拌和设备,使混合料的配比和含水率都达到规定要求。

(3)混合料正式拌制时,应将土块粉碎,必要时,筛除原土中大于15mm的土块;配料要准确,各料(石灰、粉煤灰、土、加水量)可按质量配比,也可按体积配比;拌和要均匀;加水量要略大于最佳含水率的1% ~2%,使混合料运至现场摊铺后碾压时的含水率能接近最佳含水率。

(4)成品料露天堆放时,应减少临空面(建议堆成圆锥体),并注意防雨水冲刷。对屡遭日光暴晒或受雨淋的料堆表面层材料应在使用前清除。

(5)混合料的运输设备,应根据需要配置,在已完成的铺筑层上通过时,速度宜缓,以减少不均匀碾压或车辙,成品料运达现场摊铺前应覆盖,以防水分蒸发。

(6)卸料时应注意速度,防止离析,运到现场的混合料应及时摊铺,现场存放时间不得超过24h。

(7)路床表面摊铺前应洒水湿润,在未经监理工程师批准的路床上摊铺混合料,应由承包人自费清除。

(8)可用稳定土摊铺机、沥青混凝土摊铺机或水泥混凝土摊铺机混合料;如没有上述摊铺机,也可用摊铺箱摊铺。如石灰粉煤灰稳定土层分层摊铺时,应先将下层顶面拉毛,再摊铺上层混合料。

(9)拌和机与摊铺机的生产能力应互相协调。如拌和机的生产能力较低时,在用摊铺箱摊铺混合料时,应尽量采用最低速度摊铺,减少摊铺机停工待料的情况。

(10)石灰粉煤灰稳定土混合料摊铺的松铺系数应视摊铺机机械类型而异,必要时,通过试铺碾压确定。

(11)现场混合料的摊铺段,应当天摊铺当天压实。

2)现场拌和(路拌)混合料及摊铺

(1)摊铺土料前,应先在土基上洒水湿润,但不应过分潮湿而造成泥泞。

(2)用平地机或其他合适的机具将土料均匀地摊铺在预定的宽度上,表面应力求平整,并有规定的路拱。

(3)摊铺过程中,应将土中超尺寸颗粒及其他杂物清除干净。检验松铺土料层的厚度,不符合要求时,应进行减料或补料。如黏土过干,应事先洒水闷料,使它的含水率略小于最佳值(一般至少闷料一夜)。

(4)除洒水车外,严禁其他车辆在土料层上通行。

(5)石灰和粉煤灰应摊铺均匀,石灰和粉煤灰摊铺完后,应量测石灰和粉煤灰的松铺厚度,并校核石灰和粉煤灰用量是否合适。

(6)拌和机应先将拌和深度调整好,由两侧向中心拌和,每次拌和应重叠10 ~20cm,防止漏拌,并先干拌一遍。为确保碾压时达到最佳含水率,应适当洒水(一般可比最佳含水率大1%左右),再进行补充拌和,以达到混合料颜色一致,没有灰条、灰团和花面为止。

(7)在路基上摊铺、拌和混合料时,应随时检查拌和深度,严禁在底部留下素土夹层,也应防止过多破坏土基表面,以免影响混合料的结合料剂量及底部压实。

(8)洒水要求用喷管式洒水车,并及时检查混合料含水率。洒水车起洒处和另一端掉头处都应超出拌和段才能掉头和停留,以防局部水量过大。

(9)在两工作段的搭接部分,应在前一段留5 ~8m不进行碾压,待后一段施工时,将前段留下未压部分一起再进行拌和。

(10)拌和机械及其他机械不宜在已压成的石灰粉煤灰稳定土层上掉头,如必须在其上掉头时,应采取措施保护掉头部分,使石灰粉煤灰稳定土表层不受破坏。

3)整型

(1)路拌混合料拌和均匀后或厂拌混合料运到现场经摊铺达预定的松铺厚度之时,即应进行初整型。在直线段,平地机由两侧向路中进行刮平;在平曲线超高段,平地机由内侧向外刮平。

(2)初整型的石灰粉煤灰稳定土可用履带拖拉机或轮胎压路机稳压1~2遍,再用平地机进行整型,并用上述压实机械再碾压一遍。

(3)对局部低洼处,应用齿耙将其表面5cm以上耙松,并用新拌的混合料找补平整,再用平地机整型一次。

(4)在整型过程中,禁止任何车辆通行。

4)碾压

(1)混合料表面整型后,应立即按试验路段确定的施工工艺、压实参数进行压实,连续碾压达到规定的压实度。

(2)混合料的压实含水率应在最佳含水率±1%范围内,如因整型工序导致表面水分不足,应适当洒水。

(3)用12~15t三轮压路机碾压时,每层压实厚度不应超过15cm;用18~20t三轮压路机或用相应功能的滚动压路机碾压时,每层压实厚度不应超过20cm。压实厚度超过上述规定时,应分层铺筑,每层的最小压实厚度为10cm。

(4)直线段由两侧路肩向路中心碾压,超高段由内侧路肩向外侧路肩碾压,碾压时后轮应重叠1/2的轮宽,后轮必须超过两段的接缝处。后轮(压实轮)压完路面全宽时,即为一遍。一般需要碾压6~8遍。压路机碾压速度,头两遍采用1挡(1.5~1.7km/h)为宜,以后用2挡(2.0~2.5km/h)。路面两侧应多压2~3遍。

(5)严禁压路机在已完成的或正在碾压的路上掉头和紧急制动,以保证二灰土表面不受破坏。如确实必要时,应采取措施(如覆盖10cm厚的砂或砂砾)保护"掉头"部分的二灰土表面。

(6)碾压过程中,二灰土的表面应始终保持湿润,如表面水分蒸发太快,应及时补充洒水,以防表面开裂。

(7)二灰土碾压中出现"弹簧"、松散、起皮现象,应及时翻开晾晒或换新混合料重新拌和碾压。

(8)在碾压结束之前,用平地机再终平一次,使其纵向顺适,路拱和超高符合设计要求。终平时必须将局部高出部分刮除,并扫出路外。

(9)一个作业段完成之后,应按《公路工程无机结合料稳定材料试验规程》(JTG E51—2009)相应的方法检查其压实度。频率:开始阶段,每一作业段检查6次,然后用碾压遍数与检查相结合,每1 000m为6~10次。如果在铺一层或工程验收之前被检验的二灰土材料没达到所需的压实度,则必须返工。

5)养生

压实成型的二灰土底基层,在铺筑基层之前,至少在潮湿状态下养生7d,应始终表面潮湿。养生方法可视具体情况采用洒水、覆盖砂等。养生期间二灰土表层不忽干忽湿，每次洒水应用压路机将表面压实。在养生期间未采用覆盖措施的二灰土底基层上，应封闭交通，除洒水车外禁止车辆通行；在采用覆盖措施的二灰土底基层上，不能封闭交通时，应当限制车速不得超过 30km/h。

6）抽样与试验

石灰粉煤灰稳定土应在施工现场每天进行一次或每 2 000m² 取样一次，并按《公路工程无机结合料稳定材料试验规程》（JTG E51—2009）的标准方法进行混合料的含水率、石灰含量和无侧限抗压强度试验；在已完成的下承层上按《公路路基路面现场测试规程》（JTG E60—2008）的规定进行压实度试验，每一作业段或不超过 2 000m² 的路段检查 6 次以上。所有试验结果均报监理工程师审批，所发生的一切费用，由承包人自负。

4. 施工质量检验与质量标准

石灰粉煤灰稳定类基层（底基层）的实测项目与质量标准如表 4-6、表 4-7 所示。

石灰粉煤灰稳定土基层和底基层实测项目与质量标准 表 4-6

项次	检查项目		规定值或允许偏差				检查方法和频率	权值
			基层		底基层			
			高速公路一级公路	其他公路	高速公路一级公路	其他公路		
1△	压实度（%）	代表值	—	95	95	93	按附录 B 检查，每 200m 每车道 2 处	3
		极值	—	91	91	89		
2	平整度（mm）		—	12	12	15	3m 直尺：每 200m 测 2 处×10 尺	2
3	纵面高程（mm）		—	+5，-15	+5，-15	+5，-20	水准仪：每 200m 测 4 个断面	1
4	宽度（mm）		符合设计要求		符合设计要求		尺量：每 200m 测 4 个断面	1
5△	厚度（mm）	代表值	—	-10	-10	-12	按附录 H 检查，每 200m 每车道 1 点	2
		极值	—	-20	-25	-30		
6	横坡（%）		—	±0.5	±0.3	±0.5	水准仪：每 200m 测 4 个断面	1
7△	强度（MPa）		符合设计要求		符合设计要求		按附录 G 检查	3

注：表中"附录 B、附录 G、附录 H"均为《公路工程质量检验评定标准（土建工程）》（JTG F80/1—2004）中的附录。

石灰粉煤灰稳定粒料基层和底基层实测项目与质量标准 表 4-7

项次	检查项目		规定值或允许偏差				检查方法和频率	权值
			基层		底基层			
			高速公路一级公路	其他公路	高速公路一级公路	其他公路		
1△	压实度（%）	代表值	98	97	96	95	按附录 B 检查，每 200m 每车道 2 处	3
		极值	94	93	92	91		
2	平整度（mm）		8	12	12	15	3m 直尺：每 200m 测 2 处×10 尺	2

续上表

项次	检查项目		规定值或允许偏差				检查方法和频率	权值
			基层		底基层			
			高速公路一级公路	其他公路	高速公路一级公路	其他公路		
3	纵面高程(mm)		+5,-10	+5,-15	+5,-15	+5,-20	水准仪:每200m测4个断面	1
4	宽度(mm)		符合设计要求		符合设计要求		尺量:每200m测4个断面	1
5△	厚度(mm)	代表值	-8	-10	-10	-12	按附录H检查,每200m每车道1点	2
		极值	-15	-20	-25	-30		
6	横坡(%)		±0.3	±0.5	±0.3	±0.5	水准仪:每200m测4个断面	1
7△	强度(MPa)		符合设计要求		符合设计要求		按附录G检查	3

注:表中“附录B、附录G、附录H”均为《公路工程质量检验评定标准(土建工程)》(JTG F80/1—2004)中的附录。

六、级配碎(砾)石基层(底基层)施工质量监理

粒料类基层(底基层)施工中,混合料的拌和方式有路拌和厂拌两种;其摊铺方式有人工和机械两种;施工质量的控制可分为材料试验、施工工序质量控制及外形几何尺寸控制三大部分。

级配碎(砾)石可用于各级公路的基层和底基层,现以级配碎(砾)石为例介绍粒料类路面基层(底基层)施工阶段质量监理。

1.材料质量控制

1)级配碎石

(1)用于底基层的碎石最大粒径,对于高速公路和一级公路不应超过37.5mm(方孔筛),其他公路不应超过53mm。压碎值:对高速公路和一级公路不应大于30%,二级公路不大于35%,二级以下公路不大于40%;用于基层的碎石最大粒径,对于高速公路和一级公路不应大于31.5mm,其他公路不大于37.5mm。压碎值对高速公路和一级公路不应大于26%,二级公路不应超过30%,二级以下公路不大于35%。

(2)碎石中不应有黏土块、植物等有害物质,针片状颗粒总含量不应超过20%。

(3)用于二级及其以上公路基层和底基层的级配碎石,应用预先筛分成37.5(或31.5mm)~19 mm、19~9.5mm、9.5~4.75mm以下石屑组配而成;其他公路上的级配碎石,可用未筛分碎石和石屑组配而成。缺乏石屑时,可以添加细砂砾或粗砂,也可以用颗粒组成合适的含细集料较多的砂砾与未筛分碎石组配成碎砾石。

(4)当级配碎石用做二级和二级以下公路的基层时,其最大粒径应控制在37.5mm以内;当级配碎石用做高速公路和一级公路的基层以及半刚性路面的中间层时,其最大粒径宜控制在31.5mm以下。

(5)级配碎石基层和未筛分碎石底基层的颗粒组成和塑性指数应分别符合表4-8和表4-9的规定。

级配碎石基层的颗粒组成范围　　表 4-8

结构层	通过下列筛孔(mm)的质量百分率(%)								液限(%)	塑性指数
	37.5	31.5	19	9.5	4.75	2.36	0.6	0.075		
高速公路、一级公路		100	85~100	52~74	29~54	17~37	8~20	0~7	<28	小于6或9
其他公路	100	90~100	73~88	46~69	29~54	17~37	8~20	0~7	<28	小于6或9

注:①潮湿多雨地区塑性指数宜小于6,其他地区塑性指数宜小于9。

②对于无塑性的混合料,小于0.075mm的颗粒含量应接近高限。

未筛分碎石基层的颗粒组成范围　　表 4-9

结构层	通过下列筛孔(mm)的质量百分率(%)									液限(%)	塑性指数
	53	37.5	31.5	19	9.5	4.75	2.36	0.6	0.075		
高速公路、一级公路		100	83~100	54~84	29~59	17~45	11~35	6~21	0~10	<28	<6或9
其他公路	100	85~100	69~88	40~65	19~43	10~30	8~25	6~18	0~10	<28	<6或9

注:①潮湿多雨地区塑性指数宜小于6,其他地区塑性指数宜小于9。

②对于无塑性的混合料,小于0.075mm的颗粒含量应接近高限。

2)级配砾石

(1)级配砾石的最大粒径,用于基层时不应超过37.5mm,用于底基层时不应超过53mm。压碎值:对高速公路和一级公路不应大于30%,二级公路不大于35%,二级以下公路不大于40%;用于二级公路的基层时,压碎值不应大于30%,二级以下公路不大于35%。

(2)砾石颗粒中针片状颗粒含量不应超过20%。

(3)级配砾石基层(非高速公路和一级公路)的颗粒组成和塑性指数应符合表4-10的规定。

级配砾石基层(非高速公路和一级公路)的颗粒组成和塑性指数　　表 4-10

通过下列筛孔(mm)的质量百分率(%)									液限(%)	塑性指数
53	37.5	31.5	19	9.5	4.75	2.36	0.6	0.075		
100	100~90	94~81	81~63	66~45	51~27	35~16	20~8	7~0	<28	<6或9
	100	100~90	88~73	69~49	54~29	37~17	20~8	7~0	<28	<6或9
		100	100~85	74~52	54~29	37~17	20~8	7~0	<28	<6或9

(4)砾石应在最佳含水率时进行碾压,按重型击实试验法确定的压实度,底基层达到96%,基层达到98%以上。

2. 施工质量监理要点

(1)在已经过加工的路基上恢复中线,直线段20~25m设一桩,平曲线每10m设一桩,并在两侧路面边缘外设指示桩。

(2)进行高程测量,并在两侧指示桩上用红漆标出基层的边缘设计高程及松铺厚度标记。所进行的测量,其精度要符合规范要求。

(3)级配碎(砾)石层施工,应遵守下列规定:

①颗粒组成应是一根顺滑的曲线;

②配料必须准确;

③塑性指数应符合规定;

④混合料必须拌和均匀,没有粗细颗粒离析现象;

⑤在最佳含水率时进行碾压,直到达到按重型击实试验法确定的要求压实度:中间层100%;基层98%;底基层96%。

⑥应使用12t以上的三轮压路机碾压,每层的压实厚度不应超过18cm,用重型振动压路机和轮胎压路机碾压时,每层的压实厚度不超过20cm。

⑦级配碎(砾)石基层未洒透层沥青或未铺封层时,禁止开放交通,以保护表层不受破坏。

(4)级配碎(砾)石用做较薄沥青层与半刚性基层之间的中间层以及二级以上公路的基层时,应采用集中厂拌法拌制混合料,并可用摊铺机摊铺级配碎(砾)石混合料。

(5)级配碎(砾)石中心站集中厂拌法施工,应遵守下列规定:

①级配碎(砾)石混合料可以在中心站用多种机械进行集中拌和,如强制式拌和机、卧式双转轴桨叶式拌和机、普通水泥混凝土拌和机等。

②对于高速公路和一级公路的级配碎(砾)石基层和中间层,宜采用同粒级的单一尺寸碎(砾)石和石屑,按预定配合比在拌和机内拌制级配碎(砾)石混合料。

③不同粒级的碎(砾)石和石屑等细集料应隔离,分别堆放。细集料应有覆盖,防止雨淋。

④在正式拌制级配碎(砾)石混合料之前,必须先调试所用的厂拌设备,使混合料的颗粒组成和含水率都能达到规定的要求。

⑤在采用未筛分碎(砾)石和石屑时,如未筛分碎(砾)石和石屑的颗粒组成发生明显变化,应重新调试设备。

⑥将级配碎(砾)石用于高速公路和一级公路时,应用沥青混凝土摊铺机或其他碎(砾)石摊铺机摊铺碎(砾)石混合料,摊铺机后面应设专人消除粗细集料离析现象。级配碎(砾)石用于二级和二级以下公路时,如没有摊铺机,也可用摊铺箱或自动平地机进行摊铺施工。

⑦在任何情况下,拌和的混合料都应均匀,含水率适当,无粗细颗粒离析现象。

(6)自动平地机摊铺级配碎(砾)石基层,如没有摊铺机,也可用自动平地机(或摊铺箱)摊铺混合料。具体要求如下:

①根据摊铺层的厚度和要求达到的压实干密度,计算每车混合料的摊铺面积。

②将混合料均匀地卸在路幅中央,路幅宽时,也可将混合料卸成两行。

③用平地机将混合料按松铺厚度摊铺均匀。

④设一个三人小组跟在平地机后面,及时消除粗细集料离析现象。对粗集料"窝"和粗集料"带",应添加细集料,并拌和均匀;对于细集料"窝",应添加粗集料,并拌和均匀。

(7)级配碎(砾)石基层的整型。用平地机摊铺级配碎(砾)石基层混合料后的整型应按下列步骤进行:

①混合料拌和均匀后立即用平地机初步整平和整型。在直线段,平地机由两侧向路中心进行刮平;在曲线段,平地机由内侧向外侧进行刮平。必要时,再返回刮一遍。

②用推土机、平地机或轮胎压路机立即在初平的路段上快碾压一遍,以暴露潜在的不

平整。

③用平地机再进行整型,再碾压一遍。

④对于局部低洼处,应用齿耙将其表面层5cm以上耙松,并用新拌和水泥混合料进行找补整平。

⑤再用平地机整型一次。

⑥每次整型都应按照规定的横坡和路拱进行。应特别注意接缝处必须顺适平整。

⑦当采用人工整型时,应用揪或耙先将混合料摊平,再用路拱板进行初步整型。用推土机初压1~2遍后,根据实测的压实系数,确定纵横断面的高程,并设置标记和挂线。利用揪或耙按线整型,并再用路拱板校正成型。

⑧在整型过程中,严禁任何车辆通行,并配合人工消除粗细集料窝。

(8)级配碎(砾)石基层的碾压。级配碎(砾)石应在最佳含水率时遵循先轻后重的原则进行碾压,并碾压至要求的压实度。用振动压路机、三轮压路机进行碾压。

①摊铺后,当混合料的含水率等于或略大于最佳水率时,立即用12t以下三轮压路机、振动压路机或轮胎压路机进行碾压。直线和不设超高的平曲线段,由两侧路肩开始向路中心碾压;在设超高的平曲线段,由内侧路肩向外侧路肩进行碾压。碾压时,后轮应重叠1/2轮宽,后轮必须超过两段的接缝处。后轮压完路面全宽时,即为一遍。碾压一直进行到要求的密实度为止,一般需碾压6~8遍,应使表面无明显轮迹。压路机的碾压速度,头两遍以采用1.5~1.7km/h为宜,以后用2.0~2.5km/h。

②路面的两侧应多压2~3遍。

③严禁压路机在已完成的或正在碾压的路段上掉头或紧急制动。

(9)集中厂拌法施工时横向接缝的处理。

①用摊铺机摊铺混合料时,靠近摊铺机当天未压实的混合料,可与第二天摊铺的混合料一起碾压,但应注意此部分混合料的含水率。必要时,应人工补充洒水,使其含水率达到规定的要求。

②用平地机摊铺混合料时,两作业段的衔接处,应搭接拌和。第一段拌和后,留5~8m不进行碾压,第二段施工时,前段留下未压部分与第二段一起拌和整平后进行碾压。

(10)纵向接缝。施工中应避免纵向接缝。如摊铺机的摊铺宽度不够,必须分两幅摊铺时,宜采用两台摊铺机一前一后相隔约5~8m同步向前摊铺混合料。在仅有一台摊铺机的情况下,可先在一条摊铺带上摊铺一定长度后,再到另一条摊铺带上摊铺,然后一起进行碾压。

在不能避免纵向接缝的情况下,纵缝必须垂直相接,不应倾斜接,并按下述方法处理:

①在前一幅摊铺时,在靠后一幅的一侧应用方木或钢模板做支撑,方木或钢模板的高度与级配碎(砾)石层的压实厚度相同。

②在摊铺后一幅之前,将方木或钢模板除去。

③如在摊铺前一幅时未用方木或钢模板支撑,靠边缘的30cm左右难于压实,而且形成一个斜坡,在摊铺后一幅时,应先将未完全压实部分和不符合路拱要求部分挖松并补充洒水,待后一幅混合料摊铺后一起进行整平和碾压。

3. 施工质量检验与质量标准

级配碎(砾)石基层(底基层)的实测项目与质量标准如表4-11所示。

级配碎(砾)石基层(底基层)实测项目与质量标准　　表4-11

项次	检查项目		规定值或允许偏差				检查方法和频率	权值
			基层		底基层			
			高速公路一级公路	其他公路	高速公路一级公路	其他公路		
1	压实度(%)	代表值	98	98	96	96	按JTG F80/1—2004附录B检查:每200m每车道2处	3
		极值	94	94	92	92		
2	平整度(mm)		8	12	12	15	3m直尺:每200m每车道2处×10尺	3
3	纵面高程(mm)		+5,-10	+5,-15	+5,-15	+5,-20	水准仪:每200m测4个断面	2
4	弯沉值(0.01mm)		符合设计要求				按JTG F80/1—2004附录I检查	1
5	宽度(mm)		符合设计要求				尺量:每200m测4个断面	1
6	厚度(mm)	代表值	-8	-10	-10	-12	按JTG F80/1—2004附录H检查:每200m每车道1点	2
		极值	-15	-20	-25	-30		
7	横坡(%)		0.5	0.5	0.3	0.5	水准仪:每200m测4个断面	1

七、基层(底基层)交工验收质量监理

工程完工后,应进行交工检查验收。检查验收通常以1km长的路段为评定单元;当采用大流水作业法施工时,也可以每天完成的段落长度为评定单元。验收时,应首先检查承包人施工原始记录,进行初步评定,同时进行抽样检查,但是抽样检查必须是随机的,不得带有任何倾向性,最后进行等级评定。

1. 交工验收监理工作程序

路面基层和底基层可根据以下程序进行交工验收:

(1)当工程按合同规定要求完工后,承包人应根据合同文件及《公路工程质量检验评定标准(土建工程)》(JTG F80/1—2004)的要求进行系统质量自检,并填写"质量自检报告",各项自检质量合格后,即可填写"中间交工验收申请报告",一并提交监理工程师审批。

(2)监理工程师收到承包人报送的"中间交工验收申请通知单"后,首先应汇总检查该项工程每道工序的"质量验收单",并将"质量验收单"编号填写到"中间交工证书"中,然后检查"开工申请单"及相关的资料是否齐全。

(3)及时组织监理工程师按照合同和《公路工程质量检验评定标准(土建工程)》(JTG F80/1—2004)规定的基本要求、实测项目、外观鉴定,对已竣工的工程进行现场验收检查,并核对承包人提交的自检报告和各项检验结果。若"质量验收单"证明每道工序均已符合规范要求,则最后的交工验收也应符合规范要求。当以上各项合格后,监理工程师即可填写"交工检验报告"。否则,应责令承包人返工,直至合格为止。

(4)成立该项工程竣工交工验收评估小组,根据检查结果进行工程质量等级评定,并填写"工程交工验收评估报告"。

(5)监理工程师签发"中间交工证书",并进行工程计量与支付。

2.交工验收与质量评定

路面基层(底基层)可根据上述交工验收程序,按照《公路工程质量检验评定标准(土建工程)》(JTG F80/1—2004)中的基本要求、实测项目、外观鉴定及质检资料四个方面要求,进行质量检验和评定。

1)基本要求

(1)土的性质应符合设计要求,且土块要经过粉碎。

(2)结合料的质量应符合设计要求才能使用。

(3)混合料的配合比应准确,拌和应均匀。

(4)碾压时应先用轻型压路机稳定,再用重型压路机碾压至要求的压实度。

(5)保持一定湿度养生,且养生期要符合规范要求。

2)实测项目

路面基层和底基层的实测项目与质量标准如表4-2~表4-9所示。

3)外观鉴定

表面应平整密实,无坑洼,混合料无明显离析,施工接茬处应平整、稳定。不符合要求时,每项减1~2分。

4)质检资料

施工单位(承包人)应有完整的施工原始记录、试验数据、分项工程自检数据等质量保证资料,并进行整理分析,负责提交齐全、真实和系统的施工资料和图表,主要包括:

(1)所用原材料质量检验报告。

(2)混合料配合比与拌和加工控制检验和试验数据。

(3)下承层处理记录,施工放样记录。

(4)各项质量控制指标的试验记录和质量检验汇总图表。

(5)施工过程中遇到的非正常情况记录及其对工程质量影响分析。

(6)施工过程中如发生质量事故,经处理补救后,达到设计要求的认可证明文件。

(7)各施工工序的“质量验收单”、“交工自检报告”,且同时具备“开工申请单”。

分项工程的施工资料和图表残缺,缺乏最基本的数据,或有伪造涂改者,不予检验和评定。资料不全者应予减分,减分幅度可按《公路工程质量检验评定标准(土建工程)》(JTG F80/1—2004)中质量标准所列资料逐项检查,视资料不全情况每项减1~3分。

●第三节　沥青混合料面层施工质量监理●

沥青路面施工质量监理包括:原材料的检查试验,沥青混合料的组成设计及质量检查,试验路段施工,沥青混合料铺筑施工质量的控制及交工验收。

一、沥青混合料面层质量要求

1.沥青混合料的使用要求

(1)密级配沥青混凝土混合料(AC)适用于各级公路沥青面层。

(2)沥青玛蹄脂碎(砾)石混合料(SMA)适用于铺筑新建公路的表面层、中面层或旧路面加铺磨耗层使用。

(3)设计空隙率为3%～6%粗粒式及特粗粒式的密级配沥青稳定碎(砾)石混合料(ATB)适用于基层。

(4)设计空隙率为6%～12%半开级配沥青碎(砾)石混合料(AM)仅适用于三、四级公路,且沥青混合料拌和设备缺乏添加矿粉的装置和人工炒拌的情况。

(5)设计空隙率大于18%粗粒式及特粗粒式排水型沥青稳定碎(砾)石混合料(ATPB)适用于基层。

(6)设计空隙率大于18%细粒式排水式沥青稳定碎(砾)石混合料(OGFC)适用于高速行车、多雨潮湿、不宜被尘土污染、非冰冻地区铺筑排水式沥青路面磨耗层。

2. 原材料的技术要求

1)沥青

根据交通量、气候条件、施工方法、沥青面层类型和材料的来源等,沥青材料可以选择道路石油沥青、煤沥青、乳化石油沥青、液体石油沥青等种类。据地区气候条件、施工季节气温、路面类型和施工方法,道路石油沥青的适用范围如表4-12。

道路石油沥青的适用范围　　表4-12

沥青等级	适用范围
A级沥青	各个等级的公路,任何场合和层次
B级沥青	1. 高速公路、一级公路沥青下面层及以下的层次,二级及二级以下公路和各个层次; 2. 用作改性沥青、乳化沥青、改性乳化沥青、稀释沥青的基质沥青
C级沥青	三级及三级以下公路的各个层次

沥青路面采用的沥青标号,要根据公路等级、气候条件、交通条件、路面类型及在结构层中的层位和受力特点,结合当地的使用经验,经技术论证后确定。对高速公路、一级公路及夏季温度高、高温持续时间长、重载交通、山区及丘陵区上坡路段、服务区、停车场等行车速度慢的路段,尤其是汽车荷载剪应力大的面层结构,需采用稠度大、60℃黏度大的沥青,也可提高高温气候分区的温度水平选用沥青等级;对冬季寒冷地区或交通量小的公路、旅游公路可选择稠度小、低温延度大的沥青;对温度日温差、年温差大的地区可注意选用针入度指数大的沥青;当温度要求与低温度要求发生矛盾时应优先考虑满足高温性能的要求。热拌沥青混合料路面的表面层不宜采用煤沥青。

在沥青储运站和沥青混合料拌和厂,沥青材料要按来源、标号分别存放。在沥青的使用期间,在罐或储油池中的温度不低于130℃,并不高于170℃,长期存放未使用的沥青在重新使用前,应再次检查沥青的各项性能指标,使之符合要求。

沥青表面处治、沥青贯入式路面、常温沥青混合料路面以及透层、黏层与封层等可以使用乳化沥青材料;对于酸性石料,或当石料处于潮湿状态下或在低温下施工时,宜采用阳离子乳化沥青;对于碱性石料或与水泥、石灰、粉煤灰共同使用时,宜采用阳离子乳化沥青。制成后的乳化沥青应及时使用,长期存放后在使用前需重新进行检验。

液体石油沥青适用于透层、黏层及拌制常温沥青混合料。而煤沥青主要用于透层及黏层,三级及三级以下公路铺筑沥青面层时也可采用。除此以外,为了提高沥青及沥青混合料的使用性能,可以单独或复合采用高分子聚合物、天然沥青及其他改性材料制作的改性沥青,亦可采用其他工艺制作的改性乳化沥青。

2）粗集料

粗集料应该洁净、干燥、无化风、无杂质，并具有足够的强度，其规格见表4-13。用于道路沥青面层的碎（砾）石不宜采用颚式破碎机加工，以保证具有良好的颗粒形状。表面抗滑层选用强度高、耐磨、抗冲击性好的碎（砾）石或破碎砾石后，使用酸性岩石的石料时，应采取一些抗剥离措施（如用干燥的磨细消石灰、生石灰或水泥作为填料的一部分，在沥青中掺加抗剥离剂，将粗集料用石灰浆处理后使用等），保证集料与沥青间的良好黏附性。用于轧制破碎的砾石，必须采用粒径大于50mm的颗粒，破碎砾石中的4.75mm及以上颗粒的破碎面积要符合有关要求。筛选砾石不得用于贯入式路面及拌和法施工的沥青面层的中、下面层，仅适用于三级或三级以下公路的沥青表面处治或拌和法施工中的沥青下面层。三级和三级以下公路可采用破碎后有6个月存放期的钢渣作为粗集料。粗集料质量技术要求见表4-14。

沥青混合料用粗集料规格

表4-13

规格名称	公称粒径（mm）	通过下列筛孔（mm）的质量百分率（%）												
		106	75	63	53	37.5	31.5	26.5	19.0	13.2	9.5	4.75	2.36	0.6
S1	40~75	100	90~100	—	—	0~15	—	0~5						
S2	40~60		100	90~100	—	0~15	—	0~5						
S3	30~60		100	90~100	—	—	0~15	—	0~5					
S4	25~50			100	90~100	—	—	0~15	—	0~5				
S5	20~40				100	90~100	—	—	0~15	—	0~5			
S6	15~30					100	90~100	—	—	0~15	—	0~5		
S7	10~30					100	90~100	—	—	—	0~15	0~5		
S8	10~25						100	90~100	90~100	0~15	—	0~5		
S9	10~20							100	100	—	0~15	0~5		
S10	10~15								100	90~100	0~15	0~5		
S11	5~15									90~100	40~70	0~15	0~5	
S12	5~10									100	90~100	0~15	0~5	
S13	3~10									100	90~100	40~70	0~20	0~5
S14	3~5										100	90~100	0~15	0~3

沥青混合料粗集料质量技术要求

表4-14

指　　标	高速公路及一级公路		其他等级公路
	表面层	其他层次	
石料压碎值，不大于（%）	26	28	30
洛杉矶磨耗损失，不大于（%）	28	30	35
表观相对密度，不小于	2.60	2.50	2.45
吸水率，不大于（%）	2.0	3.0	3.0
坚固性，不大于（%）	12	12	—

续上表

指 标	高速公路及一级公路		其他等级公路
	表面层	其他层次	
针片状颗粒含量(混合料),不大于(%) 其中粒径大于9.5mm,不大于(%) 其中粒径小于9.5mm,不大于(%)	15 12 18	18 15 20	20 — —
水洗法<0.075mm颗粒含量,不大于(%)	1	1	1
软石含量,不大于(%)	3	5	5

注:①坚固性试验可根据需要进行。

②用于高速公路、一级公路时,多孔玄武岩的视密度可放宽至2.45t/m³,吸水率可放宽至3%,但必须得到建设单位的批准,且不得用于SMA路面。

③对S14即3~5mm规格的粗集料,针片状颗粒含量可不予要求,集料小于0.075mm含量可放宽到3%。

高速公路、一级公路沥青路面的表面层(或磨耗层)的粗集料磨光值应符合表4-15要求。

粗集料与沥青的黏附性、磨光值的技术要求 表4-15

雨量气候区		1(潮湿区)	2(潮湿区)	3(半干区)	3(干旱区)
年降雨量(mm)		>1 000	1 000~500	500~250	<250
粗集料的磨光值PSV	高速公路、一级公路表面层,不小于	42	40	38	36
粗集料与沥青的黏附性	高速公路、一级公路表面层,不小于	5	4	4	3
	高速公路、一级公路的其他层次及其他等级公路各个层次,不小于	4	4	3	3

3)细集料

组成沥青面层的细集料有天然砂、机制砂和石屑。细集料应洁净、干燥、无风化、无杂质,并由适当的颗粒组成,其规格见表4-16和表4-17。

沥青混合料用天然砂规格 表4-16

筛孔尺寸(mm)	通过各筛孔的质量百分率(%)		
	粗砂	中砂	细砂
9.5	100	100	100
4.75	90~100	90~100	90~100
2.36	65~95	75~90	85~100
1.18	35~65	50~90	75~100
0.6	15~30	30~60	60~84
0.3	5~20	8~30	15~45
0.15	0~10	0~10	0~10
0.075	0~5	0~5	0~5

沥青混合料用机制砂或石屑的规格 表4-17

规 格	公称粒径(mm)	通过下列筛孔(mm)的质量百分率(%)							
		9.5	4.75	2.36	1.18	0.6	0.3	0.15	0.075
S15	0~5	100	90~100	60~90	40~75	20~55	7~40	2~20	0~10
S16	0~3	—	100	80~100	50~80	25~60	8~45	0~25	0~15

注:当生产石屑采用喷水抑制扬尘工艺时,应特别注意含粉量不得超过表中要求。

热拌沥青混合料的细集料应优先选用优质的机制砂,热拌密级配沥青混合料中天然砂的用量以少于集料总量的20%为宜,SMA和OGFC混合料一般不宜使用天然砂。当石屑用于高速公路、一级公路沥青混凝土面层及抗滑表层时,其用量不宜超过天然砂和机制砂的用量。用于高速公路、一级公路沥青面层的细集料,若与沥青黏结力不好,或使用了与沥青黏结性能很差的天然砂及花岗岩、石英岩等酸性石料破碎的机制砂或石屑,必须采取抗剥离措施。细集料质量要求见表4-18。

沥青混合料用细集料质量要求 表4-18

项 目	高速公路、一级公路	其他等级公路
表观相对密度,不小于	2.50	2.45
坚固性(>0.3mm),不小于(%)	12	—
含泥量(<0.075mm),不小于(%)	3	5
砂当量,不小于(%)	60	50
亚甲蓝值,不大于(g/kg)	25	—
棱角性(流动时间),不小于(s)	30	—

注:坚固性试验可根据需要进行。

4)填料

沥青混合料的填料必须采用石灰岩或岩浆岩中的强基性岩石等水性石料经磨细得到的矿粉,对于原石料中的泥土杂质应清除干净,矿粉要求干燥、洁净。粉煤灰作填料时,烧失量应小于12%,与矿粉混合后的塑性指数应小于4%,粉煤灰的用量不宜超过填料总量的50%,并与沥青有良好的黏结力,满足沥青混凝土水稳定性要求。矿粉质量技术要求见表4-19。对于高速公路、一级公路的沥青混凝土面层不宜采用粉煤灰作填料。

沥青面层用矿粉质量技术要求 表4-19

指 标		高速公路、一级公路	其他等级公路
表观密度,不小于(t/m³)		2.50	2.45
含水率,不小于(%)		1	1
粒度范围	<0.6mm(%)	100	100
	<0.15mm(%)	90~100	90~100
	<0.075mm(%)	75~100	75~100
外观		无团粒结块	—
亲水系数		<1	T 0353
塑性指数(%)		<4	T 0354
加热安定性		实测记录	T 0355

拌和机采用干法除尘后的粉尘也可作为矿粉的一部分进行回收使用；湿法除尘的粉尘回收使用时，应经干燥粉碎处理，且不得含有杂质。每盘回收粉尘的用量不得超过矿粉总量的25%，掺有粉尘的填料塑性指数不得大于4。

3. 沥青混合料组成设计

(1)沥青混合料各层应满足所在层位的功能性要求，便于施工，不容易离析。

(2)各层沥青混合料的技术标准和使用性能检验，应符合《公路沥青路面施工技术规范》(JTG F40—2004)的规定。

(3)承包人应按目标配合比设计、生产配合比设计和生产配合比验证三阶段进行沥青混合料的配合比设计。沥青混合料配合比的设计与检验应按《公路沥青路面施工技术规范》(JTG F40—2004)附录B、附录C或附录D规定的方法进行。

(4)承包人应在28d前向监理工程师提交拟用的沥青混合料级配、沥青结合料用量及沥青混合料稳定度、流值、空隙率、动稳定度、残留稳定度等各项技术指标，并做出书面详细说明。在承包人提交的目标配合比未经监理工程师批准前，不得进入生产配合比设计。

(5)如果承包人建议改变料源时，应在材料生产之前，把新的目标配合比设计报告监理工程师审批。审批新的工地拌和料级配时应做试验。由于这些变化而产生的所有费用都应由承包人支付。

(6)在沥青混合料未被批准前，不得进行下一步工序。未经监理工程师许可，批准的沥青混合料配合比和原材料品种不得更改。

4. 对沥青混合料面层进行质量监控的基本要求

(1)施工时，要加强沥青用量的检查，使沥青混合料的配料准确，拌和均匀，碾压密实，接缝平顺。

(2)严格控制沥青混合料面层高程，确保符号设计图纸的要求。

(3)加强初期交通控制，重视初期养护。

(4)应采取适当措施，防止并减少对环境的污染。

沥青类路面面层施工工艺流程及监理工作内容如图4-2所示。

二、沥青类面层施工准备阶段质量监理

在施工准备阶段，监理工作程序主要有以下几个方面：承包人向监理工程师提交沥青面层开工申请单；检查沥青面层所用原材料是否符合规范要求；基层表面的清理工作是否达到技术要求；施工机具设备(如拌和设备、摊铺机械、压实机械等)的准备是否符合合同规定；沥青混合料组成设计试验报告的审核；试验路段施工总结报告的审核；签发《沥青面层开工批复单》。具体要求如下。

1. 原材料的质量检查

主要检查沥青材料的针入度、软化点、延度三项指标；石料[碎(砾)石]必须有足够的强度和耐磨性，且应符合规范要求；砂和石屑的质量亦应符合规范要求；矿粉的物理力学指标及亲水系数均应符合规范的要求。

2. 基层表面的清理检查

基层表面应干燥、清洁和无任何松散的石料、灰尘和杂质。对黏在路面上和不能用扫帚清

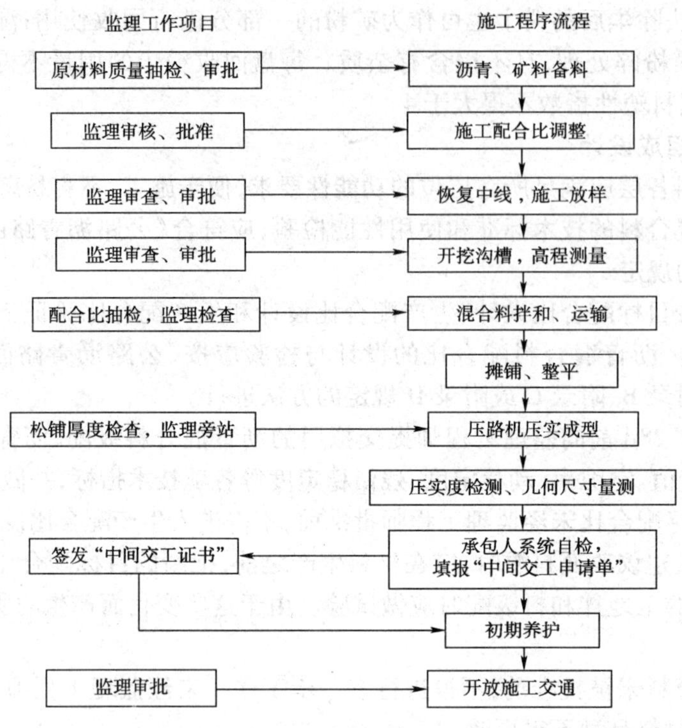

图 4-2　沥青面层施工程序及监理工作流程

除的杂质，应用其他方法清除；被油料严重沾污的地方，应用有效的方法将油污清除干净。对某些表面凹洼，且在大于铺筑沥青混凝土允许误差 2 倍的地方，须先填补沥青混凝土，并在主层铺筑前将其予以压实，且应达到现有表层的高程。

3. 施工机具设备的检查

沥青混合料拌和设备在开始运转前要全面检查一次，应注意仔细检查沥青管道各个接头，严禁沥青吸管有漏气现象产生，还应检查连接是否紧固；检查搅拌器内有无积存余料，冷料运输机是否运转正常和有无跑偏现象；注意检查电气系统；对于机械转动部分，还要检查传动键的紧张度；对运输车辆要认真检查，其保温设施是否齐全，是否能满足运输要求；对洒油车应检查其油泵系统，输油管道、量油表、保温设备等有无故障。为此，应将一定数量沥青装入油罐，并到路上先行试洒，以校核其洒布量；对矿粉撒布车应检查其传动和液压调整系统，并应事先进行试撒，以确定其撒铺每种矿料（每 m^3）时应控制的开度和行驶速度；对摊铺机应检查其规格和主要机械性能是否正常；对压路机械，应检查其规格和主要的机械性能，如转向、起动、振动、倒退、停驶等，以及滚筒（钢轮）表面的磨损情况等。

4. 沥青混合料组成设计的审核要点

沥青混合料组成设计，即选择合格的材料，确定各种粒径矿料和沥青的配合比。承包人应向监理工程师提交沥青混合料组成设计试验报告，以便审批。为了获得满足规范标准、适应路用性能的要求而且经济的沥青混合料，监理工程师主要应控制矿质混合料的组成设计和沥青最佳用量两个方面。

5. 试验路段铺筑的检查

在沥青表层主体工程开工前的规定时间内，承包人应在监理工程师批准的地点，并在严格的旁站监督下，每种沥青混合料铺筑一段长约 100～200m 的试验路段；并在完工后，作出试验路段的施工总结报告，报送监理工程师审批，以作为正式施工的依据。

在试验路段的铺筑过程中，应做好下列工作：

(1)检查承包人提供的施工机械设备的类型、数量及组合方式是否匹配，是否有明显的缺陷，如摊铺机是否适用，矿料撒布车的开度及行驶速度是否符合要求。

(2)通过试拌确定拌和机的操作工艺，考察计量装置的准确性。

(3)通过试铺确定透层油的喷洒方式和效果、摊铺与压实工艺。检验压实机械的选择、组合及压实顺序、速度、遍数是否满足施工需要。

(4)检验试验路段的压实度和渗水系数，确定沥青混合料的松铺系数。

(5)验证沥青混合料的配合比是否符合要求，以及混合料质量的稳定性，提出生产用的标准配合比和最佳沥青用量。

(6)确定施工温度(包括拌和温度、摊铺温度、碾压温度)。

(7)确定作业段的合适长度。

(8)建立用钻孔法与核子密度仪无破损检测路面密度的对比关系。确定压实度的标准检测方法。核子密度仪等无破损检测在碾压成型后热态测定，取 13 个测点的平均值为 1 组数据，一个试验路段不得少于 3 组。钻孔法在第 2 天或第 3 天以后测定，钻孔数不少于 12 个。

(9)明确试验结论，针对各项试验内容提出完整的试验路段施工、检测报告，取得业主或监理工程师的批准。

在试验路段的施工中，为保证其施工质量，当沥青混合料摊铺压实后，应在规定时间按标准方法进行质量检验。检验合格后可作为工程的一部分。

三、沥青类面层施工阶段质量监理

沥青面层系指沥青混凝土面层、沥青碎(砾)石面层、沥青贯入式面层和沥青表面处治面层，各种沥青面层的施工工序质量控制要点如下。

1. 沥青混凝土和沥青碎(砾)石面层

沥青混凝土面层和沥青碎(砾)石路面广泛用于高等级公路，监理工程师应从以下方面对其施工质量进行严格监控。

1)施工设备

(1)拌和及运料设备。

①拌和厂应在其设计、协调配合和操作方面，都能使生产的混合料符合工地配合比设计要求。拌和厂必须配备具有足够试验设备的试验室，并能及时提供试验资料，且应将试验人员的资质及试验设备报监理工程师批准。

②拌和机应能按用量(以质量计)分批配料，并装有温度检测系统及保温的成品储料仓和二次除尘设置。拌和设备的产量应和生产进度相匹配，在安装完成后应按批准的配合比进行试拌调试，直到符合要求。其偏差值应符合《公路沥青路面施工技术规范》(JTG F40—2004)的规定。

③拌和场地布置，应保证热料运送距离合理，进出方便，水电供应正常，且应远离居民区，

其距离不少于 1km。

④运料设备应采用干净有金属板的自卸槽斗车辆运送混合料,车槽四角应密封坚固,车槽内不得沾有杂物。

(2)摊铺及压实设备。

①沥青混合料摊铺机应是自动找平式摊铺设备,安装有可调的活动熨平板或整平组件。整平板在需要时可以加热,能按照规定的典型横断面和图纸所示的厚度在平道宽度内摊铺,并备有修边的套筒,摊铺机应有一套夯板和可调整振幅的振动整平板的组合装置,夯板与振动整平板的频率,应能随意变化,并能各自单独调整。

②摊铺混合料时,摊铺机应能按照与摊铺混合料协调的前进速度运行。

③摊铺机应配备整平板自控装置,传感器可通过外面的基准线自动发生信号来操纵整平板,使摊铺机能铺筑出理想的纵横坡度和平整度。

④压实设备应配有钢筒式、轮胎式及振动式压路机,能按合理压实工艺进行组合压实。应备有监理工程师认可的小型振动压(夯)实机具,以用于压路机不便压实的地方。

2)材料质量控制

粗、细集料应分类堆放和供料,取自不同料源的集料应分开堆放。每个料源的材料应进行抽样试验,沥青混合料的矿料质量及矿料级配应认真检验审核,确认是否符合设计要求和施工规范的规定;同时应认真检验沥青材料及混合料的各项指标,看其是否符合设计和施工规范的要求。

3)沥青混合料的拌制

(1)拌和应将集料(包括矿粉)充分地烘干。每种规格的集料、矿粉和沥青都必须分别按要求的配合比进行配料,其计量误差应控制在规定的范围内。

(2)沥青的加热温度、石料加热温度、混合料的出厂温度、运到施工现场的温度均应满足规范要求。

(3)所有过度加热的混合料,或已经炭化、起泡和含水的混合料都应放弃,拌和后的混合料必须均匀一致,无花白、粗细料离析和结块的现象。否则不得用于工程项目。

(4)材料的规格或配合比发生改变时,都应根据室内试验资料进行试拌。试拌时必须抽样检查混合料的沥青含量、级配组成和有关力学性能;在整个拌制过程中,每日应做抽提试验(包括马歇尔稳定度试验),还应检查各原材料称量设备及混合料的出料温度和油石比,并报请监理工程师批准。

4)混合料的运送

(1)已经离析或结成不能压碎的硬壳、团块或在运料车辆卸料时留于车上的混合料,以及低于规定铺筑温度或被雨水淋湿的混合料都应废弃,不得用于工程项目。

(2)运至铺筑现场的混合料,应当天或当班完成压实。

5)混合料的摊铺

(1)摊铺混合料之前,必须对下层进行检查,并取得监理工程师的批准,同时必须按规定铺洒沥青透层、黏层或下封层,以防止基层开裂,并宜在铺设下封层后的 10 ~ 30d 内开始铺筑沥青面层的下面层。面层摊铺必须均匀、缓慢、连续不断地进行,且在摊铺面层时,必须采取措施防止层面之间被污染。

(2)在开始摊铺混合料时,应考虑在路面边缘设置路缘石(拦水带)的具体位置、埋设深度,将预制的路缘石块,按图纸要求进行设置,基础及后背填料必须夯实,缝宽均匀,线条顺直、顶面平整、砌筑牢固。

(3)为消除纵向接缝,应采用全路摊铺。当采用两台摊铺机组成梯队联合摊铺的方式时,两台摊铺机前后的距离以前面摊铺的混合料尚未冷却为度,一般为 10~20m。前后两台摊铺机轨道重叠 30~60mm。

(4)沥青混合料的摊铺温度应随沥青的标号及气温的不同通过试验确定,进行调节。正常施工,摊铺温度不低于 125℃,但不得超过 160℃。

(5)摊铺机应以均匀的速度行驶。它的输出量和沥青混合料的运送量相匹配,以保证混合料均匀、不间断地摊铺。摊铺过程中不得随意变换速度,避免中途停顿,影响施工质量。混合料摊铺应严格掌握摊铺厚度、宽度和平整度,仔细找平;不合格之处应及时进行调整。

(6)对外形不规则,路面厚度不同,空间受到限制以及人工构造物接头等摊铺机无法工作的地方,经监理工程师批准可以采用人工铺筑混合料。

6)混合料的压实

(1)混合料完成摊铺和刮平后应立即进行宽度、厚度、平整度、路拱及温度检查,对不合格之处应及时进行调整,随后按试验路确定的压实设备的组合及程序进行充分地、均匀地压实。碾压要自路边压向路中,曲线段自内侧压向外侧;在纵坡段碾压,无论是上坡或下坡,均应让从动轮始终朝着摊铺方向。

(2)碾压时压路机应以均匀速度行驶,三轮式压路机的行驶速度不应超过 3km/h,轮胎式压路机的行驶速度不应超过 5km/h;三轮式压路机每次重叠宜为后轮宽的 1/2,双轮式压路机的重叠宽度每次为 30cm;压路机不应停留在新压实的混合料上,不得在新铺混合料上转向、掉头、左右移动位置或突然进行制动;当压路机要离开路面移动时,可使用木搭板,以防路面边棱处被压成圆角。

(3)压实分初压、复压和终压。压路机碾压速度见表 4-20。

压路机碾压速度(km/h) 表 4-20

碾压阶段		初压	复压	终压
压路机类型	钢轮压路机	1.5~2.0	2.5~3.5	2.5~3.5
	轮胎压路机	—	3.5~4.5	4.0~6.0
	振动压路机	静压 1.5~2.0	振动 4.0~6.0	静压 2.0~3.0

(4)初压应采用钢轮压路机或振动压路机(静压)。初压的目的是整平和稳定混合料,并为复压创造有利条件。初压机械可采用 6~8t 双钢轮压路机或 6~10t 振动式压路机(关闭振动装置),在规定料温下碾压两遍,初压后应检查平整度和路拱,必要时应予修整。

(5)复压应采用串联式双轮振动压路机或轮胎压路机。初压后紧接着进行复压,其目的是使混合料密实、稳定、成型,复压可采用 10~12t 三轮压路机或 10t 振动式压路机进行,在规定料温时碾压 4~6 遍,直到无明显轮迹和稳定为止,最后进行终压,

(6)终压应采用光面钢轮压路机或振动压路机(静压)。终压的目的是消除轮迹,形成平整的压实面。终压宜用 6~8t 振动式压路机(关闭振动装置)在规定料温时进行,碾压 2~4 遍

即可。

(7)碾压作业时混合料的温度，初压温度不低于120℃，终了温度，钢轮压路机不得低于60℃，轮胎压路机不得低于70℃，振动压路机不得低于55℃。

(8)碾压应纵向并由低处向高处慢速均匀地进行。相邻碾压带至少重叠宽度为：双轮为30cm，三轮为后轮宽度的1/2。

(9)碾压时，压路机不得中途停留、转向或制动。当压路机来回交替碾压时，前后两次停留地点应相距10m以上，并应驶出压实起始线3m以外。

(10)压路机不得停留在温度高于60℃的已经压过的混合料上。同时，应采取有效措施，防止油料、润滑脂、汽油或其他杂质在压路机操作或停放期间落在路面上。

(11)压实时，如接缝处混合料温度已不能满足压实温度要求，应采用加热器提高混合料的温度以达到要求的压实温度，再压实到无缝为止。否则，必须垂直切割混合料并重新铺筑，立即共同碾压到无缝为止。

(12)在压路机压不到的其他地方，应采用振动夯板、热的手夯或把混合料充分压实。已完成碾压的路面，不得修补表皮。

(13)特殊路段的碾压，如弯道、交叉口、路边、陡坡处的压实作业，弯道或交叉口的碾压，选用铰接转向式压路机，先从弯道内侧或弯道低的一边开始。压实中应注意转向同速度相吻合，尽可能用振动碾压，减少剪切力；路边碾压，压路机在没有支承边的面层上碾压时，可在离边缘30～40cm处开始碾压作业；陡坡碾压，这时压路机的很大部分作用力将向下坡方向，增加了混合料顺坡下移的趋势。压实时要注意，先采用轻型压路机预压，待混合料稳定后，可采用低振幅的振动碾压。

(14)当层厚等于或大于40mm时，监理工程师可使用核子密度仪进行现场密度检验，以代替试验室测定。但每读10个核子密度仪读数，必须钻取一个试样送交试验室进行密度试验，以检验核子密度仪的准确性。

7)施工接缝的控制

(1)每天的铺筑方案，承包人在施工前应征得监理工程师的同意，并在进行工作安排时，要使纵、横向两种接缝都保持在最小数量。

(2)对纵向接缝，两条摊铺带的相接处必须有一部分搭接，当采用冷接茬法施工时，其搭接宽度约为3～5cm；采用热接茬法施工时，毗邻摊铺带的搭接宽度约为2～5cm。不管采用冷或热接茬法施工，其摊铺带的边缘都必须齐整，即纵向接缝都应该连续和平行，并与横坡变坡线重合，应在150cm以内，与下卧层的接缝应错位至少150cm，且位于通行车辆轮辙之外。纵向接缝应该采用一种自动控制的接缝机装置，以控制相邻行程间的高程，并做到相邻行程间可靠的结合。纵向接缝应是热接缝，并应连续和平行，缝边垂直并形成直线。

(3)对横向接缝，其接茬的基本原则是将第一条摊铺带的尽头边铺成垂直面，并与纵向边缘成直角，即横缝应与铺筑方向大致成直角。

(4)铺筑工作的安排应使纵、横向两种接缝都保持在最小数量。接缝的方法及设备，应取得监理工程师批准。在接缝处的密度和表面修补应与其他部分相同。

(5)当由于工作中断，摊铺混合料的末端已经冷却，或者在第二天恢复工作时，就应做成一道与铺筑方向大致成直角的横向接缝。横向接缝在相连的层次和相邻的行程间均应至少错开 1m。

8)气候条件

(1)沥青混合料的摊铺应避免在雨季进行。当路面滞水时,应暂停施工。

(2)施工气温低于 10℃时,应停止摊铺,或摊铺时采取措施,并经监理工程师同意方可继续摊铺。否则在气温还没有上升到 10℃以上之前,不得开始摊铺,当气温下降到 15℃以下时,应控制混合料的最大运距,保证碾压温度在规定的范围以内。

(3)未经压实即遭雨淋的沥青混合料应全部清除,更换新料。所发生的一切费用由承包人负担。

9)取样和试验

(1)沥青混合料应按《公路工程沥青及沥青混合料试验规程》(JTJ 052—2000)规定的方法取样,以测定集料级配、沥青含量、压实度等。集料取样地点应在沥青掺入前的热拌设备旁,沥青含量试验应在摊铺机后面及压实机前面,从已摊铺的混合料中取样。压实度试验应从压好的路面上按照《公路路基路面现场测试规程》(JTG E60—2008)钻取试样。

(2)混合料的试样,应在施工现场每天进行 1 ~ 2 次,或拌 500t 混合料取一次,并按照《公路沥青路面施工技术规范》(JTJ F40—2004)进行检验。

(3)所有的试验结果均应报监理工程师审批,所发生的一切费用由承包人自理。

10)质量检验与质量标准

沥青混凝土和沥青碎(砾)石路面的实测项目与质量标准如表 4-21 所示。

沥青混凝土面层和沥青碎(砾)石面层实测项目与质量标准 表 4-21

项次	检查项目		规定值或允许偏差		检查方法和频率	权值
			高速公路、一级公路	其他公路		
1	压实度(%)		最大理论密度的 92%(*94%) 试验室标准密度的 96%(*98%) 试验段密度的 98%(*99%)		按 JTG F80/1—2004 附录 B 检查:每 200m 测 1 处	3
2	平整度	σ(mm)	1.2	2.5	平整度仪:全线每车道连续按每 100m 计算 IRI 和 σ	2
		IRI(m/km)	2.0	4.2		
		最大间隙 h(mm)	—	5	3m 直尺:每 200m 测 2 处 ×10 尺	2
3	弯沉值(0.01mm)		符合设计要求		按 JTG F80/1—2004 附录 I 检查	2
4	渗水系数		SMA 路面 200mL/min;其他沥青混凝土路面 300mL/min	—	渗水试验仪:每 200m 测 1 处	2
5	抗滑	摩擦系数	符合设计要求	—	摆式仪:每 200m 测 1 处; 横向力系数测定车:全线连续,按 JTG F80/1—2004 附录 K 评定	2
		构造深度			铺砂法:每 200m 测 1 处	

续上表

项次	检查项目		规定值或允许偏差		检查方法和频率	权值
			高速公路、一级公路	其他公路		
6	厚度(mm)	代表值	总厚度:设计值的 -5% 上面层:设计值的 -10%	-8%H	按 JTG F80/1—2004 附录 H 检查:双车道每 200m 测 1 处	3
		合格值	总厚度:设计值的 -10% 上面层:设计值的 -20%	-15%H		
7	中线平面偏位(mm)		20	30	经纬仪:每 200m 测 4 点	1
8	纵面高程(mm)		±15	±20	水准仪:每 200m 测 4 断面	1
9	宽度(mm)	有侧石	±20	±30	尺量:每 200m 测 4 个断面	1
		无侧石	不小于设计			
10	横向坡度(%)		±0.3	±0.5	水准仪:每 200m 测 4 处	1

注:①表中 σ 为平整度仪测定的标准差;IRI 为国际平整度指数;h 为 3m 直尺与面层的最大间隙。

②表内压实度可选用其中的 1 个或 2 个标准评定,选用两个标准时,以合格率低的作为评定结果。带 * 号者是指 SMA 路面,其他为普通沥青混凝土路面。

③表列厚度仅规定负允许偏差;H 为沥青层设计总厚度。

2. 沥青表面处治面层

1)施工设备

(1)沥青表面处治应采用沥青洒布机喷洒沥青,洒布机应能稳定在控制的速度和确定的用油量,并能在整个洒布宽度内均匀洒布沥青。

(2)应采用一台自动式的集料撒布机,配有可靠的控制系统,能把所需的集料均匀撒铺到沥青材料的整个宽度上。

(3)沥青表面处治宜采用轮胎式光面钢筒压路机,压路机的吨位应能使集料嵌挤紧密又不致使石料有较多的压碎为度。通常采用 6 ~ 8t 及 8 ~ 10t 压路机进行碾压,乳化沥青表面处治宜采用较轻的压路机进行碾压。

2)材料质量控制

沥青材料的各项指标、质量规格及用量应符合有关规范,各层用量可根据施工气温、沥青标号、基层情况,在总用量不变的情况下作适当调整;沥青表处所采用的石料,其最大粒径可与处治层厚度相等,石料的质量应符合设计要求和施工规范的规定。

3)下承层准备

在新建公路或改建旧路的表层进行表面处治时,应将表面的泥沙及一切杂物清除干净,而底层必须坚实、稳定、平整、清洁、无松散并保持干燥,且应在符合图纸所示或监理工程师确定的典型断面的情况下才可施工。当监理工程师有指示时,应视需要用机动路帚或电鼓风机,并辅以人工扫净表面,清除有害物质。

4)施工质量监控

沥青表面处治面层施工,监理工程师应严格对其进行监控。

(1)沥青表面处治宜选择在干燥和较热的季节施工，并在雨季前及日常气温低于15℃到来之前半个月结束。若在雨季施工，应随时注意天气预报，当雨天气温下降到5℃时，应立即停止摊铺(除非监理工程师另有指示)，且在气温未升到5℃以上之前，不得重新开始摊铺；下雨时，拌制摊铺应停止，雨天过后，必须待矿料和基层晾干后方可施工；当气温下降到15℃以下时，要特别小心控制运输和碾压温度。

(2)沥青表面处治宜采用层铺法施工，厚度不宜大于3cm，可采用沥青洒布机及集料撒铺机联合作业。

(3)施工工序必须紧密衔接，不得脱节，沥青洒布长度与石料撒铺相配合，避免浇油后等待较长时间才撒铺石料，每天的施工路段必须当天完成。

(4)沥青洒布。

①沥青材料的加热温度应满足规范要求。

②沥青应采用压力喷洒机均匀地洒布，洒油量、温度条件及处治面积均应在洒布前获得认可。在洒布沥青之前，集料和集料撒布设备均应运抵施工现场。处治区附近的结构物和树木的表面应加以保护，以免溅上沥青，受到污染。

③沥青洒布机应在喷嘴打开的同时按适当的洒布速度向前行驶，除监理工程师同意采用其他材料或方法外，应在每次喷洒开始一端和结束的末端后面足够距离的表面上铺上施工用纸，以使喷嘴洒出来的沥青在开始和结束时都落在纸上，并保证喷嘴在喷洒的整个长度内喷洒正常。

④在喷洒交接处洒布沥青时应精心控制，不超过批准的洒油量，应把过量的沥青材料从洒布表面刮掉，漏洒或少洒的地区应补洒纠正。

(5)集料撒铺。

①符合指定级配的集料，事先清除或减少集料上的浮土，以提高和改进黏着质量。

②在沥青洒布后3min内应按确定的用量撒铺集料，撒铺期间，如集料多少不匀，应用补撒集料的方法校正，直至达到均匀的表面结构。撒布机械无法靠近的地方，须用人工撒铺。

③在半宽施工情况下，应留下一条15cm宽的接头地带暂不撒布集料，以使沥青材料略微重叠。

(6)碾压。

①碾压应在沥青和集料撒铺后立即进行，并在当日完成。也可通过开放交通压实，使沥青表面处治层成型稳定。

②撒铺一段集料后即用6～8t轮胎或双轮压路机碾压，每层集料应按集料撒铺的全宽初压一遍，并应按需要进行补充碾压以使盖面集料适当就位，碾压时每次轮迹重叠约30cm，从路边逐渐移向路中心，然后再从另一边开始移向路中心，以此作为一遍，一般全宽的碾压至少3遍，以不大于2km/h的速度进行碾压。

(7)养护。

①集料表面应用扫帚轻轻扫过，或用其他方法养护4d，或按指示的天数养护。

②表面养护应包括把盖面料撒布到整个沥青表面上，以吸收游离的沥青材料或覆盖集料不足之处。

③养护不应使已嵌锁的集料移动位置。

④应采用旋转路帚把多余的材料从整个处治表面上清扫出去，面层清扫应在监理工程师指定的时间进行。

⑤加强初期交通控制，重视初期养护。

5）质量检验与质量标准

沥青表面处治路面面层的实测项目与质量标准如表4-22所示。

沥青表面处治面层的实测项目与质量标准 表4-22

项次	检查项目		规定值或允许偏差	检查方法和频率	权值
1	平整度	σ(mm)	4.5	平整度仪：全线每车道连续按每100m计算IRI和σ	2
		IRI(m/km)	7.5		
		最大间隙h(mm)	10	3m尺：每200m测2处×10尺	
2	弯沉值(0.01mm)		符合设计要求	按JTG F80/1—2004附录I检查	2
3	厚度(mm)	代表值	-5	按JTG F80/1—2004附录H检查：每车道每200m测1处	2
		合格值	-10		
4	沥青用量(kg/m²)		±0.5%	每工作日每层洒布检查1次	2
5	中线平面偏位(mm)		30	经纬仪：每200m测4点	1
6	纵面高程(mm)		±20	水准仪：每200m测4断面	1
7	宽度(mm)	有侧石	±30	尺量：每200m测4断面	2
		无侧石	不小于设计		
8	横向坡度(%)		±0.5	水准仪：每200m测4处	1

3. 沥青贯入式面层

沥青贯入式路面根据沥青贯入深度的不同，可分深贯式和浅贯式。

1）施工准备

下承层沥青贯入式路面施工前，基层必须清扫干净，贯入式使用乳化沥青时，必须洒透层或黏层沥青。

2）施工质量监控

（1）撒料。撒主层集料时，应注意撒铺均匀，避免颗粒大小不均，并不断检查松铺厚度和校验路拱。撒布集料后，严禁车辆通行。

（2）碾压。主层集料撒布后，先用6～8t压路机以2km/h的初碾速度碾压3～4遍，使集料基本稳定，无显著推移为止，然后再用10～12t压路机以3～4km/h的速度进行碾压，直到主层集料嵌挤稳定，无显著轮迹为止。碾压遍数一般为2～4遍，视集料硬度而定。

（3）浇洒第一层沥青。主层集料碾压完毕后，就立即浇洒第一层沥青。当采用乳化沥青贯入时，为防止乳液下漏过多，可在主层集料碾压稳定后，先撒布一部分上一层嵌缝料，再浇洒主层沥青。

（4）撒布第一层嵌缝料。主层沥青浇洒后应立即均匀撒布第一层嵌缝料。当使用乳化沥青时，嵌缝料的撒布必须在乳液破乳前完成。

（5）再碾压。嵌缝料扫匀后立即用8～12t钢筒式压路机碾压4～6遍，直至稳定为止，碾压时随压随扫，使嵌缝料均匀嵌入。

(6)浇洒第二层沥青→撒布第二层嵌缝料→碾压→浇洒第三层沥青→撒布封层料→最后碾压(宜采用6～8t压路机碾压2～4遍)。

(7)交通控制及初期养护。

3)质量检验与质量标准

沥青贯入式面层的实测项目与质量标准如表4-23所示。

沥青贯入式面层的实测项目与质量标准 表4-23

<table>
<tr><th>项次</th><th colspan="2">检 查 项 目</th><th>规定值或允许偏差</th><th>检查方法和频率</th><th>权值</th></tr>
<tr><td rowspan="3">1</td><td rowspan="3">平整度</td><td>σ(mm)</td><td>3.5</td><td rowspan="2">平整度仪:全线每车道连续按每100m计算IRI和σ</td><td rowspan="3">3</td></tr>
<tr><td>IRI(m/km)</td><td>5.8</td></tr>
<tr><td>最大间隙h(mm)</td><td>8</td><td>3m直尺:每200m测2处×10尺</td></tr>
<tr><td>2</td><td colspan="2">弯沉值(0.01mm)</td><td>符合设计要求</td><td>按JTG F80/1—2004附录I检查</td><td>2</td></tr>
<tr><td rowspan="2">3</td><td rowspan="2">厚度(mm)</td><td>代表值</td><td>−8%H或−5mm</td><td rowspan="2">按JTG F80/1—2004附录H检查:每车道每200m测1处</td><td rowspan="2">3</td></tr>
<tr><td>合格值</td><td>−15%H或−10mm</td></tr>
<tr><td>4</td><td colspan="2">沥青用量(kg/m^2)</td><td>±0.5%</td><td>每工作日每层洒布检查1次</td><td>3</td></tr>
<tr><td>5</td><td colspan="2">中线平面偏位(mm)</td><td>30</td><td>经纬仪:每200m测4点</td><td>1</td></tr>
<tr><td>6</td><td colspan="2">纵面高程(mm)</td><td>±20</td><td>水准仪:每200m测4断面</td><td>2</td></tr>
<tr><td rowspan="2">7</td><td rowspan="2">宽度(mm)</td><td>有侧石</td><td>±30</td><td rowspan="2">尺量:每200m测4断面</td><td rowspan="2">2</td></tr>
<tr><td>无侧石</td><td>不小于设计</td></tr>
<tr><td>8</td><td colspan="2">横向坡度(%)</td><td>±0.5</td><td>水准仪:每200m测4处</td><td>2</td></tr>
</table>

4. 施工过程中的质量检验

(1)沥青及各种矿料的质量检验内容。

(2)施工过程中,应对沥青混凝土混合料的性能作随机抽样检查。检查项目包括马歇尔稳定度、流值、空隙率、饱和率、沥青抽提试验(每天做)、抽提后的矿料级配组成等。

(3)沥青路面密实度,常钻取芯样检测。芯样直径100～150mm,采用通用层取芯,然后测其毛密度。毛密度与混合料马歇尔稳定度试拌平均密度之比,即为压实度(%);当用核子密度仪检测密度时,应先与钻芯法做逐层对比试验,找出其相关性后,方可单独使用。

(4)沥青混合料施工质量检查,可按表4-24进行。

沥青混合料施工质量检验及质量标准 表4-24

<table>
<tr><th colspan="3">检 查 项 目</th><th>允 许 偏 差</th><th>检查点数</th><th>合格标准</th></tr>
<tr><td rowspan="2">沥青用量</td><td>沥青混凝土、沥青碎(砾)石</td><td>油石比</td><td>±5%、±3%</td><td rowspan="4">2～3</td><td rowspan="4">同单个测定值</td></tr>
<tr><td>沥青贯入式、表面处治</td><td>总用量</td><td>±5%</td></tr>
<tr><td colspan="3">压实度</td><td>不小于95%</td></tr>
<tr><td colspan="3">级配组成</td><td>规定级配范围以内</td></tr>
</table>

5. 沥青混合料拌和中容易出现的异常现象

沥青混合料在拌和施工过程中容易出现的问题及解决办法如下:

(1)每天拌和的第一盘沥青混合料易出现废料。主要原因是拌和设备刚开始启动,集料和沥青预加热没有达到规定的温度。解决措施是适当减少进入烘干筒的数量和提高开始时火焰温度,保证在开机时,粗、细集料和沥青的加热温度略高于规定值。

(2)热仓料出现超尺寸颗粒,主要原因可能是最大筛孔的振动筛破损或振动筛上超尺寸颗粒从边框空隙落到下层筛网,有时也极易造成"油包"等现象。解决措施是检查振动筛,调整冷料仓上料速度。

(3)出现花白料。主要原因可能是料温偏低、拌和时间偏短或吸尘不理想,无形中造成填充料的量偏多。解决的办法是根据检查确定的原因,升高集料加热温度,或增加拌和时间,或减少矿粉用量。

(4)枯料。原因可能是原材料中细集料的含水率偏大,造成在烘干筒中细集料加热温度达到规定值,而粗集料的温度大大超过了规定值。避免料场中细集料受到雨淋,对于含水率大于7%的细集料不允许使用。

(5)没有色泽。主要原因是沥青加热温度过高,一般的石油沥青当温度超过180℃时,沥青极易老化。措施当然是控制沥青的加热温度到施工规定的温度界限内。

(6)矿料颗粒形成明显变化。引起的原因可能是冷料颗粒组成发生了大变化或振动筛网上热料过多,来不及正常筛分就进入热料仓,最终导致热料仓中集料颗粒组成发生了大的变化。检查原因或采取相应的措施,或经试验重新确定混合料配合比。

6. 沥青混合料运输、摊铺和压实中容易出现的异常现象

1)混合料离析现象

沥青混合料的离析一般分为集料离析和温度离析两种。它们是造成沥青混凝土不均匀性的一个主要原因。

离析现象(主要是粗集料或细集料分别过于集中)从路面的表面看有片状的也有条状的。如果表面粗集料过分集中,致使其周围细集料不够,混合料的空隙率增大,雨水很容易渗入,表面层上的粗集料集中处于快速行车荷载作用下,容易遭到破坏。如细集料过分集中,粗集料减少,将使混合料的高温稳定性不足,易产生车辙或抗滑能力下降等。因此,需十分重视并消除离析现象,尤其是表面层离析现象。

产生离析的原因较多,概括起来主要有混合料的级配、拌和机械施工情况、装料和运输途中情况、摊铺碾压情况等因素,可以讲,每一个施工环节都可能造成离析,这也可能是路面材料以粒状类为主的一个施工共性。沥青混合料中矿料的粒径越大,越容易产生离析现象。沥青混合料向自卸车车厢内装载时,混合料下落的高度越大,大碎(砾)石越容易流到料堆的四周下部,如混合料下落到车厢的固定位置,料堆越高,其四周的大碎(砾)石越多。在摊铺机受料斗中,通常两侧大碎(砾)石较多。卸料车开离摊铺机后,如摊铺机受料斗两块侧板竖起较晚,则侧板上大碎(砾)石较多的混合料将集中在混合料很少的送料链板上,如下一车料又不能及时向受料器喂料,链板将把大碎(砾)石较多的混合料输送到分料室。上述种种现象都是产生片状离析现象的主要原因。

条带状离析现象有时只有一种原因,有时可能是2~3种因素并发。例如,产生条带状离析现象的原因主要是摊铺机的螺旋分料器和熨平板安装得不协调或有了小问题,或与螺旋分料器的固定杆有关。

摊铺机铺后出现离析现象时,可适当地采用人工补撒的方法予以补救。

2)铺后沥青层表面异常现象

在摊铺层表面有时可看到个别超尺寸颗粒被熨平板带动形成的或长或短的小沟。在摊铺层表面有少数超尺寸颗粒因被熨平板带动而在其后面形成小坑洞。出现这类问题时,可采用人工及时补撒适量的细集料予以消除。

消除这类缺陷的根本办法是分析拌和场超尺寸颗粒进入混合料的原因:可能是热料二次筛分用的最大筛孔尺寸偏大,也可能是最大筛孔尺寸的筛网有破洞或其周边有较大缝隙所致。

摊铺机后面局部有时一片或一条较宽的带内沥青混合料中的大碎(砾)石被击碎。其原因可能是下层的平整度不好,一片或一条较高的带,下承层高程超出容许误差过多,致使该处摊铺层过薄以及混合料中矿料的粒径过大。可将较大粒径碎(砾)石被击碎的混合料铲除,人工用合适的沥青混合料补平和整平。

四、沥青类面层交工验收质量监理

1. 交工验收监理工作程序

以沥青混凝土面层和沥青碎(砾)石面层为例,沥青路面竣工交工验收的监理工作程序如下:

(1)当工程按合同规定要求完工后,承包人应根据合同文件及《公路工程质量检验评定标准(土建工程)》(JTG F80/1—2004)的要求进行系统质量自检,并填写"质量自检报告",各项自检质量合格后,即可填写"中间交工验收申请报告",一并提交监理工程师审批。

(2)监理工程师收到承包人报送的"中间交工验收申请报告"后,首先应汇总检查该项工程每道工序的"质量验收单",并将"质量验收单"编号,填写到"中间交工证书"中,然后检查"开工申请单"及相关的资料是否齐全。

(3)及时组织监理人员按照合同和《公路工程质量检验评定标准(土建工程)》(JTG F80/1—2004)规定的基本要求、实测项目、外观鉴定,对已竣工的工程进行现场验收检查,并核对承包人提交的自检报告和各项检验结果。若"质量验收单"证明每道工序均已符合规范要求,则最后的交工验收也应符合规范要求。当以上各项合格后,监理工程师即可填写"中间交工检验报告"。否则,应责令承包人返工,直至合格为止。

(4)成立该项工程竣工交工验收评估小组,根据检查结果进行工程质量等级评定,并填写"中间交工验收评估报告"。

(5)监理工程师签发"中间交工证书",即可进行工程计量与支付。

2. 交工验收与质量评定

沥青路面工程的交工验收可根据上述交工验收程序,按照《公路工程质量检验评定标准》(JTG F80/1—2004)中的基本要求、实测项目、外观鉴定及质检资料四个部分的项目及内容,进行质量检验和评定。

1)基本要求

(1)沥青混合料的矿料质量应符合设计要求和规范规定。

(2)严格控制各种矿料和沥青用量及各种材料和沥青混合料的加热温度,沥青材料及沥青混合料的各项指标应符合设计和施工规范要求,抽检合格率应不小于90%。

(3)沥青混合料应拌和均匀,无花白,无粗细料分离和结团成块现象。

(4)基层必须碾压密实,表面干燥、清洁、无浮土,其平整度和路拱度应符合要求。

(5)严格控制摊铺厚度和平整度,避免离析,注意控制摊铺和碾压温度,碾压到要求的密实度。

2)实测项目

沥青路面的实测项目与质量标准如表4-21~表4-23所示。

3)外观鉴定

(1)表面应平整密实,无明显碾压轮迹,不应有泛油、松散、裂缝、粗细料集中现象,对高速公路和一级公路,有上述缺陷的面积(凡属单条的裂缝,则按其实际长度乘以0.2m宽度,折算成面积)之和不得超过受检面积的0.03%,其他公路不得超过0.05%。不符合要求时,每超过0.03%或0.05%减2分。半刚性基层的反射裂缝可不计作施工缺陷,但应及时进行灌缝处理。

(2)搭接处应紧密平顺,裂缝不应枯焦。不符合要求时,累计每10m长减1分。

(3)面层与路缘石及其他构筑物应接顺,不得有积水现象。不符合要求时,每处减5分。

4)质检资料

施工单位(承包人)应有完整的施工原始记录、试验数据、分项工程自检数据等质量保证资料,并进行整理分析。负责提交齐全、真实和系统的施工资料和图表,主要包括:

(1)所用原材料质量检验报告。

(2)混合料配合比与拌和加工控制检验和试验数据。

(3)下承层的处理记录,施工放样记录。

(4)各项质量控制指标的试验记录和质量检验汇总图表。

(5)施工过程中遇到的非正常情况记录及其对工程质量影响分析。

(6)施工过程中如发生质量事故,经处理补救后,达到设计要求的认可证明文件。

(7)各施工工序的"质量验收单"、"交工自检报告",且同时具备"开工申请单"。

分项工程的施工资料和图表残缺,缺乏最基本的数据,或有伪造涂改者,不予检验和评定。资料不全者应予减分,减分幅度可按《公路工程质量检验评定标准(土建工程)》(JTG F80/1—2004)中质量标准所列资料逐项检查,视资料不全情况每项减1~3分。

•第四节　水泥混凝土面层施工质量监理•

水泥混凝土路面施工过程是一项较复杂的系统工程,它的施工涉及路面结构、水泥混凝土混合料的特性、施工机械的配置、施工技术和工艺以及科学的组织管理等诸多重大的技术和管理问题。只有在施工过程中,严格对每一个施工环节进行质量技术控制,才能有效保证水泥混凝土路面的施工质量。

一、水泥混凝土路面的质量要求

水泥混凝土路面由面层、基层及垫层组成,各结构层均应满足有关的技术要求。

1.路面垫层

季节性冰冻地区,地下水位较高、粉性土路堤,毛细水上升度较大的潮湿、过湿路基段;毛

细管水上升较大的潮湿、过湿路基段；年降雨量较大的潮湿多雨地区路基两侧可能滞水或有泉眼的路段，当路面结构未采用或不便采用渗透排水基层的场合，应在路基与（底）基层之间，设置开级配碎（砾）石、开级配卵石、砂砾、粗砂排水垫层，排水垫层的级配应满足排水和反滤的要求，并具有一定的强度和较好的水稳性，在冰冻地区还需具有较好的抗冻性。

用做防冻垫层的材料有砂、砂砾、碎（砾）石、炉渣等。防冻垫层的最小厚度，除应满足《公路水泥混凝土路面设计规范》（JTC D40—2002）的规定外，还应满足压实要求，具有不小于土基的强度和较好的抗冻性；当采用砂或砾时，通过 0.075mm 筛孔的颗粒含量不宜大于 5%；当采用炉渣时，小于 2mm 的颗粒含量不宜大于 20%；当防冻垫层同时有排水要求，应同时满足排水垫层和防冻垫层两者的要求。

路基可能产生不均匀沉降时，可采用水泥、石灰、粉煤灰等胶凝材料做半刚性垫层。

2. 路面基层

按照《公路水泥混凝土路面设计规范》（JTC D40—2002）的规定，基层类型宜按交通等级选用。

特重交通宜采用水泥用量约 7% ~8% 的贫混凝土基层、碾压混凝土基层或沥青混合料基层。贫混凝土或碾压混凝土基层厚度适宜范围为 120 ~200mm；沥青混合料基层为40 ~60mm。

重交通宜采用水泥用量约 150 ~250kg/m^3 的多孔隙水泥稳定排水层，其适宜厚度为 100 ~140mm；沥青稳定碎（砾）石排水基层为 80 ~100mm。

中等或轻交通宜采用水泥用量约 4% 的水泥稳定粒料基层、石灰粉煤灰稳定粒料基层或级配粒料基层。水泥或石灰粉煤灰稳定粒料基层厚度适宜范围为 150 ~250mm；级配粒料基层为 150 ~200mm。

3. 水泥混凝土面层

由于水泥混凝土面层直接承受行车荷载的反复作用及环境因素（温度和湿度）的影响，因此，要求混凝土面板必须具有良好的工作性、足够的强度和耐久性、较低弹性模量和温度膨胀系数；同时，还应具有抗滑、耐磨、平整的表面特性，以确保行车安全和舒适。

1）混凝土原材料质量要求

（1）水泥。混凝土路面用水泥，可根据混凝土工程的特点、所处环境、气候和施工条件等因素选择品种，按照路面的交通等级所要求的设计抗弯拉强度选用强度高、干缩性小、抗磨性与耐久性好的水泥。对于特重及重交通混凝土路面，宜采用旋窑道路硅酸盐水泥、硅酸盐水泥或普通硅酸盐水泥；对于中、轻交通的路面也可采用矿渣硅酸盐水泥。且应优先选用早强型水泥，以缩短养护时间。具体可参照表 4-25。

不同交通等级路面水泥各龄期的抗压强度、抗弯拉强度　　表 4-25

交通等级	特重		重		中、轻	
龄期（d）	3	28	3	28	3	28
抗压强度（≥MPa）	25.5	57.5	22.0	52.5	16.0	42.5
抗弯拉强度（≥MPa）	4.5	7.5	4.0	7.0	3.5	6.5

（2）粗集料。路面水泥混凝土的粗集料应质地坚硬、耐久、洁净。粗集料按技术要求分为Ⅰ、Ⅱ、Ⅲ级，其各项技术指标及颗粒级配应符合设计和规范要求。水泥混凝土用碎（砾）石和卵石的技术指标见表 4-26。为保证混凝土强度，要求碎（砾）石必须具有一定的强度。碎（砾）石的强度可用岩石的抗压强度和压碎值指标表示。

水泥混凝土用碎(砾)石和卵石的技术指标　　表4-26

项　目	指　标		
	Ⅰ级	Ⅱ级	Ⅲ级
碎石压碎指标(%)	<10	<15	<20
卵石压碎指标(%)	<12	<14	<16
坚固性(按质量损失计%)	<5	<8	<12
针片状颗粒含量(按质量计%)	<5	<15	<20
含泥量(按质量计%)	<0.5	<1.0	<1.5
泥块含量(按质量计%)	0	<0.2	<0.5
有机物含量(比色法)	合格	合格	合格
硫化物及硫酸盐(按 SO_3 质量计%)	<0.5	<1.0	<1.0
岩石抗压强度	火成岩不应小于100MPa;变质岩不应小于80MPa;水成岩不应小于60MPa		
表观密度(kg/m^3)	>2 500		
松散堆积密度(kg/m^3)	>1 350		
空隙率(%)	<47		
碱集料反应	经碱集料反应试验后,试件无裂缝、酥裂、胶体外溢等现象,在规定试验龄期的膨胀率应小于0.10%		

最大粒径的选择。粗集料中公称粒级的上限称为该粒级的最大粒径。对5~25mm粒级而言,其上限粒径26.5mm即为最大粒径。新拌混凝土随着最大粒径的增大,单位用水量相应减少。在固定的用水量和水灰比的条件下,加大最大粒径,可获得较好的和易性,或减少水灰比而提高混凝土强度和耐久性。通常在结构截面允许条件下,尽量增大最大粒径以节约水泥(应当注意:增大粒径虽可增加混凝土的抗压强度,但会降低其抗拉强度)。根据规范规定,混凝土用粗集料,其最大颗粒粒径不得大于结构截面最小尺寸的1/4,同时不得大于钢筋间最小净距的3/4。

(3)细集料。优质的混凝土细集料具有高密度和小比表面积,这样才能达到既保证新拌混凝土有适宜的工作性和硬化后混凝土有一定的强度、耐久性,同时又达到节约水泥的目的,且必须符合规范要求。细集料按技术要求分为Ⅰ、Ⅱ、Ⅲ级,其各项技术指标及颗粒级配应符合设计和规范要求。特别是细集料中含有妨碍水泥水化,或能降低集料与水泥石黏附性以及能与水泥水化产物产生不良化学反应的各种有害杂质,如泥和泥块、云母、轻物质、硫酸盐和硫化物以及有机质等的含量,应严格控制。水泥混凝土用砂的主要技术指标规定值见表4-27。

混凝土用砂的技术要求　　表4-27

项　目	指　标		
	Ⅰ级	Ⅱ级	Ⅲ级
压碎指标(%)	<20	<25	<30
氯化物(以氯离子质量计,%)	<0.01	<0.02	<0.06
坚固性(按质量损失计,%)	<6	<8	<10
云母(按质量计,%)	<1.0	<2.0	<2.0
含泥量(按质量计,%)	<1.0	<2.0	<3.0
泥块含量(按质量计,%)	0	<1.0	<2.0

续上表

项　目	指　标		
	Ⅰ级	Ⅱ级	Ⅲ级
有机物含量(比色法)	合格	合格	合格
硫化物及硫酸盐(按 SO_3 质量计,%)	<0.5	<0.5	<0.5
轻物质(按质量计,%)	<1.0	<1.0	<1.0
机制砂母岩抗压强度	火成岩不应小于 100MPa;变质岩不应小于 80MPa;水成岩不应小于 60MPa		
表观密度(kg/m^3)	>2 500		
松散堆积密度(kg/m^3)	>1 350		
空隙率(%)	<47		
碱集料反应	经碱集料反应试验后,试件无裂缝、酥裂、胶体外溢等现象,在规定试验龄期的膨胀率应小于 0.10%		

(4)水。混凝土搅拌和养护用水应清洁,宜采用饮用水,对水质有疑问或使用非饮用水,应进行检验,并符合下列规定:硫酸盐含量(按 SO_4^{2-} 计)小于 2 700mg/L;含盐量不得超过 5 000mg/L;pH 值不得小于 4;不得含有油污、泥和其他有害杂质;海水不得作为混凝土拌和用水。

此外,为改善混凝土的技术性质,在其制备过程中加入流变剂、调凝剂和改变混凝土含气量的外加剂,其质量应符合国家标准《混凝土外加剂》(GB 8076—1997)的规定,并应在充分试验和实地试用后,再选定所用的外加剂类型。

2)混凝土配合比

(1)混凝土配合比设计的基本要求。

①满足结构物的设计强度要求;

②满足现场施工条件的工作性要求;

③满足工程所处环境的耐久性要求;

④在满足上述要求的前提下,尽量减少水泥用量,降低混凝土成本,以便取得较好的经济效果。

(2)混凝土配合比设计参数,有水灰比、砂率、用水量。

(3)混凝土配合比设计的基本资料。

①设计要求的混凝土强度等级,承担施工单位的管理水平;

②工程所处的环境和设计对混凝土耐久性的要求;

③原材料品种及其物理力学性能指标;

④混凝土所处的部位、结构构造情况,施工条件等。

(4)确定试验配合比。满足工作性和强度要求的混凝土配合比。

(5)换算施工配合比。根据现场砂、石材料的含水状况,将混凝土的试验配合比换算成施工配合比。

3)钢筋

水泥混凝土路面所用的钢筋有传力杆、拉杆及补强钢筋等。它的品种、规格、强度及弹性模量要符合设计和规范要求,且钢筋应顺直,不得有裂缝。断伤刻痕,其表面的油污、颗粒状或片状锈蚀应清除掉。

4)接缝材料

按使用性能分为接缝板和填缝料两类。接缝板选用适宜混凝土板的膨胀与收缩,施工时不变形、耐久性良好的材料。填缝料应选用与混凝土板黏结力强、回弹性好的、能适应混凝土的收缩、不溶于水和不渗水、高温不溢、低温不脆的耐久性材料。

4. 面层施工质量监控的基本要求

(1)面层水泥混凝土施工时,水泥用量要加强检查,混凝土的配合比和水灰比应准确,拌和要均匀,振捣应密实,尤其是边角处要加强振捣,接缝应平顺。

(2)为了保证混凝土表面有一定的粗糙度,应在抹面完成后进行纹理制作(拉毛),纹理制作宜于混凝土表面无波纹水迹时,过早与过晚都会影响其制作质量;纹理制作的平均深度应控制在1~2mm内。

(3)拌制混凝土用的砂、石料、散装水泥必须过磅计量。

(4)混凝土铺筑后,必须按规定养生。

(5)混凝土面层高程应与其他构造物接应平顺,并使路面边缘不积水。如检查井井盖顶面高程应高于周边路面1~3mm;水口高程比路面低5~8mm等。

二、水泥混凝土面层施工准备阶段质量监理

1. 施工准备检查

在水泥混凝土路面施工前,监理工程师应做如下检查:

(1)承包人按合同规定,应向监理工程师提交的“水泥混凝土路面开工申请单”。

(2)承包人的施工放样测量是否准确无误。

(3)承包人的施工现场布置是否妥当。

(4)审核承包人的施工机械设备、劳力和各种施工材料的准备情况。

(5)承包人提供的水泥混凝土路面的原材料,包括水泥、碎(砾)石、砂、水、外加剂、钢材等,各种技术性能指标试验结果是否满足规范要求。

(6)承包人提供的水泥混凝土混合料配合比设计是否正确,特别是在确定混合料中水、水泥、细集料和粗集料4种基本成分中,其水灰比、用水量和砂率这3个关键参数的选择是否合适。

(7)承包人模板安装的质量是否符合施工验收规范的要求。

(8)对承包人其他准备工作的检查。如对基层的几何尺寸、路拱、平整度、压实度等进行检查,看其是否符合要求。基层不符合要求者,不得进行路面摊铺。

(9)与有关交通部门进行联系,使施工时能及时实行交通封锁或只开放单向交通等。

(10)签发“水泥混凝土路面开工批复单”。

2. 试验路段的施工

二级及二级以上公路的水泥混凝土路面,使用滑模摊铺机、轨道摊铺机、三辊轴机组机械施工时,在正式摊铺混凝土路面前,承包人必须按照监理工程师批准的施工方案严密组织,在选定的现场上,铺筑长度不小于200m的试验路段。路面厚度、摊铺宽度、接缝和钢筋设置等均应与实际工程一致。铺筑试验路段分为试拌及试铺两个阶段,其目的是证明在正常生产的情况下,工程质量能达到要求。铺筑试验路段的主要任务如下:

(1)承包人应提供并使用在正常生产工作中采用的全部设备。

(2)通过试拌检验搅拌楼性能及确定合理搅拌工艺,检验适宜摊铺的搅拌楼拌和参数:上料速度,拌和容量,搅拌均匀所需时间,新拌混凝土坍落度、振动黏度系数、含气量、泌水性、VC值和生产使用的混凝土配合比等。

(3)通过试铺,检验主要机械性能和生产能力,检验辅助施工机械组配的合理性,检验路面摊铺工艺质量:模板架设固定方式或基准线设置方式,摊铺机械(具)的适宜工作参数,包括松铺厚度、摊铺速度、振捣时间与频率、滚压遍数、碾压遍数、压实度、中间和侧向拉杆置入情况等。检验整套施工工艺流程。

(4)使工程技术人员及工人熟悉并掌握各自的操作要领。检验通信联络和生产调度指挥系统。建立混凝土原材料、拌和物、路面铺筑全套技术性能检验方案,熟悉检验方法。

(5)根据试验路段结果提出对机械设备或操作进行合理改进。按施工工艺要求检验施工组织形式和人员编制。

(6)试铺中,施工人员应认真做好记录,监理工程师或质监部门应监督检查试验段的施工质量,及时与施工单位商定并解决问题。

(7)竣工的试验路段经监理工程师验收认可后,施工单位应提出试验路段总结报告,上报监理和业主批复,以取得正式开工认可。同时,合格的试验路段可作为竣工项目支付,如验收不合格,则应由承包人把所有不合格的路段清除出去,重做试验,费用由承包人负担。

三、水泥混凝土面层施工阶段质量监理

水泥混凝土路面施工主要工序质量控制的工作内容包括:原材料的质量检查;路面基层质量的检查;混凝土拌制和运输过程的质量控制;混凝土浇筑质量的控制;混凝土接缝施工质量的控制;混凝土表面养护和拆模质量的控制与检查;混凝土路面与其他构造的接头处理;质量检查与质量评定等方面。

摊铺方式可采用机械和人工两种,通常混凝土应采用摊铺机械铺筑,人工小型机具铺筑只应局限于小范围或不能用机械铺筑的区域,手工摊铺应在施工前由承包人报经监理工程师审批。当采用机械时,摊铺机可选用刮板式、箱式或螺旋式。

1. 采用摊铺机施工

一般高等级公路水泥混凝土路面的摊铺必须采用机械摊铺,且所选用的成套机械性能必须符合《公路水泥混凝土路面施工技术规范》(JTG F30—2003)的要求,并得到监理工程师的批准。

1)模板安装

定模摊铺,使用量最大、最多的是边缘侧向模板。公路混凝土路面板、桥面板和加铺层的模板应采用刚度足够的槽钢、轨模或钢制边侧模板,不应使用木模板、塑料模板等其他易变形的模板。

模板的高度为面板厚度。模板顶面用水准仪检查高程,不符合要求时予以调整。施工时,要经常检查模板平面和高程,并严加控制。模板长度以人工便于架设为准,一般为3~5m,且不宜短于3m。在小半径弯道或渐变弯道时,可使用较短的模板。横向连接摊铺需设置拉杆时应按设计要求的拉杆距离,在模板上预留拉杆插入孔。为提高模板的架设稳固性,要求每米模

板应设置1处支撑固定装置进行水平固定。

2)钢筋设置

(1)横向缩缝及胀缝设置传力杆时,应与中线及路面表面平行,其偏差不应大于5mm,传力杆应采用监理工程师认可的支承装置,在铺筑路面之前装设好传力杆。

(2)传力杆长度的一半再加5cm,应涂上两层沥青乳液或一层沥青,胀缝处的传力杆尚应在涂沥青的一端加一个预制的盖套,内留36mm的空隙,填以纱头或泡沫塑料。

(3)拉杆不应露头。拉杆端头应切正,横断面上不应变形,装设拉杆时,不应使其穿过已摊铺好的混凝土顶面,拉杆应在混凝土摊铺之前就装设好,或者用一台拉杆振动器把它装入接缝边缘内,或者用混凝土摊铺机上的拉杆自动穿杆器来装设,在已凝固的混凝土内安装拉杆时,应用经监理工程师认可的拉杆穿插装置来进行。

(4)工程中所用的全部钢筋设置及绑扎都应先经监理工程师同意后才能浇筑混凝土,承包人至少应在12h以前把浇筑混凝土的意图通知监理工程师,以使有足够的时间检查钢筋和采取纠正措施。

(5)钢筋不应沾土、污垢、油脂、油漆、毛刺以及松散的或厚的铁锈,以免损坏钢筋与混凝土之间的黏结。

3)混凝土混合料的拌和与运输

(1)水泥混凝土路面用的混凝土应采用机械拌和,搅拌机的容量应根据工程量大小和施工进度配置,搅拌站应按照碎(砾)石、砂、水泥的顺序进料,进料后,边搅拌边加水。

(2)其最佳拌和时间应控制在以下范围内:立轴强制式拌和机为90~180s,双卧轴强制式拌和机为60~90s;最短拌和时间不应低于低限,而最长拌和时间则不应超过最短拌和时间的3倍。

(3)混凝土在拌和时进入拌和机的水泥、砂、石料必须采用集料箱加地磅的方法计量。混凝土原材料的计量精度不应超过:水和水泥±1%,粗细集料±2%;当混凝土拌制需加入外加剂时,应对外加剂单独计量,其计量精度不应超过±1%。

(4)为保证混凝土的工作性,在运输中应考虑蒸发失水(指水泥在拌和之后,开始水化反应,其流动度下降),以及因运输颠簸和振动使混凝土发生离析等因素的不利影响,宜采用自卸汽车进行运输。工程实践证明:运距在1km以内,以2t以下的小型自卸汽车运输较为经济;运距在5km左右时,以5~8t中型自卸车运输最为经济;当运输距离更远时,则以采用容量为$6m^3$以上的混凝土拌和运输车较为理想。

(5)混凝土的拌和工序是决定水泥混凝土路面施工质量和使用性能的关键工序,监理工程师应加强对此道工序的监理工作。除加强旁站和对承包人的现场工作严格监督管理外,还应协助和指导承包人选择好拌和机与混凝土运输车辆,使机械的工作效率充分发挥,获得较好的经济效益,以保证混凝土路面工程的质量。

4)混凝土混合料的铺筑

(1)承包人应提供摊铺和终饰混凝土板而推荐的设备和方法,以及摊铺宽度、接缝布置和预计的进度等全部详情和细节,报监理工程师审批。

(2)当蔽荫处的气温低于5℃或高于35℃时,或者正在下雨或预计4h内有雨时,不得铺筑混凝土,工程中铺筑的混凝土的温度不应低于5℃或高于35℃。

(3)承包人应提供测定保养温度、混凝土温度、相对湿度及风速的设备，并应按照监理工程师的指示测定和记录这些数据。当蒸发率超过 0.75km/m^2/h，承包人应采取使监理工程师满意的防止水分损失的预防措施。如果监理工程师认为这些预防措施不能令人满意时，可下令停止施工。

(4)监理工程师应检查和批准所有的模板、接缝和养生材料的供应情况，备用振捣器的储备情况，以及承包人的全部准备情况，以保证工程的正常进行。

(5)由于混凝土的摊铺成型也是决定混凝土路面施工质量和使用性能的关键工序，摊铺机的工作效率，成为制约施工质量和进度的关键因素。因此，在施工机械的选型和配套中，通常把混凝土摊铺成型机械作为第一主导机械，把混凝土拌和机械作为第二主导机械；而将混凝土运输车辆，作为配套机械。所谓合理的配套，就是在保证摊铺机械生产效率充分发挥的前提下，使拌和机械与运输车辆的生产率也得到正常发挥，并在过程中保持均衡、协调一致。监理工程师的任务，就是要协助和指导承包人正确选择和配备上述机械，并让其在施工中充分发挥作用。

(6)水泥混凝土摊铺时的松铺系数，主要取决于坍落度。合适的松铺系数应按各工程的混凝土配合比情况由试验确定，但在施工阶段主要取决于坍落度，其值应参考规范选取。混凝土摊铺，即是将混凝土拌和物由摊铺机箱内倾卸在基层上，按摊铺厚度均匀地充满模板范围之内。

(7)摊铺机应是经批准的自行式机械。摊铺时应以缓慢的速度均匀地进行，以保证摊铺机的连续操作。摊铺机还应具备以下特点：

①有带传感装置的自动控制系统，以便把线形和高程控制到规定的标准；

②有能均匀摊铺混合料及调节混合料流向的振捣器，能捣实混凝土整个深度；

③有单独的发动机做动力的插入式振捣器，能捣实混凝土整个深度；

④有可调整的挤压整平板和整型板，并在所有表面上做出要求的修饰；

⑤具有适应混凝土板不同宽度与厚度的摊铺能力，其组合板宽应符合图纸或监理工程师的要求。

(8)摊铺机应具有摊铺、捣实、整型和修饰的功能，使后来只需要最少的手工修饰，并能铺筑成符合规范要求的修饰表面和密实而均质的混凝土。有条件时尽量选用滑模摊铺机，并严格按规范施工。

(9)摊铺机、汽车以及养生、切缝和做纹理的设备行走路线的承力面，应由承包人进行准备及保养，以便能适应操作。

(10)混凝土拌和物摊铺工作一旦开始，不得中断，摊铺机不致因缺乏混凝土而停工。如停工时间连续超过 30min，则应设置经批准的横向施工缝。距胀缝、缩缝或薄弱面 3m 之内不得出现横向施工缝。如果不能充分供应混凝土，则在至少做成 3m 长的板的工作中断之时，应把最后一条缝后面的多余混凝土按指示清除掉。

(11)混凝土均匀浇筑在模板内，不应有离析现象。靠边角应先用插入式振捣器顺序捣实，再用平板振捣器纵横交错全面振捣，然后用振动梁振捣，平行移动往返拖振 2～3 遍，使表面泛浆，赶出水泡。

(12)混凝土的振捣，可采用振捣机或内部振动式振捣机进行。混凝土振捣机是跟在摊铺机后面,对混凝土进行再一次整平和捣实的机械。内部振动式振捣机主要用并排安装的振捣棒插入混凝土中,由内部将混凝土振实。一般施工队伍,应采用常规的振捣方式。当混凝土板厚小于22cm时,靠边角处先用插入式振捣,再用功率不小于2.2kW的平板式振捣器纵横交错全面振捣;纵横振捣时,应重叠10~20cm,最后用振捣梁振捣拖平;对有钢筋的部位,振捣时应防止钢筋变位;混凝土拌和物的振捣,应严格按照《公路水泥混凝土路面施工技术规范》(JTG F30—2003)进行。

5)混凝土表面修饰

(1)混凝土振动梁振动整平后,应保持路拱的准确,并检查平整度,由承包人用长度不小于3m的直尺检查新铺混凝土表面,每次用直尺进行检查时,都应与前一次检查带至少重叠1/2的直尺长度。

(2)表面修饰前应做好清边整缝,清除黏浆修补掉边、缺角,表面修整时,严禁在混凝土面板上洒水、撒水泥。

(3)表面整修宜分两次进行,先找平抹面,等混凝土表面无泌水时,再做第二次抹平,板面应平整密实。

(4)整修作业应在混凝土保持塑性和具有工作性的时候进行,以确保从路表面上清除水分和浮浆。新铺混凝土表面,经平整度检查而发现的高处,应采取措施清除高出的混凝土,低洼处不得填以表面的浮浆,必须用新制混凝土填补与修整。

(5)板面抹平后在混凝土仍具有塑性时,应采用拉槽器、滚动压纹器或其他合适的工具,在混凝土表面沿横方向制作纹理,但不得扰动混凝土。表面纹理应符合图纸规定,最好采用切割的方式。拉槽时,一般槽口宽度为4~5mm,槽深为1~2mm。

(6)为使混凝土表面更加平整及具有良好的表面功能,振实后的混凝土还应进行整平、精光、纹理制作等表面修整工序,表面修整可在混凝土终凝前进行。施工中,监理工程师要加强质量检查,以确保表面修整的质量。

6)工程防护

(1)承包人应提交在下雨干扰工程时拟采用的防护方法及设备的详细建议。防护设备应停放在工地,以便随时可以投入使用。

(2)应采取预防措施,保证路面铺筑完的头96h期间混凝土的温度不降到5℃以下。当主导温度偏低,或当有寒冷气候预报以及新铺混凝土的温度有降到规定极限以下的危险时,承包人应停止摊铺混凝土拌和物作业。如果承包人采取了预防措施,可保证混凝土拌和物的温度能在上述时间内维持在5℃时,施工可继续进行,否则,拒绝验收。

7)接缝施工

(1)承包人应在开始铺筑路面混凝土之前28d,提交一份整个工程范围的平面图,示出建议在混凝土路面内设置的全部接缝的部位和布置细节。路面板锚头、桥头搭板及末端板亦均应在平面图中示出。

(2)横向施工缝。

①横向施工缝的位置宜改在胀、缩缝处,设在缩缝处或非胀、缩缝处时,横向施工缝采用平缝加传力杆,并应垂直于中线和按图纸所示尺寸及其他要求施工。传力杆采用光面钢筋,其长度在一半以上,应涂以沥青。设在胀缝处时,横向施工缝应按胀缝的要求施工,传力杆最外边

距接缝或自由边的距离，不应小于 15cm。

②横向施工缝只应在摊铺作业中断时间超过 30min 时才设置。

③横向施工缝若与横向缩缝、胀缝分开设置时，其距离不得小于 2m，必要时为了保证获得最小间距，监理工程师可授权改变横向缩缝的间距。

④横向缩缝应在纹理之前修整出光顺平齐的表面。

(3)横向缩缝。

①横向缩缝应横过路面全宽设置。缩缝一般采用假缝形式，缝应做成一条直线，不得有任何中断。图纸规定缩缝处设传力杆时，其要求与施工缝的传力杆相同。

②除监理工程师另有指示外，横向缩缝（假缝）应采用锯缝，并按图纸规定的尺寸锯成。承包人应负责修建除规定位置外，不得出现任何横向裂缝的路面。在规定部位之外出现裂缝的混凝土路面应拒绝验收。

③锯缝垂直或水平边缘剥落，不应超过 5mm；边缘剥落长度，在任何 1m 长的锯缝内不得超过 300mm。

④承包人应采用能适合混凝土硬度的锯刀、设备和控制方法，并应由有经验的操作人员来施工，以确保缝口平直和把边缘剥落控制在规定范围以内。工地上应储备充足的备用锯缝机和锯刀，以供损坏时更换。

⑤当混凝土硬化到足以承受锯缝设备时，即可开始锯缝作业，锯缝作业完成后，应立即把所有锯屑和杂物彻底清除干净。

⑥混凝土板养生完毕后，用空气压缩机很好地清扫接缝沟槽内任何杂物，待混凝土充分干燥后，用符合图纸规定的填料予以填封。

(4)横向胀缝。

①横向胀缝应按图纸所示或监理工程师指示，在桥头搭板端部、路面板有锚头处、沿行车道与交叉道之间以及其他规定处设置，胀缝应采用滑动传力杆，即在传力杆涂沥青的一端加一盖套，内留 30mm 的空隙，填纱头或泡沫塑料，盖套一端宜在相邻板中交错布置。

②横向胀缝应连续贯通路面全宽，并应垂直于道路中心线按图纸所示尺寸设置，横向胀缝与其他横缝的距离不得小于 2m，必要时，为保证获得最小净距，监理工程师可授权改变横向缩缝的间距。

③接缝用的接缝板和填缝料应按照图纸规定。

④在设置接缝材料时，胀缝要彻底扫净，缝的侧面均应用接缝材料制造厂家推荐的结合料抹涂。填缝料的顶部低于路面表面不得少于 5mm，也不得多于 7mm。

(5)纵向缩缝。

①纵向缩缝应平行于中线或按图纸所示或监理工程师指示的位置设置。拉杆应采用螺纹钢筋。

②除监理工程师有指示外，纵向缩缝采用假缝，用锯缝机按图纸规定的尺寸锯成。

③所有纵向缩缝的缝线与平面图所示位置之间的偏差在任何一点上都不得超过 10mm。

(6)纵向施工缝。

纵向施工缝一般采用平缝，并应在板厚中央设置拉杆，拉杆的设置与纵向缩缝拉杆设置相同，接缝应按照规范或图纸规定的填缝料予以填封。

8)混凝土路面和其他构造物相接处的处理

水泥混凝土路面可与柔性路面、桥梁、交叉口以及构造物处相接横穿公路,其相接处的处理均较为困难。监理工程师要特别注意这些部位之间的衔接,保证接缝平整顺直,尤其是与柔性路面相接处,不致因柔性路面碾压不实而引起沉陷、错台或柔性路面受顶推而拥起等质量缺陷。

9)混凝土板养护及拆模

(1)混凝土板的养生可采用覆盖浇水,也可采用喷洒养生药剂的方法。不过,无论采用何法,均应满足规范要求和取得监理工程师的同意。

(2)混凝土板的模板可在混凝土浇筑60h后予以拆除;当气温不低于10℃时,可缩短36h后拆除;当交通车辆不直接在混凝土板上行驶,且气温又不低于10℃时,可缩短到20h后拆除。拆模时,不应损坏混凝土板和模板。

(3)混凝土板表面修整完毕后,应及时采用保湿养护和塑料薄膜养护14~24d。模板的拆除,应符合《公路水泥混凝土路面施工技术规范》(JTG F30—2003)的规定。

10)开放交通

混凝土板达到设计强度时,监理工程师可允许开放交通。当遇到特殊情况需要提前开放交通时,则应根据《公路工程水泥及水泥混凝土试验规程》(JTG E30—2005)的试验方法测定混凝土试块,其强度应达到设计强度的80%以上,其车辆荷载不得大于设计荷载。在开放交通之前,路面应清扫干净,所有接缝应封闭好。

11)取样和试验

(1)施工过程中,弯拉强度试验取样频率为:高速公路和一级公路每工作班制作2~4组,日进度大于等于1 000m取4组,大于等于500m取3组,小于500m取2组;其他公路每工作班制作1~3组,日进度大于等于1 000m取3组,大于等于500m取2组,小于500m取1组。每组3个试件的28d强度的平均值作为一个统计数据。

抗压强度试验取样频率为:不同强度等级及不同配合比的混凝土应在浇筑地点或拌和地点分别随机制取样件;浇筑一般体积的结构物时每一单元结构物应制取2组;连续浇筑大体积结构物时,每80~200m^{3}或每工作班应制取2组。每组3个试件的28d强度的平均值作为一个统计数据。

强度试验按规定的试验方法进行。如果试件的试验结果表明28d混凝土强度达不到规定强度时,监理工程师可允许承包人提交从工程中切取的试件进行试验,此外监理工程师可选择任何时间从工程中提取样芯,用以校验核对按要求制备的试样所取得的强度测试结果。

(2)摊铺好的混凝土面板厚度应在统计基础上取样,并进行量测,以确定面板厚度是否符合设计要求。

(3)所有试验结果均应报监理工程师审批,所发生的一切费用由承包人自理。

12)冬季施工和夏季施工

在冬季或夏季施工时,应按《公路水泥混凝土路面施工技术规范》(JTG F30—2003)的要求进行。

2.采用小型机具施工

小型机具适用于面板厚度不大于24cm的混凝土面板施工,当采用小型机具施工时,要求

小型机具性能稳定可靠，操作简易，维修方便，机具配套应与工程规模、施工进度相适应，且必须符合《公路水泥混凝土路面施工技术规范》(JTG F30—2003)的要求，并报监理工程师批准。

1)摊铺

(1)混凝土拌和物摊铺前，应对模板位置和支撑稳固情况及传力杆、拉杆的安设等进行全面检查。修复破损基层，并洒水湿润。

(2)专人指挥自卸车尽量准确卸料；人工布料应用铁铲反扣，严禁抛掷和耧耙；坍落度应控制在5～20mm之间；拌和物松铺系数宜控制在$k=1.10 \sim 1.25$之间，若料偏干，取较高值，反之，取较低值。

(3)因故造成1h以上停工或达到2/3初凝时间，致使拌和物无法振实时，应在已铺筑好的面板端头设置施工缝，废弃不能被振实的拌和物。

2)振实

(1)插入式振捣棒。

①在待振横断面上，每车道路面应使用至少两根振捣棒，组成横向振捣棒组，沿横断面连续振捣密实，并应注意路面板底、内部和边角处不得欠振和漏振。

②振捣棒的振捣方法及注意事项应按照规范规定执行。

(2)振动板振实。

①在振捣棒已完成振实的部位，可使用振动板纵横交错振动两遍，全面提浆振实，每车道路面应配备一块振动板。

②振动板移位时，应重叠100～200mm，移位控制以振动板底部和边缘泛浆厚度3mm±1mm为限。

③缺料的部位，应辅以人工补料找平。

(3)振动梁振实。

①每车道路面宜使用1根振动梁。振动梁应具有足够刚度和质量，底部应焊接或安装深度4mm左右的粗集料压实齿，保证4mm±1mm的表面砂浆厚度。

②振动梁应垂直路面中线沿纵向拖行，往返2～3遍，使表面泛浆均匀平整。振动梁拖振整平过程中，缺料处应使用混凝土拌和物填补，不得用纯砂浆填补；料多的部位应铲除。

3)整平饰面

(1)每车道路面应配备1根滚杆，振动梁振实后，应拖动滚杆往返2～3遍提浆整平，多余水泥浆应铲除。

(2)拖滚后的表面宜采用3m刮尺，纵横各1遍整平饰面，或采用叶片式或圆盘式抹面机往返2～3遍压实整平饰面。每车道路面至少配备1台抹面机。

(3)在抹面机完成作业后，应进行清边整缝，清除黏浆，修补缺边、掉角。应使用抹刀将抹面机留下的痕迹抹平。当烈日暴晒和大风时，应加快表面的修整速度，或在防雨篷遮阴下进行，精平饰面后的面板表面应无抹面痕迹，致密均匀，不离析、无露骨，平整度达到规定要求。

3. 施工质量检验与质量标准

水泥混凝土路面质量检查的项目、内容、方法、频率和评分标准等，如表4-28所示。

水泥混凝土面层实测项目　　表 4-28

项次	检查项目		规定值或允许偏差		检查方法和频率	权值
			高速公路 一级公路	其他公路		
1△	弯拉强度(MPa)		符合设计要求		按 JTG F80/1—2004 附录 C 检查	3
2△	平整度	σ(mm)	1.2	2.0	平整度仪:全线每车道连续按每 100m 计算 IRI 和 σ	2
		IRI(m/km)	2.0	3.2		
		最大间隙(mm)	—	5	3m 直尺:每 200m 测 2 处×10 尺	
3	相邻板高差(mm)		2	3	按 JTG F80/1—2004 检查	2
4	板厚度(mm)	代表值	-5		按 JTG F80/1—2004 附录 H 检查,每 200m 每车道测 2 处	3
		合格值	-10			
5	抗滑构造深度(mm)		符合设计要求		砂铺法:每 200m 测 1 处	2
6	纵、横缝顺直度(mm)		10		按附录 I	1
7	中线平面偏位(mm)		20		经纬仪:每 200m 测 4 点	1
8	宽度(mm)		±20		尺量:每 200m 测 4 处	1
9	纵面高程(mm)		±10	±15	水准仪:每 200m 测 4 断面	1
10	横向坡度(%)		±0.15	±0.25	水准仪:每 200m 测 4 处	1

此外,还应对混凝土原料的质量进行检验;对混凝土的工作性能进行测试;对混凝土的强度进行检测;对混凝土的配合比进行检查;对隐蔽构造及外观进行检查。

水泥混凝土路面面层的任何路段,在检查时,凡不符合规范要求的面板,应遵照监理工程师的指示予以移除或更换。移除与更换区段的长度不得小于 3m 或以板块为单位,宽度应为行车道的全宽;移除与更换后,邻近接缝的面板,当其剩余部分不足 3m 时,也应一并予以移除或更换。对需要移除与更换的混凝土板,应先打碎后再拆除,且在拆除时不可损坏邻近的混凝土板和道路基层。因此,板的更换应由人工进行,更换后的面板质量、接缝间隙等,均应符合有关规定,且应使监理工程师满意。

水泥混凝土路面施工程序和监理工作内容如图 4-3 所示。

四、水泥混凝土面层交工验收质量监理

1. 交工验收监理工作程序

水泥混凝土路面工程竣工验收的监理工作程序如下:

(1)当工程按合同规定要求完工后,承包人应根据合同文件及《公路工程质量检验评定标准(土建工程)》(JTG F80/1—2004)的要求进行系统质量自检,并填写《质量自检报告》,各项自检质量合格后,即可填写“中间交工验收申请报告”,一并提交监理工程师审批。

(2)监理工程师收到承包人报送的“中间交工验收申请报告”后,首先应汇总检查该项工程每道工序的“质量验收单”,并将“质量验收单”编号,再填写到“中间交工证书”中,然后检查“开工申请单”及相关的资料是否齐全。

(3)及时组织监理人员按照合同和《公路工程质量检验评定标准(土建工程)》(JTG F80/

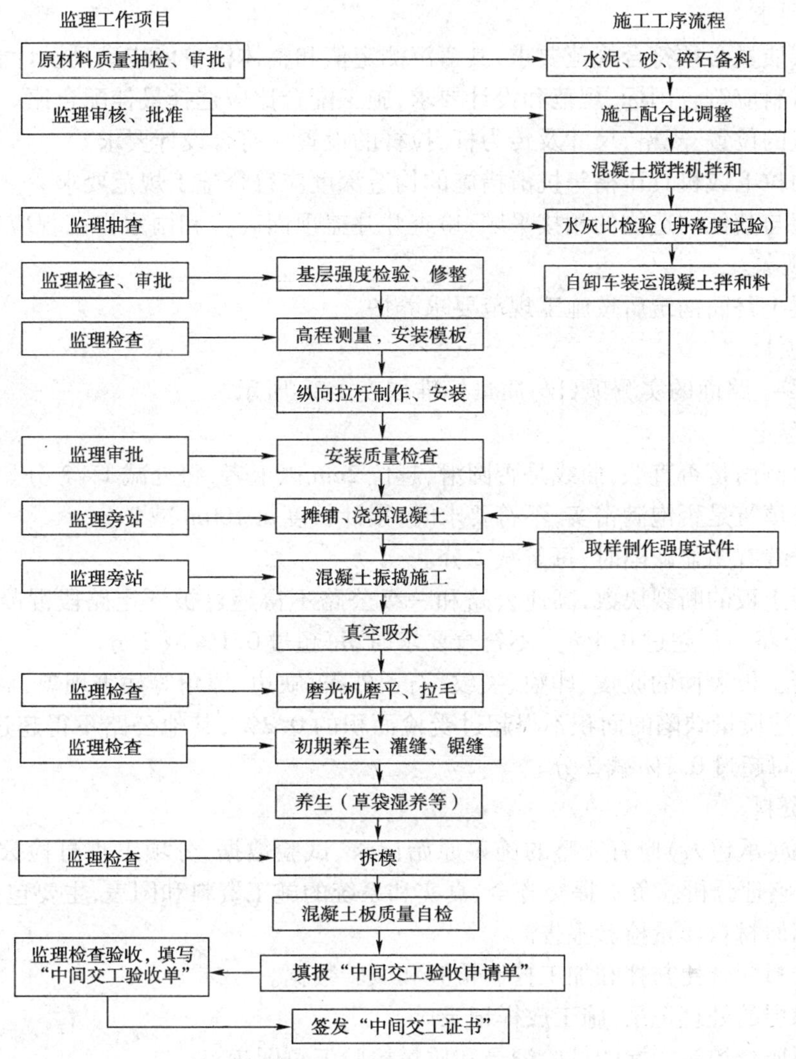

图 4-3　水泥混凝土路面施工程序和监理工作流程

1—2004）规定的基本要求、实测项目、外观鉴定，对已竣工的工程进行现场验收检查，并核对承包人提交的自检报告和各项检验结果。若“质量验收单”证明每道工序均已符合规范要求，则最后的交工验收也应符合规范要求。当以上各项合格后，监理工程师即可填写“中间交工检验报告”。否则，应责令承包人返工，直至合格为止。

（4）成立该项工程竣工交工验收评估小组，根据检查结果进行工程质量等级评定，并填写“中间交工验收评估报告”。

（5）监理工程师签发“中间交工证书”，即可进行工程计量与支付。

2. 交工验收与质量评定

水泥混凝土路面工程的交工验收可根据上述交工验收程序，按照《公路工程质量检验评定标准（土建工程）》（JTG F80/1—2004）中的基本要求、实测项目、外观鉴定及质检资料四个部分的项目及内容，进行质量检验和评定。

1)基本要求

(1)基层质量必须符合规范要求,其弯沉测定值和整体模量值应满足设计要求。

(2)原材料应符合国标、规范和设计要求,施工配合比应选择最佳配合比。

(3)接缝的位置、规格、尺寸及传力杆、拉杆的设置应符合设计要求。

(4)路面拉毛或机具压槽等抗滑措施的构造深度应符合施工规范要求。

(5)面层与其他构造物的相接平顺,检查井井盖顶面高程和雨水口高程应符合要求,路面边缘无积水现象。

(6)混凝土路面铺筑后按施工规范要求养护。

2)实测项目

水泥混凝土路面的实测项目与质量标准如表4-28所示。

3)外观鉴定

(1)路面侧面是否直顺,曲线是否圆滑,越位2cm以上者,每处减1~3分。

(2)接缝填筑是否饱满密实,不符要求时,累计长度每100m减2分。

(3)当胀缝有明显缺陷时,每条减2分。

(4)混凝土板的断裂块数,高速公路和一级公路不得超过被评定路段混凝土板总块数的0.2%,其他公路不得超过0.4%。不符合要求时,每超过0.1%减2分。

(5)混凝土板表面的脱皮、印痕、裂纹、石子外露、缺边、掉角等病害现象,对高速公路和一级公路,有上述质量缺陷的面积不得超过受检面积的0.2%,其他公路不得超过0.3%。当不符合要求时,每超过0.1%减2分。

4)质检资料

施工单位(承包人)应有完整的施工原始记录、试验数据、分项工程自检数据等质量保证资料,并进行整理分析。负责提交齐全、真实和系统的施工资料和图表,主要包括:

(1)所用原材料质量检验报告。

(2)混合料配合比与拌和加工控制检验和试验数据。

(3)下承层的处理记录,施工放样记录。

(4)各项质量控制指标的试验记录和质量检验汇总图表。

(5)施工过程中遇到的非正常情况记录及其对工程质量影响分析。

(6)施工过程中如发生质量事故,经处理补救后,达到设计要求的认可证明文件。

(7)各施工工序的"质量验收单"、"中间交工自检报告",且同时具备"开工申请单"。

分项工程的施工资料和图表残缺,缺乏最基本的数据,或有伪造涂改者,不予检验和评定。资料不全者应予减分,减分幅度可按《公路工程质量检验评定标准(土建工程)》(JTG F80/1—2004)中质量标准所列资料逐项检查,视资料不全情况每项减1~3分。

第五节　路面工程常见质量问题与防治

一、沥青路面常见质量问题与防治

沥青路面由于环境因素的不断影响和行车荷载的反复作用,经过一段时间的使用,便会产生破坏而失去原有的使用能力。沥青路面的破坏大体上可分为两类:一类是结构性破坏,路面结构的整体或部分的破坏,严重时已不能承受车辆荷载,一般需进行彻底的翻修;另一类是功能性破坏,如由于路面的不平整,使其不再具有原有的使用能力,对于这种破坏可通过维修来恢复养护。沥青路面常见的病害类型如下。

1. 沉陷

1)软基引起的沉陷

我国多条高速公路都有部分路段位于软土地基上,由软土地基继续沉降产生的路面(含桥头)沉陷十分常见。针对不同情况的软土地基,高速公路设计和施工时,都采用了相应的处治措施,花费了大量的资金,期望在路面建成通车后软土地基不会产生过多的工后沉降,以减少或减轻路面产生较大沉陷,保持路面应有的平整度。但是实践表明,多条高速公路软土地基的处治都没有达到应有的技术效果。

未得到应有效果的关键问题在于:采取处理措施后到铺筑路面前容许软土地基固结沉降的时间太短。造成软土地段路面大量沉陷的另一个原因是袋装砂井或塑料排水板或粉喷桩、拌和桩等没有打穿软土层,致使砂井底、排水板下端以及桩尖下部仍有一个层厚不一的软土层。

因此,要使软土地基固结稳定,最重要的是要有足够长的加载预压时间而充分沉降。

2)荷载引起的沉陷

沉陷是路面在车轮作用下表面产生较大凹陷变形,有时凹陷两侧伴有隆起现象出现。当沉陷严重时,超过了结构的变形能力,在结构层受拉区产生开裂而形成纵裂,并有可能逐渐发展成网裂。造成沉陷的主要原因是路基土的压缩。当路基土的承载能力较低,不能承受从路面传至路基表面的车轮压力,便产生较大的垂直变形即沉陷。

2. 水破坏

沥青路面水破坏现象十分普遍,水破坏来得快,性质最为严重。降水进入沥青面层,视水的滞留位置而异,在大量高速行驶车辆作用下,可能产生以下几种不同的水破坏现象。

1)表面层产生坑洞

降雨过程中,雨水会进入并滞留在表面层沥青混凝土的空隙中。在大量快速行车的作用下,一次一次产生的动水压力(孔隙水压力)使沥青从碎(砾)石表面剥落下来,局部沥青混凝土变得松散,碎(砾)石被车甩出,路面产生坑洞。

2)表面层和中面层同时产生坑洞,局部表面产生网裂和形变

降雨过程中,如自由水渗入并滞留在表面层和中面层内,大量快速行车使此两层内沥青混凝土中部分碎(砾)石上的沥青剥落,导致表面产生网裂、形变(下陷)和向外侧推挤,或产生坑洞。

3)唧浆、网裂、坑洞

如水透过沥青面层(两层式或三层式)滞留在半刚性基层顶面,在大量快速行车作用下,自由水产生很大的压力并冲刷基层混合料表层的细料,形成灰浆。灰浆被行车压到路表面,在灰浆数量大的情况下,可能立即产生坑洞;在灰浆数量小的情况下,可使路面网裂或变形,某处产生网裂和变形后,降水就更容易渗入,并产生恶性循环,最终导致路面破坏。

沥青混凝土本身的空隙率大、压实度不够和均匀性不好是导致沥青面层产生水破坏的主要原因。

3. 车辙

车辙是路面结构及土基在行车荷载重复作用下的补充压实，以及结构层材料的侧向位移产生的累积永久变形。这种变形出现在行车轮带处，即形成路面纵向带状凹陷。车辙是高级沥青路面的主要破坏形式，因为这类路面的使用寿命较长，即使每一次行车荷载作用产生的残余变形量很小，而多次重复作用累积起来的残余变形总和也将会较大，足以影响车辆的正常行驶。降雨过程中及雨后车辙内的积水会使行车产生水漂现象而影响行车安全。车辙超过一定深度，路面就容易破坏。

对于半刚性基层，如果半刚性基层质量不好，局部半刚性基层材料没有形成完整的整体，甚至是松散的，则其上的沥青面层会产生严重的车辙。

对于某一已知气候条件，影响车辙的主要外因有如下两个：

(1)载货汽车的数量及其轴重和轮胎压力。载货汽车的数量越多、轴重和轮胎压力越大，要求沥青混凝土的抗车辙能力越大。

(2)行车速度。承受慢速交通或有停车情况的路面与承受快速交通的路面相比而言，前者要求沥青混凝土有较大的抗车辙能力。如果沥青混凝土本身的高温强度(或称高温稳定性)不足，或水浸入沥青混凝土面层后，使其下部沥青剥落，强度显著下降，在行车作用下会产生剪切变形并导致严重车辙和向外侧推移现象。

4. 松散

松散是由于沥青混凝土表面层中的集料颗粒脱落，从表面向下发展的渐进过程。集料颗粒与沥青之间丧失黏结力是颗粒脱落的原因。以下原因均可能导致松散。

(1)集料颗粒被足够厚的粉尘包裹，使沥青膜黏结在粉尘上，而不是黏结在集料颗粒上，表面的摩擦力磨掉沥青膜，并使集料颗粒脱落。

(2)表面有离析，离析处缺少大部分细集料。离析面上粗集料与粗集料接触，但只有少数接触点有沥青黏结着集料，随时间增长，沥青会老化，剥落会使沥青与集料的黏结力减弱；孔隙中的水冻结会破坏黏结力，或足够大的摩擦力会破坏离析面上的集料颗粒。

(3)沥青混凝土面层内有密实度低的位置，需要有高密实度才能保证沥青混合料的黏聚力。如混合料压实度不够，集料就容易从混合料中脱落。

松散严重的路面，如材料散失后在路面表面留下一个洼地，并有足够的深度存水，就可能引起水漂现象而产生安全问题。表面的松散集料会降低抗滑能力，并被行车轮胎带起甩在行车道上，引起其他问题。

5. 表面裂缝

沥青路面裂缝的形式有纵向裂缝、横向裂缝、龟裂与网裂几种。以下介绍关于表面裂缝的几种情况。

(1)沥青路面的裂缝是不可避免的，横向裂缝也是不可避免的。横向裂缝可能由多种外因引起，如温度变化的作用、地基或填土路堤纵向不均匀沉陷、半刚性基层的裂缝或刚性路面的接缝等。

(2)绝大部分是温度裂缝。高速公路半刚性路面的横向裂缝绝大部分是温度裂缝。在冰冻地区温度裂缝有两种：一是冬季突然大幅度降温引起沥青面层产生低温收缩裂缝；二是日气温变化引起沥青面层产生温度应力，温度应力的反复作用使沥青面层产生温度疲劳裂缝。在冬季负气温的地区，通常低温裂缝是主要的。

(3)温度裂缝起始于表面，大风降温过程中，面层表面的温度最低，温度变化也是表面的温度变化率最大。因此，表面产生的温度拉应力最大，温度裂缝总是起始于表面并向下较快延伸。

(4)半刚性路面的裂缝率与柔性路面的裂缝率无明显的差别。

(5)温度裂缝逐年增加。

(6)优质沥青可减少温度裂缝。

(7)沥青较稀、黏度较高有利于减少温度裂缝。

(8)面层沥青混凝土的强度。大幅度降温时，面层表面产生的温度应力大于表层沥青混凝土抗拉强度时，面层就会开裂。因此，表层沥青混凝土的抗拉强度越大，面层越不容易开裂，反之亦然。

影响沥青混凝土抗拉强度大小的因素有沥青质量、矿料级配、沥青混凝土的空气率和压实度。通常压实度高或空气率小的沥青混凝土抗拉强度大。

(9)沥青混凝土的均匀性。沥青混凝土的均匀性越好，其强度就越均匀，面层表面的薄弱处越少。因此，在其他条件相同的情况下，沥青混凝土面层的均匀性越好，表面产生温度裂缝的时间可能越晚，温度裂缝的数量也会越少。

(10)面层越厚并不意味裂缝越少。在其他条件相同的情况下，面层越厚，表面产生的温度应力可能越大。由于面层表面的温度裂缝是由多个因素引起的，因此，不是面层越厚，温度裂缝越少。

6. 反射裂缝

反射裂缝是指下卧层不连续处作用在热拌沥青混凝土面层底面的应力超过了材料的抗拉强度，即使面层底面开裂，裂缝逐渐向上延伸，直到穿透面层，反映为表面的裂缝。下列因素可能引起反射裂缝：

(1)下卧水泥混凝土路面的裂缝或接缝。

(2)旧热拌沥青混凝土面层上的低温裂缝。

(3)旧热拌沥青混凝土面层的块状裂缝，或由土基收缩裂缝引起的旧路面的块状裂缝。

(4)旧面层上的纵向裂缝。

(5)旧面层上的疲劳裂缝。

在旧面层上铺一层应力或应变吸收层会吸收下卧层的很多水平位移，从而减少裂缝穿过热拌沥青混凝土顶面。另一个修复技术是，使用再生技术使旧沥青混凝土面层上部5~10cm如同新铺面层。这种旧面层更新技术能消除旧面层中的部分裂缝，从而减少或延缓反射裂缝的发展。

如果反射裂缝是由开裂或有接缝水泥混凝土路面相邻两部分的水平和垂直运动引起的，则很难预防穿过热拌沥青混凝土面层的反射裂缝。

实践中还有另一种情况，在旧的有裂缝路面上，不是铺筑薄沥青混凝土面层，而是较厚(如8cm以上)的沥青混凝土面层。在这种情况下，旧路面的缝也会促使其上新铺面层在旧路面缝的上方产生对应的裂缝。为了减少或延缓产生这类形成机理完全不一样的对应裂缝，显然也需要采取某些不同的技术措施，上述在旧路面上铺应力吸收层的措施就不再适用于减少对应裂缝。就减少和延缓对应裂缝而言，需要加强新面层表面的抗拉强度。

沥青路面常见质量问题的防治应根据质量问题的种类、形式和产生原因，针对环境、材料、设计、施工及质量控制等采取相应的预防和处治措施，确保工程施工质量符合规范要求。

二、水泥混凝土路面常见质量问题与防治

水泥混凝土路面在行车荷载和自然因素作用下，可因混凝土面板、接缝、基层及土基的缺陷产生各种类型的破坏而引发路面病害。根据病害发生的原因、表现形态、对使用性能的影响、对应的处治措施，并考虑简明实用和避免不必要的繁琐，将水泥路面病害分为4类、17型，每型分1～3级，共计31种病害。

1. 表面类质量问题

1）露骨

路面板表面面积在$2m^2$以上的细集料散失和粗集料暴露称为露骨。露骨病害分为两个轻重程度等级。

（1）轻微。露骨深度≤3mm，一般可不予处理。

（2）严重。露骨深度＞3mm，可进行罩面表面刻纹处理。

2）表层裂纹

路面板因冰冻、水泥安定性不足、活性集料反应、施工期间水泥混凝土塑性收缩等引起的表面浅层裂纹为表层裂纹。表层裂纹病害不分等级，一般可不予处理。

3）层状剥落

路表面因冰冻侵蚀、活性集料反应、砂浆强度不足等造成的浅层碎裂剥落为层状剥落。层状剥落病害不分等级，可采用浅层结合式罩面修补的办法处理。

4）坑洞

因粗集料脱落或局部振捣不到位，分布于路表面，面积为20～$80cm^2$，深度为40mm以上的局部凹坑称为坑洞。坑洞病害不分等级，一般可采用高强度等级水泥砂浆填实。

2. 接缝类质量问题

1）接缝剥落

接缝剥落是沿接缝每侧约一个板厚范围内的板边碎裂，裂缝面与板面成一定角度，未贯通板厚。接缝剥落分为两个轻重程度等级。

（1）轻微。浅层剥落，指接缝槽深度范围内（约8cm）的碎裂。可以用浅层结合式边角修复的方法进行修补。

（2）严重。深层剥落，指接缝附近混凝土多处开裂且深度超过接缝槽底部的碎裂。严重接缝剥落可进行横向全厚式修复；当深层剥落局限于板角时可采用角隅全厚式修复。

2）纵缝张开

因未设拉杆、拉杆数量不足或拉杆损坏而造成纵向接缝两侧板块分离3mm以上，称为纵缝张开。纵缝张开病害分为两个轻重程度等级。

（1）轻微。纵缝张开3～10mm，可采用填缝料做灌缝处理。

（2）严重。纵缝张开10mm以上，可采用沥青砂做填缝处理。

3）接缝填缝料损坏

因填缝料老化、接缝缝壁剥离、挤出、车轮带出等原因，接缝整条脱黏、开裂、渗水或1/3以

上缝长出现空缝(包括被砂、石、土填塞),为接缝填缝料损坏。接缝填缝料损坏不分等级,接缝填缝料损坏的处理应先清缝,然后重新灌注接缝填缝料;当接缝呈空缝状态时往往表明板底脱空、唧泥,应先进行板下封堵,然后灌缝。

3. 变形类质量问题

1)脱空、唧泥

板块在荷载通过时有明显活动感,或接缝处有污染,沉积着基层材料,或板角检测弯沉值>0.2mm,为脱空、唧泥。脱空、唧泥病害不分等级,脱空、板块松动可采取压力灌浆的方法进行板下封堵处治;当有唧泥时,表明路面、基层或路基排水不良,尚应采取措施改进路面、基层或路基排水系统。

2)错台

错台即接缝两边出现3mm以上高差,按高差大小分为3个轻重程度等级。

(1)轻微。高差≤5mm,轻微错台可不予处理。

(2)中等。高差6~10mm,中等错台可采用机械磨平法,打磨宽度不小于40倍错台高差。

(3)严重。高差≥10mm,严重错台可采用环氧树脂砂浆进行结合式补平或用沥青砂调平(宽度不小于40倍错台高差),或用沥青混凝土罩面,或采取板底压浆抬高等方法进行处置。

3)拱起

横缝两侧的板体因热胀而突然发生明显抬高为拱起。拱起病害不分等级。切割拱起部位将板复位,再进一步灌填接缝材料。

4)胀起

胀起指路面板在局部范围内因路基冻胀或膨胀土膨胀向上隆起,造成0.5%以上的纵坡突变或10mm以上的邻板高差。按对行车的影响程度分为两个轻重程度等级。

(1)轻微。当车辆驶过时仅引起不舒服而不影响安全性,纵坡突变量为0.5%~1.0%。轻度胀起可不予处理。

(2)严重。当某些车辆高速驶过时影响安全性,纵坡突变量大于1.0%。严重沉陷可采取提升面板后再压浆的办法进行处理,可采用先板底灌浆再进行浅层结合式修补调平,或采用沥青混凝土罩面的办法处理。沉陷并伴有板体开裂时属严重破碎板,一般应进行整板更换。

4. 断裂类质量问题

1)裂缝

单块面板范围内仅存在一条裂缝,包括横向裂缝、纵向裂缝、斜向裂缝,且不属于断角情况。按裂缝宽度、是否有错台沉陷等情况分为以下三个轻重程度等级。

(1)轻微。裂缝两边的板块稳固,无松动和错台,裂缝基本无剥落(剥落长度≤10%裂缝长度)且裂缝缝隙宽度≤3mm,或者裂缝填封良好。一般为平面上未裂通或裂通不久的裂缝。轻度裂缝为裂缝初期形态,在素混凝土板中一般不会维持很久。对于未裂通的轻度裂缝一般不予处理,已裂通的可采取灌缝或封缝处理。

(2)中等。裂缝有一定程度的剥落(裂缝剥落长度为10%~50%裂缝长度)或裂缝两边板块存在中等错台(错台量6~10mm),或裂缝缝隙宽度为3~15mm。中等裂缝由轻度裂缝进一步发展形成。中等裂缝的典型处治措施,为板底压浆后沿裂缝开槽(宽10~20mm、深15~30mm),在缝槽内灌注接缝填缝料,或采取养护规范推荐的其他处治措施。

(3)严重。裂缝出现，两边板块严重错台、沉陷、唧泥，或裂缝严重剥落，或裂缝缝隙宽度≥15mm。严重裂缝由中等裂缝进一步发展形成，其典型处治措施为进行板底压浆稳定板块，再沿裂缝开槽(宽10～20mm、深15～30mm)，后在缝槽内灌注接缝填缝料，维持使用。但是，若满足以下三个条件，可采取局部换板全厚式修补处理。

①裂块中的一块占60%以上面积并保持稳定而没有任何沉陷、唧泥、松动等情况；

②经适当的纵(横)向锯切后保留的板长(宽)在2.5m以上；

③局部换板处理的板长(宽)为1.0m。

2)破碎

裂缝将板分为3块以上为破碎。如全部断块或裂缝发生在一个局部应归为断角。按破坏程度是否已经影响行车安全并需要立即进行换板处治分为三个轻重程度等级。

(1)轻微。板块被轻度裂缝分为3块，板块无松动、错台或沉陷。轻度破碎板一般由轻度裂缝(缝宽3mm)板进一步发展开裂形成。轻度破碎板可采取封闭裂缝等方法维持使用。

(2)中等。板块被轻度裂缝分为4块或被中等裂缝(缝宽3～15mm)分为3块，或板块发生10mm错台或沉陷。中等破碎板一般由轻微破碎板或中等裂缝板进一步发展开裂形成。中等破碎板可采取封闭裂缝等方法维持使用，或与相邻的严重破碎板一并进行整板更换。

(3)严重。板块被分为5块以上，或虽分为3～4块但板块有明显松动，或10mm以上错台、沉陷或唧泥等情况。严重破碎板可由中等破碎板进一步发展开裂形成，也可由严重裂缝(缝宽≥15mm)板或修补板块进一步开裂形成。严重破碎板应立即做整板更换，基层应在换板时一并处理完善。

3)断角

断角指裂缝与纵横接缝相交，且两交点距角点均≤1.8m。按是否下沉影响行车安全和损坏程度分为两个轻重程度等级。

(1)轻微。断角没有下沉或已经修补且补块未破碎下沉。发生断角的板块通常厚度不足，在重车的作用下板角竖向位移过大，引起基层或土基发生塑性变形而使板角失去支撑，造成板角上表面拉应力过大，超过疲劳极限而开裂。轻度断角封缝后可维持使用。

(2)严重。断角有下沉或断角本身进一步断裂成两块以上。严重断角由轻微断角发展而来，严重断角应进行角隅全厚式修补或横向全厚式修补。

4)补块

路面板损坏后用水泥混凝土进行的局部全厚式修补为补块。板块的病害虽经修补，但毕竟已不同于完整板块，即使修补部分本身情况良好，整个板块的结构性能仍受到削弱。当板块为断角修补时，归入断角病害。当板块的非补块部分发生新的开裂时，归入破碎板病害。按补块本身是否下沉和开裂将补块板分为两个轻重程度等级。

(1)轻微。补块稍有损坏，错台<10mm，不影响路面使用性能。对于轻微补块板可不予处理。

(2)严重。补块内开裂，或错台、沉陷≥10mm。对于严重损坏的补块板应翻修补块或整板更换，基层应一并处理完善。

水泥混凝土路面常见质量问题的防治应根据质量问题的种类、形式和产生原因，针对环境、材料、设计、施工及质量控制等采取相应的预防和处治措施，确保工程施工质量符合规范要求。

复习思考题

1. 在基层施工中,主要应加强哪些环节的质量检验?

2. 在沥青路面施工准备阶段,监理工程师应进行哪些方面的检查?

3. 水泥混凝土路面施工准备阶段中,监理检验项目的内容有哪些?

4. 沥青混合料与水泥混凝土路面如何设置试验路段?修筑试验路段的目的是什么?

5. 在混凝土路面施工过程中,质量监理的要点及内容有哪些?

6. 水泥混凝土路面竣工检验的主要项目有哪些?

7. 路面水泥稳定基层摊铺时混合料的含水率宜高于最佳含水率多少,以补偿碾压过程中的水分损失?

8. 论述沥青混合料路面竣工交工验收的程序。

9. 路面结构层施工现场弯沉检测的方法、频率及要求是什么?

10. 某水泥混凝土路面工程在质量检验时共取了20个混凝土抗压强度数据,每个数据是3个混凝土试件抗压强度的平均值,数据如表4-29所示,若混凝土标准强度 $R=30$MPa,试评定其施工质量。

表4-29

序号	混凝土抗压强度测定值(MPa)									
1	31.6	32.5	31.8	29.5	32.8	32.2	31.5	31.9	30.2	35.5
2	32.7	31.8	29.8	32.6	33.2	31.6	32.9	33.5	35.9	32.1

第五章
桥涵工程施工质量监理

教学要求

1. 叙述桥梁的基本组成、分类及质量要求；

2. 运用桥梁的质量标准，控制、检验及评定桥梁工程的各分项或分部工程的施工质量；

3. 针对桥梁的不同基础形式，论述基础施工质量控制程序、方法及要点；

4. 描述桥梁下部构造（墩台）的施工质量监理程序、方法及要点；

5. 分析和描述桥梁上部构造（梁、板、拱）的施工质量监理程序、方法及要点，说明钢筋预应力施工的控制；

6. 描述桥面系的施工质量监理程序、方法及要点；

7. 进行桥梁结构现场检测试验，整理和分析有关检测数据并作出评价。

第一节　概　　述

一、桥梁工程建设要求

为了保证拟建的公路工程项目连续、河沟水流畅通、船只的航行顺利和维持原有道路的交通运输，必须修建各种类型的桥梁和涵洞。随着科学技术的发展，对公路交通建设的要求也越来越高，尤其对高等级公路中的桥梁工程建设，提出以下几点要求：

（1）桥梁的设置要尽可能符合路线布设规定，并服从于路线的走向，以确保行车舒适、安全、经济。

（2）桥梁的造型要美观，尤其是城市和风景区的桥梁，其建筑造型往往成为评选方案的重要条件。

（3）桥梁的环保要求要严格，以免造成水土流失、破坏生态环境。

（4）桥梁的工程质量要求高，施工期限要求紧，这是取得较好的社会效益的重要前提条件。所以，应尽可能采用工业化和机械化施工。

因此，在现代桥梁建设中，以钢筋混凝土和预应力混凝土为主要的建筑材料，以梁、拱、悬索为主要结构体系的桥梁结构，不仅得到了广泛的应用，而且正向大跨度方向发展。

二、桥梁工程的基本组成与分类

1. 基本组成

桥梁一般由桥跨结构、桥墩和桥台、基础和调治构造物等四大部分组成。

(1)桥跨结构。是在线路中断时跨越障碍的主要承载结构。

(2)桥墩和桥台。是支撑桥跨结构并将永久荷载和车辆等可变荷载传至地基的建筑物。通常设置在桥两端的称为桥台,它除了上述作用外,还与路堤相衔接,以抵御路堤土压力,防止路堤填土的滑坡和坍落。在路堤与桥衔接处,一般还在桥台两侧设置石砌的锥形护坡。

(3)基础。基础是将桥梁墩、台所承受的各种作用传递到地基上的结构物,是确保桥梁安全使用的关键部位,有扩大基础(明挖浅基础)、桩基础和沉井基础等不同的结构形式。随着桥梁技术的不断发展,一些新的基础形式(如地下连续墙基础、组合式基础)等也逐渐在桥梁工程中得到应用。

(4)调治构造物。指为引导和改变水流方向,使水流平顺通过桥孔并减缓水流对桥位附近河床、河岸的冲刷而修建的水工构造物。如桥台的锥形护坡、台前护坡、导流堤、护岸墙、丁坝、顺坝等,对保证河道流水顺畅和防止破坏生态环境有着极其重要的作用。

2. 分类及特点

桥梁按其基本体系可分为:

(1)梁式桥。梁式桥是一种在竖向荷载作用下无水平反力的结构。由于外力的作用方向与承重结构的轴线接近垂直,故与同样跨径的其他结构体系相比,梁内产生的弯矩最大,通常用抗弯能力强的材料来建造。这种桥梁结构简单、施工方便。

(2)拱式桥。拱式桥的主要承重结构是拱圈或拱肋,这种结构在竖向荷载作用下,桥墩或桥台将承受水平推力。同时,这种水平推力将显著抵消荷载所引起的拱圈内的弯矩。因此,与同跨径的梁相比,拱的弯矩和变形要小很多。鉴于拱桥的承重结构以受压为主,通常就可用抗压能力强的圬工材料和钢筋混凝土等来建造。

(3)刚架桥。刚架桥的主要承重结构是梁或板和立柱或竖墙整体结合在一起的刚架结构,梁和柱的连续处具有很大的刚性。在竖向荷载作用下,梁部主要受弯,而在柱脚也具有水平反力,其受力状态介于梁桥和拱桥之间。因此,对于同样的跨径,在相同的荷载作用下,刚架桥的跨中正弯矩要比一般梁桥小。根据这一特点,刚架桥跨中建筑高度就可以做得较小。

(4)吊桥。传统的吊桥均用悬挂在两边塔架上的强大缆索作为主要承重结构。在竖向荷载作用下,通过吊杆使缆索承受很大的拉力,通常就需要在两岸桥台的后方修筑非常巨大的锚碇结构。吊桥也是具有水平反力的结构。现代的吊桥上,广泛采用高强度钢丝编制的钢缆,以充分发挥其优异的抗拉性能,因此结构自重较轻,就能以较小的建筑高度跨越其他任何桥型无法比拟的特大跨度。吊桥的另一特点是:成卷的钢缆易于运输,结构组成构件较轻,便于无支架悬吊拼装。

(5)组合体系桥。根据结构的受力特点,由几个不同体系的结构组合而成的桥梁称为组合体系桥。组合体系桥实质是利用梁、拱、吊三者的不同组合,上吊下撑以形成新的结构。

三、桥梁的主要尺寸

净跨径:对于梁式桥是设计洪水位上相邻两个桥墩(或桥台)之间的净距;对于拱式桥是每孔拱跨两个拱脚截面最低点之间的水平距离。

计算跨径:对于有支座的桥梁,是指桥跨结构相邻两个支座中心之间的距离;对于拱式桥,是两相邻拱脚截面形心点之间的水平距离。

标准跨径:对于梁式桥,它是指两相邻桥墩中线之间的距离,或墩中线至桥台背前缘之间的距离;对于拱桥,则是指净跨径。

总跨径:是多孔桥梁中各孔净跨径的总和。

多孔跨径总长:是桥梁两端两个桥台的侧墙或八字墙后端点之间的距离;对于无桥台的桥梁为桥面系行车道的全长。

桥梁高度:是指桥面与低水位之间的高差,或为桥面与桥下线路线面之间的距离。

建筑高度:是指桥上行车道路面高程至桥跨结构最下缘之间的距离。

低水位:是指在枯水季节的最低水位。

高水位:是指在洪峰季节河流中的最高水位。

设计洪水位:是指桥梁设计中按规定的设计洪水频率计算所得的高水位。

第二节　桥梁工程质量要求

一、桥梁工程质量要求与质量标准

1. 桥梁总体质量要求与质量标准

桥梁工程为单位工程,其基础、下部构造及上部构造均为分部工程,每个分部工程又由若干分项工程(即计量单元)组成。桥梁总体的施工质量,应满足设计图纸、施工规范、有关技术操作规程的要求,并满足表5-1中各项实测项目的质量要求。

桥梁总体实测项目与质量标准　　表5-1

项次	检查项目		规定值或允许偏差	检查方法和频率	权值
1	桥面中线偏位(mm)		20	全站仪或经纬仪:检查3~8处	2
2	桥宽(mm)	车行道	±10	尺量:每孔3~5处	2
		人行道	±10		
3	桥长(mm)		+300,-100	全站仪或经纬仪:检查中心线	1
4	引道中心线与桥梁中心线的衔接(mm)		20	尺量:分别将引道中心线与桥梁中心线延长到两岸桥长的端部,比较平面位置	2
5	桥头高程衔接(mm)		±3	水准仪:在桥头搭板范围内顺延桥面纵坡,每米一点测量高程	2

2. 桥梁基础质量要求与质量标准

常用桥梁基础的形式有明挖基础、桩基础、沉井基础等。

1)明挖基础

基础开挖的断面尺寸、底面高程、顶面高程、轴线偏位等应符合有关要求;若为混凝土基础,混凝土的强度应满足规范要求;若为砌石基础,应满足砌体的有关标准,如表5-2。

砌体基础实测项目与质量标准　　表5-2

项　次	检 查 项 目		规定值或允许偏差	检查方法和频率	权　值
1△	砂浆强度(MPa)		符合要求	按JTG F80/1—2004附录F检查	3
2	轴线偏位(mm)		25	经纬仪:纵、横各测2点	2
3	平面尺寸(mm)		±50	尺量:长、宽各3处	2
4	顶面高程(mm)		±30	水准仪:测5~8点	1
5△	基底高程(mm)	土质	±50	水准仪:测5~8点	2
		石质	+50,-200		

2)桩基础

按施工方法的不同,桩基础又可分为钻孔桩基础、挖孔桩基础、沉入桩基础。现以钻孔桩为例,钻孔桩的施工质量应满足设计和规范要求。其质量检验的实测项目及内容如表5-3所示。

钻孔灌注桩实测项目与质量标准　　表5-3

项　次	检 查 项 目			规定值或允许偏差	检查方法和频率	权　值
1△	混凝土强度(MPa)			符合要求	按JTG F80/1—2004附录D检查	3
2△	桩位(mm)	群桩		100	全站仪或经纬仪:每桩检查	2
		排架桩	允许	50		
			极值	100		
3	孔深(m)			不小于设计值	测量绳:每桩测量	3
4△	孔径(mm)			不小于设计值	探孔器:每桩测量	3
5	钻孔倾斜度(mm)			1%桩长,且不大于500	钻杆垂线法:每桩检查	1
6	沉淀厚度(mm)	摩擦桩		符合要求	沉淀盒或标准测锤:每桩检查	2
		支承桩				
7	钢筋骨架底面高程(mm)			±50	水准仪:测每桩骨架底面高程后反算	1

3)沉井基础

沉井基础的施工质量包括几何尺寸、平面位置及立面位置等,施工质量应满足设计和规范要求。其质量检验的实测项目及内容如表5-4所示。

3. 桥梁墩台质量要求与质量标准

桥梁墩台的轴线位置、长与宽、侧坡、顶面高程等施工放样必须满足设计和规范要求。当为圬工砌体时,应满足砌体施工的要求;其质量的实测项目及质量标准如表5-5所示。

当桥梁墩台为混凝土浇筑时,其混凝土浇筑应满足有关施工规范的要求;其质量的实测项目及质量标准如表5-6所示。

沉井基础实测项目与质量标准 表 5-4

项 次	检 查 项 目		规定值或允许偏差	检 查 方 法	权 值
1△	各节沉井混凝土强度(MPa)		在合格标准内	按 JTG F80/1—2004 附录 D 检查	3
2	沉井平面尺寸(mm)	长、宽	±0.5%边长，大于 24m 时 ±120	尺量：每节段	1
		半径	±0.5%边长，大于 24m 时 ±60		
3	井壁厚度(mm)	混凝土	+40，-30	尺量：每节段沿周边量 4 点	1
		钢壳和钢筋混凝土	±15		
4	沉井刃脚高程(mm)		符合设计要求	水准仪：测 4～8 处顶面高程	1
5△	中心偏位(纵、横向)(mm)	一般	1/50 井高	全站仪或经纬仪：测沉井两轴线交点	2
		浮式	1/50 井高 +250		
6	沉井最大倾斜度		1/50 井高	吊垂线：检查两轴线 1～2 处	2
7	平面扭转角(°)	一般	1	全站仪或经纬仪：测沉井两轴线	1
		浮式	2		

桥梁墩台砌体实测项目与质量标准 表 5-5

项 次	检 查 项 目		规定值或允许偏差	检查方法和频率	权 值
1△	混凝土强度(MPa)		符合要求	按 JTG F80/1—2004 附录 F 检查	3
2	轴线偏位(mm)		10	全站仪：纵、横各测 2 点	1
3	墩台长、宽(mm)	料石	+20，-10	尺量：检查 3 个断面	1
		块石	+30，-10		
		片石	+40，-10		
4	竖直度或倾斜度(mm)	料石、块石	0.3	经纬仪：测量 2 点	1
		片石	0.5		
5△	顶面高程(mm)		±10	水准仪：测量 3 点	2
6	大面积平均度(mm)	料石	10	2m 直尺：每 $20m^2$ 竖直、水平方向各测 1 处	1
		块石	20		
		片石	30		

桥梁混凝土墩台实测项目与质量标准 表 5-6

项 次	检 查 项 目	规定值或允许偏差	检查方法和频率	权 值
1△	混凝土强度(MPa)	符合要求	按 JTG F80/1—2004 附录 D 检查	3
2	断面尺寸(mm)	±20	尺量：检查 3 个断面	2
3	竖直度和倾斜度(mm)	0.3%H，且不大于 20	水准仪：测量 2 点	2
4	顶面高程(mm)	±10	水准仪：测量 3 处	2
5△	轴线偏位(mm)	10	全站仪或经纬仪：纵、横各测 2 点	2
6	节段间错台(mm)	5	尺量：每节检查 4 处	1
7	大面积平整度(mm)	5	2m 直尺：每 $20m^2$ 竖直、水平方向各测 1 处	1
8	预埋件位置(mm)	符合要求	尺量：每件	1

注：H 为墩、台身高度。

4. 桥梁上部构造质量要求与质量标准

桥梁上部构造，主要指梁、板、拱三种构造形式。无论采取现场浇筑（含圬工拱桥的砌筑）或预制安装（含大跨径钢筋混凝土拱桥），其施工质量均应满足设计要求及有关规范规定。具体要求详见《公路工程质量检验评定标准（土建工程）》（JTG F80/1—2004）。

5. 桥面系质量要求与质量标准

桥面系包括桥面铺装、栏杆和扶手等。其所用材料要符合设计要求，并经监理工程师批准。严格按照设计图纸和技术规范控制施工质量，使其符合《公路工程质量检验评定标准（土建工程）》（JTG F80/1—2004）的要求。

6. 构造物回填工程质量要求与质量标准

构造物回填一般指桥台、桥台锥坡、涵洞（通道）、挡土墙、护坡等的填土。应注意，未经监理工程师同意，不得进行回填。回填时间应待结构物混凝土达到设计强度的 70% 方能开始，高于桥面支承横梁底的桥台回填，应在结构物拆模 3d 之后进行。墩台周围的回填，应同时在两侧及与其基本相同的高程上进行，且特别应防止对结构物形成任何土楔的情况，必要时，挖方界内的坡度可修成台阶形。回填应采用透水性良好的土类，若有困难时，高水位以下部分可用与路堤相同的土壤填筑，但应在透水性填土下面铺填一层胶泥，胶泥层顶面还应设置横坡，以利排水。台背填土长度（顺路线方向）应自台身背算起，顶部不小于桥台高度加 2m，底部亦不小于 2m，锥坡填土应与台背填土同时进行，并按高度、宽度一次填足以避免事后补填；拱桥台背的填土必须与拱圈施工程序配合进行，以便使拱推力与台背填土之压力保持平衡。回填料的压实，应在材料接近最佳含水率时进行，压实度达到设计规定，若设计未规定时，压实度不得小于 95%；为保证回填料达到压实度，可分层填筑和压实，且每层的压实厚度不得超过 20cm。

二、桥梁施工的一般要求

1. 场地清理

承包人应按规定要求，清理施工场地，做到使监理工程师满意。

2. 复测

承包人应在开工前对桥梁中心位置桩、三角网基点桩、水准基点桩及其他测量资料进行核对、复测。承包人应将复测结果报监理工程师认可。

3. 线形

竣工后的桥梁应线形平顺，坡度匀称，外形美观。缘石、栏杆、护栏、桥面等的高程、线形、弯度、坡度、超高、加宽要做到流畅舒顺、色泽均匀。为了获得满意的外观，监理工程师认为有必要进行修整时，其费用由承包人负责。

4. 预制场地

预制场地由承包人自行选择。承包人应向监理工程师报送一份预制场地的平面位置图及预制场地的平整计划，报监理工程师批准，工程完工后，应进行设施、废弃物清理，恢复原状，并使监理工程师满意。

5. 图纸

（1）承包人必须按照图纸及有关说明施工。结构物的尺寸、线条、外形应符合图纸规定，其施工偏差应在规范规定的允许值范围内。

(2)当图纸内有关施工说明与规范规定有矛盾时,或图纸及规范均缺少有关的要求和规定时,由监理工程师根据实际情况确定或规定。

三、桥梁结构施工的质量要求

桥梁结构施工中的下列质量应符合设计要求和《公路桥涵施工技术规范》(JTJ 041—2000)的要求:

(1)钢筋加工和钢筋接头,钢筋的焊接方法、形式及使用范围。

(2)钢筋骨架和钢筋网的组成和安装。

(3)预应力高强钢丝、钢绞线、热处理钢筋及冷拉Ⅳ级钢筋的切断,宜采用切割机或砂轮锯,不得使用电弧。

(4)钢绞线在使用前宜进行预拉,预拉力值可采用整根钢绞线破断负荷的80%,持荷时间不应少于5min。但对质量可靠的低松弛钢绞线可不进行预拉。

(5)预应力钢材由多根钢丝或钢绞线组成时,同束内应采用强度相等的钢材,且应编束整理顺直,满足预应力钢材镦粗头及冷拉和冷拔要求。

(6)预应力张拉一般采用双控,用应力控制方法张拉时,应以伸长值进行校核,实际伸长值与理论伸长值之差在6%以内。最大超张拉力应符合要求。

(7)混凝土的拌和、浇筑、接缝等处理。一般情况下应满足:

①钢筋混凝土结构在自重的作用下,允许出现受力裂缝。

②钢管混凝土应保证管内混凝土饱满,管壁与混凝土紧密结合。

③对拱式、悬臂等对称结构的浇筑必须对称、均衡施工。

④对大体积、大面积混凝土施工应注意其水化热温度的影响,可按规范要求分块、分层施工。

⑤对现浇桥梁上部结构应重视其支架和模板的稳定,且应根据需要设置预拱度,其拆模的期限应符合规范的规定。

⑥当气温在5℃以下时,应符合冬季施工的规定。

四、材料的质量要求

1. 钢筋工程

钢筋工程是结构物承受拉力的主要组成部分,而预应力混凝土是当今世界最重要、最有发展的结构之一。因此,普通钢筋和预应力钢筋作为相应结构的受力部分显得十分重要。

1)钢筋的质量要求

钢筋和预应力钢筋各项技术性能、力学性能、化学性能、机械性能和可焊性,必须符合国家现行的标准规定和设计要求,严格检查钢筋和预应力钢筋的出厂合格证和试验报告。对钢筋和预应力钢筋,按有关规定进行抽验。钢筋表面必须清洁平直,不得有裂皮、油污和颗粒状锈斑。接头等部位加工必须符合《公路工程质量检验评定标准(土建工程)》(JTG F80/1—2004)和《公路桥涵施工技术规范》(JTJ 041—2000)的要求。

2)钢丝的表面质量要求

钢丝表面不得有裂纹、小刺、机械损伤、氧化铁皮及油迹;回火成品表面允许有回火颜色。除非另有协议,表面允许有肉眼可见的麻坑及浮锈。

3)预应力混凝土用钢绞线的表面质量要求

钢绞线表面不得带有降低钢绞线与混凝土黏结力的润滑剂、油渍等物质,允许有轻微的浮锈,但不得锈蚀成肉眼可见的麻坑。

4)热处理钢筋的表面质量要求

钢筋表面不得有肉眼可见的裂纹、结疤、折叠;允许有凸块,但不得有超过横肋高度的凸块;表面允许有不影响使用的缺陷,但不得沾有油污。

2. 混凝土及砂浆砌体工程

(1)所用的水泥、砂、石、水、粉煤灰及外加剂的质量规格必须符合有关规范的要求,并按规定的配合比施工。

(2)应按规范要求制作立方体标准试件与构件并同条件制作和养护。

(3)拌制混凝土用的水不应含有影响水泥正常凝结与硬化的有害杂质或油脂、糖类及游离酸类等。

(4)混凝土及砂浆冬季施工应符合《公路桥涵施工技术规范》(JTJ 041—2000)的要求。

(5)石料应符合设计规定的类别和强度等级,石质应均匀、不易风化、无裂纹。石料强度等级为20cm×20cm×20cm含水饱和试件的极限抗压强度(MPa)。

(6)一月份平均气温低于-10℃的地区,除干旱地区的不受冰冻部位或根据以往实践经验证明材料确有足够的抗冻性者外,所用砖石及混凝土须通过冻融试验证明符合抗冻性指标时,才可使用。

(7)片石,一般指用爆破或楔劈法开采的石块,厚度不应小于15cm(卵形和薄片者不得使用)。用做镶面的片石,应选择表面较平整、尺寸较大者,并应稍加修整。

(8)块石,应形状大致方正,上下面大致平整,厚度20~30cm,宽度约为厚度的1.0~1.5倍,长度约为厚度的1.5~3.0倍(如有锋棱锐角,应敲除)。块石做镶面,应由外露面四周向内稍加修凿,后部可不修凿,但应略小于修凿部分。

(9)粗料石,是由岩层或大块石料开辟并经粗略修凿而成,应外形方正,成六面体,厚度为20~30cm,宽度为厚度的1.0~1.5倍,长度为厚度的2.5~4.0倍,表面凹陷深度不大于2cm。加工镶面粗料石时,丁石长度应比相邻顺石宽度至少大15cm,修凿面每10cm长须有錾路约4~5条,侧面修凿面应与外露面垂直,正面凹陷深度不应超过1.5cm。镶面粗料石的外露如带细凿边缘时,细凿边缘的宽度应为3~5cm。桥涵附属工程采用卵石代替片石时,其石质及规格须符合片石的规定。

(10)拱石,可根据设计采用粗料石、块石或片石。拱石应立纹破料,岩层面应与拱石轴线垂直,各排拱石沿拱圈内弧的厚度应一致。用粗料石砌筑曲线半径较小的拱圈,辐射缝上下宽度相差超过30%时,宜将粗料石加工成楔形,其具体尺寸可根据设计及施工条件确定,但应符合下列规定:

①厚度不应小于20cm。

②高度应为最小厚度的1.2~2.0倍。

③长度应为最小厚度的2.5~4.0倍。

(11)混凝土预制块的规定应与粗料石相同,其强度应符合合同规定,尺寸应根据砌体形状确定。预制块做拱石时,应比封顶时间提前2~4个月预制,以减少混凝土的收缩。

3. 混凝土配合比设计

(1)不同级别的混凝土应由承包人进行配合比设计。

(2)在混凝土施工前,承包人应根据《公路工程混凝土结构防腐蚀技术规范》(JTG/T B07-01—2006)的规定和图纸提供的环境类别、环境作用等级及工程设计基准期以及混凝土的技术要求,精心选择原材料,进行混凝土试配,在试验室试验的基础上优选混凝土配合比,并应在现场进行试浇筑。

(3)混凝土配合比设计应在混凝土浇筑前至少 42d 完成,其费用由承包人负担。在配合比未得到监理工程师批准前,不得浇筑混凝土。

(4)混凝土中掺用外加剂的应用技术应符合《混凝土外加剂应用技术规范》(GB 50119—2003)和有关环境保护的规定。

对材料检验,橡胶伸缩缝检验,板式橡胶支座、四氟板式橡胶支座、盆式橡胶支座、盆式四氟板式橡胶支座的检验,预应力锚具、夹具、连接器的检验均应符合规范规定的要求。

各种材料的运输和储存应严格按照《公路工程标准施工招标文件(2009 年版)》的有关规定进行。

五、桥梁荷载试验

(1)桥梁完工以后,承包人应按有关规定及合同要求,根据监理工程师指示,对桥梁或桥梁的某一部分进行荷载试验,以证实结构物具有承受设计荷载的能力。

(2)荷载试验应委托经监理工程师同意的、有相应资质的检测、科研或设计单位承担。

(3)承包人应在进行荷载试验以前至少 14d,向监理工程师提交一份测试设备、方法、步骤及测试要求的计划,报监理工程师批准。

(4)荷载试验完成后,承包人应向监理工程师提供一份完整的试验报告。

(5)按试验结果,结构物或结构物的任一部分,如由于施工原因不能满足图纸要求,承包人应报监理工程师批准后进行重建或补强,做到使监理工程师满意。重建或补强结构物的费用由承包人负责。

(6)桥梁荷载测试项目按图纸规定或监理工程师指定进行。如图纸无规定测试项目时,一般动载试验包括冲击、自振频率、动挠度、脉动、动应变试验;静载试验包括静挠度及静应变试验。对于上述项目,监理工程师选择部分或全部进行试验,或选择监理工程师认为必要的其他项目进行试验。

应根据桥梁设计荷载标准,按最不利受力状态选取荷载组合进行静载或动载试验。静载试验效率系数 η_g 一般取 0.8 ~ 1.05,动载效率系数 η_d 一般取 1,按实际情况分 3 ~ 5 级加载,主要测点的布设应能检测结构的最大应力(应变)和最大挠度(或位移),加载过程中应观测裂缝的发展情况,钢筋混凝土结构裂缝不允许超过《公路桥涵设计通用规范》(JTG D60—2004)的规定值;应变和挠度应分别满足不同桥梁结构类型的校验系数。

六、地质钻探及取样试验

桥梁基础在施工过程中,常发现地质情况有变化,因而需要进行补充钻探,以查明桥梁基础的地质情况,经报请监理工程师审查批准,承包人可进行补充地质钻探并取样做必要的试验，据以继续进行基础施工或改变基础设计。改变基础设计时，需经监理工程师审查批准。

七、开放交通

水泥混凝土桥面铺装在浇筑混凝土的强度达到设计等级后，才可开放交通。如果经监理工程师同意采用快硬水泥混凝土铺装，开放交通的时间需根据试验确定。但在任何情况下，至少在浇筑混凝土以后7d，才能开放交通。当日平均气温低于10℃时，上述时间尚应根据监理工程师指示予以推迟。因不遵守上述规定开放交通而造成不良后果，由承包人负责。开放交通需经监理工程师批准。

● 第三节　桥梁工程施工准备阶段质量监理 ●

在桥梁工程的施工准备阶段，监理工程师的主要工作内容有以下几个方面。

1. 桥梁放样校核

施工开始前，承包人应对设计图纸中的桥梁中线位置桩、三角网基点桩、水准点及其测量资料进行校核，并补充施工所需的桥梁中线桩、墩台位置、水准基点桩及增设必要的护桩等；当有地下电缆、管道或构造物靠近开挖的桥梁基础位置时，应对这些构造物设置标桩。

以上测量结果均应作详细记录，并呈报监理工程师审批。监理工程师应对承包人确定的桥梁位置进行检查，看其是否符合设计要求。若有疑问，应指令承包人复测（监理工程师旁站监督）或亲自到现场测量。

2. 施工机械设备的检查审批

承包人的施工机械设备进场后，应向监理工程师提交报告。监理工程师则根据承包人提交的报告，按合同规定逐项检查审核，看其数量和完好率及安全可靠性是否达到合同条款的规定，是否能保证工程的施工进度。当被检查审批的施工机械设备不符合要求时，承包人应按监理工程师的指示进行更换或到监理工程师指定的厂家重新购置。

3. 原材料、砂浆、混凝土配合比的试验确认

所有用于桥梁工程施工的钢材、水泥、石料、砂、拌和用水等，均应由监理试验室对承包人的试验进行复检，其结果应符合设计要求及有关规范的规定，对砂浆和混凝土的配合比，监理工程师亦应通过监理试验室对承包人提供的配合比进行复检后确认批准。

审批的内容是：材料的品种及来源；水与水泥的质量比；混凝土的工作性；混凝土的浇筑与养护方法；外加剂的掺入量告示，尤其是混凝土外加剂的使用，必须获得监理工程师的批准，否则，不得在混凝土中掺用外加剂及水硬性或填充性混合物。

4. 审定承包人的施工方案

桥梁开工前，承包人应根据设计文件和合同工期，编制施工方案，并呈报监理工程师审批。对施工方案，应重点审查以下内容：

（1）主要设计数据。桥梁的里程、平面位置及纵断面、桥梁孔径、类型、高度、基础情况等。

（2）主要工程数量。基础开挖或桩基础、墩台圬工、上部构造及附属工程数量等。

（3）资料依据。编制施工方案所采用的设计文件、图纸、定额及施工中的依据。

（4）现场施工条件的说明是否正确。承包人应在施工方案中对施工现场的水文及地质资料，气候条件及当地交通、能源、通信、劳力资源等施工条件进行说明。监理工程师应对上述内容进行审查，看其是否正确。

(5)施工顺序与施工方法是否合理。监理工程师应审查承包人在施工方案中对施工顺序的安排及采用的施工方法是否合理。每分项工程能在最短期限内完成；对劳力安排要尽可能做到全年能持续增长地均衡施工，并尽量减少因临时设施和劳力调配时的窝工损失；同时，还应尽可能考虑桥头引道受路基、路面等主体工程施工的干扰，以及在各工期的配合。

施工方法应着重审查：承包人提供的快速施工方法及新技术的可能性与可靠性；边疆地区采用新技术或特殊的施工方法等，以及所采用的一些复杂的施工结构，应要求承包人绘制设计图。在施工进度计划中，应审查承包人将整个工程划分的分部、分项工程是否正确；其工程量的计算、工期的计算、劳动组织的确定是否正确，是否与所采用的定额、指标一致。

第四节　桥梁基础工程施工质量监理

一、明挖基础

明挖基础施工工序及质量监控要点如下。

1. 基坑开挖与检验

基坑开挖由围堰、基坑开挖、基底处理等工序构成。

(1)开挖透水性大的土的基坑时，基底各边应比设计尺寸增宽0.5~1.0m，以方便施工。

(2)在干燥地方或地下水位低于基底时，浅基坑的坑壁可不加固；当基坑深度大于5m时，坑壁可按土壤种类和基础顶缘受荷载情况，设置一定边坡或加设平台。

(3)基底不得超挖，一般土质基坑，当挖至接近基底高程时，应保留10~20cm土层，待基础施工前以人工突击挖除，并迅速加以检验，随即进行基础施工。

(4)基底处理主要是指对基底的处理，无论是对黏性土基底、碎(砾)石类土基底、砂类土基底或软基等，均应按《公路桥涵施工技术规范》(JTJ 041—2000)推荐的方法或其他行之有效的并经监理工程师批准的方法进行处理。

(5)基底土质及地层情况必须经监理工程师检验确认合格后，方可进行基础圬工的施工。

(6)小桥和涵洞的地基检验，一般采用直观或动力触探方法进行，确有必要时再进行土壤分析试验和钻探(钻探到4m)取土样试验，或者按设计中提出来的特殊要求进行沉降等检验。

(7)基底检查的内容包括：基底平面位置、尺寸大小、基底高程；基底均匀性、地基稳定性及承载力；承包人的施工日记及有关试验资料等。

(8)在进行基底检验时，承包人的质量检查员应将检验结果记录于基础检验记录表中，经监理工程师签认，作为技术档案资料。

(9)基底检验倘若不合格，承包人应即时处理，并经监理工程师重新检验合格后，方可进行基础施工。桥涵基坑开挖的施工程序及监理工作程序如图5-1所示。

2. 基础施工

(1)基础混凝土浇筑时，首先应将基底加以处理。当基底为非黏性土或干土时，应将其润湿，以免混凝土中的水分被基底土壤所吸收；当基面为岩石时，也应加以润湿，并铺一层厚2~

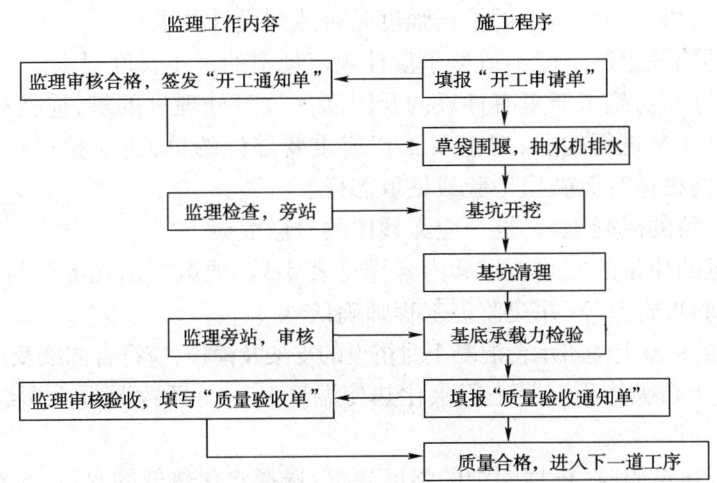

图5-1 基坑开挖施工程序及监理工作流程

3cm的水泥砂浆，然后于水泥砂浆凝结前浇筑第一层混凝土。如基底实际情况与设计情况不相符合时，应报请监理工程师处理，经批准后再进行施工。

(2)基础的混凝土应在整个平面范围内水平分层进行浇筑。混凝土从浇筑到养护均不得受水浸泡，当渗水水流较急，不能保证混凝土中的灰浆不被冲失时，应采用水下混凝土灌注法施工。

(3)对于厚而无筋或少筋的基础，浇筑混凝土时，可在混凝土中埋放厚度不小于15cm的石块(受拉区混凝土或气温低于0℃时，不得埋放石块)，将混凝土作为片石混凝土；施工时应选用无裂纹、无夹层、未被烧过的、具有抗冻性的、且抗压强度不低于30MPa并经清洗干净的石块；石块的一半应埋入已捣实的混凝土中，石块间距(净距)不得小于10cm，距结构侧面和顶面的净距亦不得小于15cm，且应分布均匀，以方便混凝土的振捣。

二、桩 基 础

以钻孔桩基础为例，其施工工序及质量监控要点如下：

(1)在钻孔桩基础施工前，承包人必须将施工方案报送监理工程师，经书面审批后方可正式开工。

(2)钻孔桩的施工工序由钻孔准备、护筒设置、泥浆护壁、钻孔、清孔、水下混凝土的配制、钢筋笼的制作、水下混凝土灌注及承台施工等组成。各工序的实施办法应按照《公路桥涵施工技术规范》(JTJ 041—2000)的有关规定进行。

(3)钻孔桩在进行钻孔、清孔、安放钢筋笼、灌注水下混凝土后，应进行质量检查。检查的内容包括钻孔的质量和桩的质量。

①孔径和孔深必须符合设计要求。

②成孔后必须立即清孔，并测量孔径、孔深、孔位的准确度和孔底沉淀层的厚度，确认满足设计要求后，即可灌注水下混凝土。

③灌注水下混凝土时应连续灌注，不准产生夹层和断桩。桩的混凝土质量检查，主要是指水下混凝土原材料、配合比及灌注质量的检验。即在灌注水下混凝土时，承包人还应填写“水下混凝土灌注记录”，并统一交监理工程师审查，监理工程师可根据水下混凝土灌注记录表的

内容检查灌注情况；检查预留试件的抗压强度是否达到设计要求。

④嵌入承台的锚固钢筋长度不得低于设计规范规定的最小长度要求。

⑤对有代表性的、对施工质量有怀疑的及因灌注故障处理过的桩，应按施工规范的要求，采用无破损法对其质量进行检验，对重要工程或重要部位的桩，还应按设计单位和业主的要求，抽取一定比例的桩进行无破损检验或钻取芯样。

⑥凿除桩头预留的混凝土后，桩顶应无残留的松散混凝土。

钻孔质量和桩的质量的实测项目和内容详见表5-3。须填写钻孔灌注桩现场质量检验报告单、钢筋骨架检验报告单等，并交监理工程师确认。

(4)在已完成的桩基上浇筑承台混凝土时搭设的支架及模板，应符合图纸及规范的有关规定。

(5)为了避免承台大体积混凝土因水化热使温度升高而导致混凝土裂缝，可采取下列几种措施：

①在进行配合比试验时，根据图纸的强度要求，选择水化热低的水泥，改善集料级配，降低水灰比，选择优质外加剂并尽量减少水泥用量；其配合比设计应符合规范的有关规定。

②承台厚度较大时，可分成几层较薄的浇筑层，以增加散热面，延长浇筑时间和散热时间，使混凝土升温值得以减小。每层厚度可取1.5m左右，每层浇筑时间间隔6～7d。大体积混凝土浇筑应符合规范的有关规定。

③在混凝土浇筑体内，埋设冷却管通水冷却。冷却管宜采用导热性能较好并具有一定强度的输水钢管。输送冷却水与混凝土的温差不宜过大。

(6)桩基础质量检测内容包括桩身结构的完整性检测、单桩承载力检测和混凝土强度检测；对钻孔桩质量的检测工作一般应由具有相应资格的部门进行，不应由受检单位自行检测。承包人应如实向检测部门提供受检桩的施工原始记录及其有关情况，但须回避此项工作(包括确定检测方法、选择受检桩等)。

(7)桩的质量经检测如果不符合规范要求，或在施工中因不正常的现象使监理工程师有理由认为该桩的质量不良、且又无法加以补救时，应按废桩处理。报废桩可用一个或两个加桩代替，但加桩的数量、位置、深度，以及由于加桩而使基础尺寸加大等，均应由承包人选择；计算书和变更图纸，应报送监理工程师审批；因加桩而产生的额外费用，完全由承包人自负。

(8)确有必要时，监理工程师还有权对所灌注的基桩做静载试验，检验单桩的允许承载力，其抽查数量可依具体情况加以确定。

钻孔桩施工程序及监理工作程序见图5-2所示。

三、沉井基础

沉井在施工开始之前，必须报请监理工程师，以便监理工程师在施工时进行检查、验收。

(1)沉井所用混凝土原材料和混合料规格和质量必须符合有关规范的要求，按规定的配合比施工。

(2)制造沉井的场地必须有足够的承载力，其支垫布置应满足设计要求及抽垫方便。第一节沉井下沉应在井壁混凝土强度达到规定强度后进行。

(3)对浮式沉井，应在其下水、浮运前进行水密性试验，并对水下基础进行检查，合格后方能就位落床。

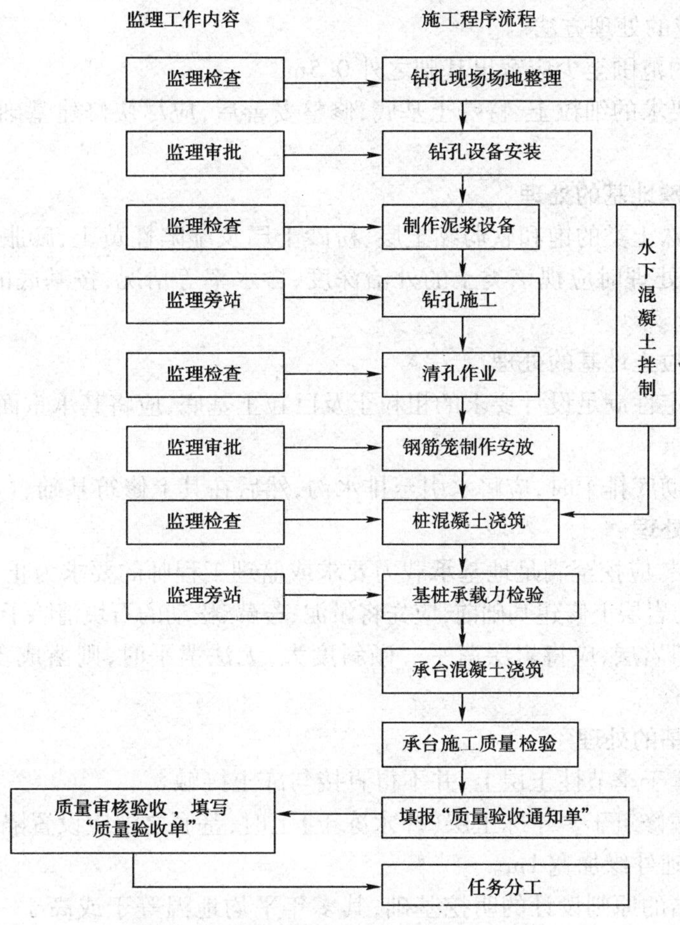

图 5-2 钻孔桩基础施工程序及监理工作流程

(4)沉井在下沉过程中,应随时注意平面位置和垂直下沉,至少每下沉 1m 检查一次,并认真做好记录,当发现偏位或倾斜时应及时加以纠正。

(5)采用吸泥气幕方法下沉时应保持沉井内水位的一定高差,防止翻砂,合理安排井外弃土位置,尽量减少偏压。

(6)沉井在接高时,各节沉井的竖向中轴线应与第一节的竖向中轴线相重合,接高前尽量纠正沉井的倾斜,若发现倾斜时应及时加以纠正。

(7)沉井在下沉中若出现开裂,必须尽快查明原因,待处理后,方可继续下沉。

(8)当沉井下沉至设计高程后,应先检查基底,确认是否符合设计要求,必要时应由潜水工进行检查,并填写记录,经监理工程师检验后方可封底。水下封底混凝土应密实不漏水。

(9)沉井施工的各项记录,尤其是下沉记录要填写正确,所有原始记录,不得涂改;其施工质量均应满足设计要求及有关规范规定。

四、地基处理

1. 一般处理

(1)地基处理应根据地基土的种类、强度和密度,结合现场情况,按照设计图纸和监理工程师要求，采取相应的处理方法。

(2)地基处理的范围至少应宽出基础之外0.5m。

(3)符合设计要求的细粒土、特殊土基底，修整妥善后，应尽快修建基础，不得使基底浸水和长期暴露。

2. 细粒土及特殊地基的处理

属细粒土或特殊土类的饱和软弱黏土层、粉砂土层及湿陷性黄土、膨胀土和季节性冻土，强度低，稳定性差，处理时应视该类土的处治深度、含水率等情况，按基底的要求采取固结处理，以满足设计要求。

3. 细粒土和巨粒土地基的处理

对于强度和稳定性满足设计要求的粗粒土及巨粒土基底，应将其承重面平整夯实，基底范围应满足基础的要求。

基底有水不能彻底排干时，应将水引至排水沟，然后在其上修筑基础。

4. 岩层基底的处理

(1)风化的岩层，应挖至满足地基承载力要求或监理工程师的要求为止。

(2)在未风化的岩层上修建基础前，应先将淤泥、苔藓、松动的石块清除干净，并洗净岩石。

(3)坚硬的倾斜岩层，应将岩层凿平。倾斜度大，无法凿平时，则凿成多级台阶。台阶的宽度不宜小于0.3m。

5. 多年冻土地基的处理

(1)基础不应置于季节性土层上，并不得直接与冻土接触。

(2)基础的基底修筑于多年冻土层(即永冻土)上时，基底之上应设置隔温或保温层材料，且铺筑宽度应在基础外缘加宽1m。

(3)按保持冻结的原则设计的明挖基础，其多年平均地温等于或高于－3℃时，应于冬季施工；多年平均地温低于－3℃时，可在其他季节施工，但应避开高温季节，并应按下列规定处理：严禁地表水流入基坑；及时排除季节冻层内的地下水和冻土本身的融化水；必须搭设遮阳棚和防雨棚；施工前做好充分准备，组织快速施工。做好的基础应立即回填封闭，不宜间歇。必须间歇时，应以草袋、棉絮等加以覆盖，防止热量侵入。

(4)施工时，明水应在距离坑顶10m之外修排水沟。水沟之水，应引于远离坑顶宣泄并及时排除融化水。

6. 溶洞地基的处理

(1)影响基底稳定的溶洞，不得堵塞溶洞水路。

(2)干溶洞可用砂砾石、碎(砾)石、干砌或浆砌片石及灰土等回填密实。

(3)基底干溶洞较大，回填处理有困难时，可采用桩基处理。桩基应进行设计，并经监理工程师或有关单位批准。

7. 泉眼地基的处理

(1)可将有螺口的钢管紧紧打入泉眼，盖上螺母并拧紧，阻止泉水流出；或向泉眼内压注速凝的水泥砂浆，再打入木塞堵眼。

(2)堵眼有困难时，可采用管子塞入泉眼，将水引流至集水坑排出或在基底下设盲沟引流至集水坑排出，待基础圬工完成后，向盲沟压注水泥浆堵塞。采用引流排水时，应注意防止砂土流失,引起基底沉陷。

(3)基底泉眼,不论采用何种方法处理,都不应使基底饱水。

8. 地基检验

1)检验内容

(1)检查基底平面位置、尺寸大小、基底高程。

(2)检查基底地质情况和承载力是否与设计资料相符。

(3)检查基底处理和排水情况是否符合要求。

(4)检查施工记录及有关试验资料等。

2)检验方法

按桥涵大小、地基土质复杂情况(如溶洞、断层、软弱夹层、易溶岩等)及结构对地基有无特殊要求,经监理工程师同意,可采用以下检查方法:

(1)小桥涵的地基检验,可采用直观或触探方法,必要时可进行土质试验。

(2)大、中桥和地基土质复杂、结构对地基有特殊要求的地基检验,一般采用触探和钻探(钻深至少4m)取样做土工试验,或按设计的特殊要求进行荷载试验。

(3)特大桥按设计要求处理。

(4)基底平面位置和高程允许偏差规定:平面周线位置不小于设计要求;基底高程:土质为±50mm;石质为+50mm、-200mm。

●第五节 桥梁结构工程施工质量监理●

一、桥梁钢筋混凝土结构工程

1. 模板、支架和拱架

模板、支架和拱架等必须根据要求所承受的荷载进行正式的设计后再施工。承包人若采用常备式构件拼装,当超出拼装图纸要求范围时,亦应进行强度、刚度和稳定性验算。承包人应将拟采用的支架、拱架、模板的全部设计图纸及计算书的复印件,于制作的14d前提交监理工程师,以便监理工程师审批。

1)模板、支架和拱架的设计

(1)承包人应在制作模板、拱架和支架前14d,向监理工程师提交其施工工艺图,应力、稳定及预计挠度计算书,经监理工程师批准后才能制作和架设。监理工程师的批准及制作、架设过程中的检查,并不免除承包人对此应负的责任。

(2)验算模板及其支架在荷载作用下的抗倾倒稳定时,倾覆稳定系数不得小于1.3。

(3)拱架各截面的应力验算,不论板拱架或桁拱架,均作为整体截面考虑。验算倾覆稳定系数不得小于1.3。

(4)模板、拱架和支架的设计荷载及其组合,刚度验算时的规定值必须符合有关技术规范的要求。

2)模板的制作与安装质量的检查

模板应用木材、金属材料或其他被监理工程师认可的材料制作。对模板的要求是:应具有足够的强度和稳定性；能可靠地承受施工过程中可能产生的、允许的各种荷载，并保证其不变形；应制作简单、拆装作业方便、不漏浆，且能多次周转使用。

(1)金属模板。金属模板及其配件应外购。当需自制时，必须在模架上制作。制作时要求下料尺寸准确，模板平直，转角光滑，接缝平顺，连接孔的位置准确；焊接时应采取必要的措施，以减少焊接变形；为避免漏浆，多数模板宜制作成搭接缝，或于拼接缝处嵌方木、软橡皮等；模板及其金属配件，还应涂防锈漆，与混凝土的接触表面应涂隔离剂。

(2)滑升模板。滑升模板是一种新工艺，适用于较高的墩台、吊桥、斜拉桥的索塔施工。承包人应作好滑模方案设计，并在施工前报监理工程师审批；滑升模板的支承和滑升设备应能保证模板竖直均衡上升，提升设备的配备应由构件截面及滑升模板的全部重量决定。

滑升模板由顶架、模板、围圈、千斤顶(提升设备)、工作平台等部分组成。组装时，应使各部分尺寸的精度符合设计要求，其组装方式有就地组装和事先吊装两种，应根据工程情况和起吊设备能力加以决定；组装完毕后，须经全面检查试验，并经监理工程师批准后，才能进行混凝土灌注。

在混凝土浇筑前，承包人必须将模板清理干净，其底部应完全没有锯末、刨花、铁锈、污垢、泥土或其他杂物；与混凝土接触的表面应涂隔离剂；经监理工程师检查批准后，方可放置钢筋、预埋件，并浇筑混凝土。

3)支架、拱架的制作与架设质量检查

(1)支架、拱架应按设计要求进行制作安装。为保证构造物竣工时尺寸准确，支架、拱架在设计、制作、安装时应预留施工拱度，并应有调整高程的设施(如在底部设置千斤顶)。没有监理工程师的批准，支架、拱架、脚手架的支承，不准支在除基脚以外的结构物任何部位上。

(2)支架、拱架基础的设计应防止过多的沉降和支承的转动，能满足承载能力和稳定性的要求，且基础的支承面应是水平的。支架、拱架、脚手架的支承，不准支在除基脚以外的结构物任何部位上。

(3)支架、拱架的基础应在监理工程师的指导下做荷载试验，且试验荷载应与设计荷载相当，并在加载24h内试验产生的挠度和沉降是否超过监理工程师所规定的数量(当小于监理工程师的规定值时，即为符合要求)。

(4)支架、拱架下面的地面应加以平整，必要时还应将地面填筑到适当的高度，并应有适当的排水设施，以防止支架、拱架脚附近积水。

(5)在混凝土的浇筑过程中，承包人应测量和记录支架、拱架的沉降，并按监理工程师的要求，使用预置的高程调节设施，对发生过大沉降的支架、拱架的高程进行调整。

4)模板、支架、拱架拆卸质量检查

(1)承包人应在支架、拱架模板拆除前3d，将拟订的拆除方案提交监理工程师审批，未取得监理工程师的批准，不得进行拆除。

(2)卸落支架和拱架应按事先详细拟订的并经监理工程师批准的程序进行，分几个循环卸完。开始的卸落量宜小，以后逐渐增大；在纵向应对称均衡卸落，在横向则应同时一起卸落；卸落拱架时，还应用仪器观测拱圈的挠度和墩台变位情况，承包人应做好记录，以便监理工程师核查。

(3)简支梁、连续梁的支架，宜从跨中支座开始，依次循环卸落；悬臂则应先卸挂梁及悬臂的支架，再卸无铰跨内的支架。

(4)拱架应在拱圈的自重和拱上建筑所产生的应力最小，且不产生拉应力时拆除。一般情况下，跨径10m以下的小拱应在拱上建筑全部完成后卸架；中等跨径的实腹拱，宜在护拱砌完后卸架；大跨径空腹拱，宜在砌好拱上腹拱墙，而腹拱圈尚未砌筑时卸架。拱架的卸落顺序、操作方法应事先作技术交底，并在统一指挥下进行。

(5)为保证拱架均匀卸落，对多孔拱应先分组，每组内各孔的卸架宜同时进行，若桥墩为单向推力墩(或施工制动墩)，亦可单孔卸落。拱架的卸落量开始宜小，以后逐渐增大。最后，所有临时基脚均应撤出，并将地面填平整。

(6)模板拆除之前3d，承包人应报监理工程师并取得同意。模板的拆除，应保证混凝土结构不受损坏。当混凝土未达到足够的强度前，若承包人过早拆模而损坏了混凝土结构，则承包人应自费修复，并使监理工程师满意。

(7)一般情况下，不承重的垂直模板，可在混凝土强度超过2.5MPa，或其强度能保证结构表面与棱角不因拆模而损坏时拆除；栏杆柱等的模板至少须在混凝土浇筑后3d方可拆除；承重模板应待混凝土强度能承受逐级自重，即对跨径小于3m的梁和板，应达到设计强度的50%；跨径大于3m时，应达到设计强度的70%时，方可将模板加以拆除。

2. 钢筋加工及安装

钢筋的加工及安装质量应满足以下基本要求：

(1)钢筋、焊条的品种规格和技术性能应符合国家现行标准和设计要求。

(2)钢筋(含冷拉钢筋)的机械性能必须满足规范要求，钢筋应平直，表面不应有裂皮和油污。

(3)钢筋的绑扎搭接长度和搭接质量、焊接长度和焊接质量、套筒挤压接头和钢筋连接的施工应符合规范要求。详见《公路工程标准施工招标文件(2009版)》。

(4)从外观角度来看，钢筋的表面铁锈及焊渣要清除(不符合要求时，减1~5分)，多层钢筋网应有足够的钢筋支撑，以保证骨架的施工刚度(不符合要求时，减1~5分)。

(5)钢筋加工应严格按施工规范要求进行。钢筋的安装应按预定的顺序，严格按照设计图纸所示的位置准确地进行布设安装，并与支模工作相配合，经检查无误后，方可进行骨架的扎接、焊接或套筒连接。为了保证和固定钢筋相互间的间距，应用监理工程师批准的支承方式将钢筋牢靠地固定好，以使其在混凝土的浇筑过程中不致移位。

(6)网格或钢筋网的钢筋，彼此间应有足够的搭接长度，以保持其强度均匀；同时，也便于端部和边缘能牢固地联接。其边缘的搭接宽度，不应小于一个网眼。

(7)安装好的钢筋骨架，应具备足够的刚度和稳定性，并满足有关规范规定的质量要求。任何构件的钢筋安装完毕后，承包人均应如实填写质量检验，并须经监理工程师检查批准后，才能进行混凝土的浇筑施工。钢筋加工与安装质量检验实测项目及质量标准见表5-7。

3. 混凝土拌和

(1)称量和配水机械装置，应维持在良好状态。其精确度应准确到±0.4%，并应至少每周校核一次。如监理工程师认为有必要，则应经精确的质量和体积对比进行精度校核。

(2)所有混凝土材料，除水可按体积称量外，其余均应按照质量称量，预制场或搅拌站集中拌制的混凝土，细、粗集料称量的允许偏差为±2%；水、水泥、外加剂的允许偏差为±1%。如在现场拌制混凝土，上述允许偏差可各增或减1%。

(3)混凝土只能按工程当时需用的数量拌和。已初凝的混凝土不得使用，不允许用加水或其他办法变更混凝土的稠度。浇筑时坍落度不在表5-8规定限界之内的混凝土不得使用，并应按监理工程师指示处理。

钢筋加工与安装实测项目及质量标准　　表5-7

<table>
<tr><th>项次</th><th colspan="3">检 查 项 目</th><th>规定值或允许偏差</th><th>检查方法和频率</th><th>权值</th></tr>
<tr><td rowspan="4">1△</td><td rowspan="4">受力钢筋间距（mm）</td><td colspan="2">两排以上排距</td><td>±5</td><td rowspan="4">尺量：每构件检查2个断面</td><td rowspan="4">3</td></tr>
<tr><td rowspan="3">同排</td><td>梁、板、拱肋</td><td>±10</td></tr>
<tr><td>基础、墩台、柱、锚碇</td><td>±20</td></tr>
<tr><td>灌注桩</td><td>±20</td></tr>
<tr><td>2</td><td colspan="3">箍筋、横向水平钢筋、螺旋筋间距</td><td>±10</td><td>尺量：每个构件检查5~10个间距</td><td>2</td></tr>
<tr><td rowspan="2">3</td><td rowspan="2">钢筋骨架尺寸（mm）</td><td colspan="2">长</td><td>±10</td><td rowspan="2">尺量：按骨架总数的30%抽查</td><td rowspan="2">1</td></tr>
<tr><td colspan="2">宽、高或直径</td><td>±5</td></tr>
<tr><td>4</td><td colspan="3">弯起钢筋位置（mm）</td><td>±20</td><td>尺量：按骨架抽查30%</td><td>2</td></tr>
<tr><td rowspan="3">5△</td><td rowspan="3">保护层厚度（mm）</td><td colspan="2">柱、梁、拱肋</td><td>±5</td><td rowspan="3">尺量：每构件沿模板周边检查8处</td><td rowspan="3">3</td></tr>
<tr><td colspan="2">基础、墩台、锚碇</td><td>±10</td></tr>
<tr><td colspan="2">板</td><td>±3</td></tr>
</table>

混凝土浇筑入模时的坍落度　　表5-8

结构物类型	坍落度（mm）
小型预制块及便于振捣的结构	0~20
桥涵基础、墩台等无筋或少筋结构	10~30
普通配筋率的钢筋混凝土结构	30~50
配筋较密、断面较小的钢筋混凝土结构	50~70
配筋极密、断面高而窄的钢筋混凝土结构	70~90

（4）混凝土可在工程现场、拌和厂或搅拌车中拌和。应使用经过监理工程师批准的类型和容量的搅拌设备。大型及特大型桥梁施工用拌和设备应能自动控制混合料的配合比、水灰比以及自动控制进料（各种集料、水泥、水）和出料，并自动控制混合料的拌和时间。所有搅拌设备都应始终保持良好的状况，任何不合规格及不符合上述规定的设备，以及有缺陷的搅拌设备，不得用于混凝土的拌和，均须撤出工地。

（5）混凝土拌和工作，应将各种组合材料搅拌成分布均匀、颜色一致的混合物。最短连续搅拌时间，从所有材料进搅拌筒到混凝土从搅拌筒排出，应符合表5-9的质量要求。

（6）搅拌筒的转动速度，应按搅拌设备上标出的速度操作。

（7）每盘混凝土拌和料的体积不得超过搅拌筒标出的额定容量的10%。对额定容量每盘少于一袋水泥的搅拌设备不得使用。

混凝土拌和最短搅拌时间(min) 表5-9

搅拌机型	搅拌机容量(L)	坍落度(mm)		
		0~30	30~70	>70
自落式	≤400	2.0	1.5	1.0
	≤800	2.5	2.0	1.5
	≤41 200	—	2.5	1.5
强制式	≤400	1.5	1.0	1.0
	≤1 500	2.5	1.5	1.5

(8)在水泥和集料进筒前,应先加一部分拌和用水,并在搅拌的最初15s内将水全部均匀注入筒中。筒的入口应无材料积结。

(9)除非监理工程师另外同意,搅拌筒拌和的第一盘混凝土粗集料数量只能用到标准数量的2/3。

(10)在下盘材料装入前,搅拌筒内的拌和料应全部倒光。搅拌设备停用超过30min时,应将搅拌筒彻底清洗才能拌和新混凝土。如改变水泥类型时,应彻底清洗搅拌设备。

(11)工地现场均应准备应急的完好搅拌设备,以应付随时出现的问题。

(12)除非监理工程师批准,混凝土不得使用人工拌和。当采用人工拌和时水泥的用量应比同样等级机拌混凝土规定用量多10%,每批手拌混凝土的体积不得超过$0.5m^3$。

4. 混凝土运输

(1)用以运输及存放混凝土的容器应不渗漏、不吸水,必须在每天工作后或浇筑中断超过30min时予以清洗干净。

(2)为避免日晒、雨淋和寒冷气候对混凝土质量的影响,当需要时,应将运输混凝土的容器加上遮盖物。

(3)当用轻轨斗车运输混凝土时,轻轨应铺设平整,以免混合料因斗车振动而发生离析。

(4)从加水拌和到入模的最长时间,应由试验室根据水泥初凝时间及施工气温确定,并应符合表5-10的规定。

混凝土拌和物运输时间限制(min) 表5-10

气温(℃)	无搅拌运输	有搅拌运输
20~30	30	60
10~19	45	75
5~9	60	90

5. 混凝土浇筑

(1)混凝土的浇筑方法,应经监理工程师批准,并尽可能采用水泥混凝土泵送浇筑方法。

(2)浇筑混凝土前,全部支架、模板和钢筋预埋件应按图纸要求进行检查,并清理干净模板内杂物,使之不得有滞水、冰雪、锯末、施工碎屑和其他附着物质,未经监理工程师检查批准,不得在结构任何部分浇筑混凝土。在浇筑时对混凝土表面操作应仔细周到,使砂浆紧贴模板,以使混凝土表面光滑并且无水囊、气囊或蜂窝。

(3)混凝土分层浇筑厚度不应超过表5-11的规定。混凝土的浇筑应连续进行,如因故必须间断，则间断时间应小于前层混凝土的初凝时间或能重塑时间。混凝土的运输、浇筑及间歇的全部时间不得超过表5-12的规定。

混凝土分层浇筑厚度 表5-11

项　次	振 捣 方 法		浇筑层厚度(mm)
1	用插入式振动器		300
2	用附着式振动器		300
3	用表面振动器	无筋或配筋稀疏时	250
		配筋较密时	150
4	人工捣实	无筋或配筋稀疏时	200
		配筋较密时	150

混凝土的运输、浇筑及间歇的全部允许时间(min) 表5-12

混凝土强度等级	气温不高于25℃	气温高于25℃
≤C30	210	180
>C30	180	150

(4)混凝土在浇筑前，混凝土的温度应维持在10~32℃之间。

(5)除非监理工程师另外同意，混凝土由高处落下的高度不超过2m。超过2m时应采用导管或溜槽；超过10m时应采用减速装置。导管或溜槽应保持干净，使用过程中要避免发生离析。

(6)浇筑混凝土期间，应设专人检查支架、模板、钢筋和预埋件等稳固情况，当发现有松动、变形、移位时，应及时处理。施工过程中在混凝土中预留的孔洞，在施工后应采用相同的混凝土进行修补，预留的钢构件应按相关规定进行防锈，以防混凝土表面被污染。

(7)为提高混凝土结构物的防腐蚀耐久性，在混凝土施工中应按图纸要求及《公路工程混凝土结构防腐蚀技术规范》(JTG/T B07-01—2006)的相关规定，重点控制好混凝土的振捣，要均匀、密实；做好混凝土的养护、钢筋的混凝土保护层厚度和控制好施工阶段的混凝土裂缝。

(8)混凝土初凝至达到拆模强度之前，模板不得振动，伸出的钢筋不得承受外力。

(9)在晚间浇筑混凝土，承包人应具有经监理工程师批准的适当的照明设施。

(10)工程每一部分混凝土的浇筑日期、时间及浇筑条件都应保有完整的记录，供监理工程师随时检查使用。

6. 各类结构的混凝土浇筑

1)墩台施工质量监理

一般常用的桥梁墩台有重力式混凝土、砌体圬工墩台和桩柱式混凝土墩台等，现以桥梁重力式混凝土墩台为例，对其施工质量的监控程序加以说明。

(1)浇筑墩台混凝土时，首先应检查基础施工情况，并报监理工程师批准后，方可进行施工。一般要求墩台混凝土，应在整个平面范围内水平分层进行浇筑。混凝土从浇筑到养护均不得受水浸泡,应控制好施工季节。

(2)在厚而无筋或少筋的墩台混凝土浇筑时,将混凝土做成片石混凝土,改善分层混凝土界面条件,使层间结合紧密,允许混凝土中填充符合规定要求的石块,并满足下列要求:

①填充石块的数量不宜超过混凝土结构体积的25%。

②应先用无缝、夹层和未被烧过的具有抗冻的石块。

③石块的抗压强度不低于25MPa,并不低于混凝土强度等级。

④石块在使用前应清洗干净。

⑤石块在混凝土中应分布均匀,两石块间的净距应不小于10cm,以便捣实混凝土。石块距表面的距离(含侧面和顶面)一般不宜小于15cm,有抗冻性要求的石块不宜小于30cm,石块不得接触钢筋或碰撞预埋件。

⑥在浇筑过程中应注意模板、支架等支撑情况,如有变形或沉降应立即纠正并加固。

⑦对于高大的桥台,若台身后仰,本身自重偏心较大,为平衡台身偏心,施工时应同时填筑台身四周路堤土方,防止桥台后倾或向前滑走。未经填土的台身露出填筑地面高度不应超过4m,以免因偏心引起地基不均匀沉陷。

(3)当为片石混凝土砌体时,石块含量可增加到砌体体积的50%~60%,石块净距可减为4~6cm,其他要求与片石混凝土相同。

(4)当采用较先进的滑升模板法浇筑混凝土墩台时,应遵守下列规定:

①宜采用低流动度或半干硬性的混凝土。

②浇筑混凝土前,应检查模板的稳固性、可靠性、刚度和强度。

③具体浇筑时应分层、分段、对称进行,各段应浇筑到距模板上缘不小于10~15cm的位置为止,并应在同一时间内浇完同一层混凝土。

④混凝土的浇筑应连续进行,若因故中途停工,应按施工缝处理。

⑤为加速模板提升,可掺入一定数量的早强剂,并在滑升的过程中须防止千斤顶或油管结冰而在混凝土或钢筋混凝土上漏油。如已漏油应立即将油污清除。模板提升不宜过快,以100~300mm/h为宜。

⑥混凝土的振捣宜采用插入式振捣器,振捣时避免触及钢筋与模板,振捣器插入下一层混凝土中的深度不得超过5cm。

⑦滑模提升时需注意防止液压千斤顶或油管接头在混凝土或钢筋上漏油,如漏油应立即清除干净,并采取措施防止再漏。滑模提升时应做到垂直、均衡一致,滑模提升高度等于灌注厚度。在滑模正常施工中,各主要工序(如钢筋绑扎、灌注混凝土、提升模块板等)要紧密配合,并同时穿插进行其他工作(如及时检查中级水平、调整千斤顶升差、支承杆加固、混凝土表面修饰等)。

⑧滑模施工中要求三班连续作业,一般情况下不得随意停工,若因故中途停工,应按施工缝进行处理。

⑨滑模施工应经常检查,并保障支承工作台及上、下吊架铁木结构的可靠性和周围栏杆的牢固性。

(5)混凝土脱模时的强度宜为0.2~0.5MPa,当脱模后表面有缺陷,应在征得监理工程师同意后,及时予以修整。

混凝土桥梁墩台的施工程序及监理工作程序见图5-3所示。

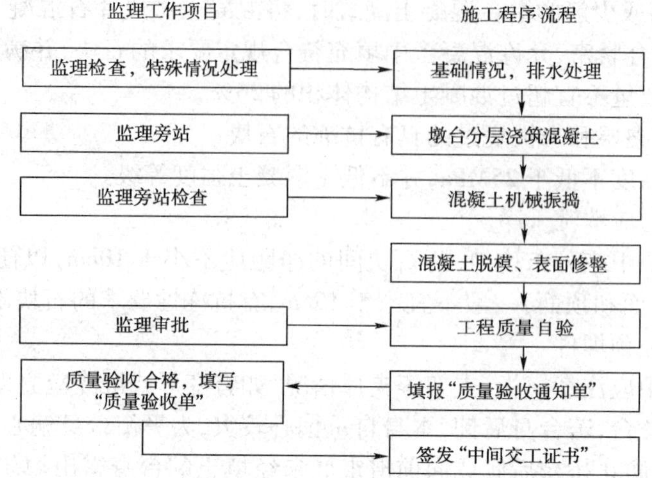

图5-3　混凝土墩台施工程序及监理工作流程

2)钢筋混凝土梁式桥浇筑

桥梁上部结构现浇质量控制关键:除非得到监理工程师的批准,混凝土及混凝土原材料的试验,均需按规定的试验标准进行;所有取样及试验,应在监理工程师在场的情况下由承包人进行;试验应在监理工程师批准的试验室进行,必要时可送到独立的试验室进行试验,其试验费用均由承包人承担;混凝土及原材料的取样及试验按规范规定进行。

(1)梁体混凝土浇筑前,承包人应向监理工程师提交拟采用方法的详细内容和说明,包括静力计算和图纸,经监理工程师批准之后方可开始施工。

(2)在支架上浇筑的钢筋混凝土梁,一般宜按梁的全横断面斜向分段、水平分层连续浇筑,且应在下层混凝土初凝或能重塑前完成上层混凝土浇筑,每层浇筑厚度不宜超过30cm。分段或分层浇筑时,必须确保其强度和质量,同时应控制好拆模的时间。

(3)若梁身较高,梁体不能一次浇筑完成时,可分两次或三次浇筑,但前后两次浇筑的时间间隔至少24h。在第二次浇筑前,应检查脚手架有无收缩和下沉,并打紧各楔块,以保证最小的压缩和沉降。

(4)悬出的承托及悬出板的底面,一般应在离外缘不大于15cm处设一10mm深V形滴水槽以阻止水流污染混凝土表面,除非监理工程师另有指示。

(5)简支梁桥上部构造的混凝土浇筑,一般应由墩、台两端开始向跨中方向同时进行。如果采用分层浇筑,也可以从一端开始。无论采用何种方式,均应一次浇筑完成。

(6)一般跨径的悬臂梁桥混凝土浇筑,应从跨中向两端墩台进行,其邻跨悬臂应从悬臂向墩台进行。悬臂梁桥吊梁的混凝土,应在悬臂梁混凝土强度达到设计等级的70%后再行浇筑。

(7)跨径较大的简支梁以及在基底刚性不同的支架上浇筑连续梁或悬臂梁,为防止支架不均匀沉降引起混凝土开裂,可按下列方法之一进行。

①加快浇筑作业,使全梁混凝土在最初浇筑的混凝土初凝前浇筑完毕。

②在支架预加等于架身重力的荷载,使支架充分变形。预加荷载于混凝土浇筑过程中逐

步撤除，预压后的支架高程与设计不符时，应进行调整。

③将梁分成数段，按适当顺序分段浇筑，以消除支架沉降不均匀带来的影响。

(8)浇筑前，承包人应向监理工程师送交拟采用方法的详细内容和说明，包括静力计算和图纸，得到监理工程师批准之后方可开始工作。

3)钢筋混凝土拱式桥浇筑

拱桥的混凝土、钢筋混凝土拱圈在拱架上浇筑时的质量控制要点如下：

(1)跨度小于16m的拱圈或拱肋，应全宽自两端拱顶对称地连续浇筑，并在混凝土凝结前全部完成。

(2)跨度等于或大于16m的拱圈或拱肋，应沿拱跨方向分段浇筑。分段接缝位置，拱式拱架设置在拱架受力反弯点、拱架节点、拱顶及拱脚处；满布式拱架设置在拱顶、1/4跨径、拱脚及拱架节点处。各段接缝面应与拱轴线垂直，各分段处应预留间隔槽，其宽度为50～100cm，且应满足钢筋接头要求。

(3)拱桥的混凝土、钢筋混凝土拱圈在支架上分段浇筑时，各段混凝土应一次连续浇筑完成，如因故中断，应做垂直于拱轴线的施工缝。间隔槽混凝土，应在分段混凝土强度达到设计等级的70%后浇筑，接合面应按施工缝处理。

(4)大跨度拱圈混凝土采用分环分段浇筑时，混凝土浇筑程序应通过计算确定，并得到监理工程师的批准。

(5)拱上建筑混凝土应在封拱间隔槽混凝土强度达到设计等级的30%后方可浇筑，浇筑应按施工设计程序进行，一般由拱脚至拱顶对称、均衡地进行，以确保其强度和质量。

(6)立柱底座应与拱肋同时浇筑。立柱应从底到顶一次浇筑完成，再浇横梁。两伸缩缝间的桥面板应一次浇筑完成。

7. 混凝土捣实

(1)所有混凝土，一经浇筑，应立即进行全面捣实，使之形成密实、均匀的整体。

(2)除非监理工程师书面许可采用其他方法，混凝土的捣实，一般均应使用内部机械振捣；混凝土的构件顶面部分，预应力混凝土构件或其他特殊地方，可用外部机械振捣。

(3)振捣器的类型应经监理工程师批准，振捣器应能以每分钟不小于4 500脉冲的频率传递振动于混凝土，使在距振捣点至少0.5m以内的混凝土产生25mm坍落度的可见效应。

(4)工地上应配有足够数量的处于良好状态的振捣器，以便随时替补。

(5)振捣应在浇筑点和新浇筑混凝土面上进行，振捣器插入混凝土或拔出时速度要慢，以免产生空洞。

(6)振捣器要垂直地插入混凝土内，并要插至前一层混凝土，以保证新浇筑混凝土与先行浇筑混凝土结合良好，插进深度一般为50～100mm。

(7)插入式振捣器移动间距不得超过有效振动半径的1.5倍。表面振捣器移位间距，应使振动器平板能覆盖已振实部分100mm左右。

(8)当使用插入式振捣器时，应尽可能地避免与钢筋和预埋构件相接触。

(9)模板角落以及振捣器不能达到的地方，辅以插针振捣，以保证混凝土密实及其表面平滑。

(10)不能在模板内利用振捣器使混凝土长距离流动或运送混凝土，以致引起离析。多余的自由浆宜立即清除，避免上下混凝土结合造成局部混凝土不均匀和挤压至边缘，拆模后出现泌水、露砂与花脸图案。

(11)混凝土振捣密实的标志是混凝土停止下沉、不冒气泡、泛浆、表面平坦。振捣不能产生过振，避免粗集料下沉集中，造成混凝土内部不均质，同一构件中混凝土强度不一致。

(12)混凝土捣实后1.5~24h之内，不得受到振动。

8. 施工缝设置

(1)施工缝应按图示设置。外加施工缝应经监理工程师书面批准。

(2)当监理工程师认为需要时，对于水平施工缝，沿所有外露面，在模板内设40mm宽的板条，使施工缝保持直线。

(3)在浇筑新混凝土前，施工缝的表面应用钢丝刷洗或凿毛。在用水刷洗时混凝土强度须达到0.5MPa；在人工凿毛时须达到2.5MPa；用风动机凿毛时须达到10MPa，同时应加水使混凝土保持潮湿状态直到浇筑新混凝土。

(4)在浇筑新混凝土时，老混凝土强度必须达到1.2MPa，如为钢筋混凝土，须达到2.5MPa。同时在老混凝土面上水平缝抹一层厚10~20mm的1∶2水泥砂浆，竖直缝抹一薄层纯水泥浆。

(5)下部结构混凝土的浇筑应使所有水平施工缝保持水平，并在可能时，将缝设于完成结构的不暴露部位。当必须设垂直施工缝，或施工缝位于重要部分或具有抗震要求时，应有钢筋通过施工缝使结构成为整体。当施工缝为斜面时，应先凿成台阶状。当有抗渗要求时，施工缝宜做成凹形或设置止水带。

(6)施工缝混凝土的浇筑应连续进行，暴露在可见面的施工缝边线，应特别注意加以修饰，做到线条及高度整齐。

9. 混凝土表面修整

(1)所有混凝土的外露面的外形应线形正确、顺畅、光洁、颜色一致。拆模后如表面有粗糙、不平整、蜂窝或不良外观时，应凿到监理工程师同意的深度，并以监理工程师同意的混凝土等级重新填筑和修整表面。这种修补工作要由监理工程师在总体上予以同意，监理工程师还可以要求将全部有缺陷混凝土清除并重新浇筑。

(2)规范和设计图纸规定了各种混凝土表面应具备的形式，并涉及完工后混凝土表面所要求的纹理和平整度。由于不良模板间相互错位而引起的表面高低错开称为突变不平整，由直接测量测定。由模板的凸出或其他原因而引起的不平整称为渐变不平整，由2m直尺测定之。

10. 混凝土养护

(1)混凝土浇筑完成后，待表面收浆后尽快对混凝土进行养生，洒水养生应最少保持7d或监理工程师指示的天数。预应力混凝土的养生期应延长至施加预应力完成为止。

(2)构件体积较大，水泥含量较高，或采用特别养生方法进行养生的构件，其养生方法应经监理工程师批准。

(3)构件不应有由于混凝土的收缩而引起的超过允许范围的裂缝。

(4)结构物各部分构件,不论采用什么养生方法,在拆模以前均应连续保持湿润。

(5)同样构件尽可能在同一条件下养生。

(6)当结构物与流动性的地表水或地下水接触时,应采取防水措施,保证混凝土在浇筑后7d之内不受水的冲刷。当环境水有侵蚀作用时,应保证混凝土在浇筑后10d内以及其强度达到设计等级的70%以前,不受水的侵袭。

(7)养生期间,混凝土强度达到2.5MPa之前,不得使其承受行人、运输工具、模板、支架及脚手架等荷载。

11. 质量检验与评定

施工质量应符合设计要求和《公路工程质量检验评定标准(土建工程)》(JTG F80/1—2004)的规定。

就地浇筑梁(板)质量检验实测项目及质量标准见表5-13。

就地浇筑梁(板)实测项目及质量标准　　表5-13

项　次	检 查 项 目		规定值或允许偏差	检查方法和频率	权　值
1△	混凝土强度(MPa)		在合格标准内	按JTG F80/1—2004附录D检查	3
2	纵轴线偏位(mm)		10	全站仪或经纬仪:测量3处	2
3	梁(板)顶面高程(mm)		±10	水准仪:检查3~5处	1
4	断机尺寸	高度	-10~5	尺量:检查3个断面	1
		块石	+30		
		片石	+20		
		顶、底、腹板或梁肋厚	0~10		
5	长度(mm)		-10~0	尺量:每梁(板)	1
6	横坡(%)		±0.5	水准仪:每跨检查3~5处	1
7	平整度(mm)		8	2m直尺:每侧面每10m梁长测1处	1

拱的就地浇筑质量检验实测项目及质量标准应符合表5-14所示。

就地浇筑拱圈检查项目及质量标准　　表5-14

项　次	检 查 项 目		规定值或允许偏差	检查方法和频率	权　值
1△	混凝土强度(MPa)		在合格标准内	按JTG F80/1—2004附录D检查	3
2	轴线偏位(mm)	板拱	10	经纬仪:测量5处	1
		肋拱	5		
3	内弧线偏离设计弧线(mm)	跨径≤30	±20	水准仪:检查5处	2
		跨径>30	±1/500(跨径)		
4	断面尺寸(mm)	高度	±15	尺量:拱脚、L/4、拱顶5个断面	2
		顶、底、腹板厚	0~10		
5	拱宽(mm)	板拱	±20	尺量:拱脚、L/4、拱顶5个断面	1
		肋拱	±10		
6	拱肋间距(mm)		5	尺量:检查5处	1

二、桥梁预应力混凝土结构工程

1. 预应力材料、张拉设备及张拉作业

1）预应力材料

所有用于预应力混凝土工程的材料，如钢筋、钢丝、钢绞线、冷拉钢筋、冷拔低碳钢丝、混凝土、压浆材料等，均应满足技术规范和设计图纸的要求，并应获得监理工程师的批准后，方能使用。

2）张拉设备

承包人应在预应力混凝土结构构件施工开始的28d前，向监理工程师提交拟采用的预应力系统的全部细节，并说明材料的供应厂家，以便监理工程师审批。如果承包人拟采用的预应力系统与图纸所示的数量、型号、尺寸不一致时，则应提交一份拟采用的预应力系统的全部细节资料和规范，以取得监理工程师审查批准。

承包人的张拉机具应与锚具配套使用，并由专人使用与管理。锚具和千斤顶在使用前均应进行校核，其性能和精度均应使监理工程师满意。锚具及其联结器，成品应在其工厂进行探伤检验，并在钢丝束张拉达到极限强度的95%时，锚具应无受损和钢丝束过量回缩、锚塞滑移等现象；千斤顶应适用于所采用的预应力系统，且在使用过程中，每半月进行一次检查和保养，并对其精度进行校核；所使用的压力表、测力计及其他用于测量预应力荷载的机具的读数精度均不得低于±2%。为了保证预应力张拉的质量，承包人应提供一个监理工程师同意的校核装置，以便对千斤顶进行检验。

3）张拉作业

（1）施加预应力的各种机具设备及仪表，应由专人管理和使用，并应经常维护，定期校核。

（2）长期搁置未用的张拉机具，使用前应进行全面校验，其检核结果应符合要求，并应获得到监理工程师的认可。一般情况下，千斤顶使用超过6个月或200次以上，以及在使用过程中出现不正常现象时，应重新检校；弹簧测力计等检校期限，以不超过2个月为宜。所有检校结果都应符合规范要求，并取得监理工程师的认可。

（3）安装张拉设备时，对直线受力筋，应使张拉力的作用线与孔道的中心线在张拉过程中相互重合；对曲线受力筋，则应使张拉力的作用线与孔道末端中心点的切线相重合，且不得偏移。

（4）受力筋的张拉应采用“双控”，在张拉过程中，如发现滑丝、断线、锚具压坏等情况，应立即停止操作，查明原因，做好记录，并报监理工程师处理。若滑丝、断线数量超过设计图纸规定时，报监理工程师同意后，可重新换束张拉。

（5）在张拉作业中，承包人应按要求做好记录，并在每次张拉作业完成后24h内送交监理工程师。如张拉不合格，承包人应立即返工。

2. 预应力钢筋管道的安装和成形

（1）预应力管道的形式，应符合图纸所示。若承包人变更管理形式，必须经监理工程师批准。

（2）管道应按图纸所示位置牢靠地固定。管道上若出现意外的孔洞，应在浇筑混凝土以前修补好。

(3)当使用金属软管时,接缝数量应尽可能保持最少。每个接缝处都应严格加以密封,防止任何材料进入。

(4)在穿钢丝束以前,所有管道端部均应密封并加以保护。

3. 预应力混凝土的浇筑

(1)模板、钢筋、管道、锚具和预应力钢筋经监理工程师检查并批准后,方可浇筑混凝土。

(2)预应力结构混凝土的浇筑应符合下列要求:

①浇筑混凝土时,应保持锚塞、锚圈和垫板位置的稳固。

②在混凝土浇筑和预应力钢丝张拉前,锚具的所有支承表面(例如垫板)应加以清洗。

③拌和后超过45min的混凝土不得使用。

④简支梁梁体混凝土应水平分层,一次浇筑完成。箱形梁梁体混凝土,应尽可能一次浇筑完成。梁体较高时,若分两次或三次浇筑完成,第一次浇筑应浇至底板承托顶部以上30cm,而后按腹板、顶板、翼板的次序浇筑。

⑤为避免孔道变形,不允许振捣器触及套管。

⑥对于梁式空心板端部锚固区及预制构件,为了保证混凝土密实,应当使用外部振捣器加强振捣,且集料尺寸不要超过两根钢筋或预埋件间距的一半。

⑦混凝土立方体强度尚未达到15~20MPa时,不得拆除模板。

(3)预应力结构混凝土养生时,对为预应力钢束所留的孔道应加以保护,严禁将水和其他物质灌入孔道,并防止金属管生锈。

4. 预应力钢筋张拉

1)后张法预应力钢筋张拉

(1)承包人在张拉开始前,应向监理工程师提交详细说明、图纸、张拉应力和延伸量的静力计算,请求审核。

(2)承包人应选派富有经验的合格的技术人员专职指导张拉作业,所有参加操作预应力设备的工作人员,均须通过正式培训,且考核合格后方能上岗。

(3)所有设备应最少每间隔两个月进行一次检查和保养。

(4)预应力张拉中,如发现下列任何一种情况,张拉设备应重新进行校验。

①张拉过程中,预应力钢丝经常出现断丝时;

②千斤顶漏油严重时;

③油压表指针不回零时;

④调换千斤顶油压表时。

(5)除非另有书面允许,张拉工作应在监理工程师在场时进行。

(6)当气温下降到+5℃以下且无保温措施时,禁止进行张拉作业。

(7)预应力钢筋在张拉前应作检查,保证它在张拉点之间的管道内能自由滑动,同时构件可以自由地适应施加预应力时产生的水平和垂直位移。

(8)施加预应力前,承包人应对混凝土构件的外观、尺寸及质检资料进行全面检查,其质量应符合标准要求。第一次张拉时,混凝土的强度须达到设计图纸(传递预应力的强度)规定值。图纸无规定时,混凝土强度应不低于设计强度等级的75%。检查结果经监理工程师审批后，且在场旁站监控时，方能进行张拉作业，且边张拉边测量伸长值。如梁体有缺陷，应责令承包人妥善处理，直至合格为止。

(9)预应力钢筋的张拉顺序应符合图纸规定，当图纸未规定时，可采取分批、分阶段对称张拉，预应力张拉应从两端同时进行，除非监理工程师同意另外的方式。张拉程序如表5-15所示。

后张法预应力钢筋张拉程序

表5-15

预应力筋		张拉程序
钢筋、钢筋束		0→初应力→1.05σ_{con}（持荷2min）→σ_{con}（锚固）
钢绞线束	对于夹片式等具有自锚性能的锚具	普通松弛力筋：0→初应力→1.03σ_{con}（锚固） 低松弛力筋：0→初应力→σ_{con}（持荷2min）
	其他锚具	0→初应力→1.05σ_{con}（持荷2min）→σ_{con}（锚固）
钢丝束	对于夹片式等具有自锚性能的锚具	普通松弛力筋：0→初应力→1.03σ_{con}（锚固） 低松弛力筋：0→初应力→σ_{con}（持荷2min锚固）
	其他锚具	0→初应力→1.05σ_{con}（持荷2min）→0→σ_{con}（锚固）
精轧螺纹钢筋	直线配筋时	0→初应力→σ_{con}（持荷2min锚固）
	曲线配筋时	0→σ_{con}（持荷2min）→0（上述程序可重复几次）→初应力→σ_{con}（持荷2min锚固）

(10)当仅从一端张拉时，应精确量测另一端的回缩量，并从千斤顶量测的伸长值中适当给予扣除。

(11)控制张拉力的为锚固前锚具内侧的拉力。在确定千斤顶的拉力时，应考虑锚具摩阻损失及千斤顶内摩阻损失。这些增加的损失以采用的预应力系统及通过现场测验而定，但一般对钢绞线为3%的千斤顶控制张拉力，对钢丝为5%千斤顶控制张拉力。当预应力加至设计规定值并经监理工程师同意时，方可锚固钢丝束；千斤顶压力应以锚具和钢丝束不受振动的方式予以解除。

(12)记录及报告。每次预应力张拉以后，如监理工程师要求，应将下列数据抄录给监理工程师。

①每个测力计、压力表、油泵及千斤顶的鉴定号；

②测量预应力钢筋延伸量时的初始延伸量；

③在张拉完成时的最后拉力及测得的延伸量；

④千斤顶放松以后的回缩量；

⑤在张拉中间阶段测量的延伸量及相应的拉力。

2)先张法预应力钢筋张拉

(1)张拉工作开始前，承包人应将张拉方案及拟采用的张拉台、千斤顶、混凝土搅拌设备等全部细节资料，提交监理工程师审批。具体张拉时，受力筋的张拉顺序应按设计要求或监理工程师的指示进行。

(2)先张法预应力张拉，除图纸或监理另有指示外，张拉程序如表5-16所示。

先张法预应力钢筋张拉程序　　表5-16

预应力筋种类	张拉程序	
钢筋	0→初应力→$1.05\sigma_{con}$（持荷2min）→$0.9\sigma_{con}$→σ_{con}（锚固）	
钢丝、钢绞线	0→初应力→$1.05\sigma_{con}$（持荷2min）→σ_{con}（锚固）	
	对于夹片式等具有自锚性能的锚具	普通松弛力筋:0→初应力→$1.03\sigma_{con}$（锚固） 低松弛力筋:0→初应力 σ_{con}（持荷2min锚固）

注:①表中 σ_{con} 为张拉时的控制应力值,包括预应力损失值。

②超张拉数值超过规定的最大超张拉应力限值时,应按该条规定的限制张拉应力进行张拉。

③张拉钢筋时,为保证施工安全,应在超张拉放张至 $0.9\sigma_{con}$ 安装模块、普通钢筋及预埋件等。

（3）当用先张法张拉钢筋时的温度低于10℃时,钢筋延伸量计算应考虑从张拉时到混凝土初凝时温度变化的因素。当测得预应力钢筋温度低于5℃时,如未取得监理工程师许可,不得施加预应力。

（4）同时张拉多根钢筋时,应抽查钢筋的预应力值,其偏差的绝对值不得超出按一个构件全部钢筋预应力总值的5%。

（5）为了减少钢筋预应力的损失,可采用超张拉;为了施工安全,应在超张拉后放松至90%控制应力时,再装设预埋件、非预应力筋及模板等。

（6）当混凝土达到图纸规定强度时,荷载应逐渐传递给混凝土,而且要求混凝土与钢筋不互相隔离。然后涂一层认可的防腐剂。

（7）张拉完毕后,应使受力筋的实际位置与设计位置的偏离误差,不得大于5mm;当混凝土达到设计强度的75%时,方能放松预应力钢筋,然后用砂浆或防蚀材料封闭外露端头。

（8）所有混凝土构件应标出经监理工程师同意的永久性标志。标志上应标明构件编号、制造的生产线、浇筑混凝土和预应力钢筋张拉的日期等,其标志应在构件安装后不外露的位置上。

5.质量检验与评定

按照《公路工程质量检验评定标准（土建工程）》（JTG F80/1—2004）的规定进行。

三、桥梁构件的预制和安装

1.吊装索道的安装与检验

吊装索道主要是供桥梁上部结构无支架吊装用的临时性结构。吊装索道的安装工序为:索塔选位及安装,承重主索架设、试吊,空载运行试验,静载起动试验,动载运行试验及吊装等。

吊装索道质量检查的主要内容是:安装质量检查,空载试运转检查,静载试运转检查,动载试运转检查。

吊装索道的安装质量与检验具体如下:

（1）吊装索塔的中线位置应高于桥轴线,以使吊装方便,也可使墩台上的构件横移并与吊装工序均衡进行。承重主索的架设以计算无荷载时的跨中最大垂度作为安装垂度控制值,且使主索下保持4～6m最低工作净空高度。

（2）索道安装完毕后,应进行试吊、试运转,以检查各部位设备和准备工作的可靠性;然后进行空载试运转,以便确定索道的主要设施（地锚、绳索、塔架及各种运转机械设备）最低工作净空高度，并对索道的主要设施（地锚、绳索、塔架及各种运转机械和设备）进行观测检查，当无异常情况时，方可进行静载起动试验。

（3）静载试验，即先起吊60%设计重量，离地50cm，停留10min；观测人员进行各项观测，并做好记录，按上述操作步骤起吊100%设计重量；最后，仍按相同操作步骤起吊130%设计重量。当静载试验无异常现象时，即可进行下一步的动载试验。

（4）动载试验的第一步是起吊60%的设计荷载，并将跑车牵引至跨中，此时，观测人员应观测主索垂度、塔架位移、风缆受力、各种机具的运转是否正常并做好记录；当无异常现象出现，再将垂物继续牵引至离对岸塔架约10m左右的位置，继续观测并做好记录；当无异常后，遂将重物返回放下，然后按同样步骤试吊100%设计荷载、试吊130%设计荷载，当动载试运转正常，且各项检查、观测记录均报送监理工程师审批后，方可正式进行吊装作业。

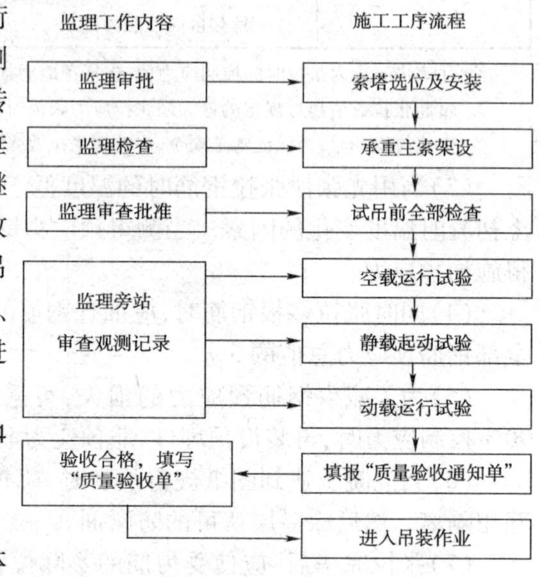

图5-4　吊装索道施工程序及监理工作流程

吊装索道的施工程序及监理工作程序如图5-4所示。

2. 构件预制的质量监控

混凝土预制构件的施工质量监理要点具体如下：

（1）混凝土大型预制构件如板、梁、拱等，所采用的水泥、砂、石、水及添加剂的质量规格必须符合有关规范的要求，并按规定的配合比施工。

（2）在混凝土的拌制、运输、浇筑、捣实、养生等各工序的施工中，承包人应严格按照《公路桥涵施工技术规范》（JTJ 041—2000）的有关规定进行，监理工程师应加强旁站。

（3）预制场地应平整、坚实、清洁，应采取排水措施，防止场地沉降。每个预制块件应一次浇筑完成，不得间断。

（4）在空心板的筒模周围浇筑混凝土时，应采取措施使筒模不致移位。混凝土应分两层浇筑，底层浇至筒模的圆心下，并振捣使之沉积，而后在下层混凝土仍有足够塑性时尽快浇筑上层混凝土，用振捣器使上下层混凝土结合。

（5）腹板底部若为扩大断面的T形梁或I形梁，应先浇筑其扩大部分并振实，再浇筑其上部腹板。

（6）U形梁式拱肋，宜一次浇筑或二次浇筑完成。一次浇筑时，首先浇筑底板及底板承托的顶面，待上述混凝土沉实后，再浇筑腹板。二次浇筑时，首先浇筑底板至底板承托的顶面，按施工缝处理后，再浇筑腹板混凝土。

（7）连续箱梁梁段的浇筑，应先浇底板，振捣密实后，再行浇筑腹板。腹板浇筑可分段分层进行，亦可由一端向另一端逐步推进，并及时振捣。腹板浇筑完毕即可浇筑顶板，顶板亦可在腹板浇筑到一定长度后与腹板交叉进行。

（8）混凝土预制构件的施工质量应达到以下标准：混凝土表面平整，颜色均匀一致，施工

缝修饰光洁；梁、柱、盖梁、主拱圈混凝土不出现露筋和空洞，其蜂窝、麻面面积不超过该总面积的0.5%，深度不超过10mm（不符合要求时，每超过0.5%减5分）；混凝土构件表面不得出现非受力裂缝（不符合要求时，减1～5分），当裂缝宽超过规定值时，必须加以处理。预制梁（板）实测项目见《公路工程质量检验评定标准（土建工程）》（JTG F80/1—2004）。

为加速模板周转，小型构件可采用干硬性混凝土，采用下述方法进行预制。

（1）翻转模板法。构件浇筑并振实后，连同模板反转，然后脱去模板，立即进行混凝土表面修抹。

（2）在移动式底模上或平整的地面上浇筑混凝土，振动时应于表面加压，增加振动时间，然后短时间内拆模，修整混凝土边角。

梁、板预制质量检验实测项目及质量标准如表5-17所示。

梁（板）预制实测项目及质量标准　　表5-17

<table>
<tr><th>项次</th><th colspan="3">检查项目</th><th>规定值或允许偏差</th><th>检查方法和频率</th><th>权值</th></tr>
<tr><td>1△</td><td colspan="3">混凝土强度（MPa）</td><td>合格标准内</td><td>按JTG F80/1—2004附录D检查</td><td>3</td></tr>
<tr><td>2</td><td colspan="3">梁（板）长度（mm）</td><td>+5，−10</td><td>尺量：每梁（板）</td><td>1</td></tr>
<tr><td rowspan="4">3</td><td rowspan="4">宽度（mm）</td><td colspan="2">干接缝（梁翼缘、板）</td><td>+10</td><td rowspan="4">尺量：检查3处</td><td rowspan="4">1</td></tr>
<tr><td colspan="2">湿接缝（梁翼缘、板）</td><td>+20</td></tr>
<tr><td rowspan="2">箱梁</td><td>顶宽</td><td>±30</td></tr>
<tr><td>底宽</td><td>±20</td></tr>
<tr><td rowspan="2">4</td><td rowspan="2">度度（mm）</td><td colspan="2">梁（板）</td><td>±5</td><td rowspan="2">尺量：检查2个断面</td><td rowspan="2">1</td></tr>
<tr><td colspan="2">箱梁</td><td>+0，−5</td></tr>
<tr><td rowspan="3">5</td><td rowspan="3">断面尺寸（mm）</td><td colspan="2">顶板厚</td><td rowspan="3">+5，−0</td><td rowspan="3">尺量：检查2个断面</td><td rowspan="3">2</td></tr>
<tr><td colspan="2">底板厚</td></tr>
<tr><td colspan="2">腹板或梁肋</td></tr>
<tr><td>6</td><td colspan="3">平整度（mm）</td><td>5</td><td>2m直尺：每侧面每10m梁长测1处</td><td>1</td></tr>
<tr><td>7</td><td colspan="3">横系梁及预件位置（mm）</td><td>5</td><td>尺量：每件</td><td>1</td></tr>
</table>

3. 构件安装的质量监控

1）一般要求

（1）预制构件的起吊、运输、装卸和安装等施工环节，承包人应至少在施工前28d报送监理工程师批准。

（2）预制构件的起吊、运输、装卸和安装时的混凝土强度，应符合图纸规定，一般不低于预制构件混凝土设计等级的75%。对于预应力混凝土梁，应通过与梁相同的混凝土制成的、且与梁在同一条件下养护的混凝土立方体试件抗压强度试验，表明梁的抗压强度达到图纸规定的抗压强度，且至少达到14d龄期，才能装运。预应力混凝土预制构件孔道内的水泥浆强度，应符合图纸规定，如图纸无规定时，应不低于预制构件混凝土设计等级的55%，且不低于30MPa。

（3）装卸、运输及储存预制构件时，其位置应正立，顶面朝上。支承点应接近于构件最后放置位置的情况。用于制作预制构件吊环的钢筋，只允许采用未经冷拉的Ⅰ级热轧钢筋。

（4）预制构件的起吊、运输、装卸和安装过程中的应力应始终小于设计应力。

（5）在起吊、运输、装卸和安装过程中，由承包人损坏的构件，由承包人自费修复或更换，直至监理工程师满意为止。

(6)构件在正式起吊安装前,进行满载或超载的起吊试验,以检验起吊设备的可靠性,进一步完善操作方法。

(7)在桥墩、支柱或桥台混凝土未达到图纸规定强度,或设计等级的75%(当图纸未规定时),以及其他方面未经监理工程师许可时,不得架设预制构件。

(8)分段拼装的预制构件,除图纸有规定外,其接合用的混凝土的等级应不低于预制构件的设计等级。

(9)预制构件安装就位,并经监理工程师检查认可后,才允许浇筑接合用的混凝土或焊接。

(10)预制构件安装前,构件的上拱度应符合图纸要求。构件出坑到开始浇筑结构整体混凝土的时间不得大于90d。

2)梁、板安装

梁、板安装前,墩台支座垫板必须稳固,就位后,梁、板两端支座应对位,且梁、板与支座密贴,否则,应重新安装;两梁、板之间的接缝填充材料的规格和强度应符合设计图纸要求,且填缝应平整密实(不符合要求时,每条缝减2分)。梁、板安装质量检验实测项目及质量标准如表5-18所示。

梁(板)安装实测项目及质量标准 表5-18

项次	检查项目		规定值或允许偏差	检查方法和频率	权值
1△	支承中心偏位(mm)	梁	5	每孔抽查4~9个支座	3
		板	10		
2	倾斜度(%)		1.2	每孔抽查3片	2
3	梁(板)顶面纵向高程(mm)		+8,-5	每孔抽查2片,每片3点	2
4	相邻梁(板)顶面高差(mm)		8	每相邻梁(板)	1

3)拱的安装

大、中跨径装配式拱安装(吊装)前,承包人必须对吊装机具设备、索塔、地锚等进行检查、试吊,检查合格并经监理工程师审批后,才能进行安装作业。

多孔拱桥上部结构安装时,必须严格按加载程序,由桥台或制动墩起逐孔吊装;如桥墩在设计上限制承受单孔上部结构推力时,吊装过程中应尽量使相邻两孔上部结构的施工进度不能相差过大,以使施工荷载对桥墩产生的单向推力减少到图纸规定的允许范围内。

当采用分段吊装,且拱段接头采用现浇混凝土时,必须确保其强度和质量,并在浇筑的混凝土强度达到70%以上时,才可进行拱上建筑的施工。拱桥上部结构安装的实测项目及质量标准如表5-19所示。

主拱圈安装实测项目及质量标准 表5-19

项次	检查项目		规定值或允许偏差	检查方法和频率	权值
1△	轴线横向偏位(mm)	$L\leqslant60$m	10	经纬仪:检查5处	2
		$L>60$m	$L/6000$		
2△	拱圈底面高程(mm)	$L\leqslant60$m	±20	水准仪:检查5~7处	3
		$L>60$m	$\pm L/3000$		

续上表

项次	检查项目		规定值或允许偏差		检查方法和频率	权值
3△	对称接头点相对高差(mm)	$L \leqslant 60$m	允许	20	水准仪:检查每段处	2
		$L > 60$m		$L/3000$		
		$L \leqslant 60$m	极值	允许偏差的2倍且反向		
		$L > 60$m				
4	同跨各拱肋相对高差(mm)	$L \leqslant 60$m	20		水准仪:检查5处	1
		$L > 60$m	$L/3000$			
5	同跨各拱肋间距(mm)		30		尺量:检查5处	1

4. 装配式混凝土预制块件的质量监控

首先应将预制场地平整、压实,并应根据地基情况和气候条件,采取必要的排水措施,以防场地沉陷造成预制构件变形。浇筑过程中,每一块预制件必须一次浇筑完成,中途不得间断;大型预制构件,当其结构复杂、钢筋稠密时,可在不同部位采用不同粒径集料和不同坍落度的混凝土。

预制构件应采用机械捣实,当条件允许时,中小型构件宜采用附着式振捣器在振捣台上振捣,大型构件则宜采用附着式振捣器在侧模和底模上振捣,并用插入式振捣器辅助;钢筋密集部位宜采用插入式振捣器或用钢钎人工辅助振捣。

当采用平卧、重叠法支模浇筑混凝土构件时,应在已浇好的下层构件顶面设置隔离层,且上层构件应待下层构件的混凝土强度达到设计强度的30%以上后,方可浇筑;当采用土模浇筑混凝土构件时,为了保证构件外形尺寸准确、整齐,应防止碰撞侧壁和底胎,其干硬度也不宜过大。构件浇筑完毕后,应标明构件型号、制作日期和上下的方向。

5. 预制块件砌筑的质量检查

砌块在使用前必须浇水湿润,并将其表面清洗干净。砌块的砌筑工艺与桥梁石砌墩台砌筑工艺相同,见《公路桥涵施工技术规范》(JTJ 041—2000)。监理工程师在砌块预制和砌筑时,应加强旁站检查,以确保施工质量。

●第六节 桥面系施工质量监理●

桥面附属工程包括:桥面铺装,伸缩缝,桥面防水、排水及其他附属工程(人行道及安全带、沉降缝、缘石、栏杆、水电管道等)。桥面附属工程及监理工作程序如图5-5所示。在桥面附属工程施工时,质量监控的主要内容如下。

1. 桥面铺装

(1)桥面铺装所用的水泥、粗细集料、沥青等材料应符合设计要求,并经监理工程师批准。

(2)桥面铺装最小厚度不小于设计值,最大厚度应控制在设计允许值内。

(3)进行桥面铺装时,应按图纸所示的位置和尺寸预留好伸缩缝的工作槽,并注意使伸缩缝的伸缩性有效,缝面与桥面结合良好,并保持平整。

(4)预制桥面板或现浇桥面板与桥面铺装混凝土的龄期相差应尽量缩短,以避免两者之间产生过大的收缩差。

(5)为使桥面铺装与下面的混凝土结构构件紧密结合,其面板表面必须粗糙,并在浇筑桥面铺装前用水冲洗干净。

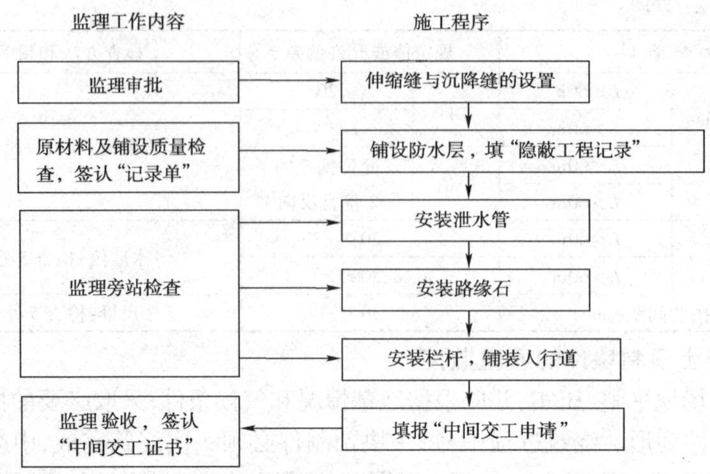

图5-5　桥面附属工程施工程序及监理工作流程

(6)桥面铺装必须在主梁的横向联结钢板已焊接、上部构造构件的横向伸出钢筋已焊接或绑扎、预留的缝槽已经灌注水泥砂浆并按要求铺设纵向接缝钢筋网或桥面钢筋网后才能开始。

(7)桥面铺装采用全桥宽同时进行的方法,或根据监理工程师的指令办理。

桥面铺装质量的实测检查项目及质量评分标准见《公路工程质量检验评定标准(土建工程)》(JTG F80/1—2004)。

2. 伸缩缝和沉降缝

(1)伸缩缝内的杂物、污泥应全部清除干净。伸缩缝应无阻塞、渗漏、变形、开裂现象。

(2)沉降缝的安装应符合设计要求,其接触面必须平整,不留缝隙,设缝处可用干砌,用油毛毡隔开或采用低强度等级砂浆砌筑。

(3)伸缩缝的牌号、型号应符合图纸规定。控制好安装温度和预留宽度。

(4)对于整体式混凝土桥面,所有伸缩缝、沉降缝均宜由下直通到桥面。

(5)伸缩缝的安装须由专业施工单位施工,并须满足制造商的有关要求。安装完成后的伸缩缝应与桥面铺装结合平整。

3. 防水层

(1)防水层材料应经检查,符合规定标准后方可使用。

(2)防水层通过伸缩缝或沉降缝时,应按设计规定铺设。

(3)防水层应在横桥向闭合铺设,底层表面应平顺、干燥;沥青防水层不宜在雨天或低温下铺设。

4. 泄水管

泄水管设置的位置、数量和材料应按设计要求执行,泄水管下缘应伸出结构物底面10～15cm。为保证桥面排水良好(不符合要求时,减1～5分),桥面泄水孔的进水口应略低于桥面面层,泄水孔的数量不得少于设计要求。

5. 安全带、缘石、人行道、栏杆

安装安全带、缘石、人行道、栏杆时,其质量控制要点如下:

(1)悬臂式安全带和人行道构建必须在主梁横向连接或拱上建筑完成后才可安装。

(2)人行道板必须在人行道梁锚固后才允许铺设;对设计无锚固的人行道梁、人行道板，铺设应按照由里向外的次序。人行道的排水横坡应符合设计要求,必须在主梁横向连接或在拱上建筑完成后才可安装。

(3)栏杆块件必须在人行道板铺设完毕后才可安装。安装栏杆时,必须全桥对直、校平(弯桥、坡桥要求平顺),立直后用水泥砂浆填缝固定。

(4)在安装有锚固的人行道梁时,应对焊缝认真检查,必须注意安全施工。

(5)为减少从缘石与桥面铺装缝中渗水,缘石宜采用现浇混凝土,使其与桥面铺筑的底层混凝土结为整体。

●第七节　涵洞及通道工程施工质量监理●

涵洞按照形式可分为管式涵、盖板涵、拱涵与箱涵等。每座涵洞由涵身与进、出口组成。洞口的建筑形式有八字翼墙式、直墙式、端墙式,必要时尚须铺砌进洞口处的路堤,以防水流的冲刷,一般涵洞的设计可使用标准图。涵洞的施工一般可分为基础开挖、涵身砌筑与进、出洞口砌筑等工序。

通道与涵洞构造形式相同,其既是过水又属于过人或人力车、马车或拖拉机的低等级立交构造物。

一、涵洞(通道)总体质量控制的基本要求

每道涵洞(通道)为一个分部工程,包括涵身各部分构件和洞口等分项工程,其总体的施工质量,应满足设计图纸、施工规范、有关技术操作规程的要求,并满足表5-20中各项实测项目及质量标准要求。

涵洞(通道)总体实测项目及质量标准　　表5-20

项次	检查项目	规定值或允许偏差	检查方法和频率	权值
1	轴线偏位(mm)	明涵20,暗涵50	经纬仪:检查2处	2
2△	流水面高程(mm)	±20	水准仪、尺量:检查洞口2处	3
3	涵底铺砌厚度(mm)	+40,-10	尺量:检查3~5处	1
4	长度(mm)	+100,-50	尺量:检查中心线处	1
5△	孔径(mm)	±20	尺量:检查3~5处	3
6	净高(mm)	明涵±20,暗涵±50	尺量:检查3~5处	1

二、涵洞(通道)质量控制的基本要求

涵洞(通道)施工质量控制的基本要求如下:

(1)帽石及一字墙或八字墙应平直、无翘曲,其表面亦应平整,轮廓清晰,线条平直,且无阻水现象。

(2)钢筋混凝土圆管、盖板,无论是现浇,预制或外购,均应满足设计要求,施工安装时,应符合规范的要求。

(3)拱圈圬工的砌筑,应从两端拱脚向拱顶同时对称砌筑,砌筑施工中,拱架或拱圈均不得产生变形,当拱圈强度达到设计强度的70%时,方可拆除拱架。

(4)沉降缝、防水层、回填土等,均应按设计要求和有关规定施工。

现以管涵为例,说明其施工控制的具体要求和质量标准:

(1)钢筋混凝土圆管的预制或外购成品的质量,必须满足设计要求和施工规范的规定,并经工地验收后方可进行安装。

(2)若钢筋混凝土圆管为预制,其管壁蜂窝每处的面积不得超过3cm×3cm,深度不得超过1cm,总面积不得超过全面积的1%(不符合要求时,蜂窝总面积每超过1%减5分)。

(3)管涵的地基承载力必须满足设计要求,当不能满足时,应采取换填等措施加以处理。

(4)管座混凝土材料必须符合设计要求和有关规范的规定。

(5)管节接缝宽度及堵塞材料应严格按照设计和规范的要求办理。

(6)从外观上看,涵洞应直顺,进出口应平顺,且无阻水现象(不符合要求时,减1~5分);帽石、一字墙或八字墙应平直,无翘曲现象(不符合要求时,减1~5分)。

三、涵洞(通道)工程施工准备阶段质量监理

在涵洞(通道)工程的施工准备阶段,监理工程师的主要工作内容有以下几个方面。

1. 校核涵洞(通道)放样

施工开始前,承包人应对设计图纸中的涵洞(通道)中线位置桩、三角网基点桩、水准点及其测量资料进行校核,并补充施工所需的涵洞(通道)中线桩、基础位置、水准基点桩及增设必要的护桩等;当有地下电缆、管道或构造物靠近开挖的涵洞(通道)基础位置时,应对这些构造物设置标桩。

以上测量结果均应作详细记录,并呈报监理工程师审批。监理工程师应对承包人确定的涵洞(通道)位置进行检查,看其是否符合设计要求,若有疑问,应指令承包人复测(监理工程师旁站监督)或亲自到现场测量。

2. 施工机械设备的检查审批

承包人的施工机械设备进场后,应向监理工程师提交报告。监理工程师则根据承包人提交的报告,按合同规定逐项检查审核,看其数量和完好率及安全可靠性是否达到合同条款的规定,是否能保证工程的施工进度。

3. 原材料、砂浆、混凝土配合比的试验确认

所有用于涵洞(通道)工程施工的钢材、水泥、石料、砂、拌和用水等,均应由监理试验室对承包人的试验进行复检,其结果应符合设计要求及有关规范的规定,对砂浆和混凝土的配合比,监理工程师亦应通过监理试验室对承包人提供的配合比进行复检后确认批准。

审批的内容是:材料的品种及来源;水与水泥的质量比;混凝土的工作性;混凝土的浇筑与养护方法;外加剂的掺入量,尤其是混凝土外加剂的使用,必须获得监理工程师的批准,否则,不得在混凝土中掺用外加剂及水硬性或填充性混合物。

4. 审定承包人的施工方案

涵洞(通道)开工前,承包人应根据设计文件和合同工期,编制施工方案,并呈报监理工程师审批。对施工方案,应重点审查以下内容:

(1)主要设计数据。涵洞(通道)的里程、平面位置及纵断面、涵洞(通道)孔径、类型、高

度、基础情况等。

(2)主要工程数量。基础开挖、涵身砌筑与进出洞口砌筑及附属工程数量等。

(3)资料依据。编制施工方案所采用的设计文件、图纸、定额及施工中的依据。

(4)现场施工条件的说明是否正确。承包人应在施工方案中对施工现场的水文及地质资料,气候条件及当地交通、能源、通信、劳力资源等施工条件进行说明。监理工程师应对上述内容进行审查,看其是否正确。

(5)施工顺序与施工方法是否合理。监理工程师应审查承包人在施工方案中对施工顺序的安排及采用的施工方法是否合理。

施工方法应着重审查:承包人将整个工程划分的分部、分项工程是否正确;其工程量的计算、工期的计算、劳动组织的确定是否正确,是否与所采用的定额、指标一致。

四、涵洞(通道)工程施工阶段质量监理

1. 基坑开挖

(1)基坑开挖应符合图纸要求。开挖基坑时,应核对地质情况,检查基底土质的均匀性、地基稳定性及承载力(涵洞的地基检验,一般采用直观或触探方式,必要时可进行土壤分析试验和试压试验)。

(2)检查基底表面位置、尺寸大小、基底高程,并检查施工原始记录。

(3)基坑开挖后,应紧接着进行垫层铺设,并紧接着进行下一工序的施工。承包人应采取措施,保护基坑的暴露面不致破坏。

(4)垫层和基座。砂砾垫层应为压实的连续材料层,应分层摊铺压实,不得有离析现象,其压实度应在90%以上。混凝土基座浇筑时,应防止混凝土中的水分被基底吸收或积水渗入混凝土中而降低混凝土的强度,基座的尺寸应符合图纸要求,并按图纸要求设置沉降缝。

2. 涵管敷设与涵身砌筑

1)涵管敷设

(1)管节安装从下游开始,使接头面向上游,每节涵管应紧贴于垫层或基座上,使涵管受力均匀,所有管节应按正确的轴线和坡度敷设,如管壁厚度不同,应使内壁齐平。

(2)涵管接缝宽度不应大于10mm,并应用沥青麻絮或其他具有弹性的不透水材料填塞接缝的内、外侧,以形成一柔性密封层,不得有裂缝、空鼓、漏水等现象。

(3)如果图纸有规定,在管节接缝堵塞好后,应在其外部设置C20混凝土箍圈。箍圈环绕接缝浇筑好后,应给予充分养生使其达到规定的强度,且不产生裂缝、脱落等现象。

(4)当管节采用承插式接缝时,在承口端应先浇筑干硬性水泥砂浆,在管节套接以后再在承口端的环形孔隙内浇筑砂浆使接头紧密,并将内壁表面抹平。

2)盖板涵施工

(1)混凝土的涵台及基础分别浇筑时,基础顶面与涵台相接部分应拉毛。涵台或盖板可按图纸设置的沉降缝的位置分段修筑。

(2)当设计有支撑梁时,应在安装或浇筑盖板之前完成。图纸要求将钢筋混凝土盖板用锚柱与涵台锚固在一起时,应按图纸规定或监理工程师批准的其他方法固定锚栓。

(3)盖板安装前,应检查成品及边墙尺寸,并检查涵台强度是否达到设计强度的70%以

上。盖板安装时必须坐浆稳固。

(4)盖板安装后,盖板上的吊装装置应用砂浆填满,相邻板块间采用1∶2水泥砂浆堵塞密实。

3)箱涵浇筑

(1)在浇筑底板以前,应清除基础基座上的杂物,然后按图纸立模板,绑扎钢筋,浇筑混凝土。

(2)底板达到设计强度后,方可在底板上绑扎钢筋、立模浇筑侧板及顶板。

(3)为保证搭板与箱体的连接,在浇筑侧板上的牛腿时,应按图纸预埋锚固筋。

(4)严格按图纸所示的高程、纵坡和预拱度设置垫层、基座以及立模和浇筑混凝土。

4)石拱涵施工

(1)拱架、支架、模板等由承包人负责设计时,须经监理工程师批准后方可进行施工。

(2)拱圈圬工砌筑,应由两端的拱脚向中间同时对称进行,砌筑时拱圈或支架不得变形。

(3)拱圈砂浆强度达到设计强度70%时方可拆除拱架;拱顶填土应达到设计强度后方可进行。

(4)沉降缝、防水层应按设计规定施工。

(5)涵身应直顺,涵底铺砌应密实平整,拱圈应圆滑。

3. 进、出水口

(1)进、出水口应采用混凝土或圬工修筑。所用原材料及砂浆应符合设计要求。

(2)帽石及一字墙应表面平整、轮廓清晰、线条平直。

(3)进、出水口与上、下游沟槽应连接顺适,流水畅通。

4. 回填

(1)回填所用材料,应采用透水性土,严禁使用含有淤泥、杂草、腐殖土、含冻土块的土。

(2)回填材料的压实,应在接近最佳含水率时分层填筑和夯实。

(3)对圆管涵在检验管节安装及接缝符合要求后,应在管节两侧分层回填至与涵管中心齐平。夯实作业方式应不使涵管和接缝部位引起任何损坏或扰动。

(4)盖板涵及箱涵台背填土必须在支撑梁(或涵底铺砌)及盖板安装后,且砂浆强度达到70%以后方可进行,填土时应在两个台背同时对称填筑,盖板上面填土时,第一层土的摊铺及碾压厚度分别不得少于30cm和20cm,并防止剧烈的冲击。

(5)拱涵拱顶填土必须在拱圈砂浆达到设计强度后方可进行。

•第八节　桥涵工程交工验收质量监理•

一、桥梁工程交工验收

1. 交工验收监理工作程序

桥涵工程竣工后,监理工作程序及内容如下:

(1)当工程按合同规定要求完工后,承包人应根据合同文件及《公路工程质量检验评定标准(土建工程)》(JTG F80/1—2004)的要求进行系统质量自检,并填写"质量自检报告",各项自检质量合格后,即可填写"中间交工验收申请报告",一并提交监理工程师审批。

(2)监理工程师收到承包人报送的"中间交工验收申请通知单"后,首先应汇总检查该项

工程每道工序的“质量验收单”，并将“质量验收单”编号，填写到“中间交工证书”中，然后检查“开工申请单”及相关的资料是否齐全。

(3)及时组织监理人员按照合同和《公路工程质量检验评定标准(土建工程)》(JTG F80/1—2004)规定的基本要求、实测项目、外观鉴定对已竣工的工程进行现场验收检查，并核对承包人提交的自检报告和各项检验结果。若“质量验收单”证明每道工序均已符合规范要求，则最后的交工验收也应符合规范要求。当以上各项合格后，监理工程师即可填写“交工检验报告”。否则，应责令承包人返工，直至合格为止。

(4)成立该项工程竣工交工验收评估小组，根据检查结果进行工程质量等级评定，并填写“工程交工验收评估报告”。

(5)监理工程师签发“中间交工证书”，并进行工程计量与支付。如果桥涵工程是独立的合同工程，则监理工程师除应进行以上项目的审查外，还应组织质量验收评估小组进行检查验收，然后根据评估小组的验收报告，决定是否签发该工程的“中间交工证书”。

2. 交工验收与质量评定

桥梁工程的交工验收包括桥梁基础、承台、墩台、上部构造、桥面工程及其他附属工程。桥梁工程总体的交工验收可根据上述交工验收程序，按照《公路工程质量检验评定标准(土建工程)》(JTG F80/1—2004)中的基本要求、实测项目、外观鉴定及质检资料四个部分的项目及内容，进行质量检验和评定。

1)基本要求

(1)桥梁施工应严格按照设计图纸、施工技术规范和有关技术操作规程的要求进行。

(2)桥下净空不得小于设计要求。

(3)特大跨径或结构复杂的桥梁必要时应进行荷载试验。

2)实测项目

桥梁工程的总体实测项目及质量标准如表5-1所示。

3)外观鉴定

(1)桥梁内外轮廓线条应顺滑清晰，无突变、明显折变或反复现象。不符合要求时，减1~3分。

(2)栏杆、防护栏、灯柱和缘石的线形顺滑流畅，无折弯现象。不符合要求时，减1~3分。

(3)踏板顺直，与边坡一致。不符合要求时，减1~2分。

4)质检资料

施工单位(承包人)应有完整的施工原始记录、试验数据、分项工程自检数据等质量保证资料，并进行整理分析。负责提交齐全、真实和系统的施工资料和图表，主要包括：

(1)所用原材料质量检验报告。

(2)混合料配合比与拌和加工控制检验和试验数据。

(3)施工放样记录，地基处理、隐蔽工程施工记录，大桥施工监控资料。

(4)各项质量控制指标的试验记录和质量检验汇总图表。

(5)施工过程中遇到的非正常情况记录及其对工程质量影响分析。

(6)施工过程中如发生质量事故，经处理补救后，达到设计要求的认可证明文件。

(7)各施工工序的“质量验收单”、“交工自检报告”，且同时具备“开工申请单”。

分项工程的施工资料和图表残缺，缺乏最基本的数据，或有伪造涂改者，不予检验和评定。

资料不全者应予减分，减分幅度可按《公路工程质量检验评定标准（土建工程）》（JTG F80/1—2004）中质量标准所列资料逐项检查，视资料不全情况每项减1～3分。

二、涵洞工程交工验收

涵洞工程总体检查验收内容按基本要求、实测项目、外观鉴定及质检资料四个部分依次进行。

1. 基本要求

（1）涵洞施工应严格按照设计图纸、施工规范和有关技术操作规程进行。

（2）各接缝、沉降缝位置正确，填缝无空鼓、开裂和漏水现象；若有预制构件，其接缝应与沉降缝吻合。

（3）涵洞内不得遗留建筑垃圾和杂物等。

2. 实测项目

涵洞工程的实测项目及质量标准如表5-19所示。

3. 外观鉴定

（1）涵身顺直，进出水口、涵身、沟槽等衔接平顺，无阻水现象。不符合要求时，减1～3分。

（2）帽石、一字墙或八字墙等砌筑应平直，与路线边坡、线形匹配，棱角分明。不符合要求时，减1～3分。

（3）涵洞处路面平顺，无跳车现象。不符合要求时，减2～4分。

（4）外露混凝土表面平整，颜色一致。不符合要求时，减1～3分。

4. 质检资料

其检查要求和减分规定与其他项目一致。

• 第九节　桥梁工程常见质量问题与防治 •

一、钢筋混凝土梁桥

1. 钢筋混凝土梁桥常见质量问题及采用的处理方法

（1）对梁（板）体混凝土的空洞、蜂窝、麻面、表面风化、剥落等，应先将松散部分清除，再用高强度等级混凝土、水泥砂浆或其他材料进行修补。新补的混凝土要密实，与原结构结合牢固、表面平整。新补的混凝土必须实行养生。

（2）梁体若发现露筋或保护层剥落，应先将松动的保护层凿去，并清除钢筋锈迹，然后修复保护层。如损坏面积不大，可用环氧砂浆修补；如损坏面积过大，可用喷射高强度等级水泥砂浆的方法修补。

（3）梁（板）体的横、纵向连接件开裂、断裂、开焊等，可采取更换、补焊、帮焊等措施修补。

（4）钢筋混凝土梁桥的裂缝处理。当裂缝的宽度大于限值及裂缝分布超出正常范围时，应作如下处理：

①当裂缝宽度在限值范围内时，可进行封闭处理，一般涂刷环氧树脂胶。

②当裂缝宽度大于规范限值规定时，应采用灌浆法灌注环氧树脂或其他灌缝材料。

③当裂缝发展严重时，应加强观测，查明原因，按照有关规定进行加固处理。

(5)混凝土构件的修补。

①在昼夜平均气温低于5℃的冬季维修桥梁时，对修补的混凝土构件应采取保温措施，保证混凝土的凝结硬化。

②用于修补加固的混凝土、钢材，其强度和其他质量指标应不低于原桥材料。修补用的混凝土强度等级应比原强度等级提高一级，在pH值小于5.6的地区，所用水泥应根据环境特点采用耐酸的硅酸盐水泥、抗铝硅酸盐水泥等。

③受拉区修补用的混凝土宜用环氧树脂配制，受压区修补用的混凝土可用膨胀水泥配制。用水泥混凝土或砂浆修补的构件应加强养生，有条件时宜用蒸汽养生或封闭养生。

2. 钢筋混凝土桥梁加固方法及适用范围

钢筋混凝土桥梁加固可采用以下几种方法。

(1)浇筑钢筋混凝土加大截面加固法。用于加强构件，应注意在加大截面时自重也相应增加。

(2)增加钢筋加固法。用于加固构件，常与方法(1)共同使用。

(3)粘贴钢板加固法。是普遍采用的方法，钢板与结构必须可靠连接，并作防锈处理。

(4)粘贴碳纤维、特种玻璃纤维加固法。主要用于提高构件抗弯承载力。使用此法加固几乎不增加原结构自重。

(5)预应力加固法。对于提高构件强度、控制裂缝和变形的作用较好。

(6)改变梁体截面形式加固法。一般是将开口的T形截面或H形截面转换成箱形截面。

(7)增加横隔板加固法。用于无中横隔或少中横隔梁的加固，可增加桥梁整体刚度、调整荷载横向分配。

(8)在桥下净空和墩台基础受力许可的条件下，采用在梁、板底下加八字支撑加固法。

(9)桥梁由简支变为连续加固法。

(10)当支座设置不当造成梁体受力恶化时，可采用调整支座高程的加固法。

(11)更换主梁加固法。

二、预应力混凝土梁桥

1. 预应力混凝土梁桥常见的质量问题

(1)混凝土表面剥落、渗水，梁角破碎、露筋，钢筋锈蚀和局部破损等。

(2)预应力钢束应力损失造成的质量问题。

(3)预应力混凝土梁出现裂缝。全预应力及部分预应力A类构件正常使用条件下不允许出现裂缝，只有B类构件允许出现裂缝。裂缝的类型除了同钢筋混凝土梁桥外，还有沿预应力钢束的纵向裂缝，锚固区局部劈裂缝。

2. 预应力混凝土梁桥常见质量问题的处理方法

预应力混凝土梁桥常见质量问题的处理方法同钢筋混凝土梁桥。对于不允许出现裂缝的梁桥，不论裂缝宽窄，都应查明原因进行处理或加固。

3. 预应力混凝土梁桥的加固方法

(1)预应力混凝土梁桥的一般加固方法及适用范围，同前述的常见钢筋混凝土梁桥加固方法及适用范围。

(2)因为预应力部分失效而进行加固时，若原结构有预留孔，可在预留孔内穿钢束进行张拉，采用无黏结钢束重新张拉，或增设齿板，增加体外束进行张拉。

（3）腹板抗剪强度不够时，可采用加竖向预应力筋加固。

三、拱　　桥

1. 拱桥的主要质量问题及产生原因

（1）主拱圈抗弯强度不够引起拱圈开裂。裂缝主要发生在拱顶区段的拱圈下缘与侧面，拱脚处的拱圈上缘与侧面。

（2）主拱圈抗剪强度不够引起拱圈开裂。裂缝主要发生在拱脚，空腹拱的立柱柱脚。

（3）拱圈材料抗压强度不够，引起劈裂或压碎。

（4）两拱脚墩台不均匀沉降引起拱圈开裂。一般出现在拱顶区段，横桥向贯穿全拱圈，裂缝宽度上下变化不大，且两侧有错动。墩台基础上、下游不均匀沉降引起拱圈及墩台出现顺桥向裂缝。

（5）墩台沿桥梁纵向发生向后滑动或转动，引起拱圈开裂的原因同（1）。当向桥孔方向滑动或转动时，裂缝在拱圈上、下缘的位置与（1）相反。

（6）肋拱、刚架拱、桁架拱、双曲拱的肋间横向连接（如横系梁、斜撑）强度不足引起开裂。

（7）拱上排架、梁、柱开裂，短柱的两端开裂，侧墙斜、竖向开裂，侧墙与拱连接处开裂。开裂的主要原因分别为构造不合理、强度不够、施工质量不好，以及由于拱圈变形、墩台变位对拱上结构造成不利影响所致。

（8）预制拼装拱桥或分环砌筑的圬工拱桥，沿连接部位或砌缝发生环向裂缝。双曲拱桥的拱肋与拱波连接处开裂。拱肋接头混凝土局部被压碎。

（9）双曲拱桥的拱波顶纵向开裂，多为肋间横向连接偏弱，采用平板式填平层使拱横截面刚度分配不均，墩台横向不均匀沉降等原因引起。

（10）刚架拱、桁架拱、系杆拱的节点强度不够引起节点及杆件端部开裂。

（11）中、下承式拱桥的吊杆锚头滑脱或钢丝锈蚀、折断。

（12）拱铰失效或部分失效，引起拱的受力恶化而开裂。

（13）钢管混凝土拱的钢管因厚度不足，或节间过大造成钢管出现压缩状折皱。

（14）桥面板（平板、微弯板、肋腋板）开裂，引起开裂的主要原因有局部承受车辆荷载强度不足，参与主拱受力后强度不够，肋片发生较大位移，板与肋的连接被破坏，或在施工中已开裂未予彻底处理等。

2. 加固方法及适用范围

（1）拱桥构件表面缺陷及局部损坏的修补，其方法主要有以下几类：

①圬工砌体的边角压碎、砌块断裂，干砌石拱桥砌缝张口等，可用水泥砂浆修补。若个别块体压碎或脱落，应用新的块体填塞更换，更换时应保证嵌挤或填塞紧密。砌缝砂浆若发生脱离，应凿除后重新用干硬性砂浆或微膨胀砂浆填筑，表面重新勾缝。

②钢筋混凝土拱构件的表面缺损与裂缝修补参见钢筋混凝土梁桥有关部分。

③钢管混凝土拱构件表面的防锈涂层应保持完好，并定期整涂。

④实腹拱的侧墙若发生较大变形、开裂，应查明原因并做相应处理。如果不实，或拱腔积水，应挖开拱上填料，修补防排水系统，拆除侧墙后鼓凸部分重新砌筑，重新回填拱上填料及重做路面，也可酌情换用轻质填料或加大侧墙尺寸。若发现侧墙与拱圈中间脱开，或侧墙上有斜

向（若是砌体，通常沿砌缝成锯齿状）开裂，应检查墩台与主拱的变形。开裂轻微且不再发展的，可进行一般修补裂缝处理。若开裂严重或裂缝在发展中，应考虑加固、改造方案。

⑤中、下承式拱桥的吊杆缺陷及局部损坏的修补，参考斜拉桥的拉索部分。

⑥系杆拱桥的系杆混凝土裂缝应用环氧砂浆等材料进行处理。系杆采用无混凝土包裹的预应力钢束时，应定期对钢束的防锈保护层进行养护、更换防护油脂等。系杆的支承点如有下沉要及时调整。

(2)主拱圈强度不足时，可加大拱圈截面。

①从拱腹面加固时可采用下列方法：粘贴钢板；浇筑钢筋混凝土加大拱肋截面；布设钢筋网用喷射混凝土或水泥砂浆加大拱圈截面；在拱肋间加底板，变双曲拱截面为箱形截面。条件许可时，也可在腹面做衬拱及相应的下部结构。

②从拱背面加固时可在拱脚区段的空腹段背面加大拱圈截面；或拆除拱上建筑，在全拱圈背面加大截面。一般使用混凝土或钢筋混凝土材料。

(3)拱肋、拱上立柱、纵横梁、刚架拱、桁架拱杆件损坏等，可用粘钢板或复合纤维片加固。粘钢板时可粘贴钢板，也可在四角处粘贴角钢。

(4)用粘贴钢板或复合纤维片加固刚架拱、桁架拱及拱上框架的节点。

(5)用嵌入剪力键的方法加固拱圈的环向连接。剪力键一般采用钢板或铸件，按一定间隔布置，其间的裂缝用环氧砂浆等处理。

(6)用加大截面的方法加强拱肋之间的横向连接。采用横拉杆的双曲拱，可把拉杆改为系梁。

(7)更换锈蚀、断丝或滑丝的吊杆。若原构造许可，可以用收紧锚头的方法张拉松弛的系杆或吊杆来调整内力。

(8)在钢管混凝土拱肋、拱脚区段或其他构件的外面包裹钢筋混凝土。

(9)改变结构体系以改善结构受力，如在桥下通航许可的前提下加设拉杆。

(10)更换拱上建筑，减轻自重，更换实腹拱的拱上填料。

(11)采用更换桥面板、增加桥面铺装的钢筋网、加厚桥面铺装、换用钢纤维混凝土等方法维修加固桥面。

(12)因墩、台变位引起开裂时，应先维修加固墩台，然后修补拱圈。

(13)加固拱桥时，应注意恒载变化对拱压力线的影响及引起的推力变化，对各施工工序应进行验算，并作出详细的施工组织设计，严格按照设计的工序施工。

四、钢　　桥

1.钢桥的杆件加固方法

(1)钢板梁由于穿孔或破裂削弱断面时，可补贴钢板或用钢夹板夹紧并连接来加固，这时钢板的边缘应修平，使之结合紧密。如钢板受到了较短和较深的刨伤，宜用电焊填补。

(2)采用增设水平加劲肋的方法加固钢板梁。

(3)钢桁梁加固一般用补加新钢板、角钢或槽钢来加大杆件截面。加固可用栓接或焊接。

(4)设加劲杆件，增强各杆件间的联系。

(5)在结合处用贴板拼接，加设短角钢加强桁架杆件与节点板的连接。

(6)如桥梁下挠显著增加，销子与销孔有损坏或上下弦强度不足，应中断交通进行检查修理或更换。

2. 恢复和提高整桥承载力的加固方法及适用范围

(1)增设补充钢梁,可装在原有各梁之间,也可以紧靠在原有各梁的旁边。

(2)用加劲梁装在原主梁的下缘或下弦杆上。加劲梁加固方法,适用于不通航的桥孔或桥下净空足够的小型桥梁。

(3)用体外预应力加固,预应力施加在下挠后的下弦杆截面上。预应力加固法对桥下净空的影响较小,施工方便,但是预应力钢索的防锈工作较困难。

(4)用拱式桁架结构装在原主梁的上面,拱脚和原主梁固接或铰接,适宜于下部结构能承受所增加恒载的通航桥孔的加固。

(5)用悬索结构加在原主梁上面,可使被加固孔的恒载转移到悬索上,以改善结构的变形。这种方法可在营运状态下进行,适宜于下部结构能承受所增加恒载的通航桥孔的加固。

(6)在不影响排洪和通航的情况下,可在桥孔中间添建桥墩,缩短桥跨,减小梁与杆件的内力。为了承受新增支点处的剪应力,在新桥墩墩顶处的上部结构中,必须加置竖杆及必要的斜杆。

(7)对于多孔简支桁架,分别将其转变为连续桁架,可采用体外预应力加固方法,使被连接的主桁架上弦杆在墩顶处得以补强。

五、斜 拉 桥

1. 斜拉桥梁体和索塔部分

斜拉桥梁体和索塔部分的主要质量问题及其处治方法,视其结构类型,参见钢筋混凝土梁桥、预应力混凝土梁桥及钢桥的有关章节。

2. 斜拉索的调整与更换

(1)若拉索护套出现开裂、漏水、渗水,应及时处理。可剥开已损坏的护套,将已潮湿的钢索吹干,对已生锈的钢索作好除锈处理,再涂刷防护漆及防护油,并用玻璃丝布和其他防护材料包扎严密。

(2)对因钢索、锚具损坏而超出安全限度的拉索应及时进行更换。

(3)对索力偏离设计限值的拉索应及时进行索力调整。张拉的顺序、级次和量值应按设计规定进行,并测定索力和延伸值,同时进行控制。

(4)拉索的更换,应对各方案的技术经济的合理性进行分析比选,确定安全、简便的施工方案。完工后必须对全桥斜拉索的索力和主梁高程进行测定,检验换索效果,并作为验收的依据。

六、悬 索 桥

1. 悬索桥梁体和索塔部分的常见质量问题及其处治方法

视其结构类型参见钢筋混凝土桥、预应力混凝土桥及钢桥的有关章节。

2. 主缆索、索夹、索鞍和吊杆等常见质量问题及其处治方法

(1)主缆索的防护层如有开裂、剥落,可切开防护层,检查主缆是否锈蚀并作相应处理,处理完毕后应及时修复。采用涂敷黄油防锈并用简易包裹做保护层的,定期更换黄油和保护层,并保持其完好状态。

(2)网格式悬索桥,支杆拉索若发现松弛,可调整端头拉杆螺母使其复位。

(3)索夹、索鞍和吊杆等的坚固螺栓应保持其原设计受力状态,若发现松动,及时紧固。

(4)若吊杆有明显摆动、倾斜或检查发现其受力变化,应查明原因。若索夹松动,应使其复位并紧固锚栓;若拉杆螺栓松动,应予拧紧;若吊索锚头出现松动,应予更换。吊杆复位后应进行索力检测。

(5)未做衬砌的岩石锚室或锚洞,若有表面风化或表面裂纹,应用环氧树脂砂浆或钢丝网水泥砂浆进行处理。

3. 悬索桥加固方法及适用范围

1)减少悬索桥竖向变位的加固方法

(1)设置中央构件,把加劲梁与主缆索在跨中连接起来。

(2)将直吊杆(索)改为斜吊杆(索)或交叉斜吊杆(索)。

(3)增加斜拉索改变结构受力体系,斜拉索可设在主跨四分之一跨径区段,并妥善解决斜拉索与加劲梁及索塔的锚固,同时注意解决索塔受力平衡问题。

2)减少悬索桥横向摆动的加固方法

(1)在桥的两岸上、下游对称增设侧风缆,风缆锚固于悬索桥的加劲梁上,锚固位置可选在1/4跨至跨中之间。

(2)在桥的上、下游各架设一根跨河钢缆,其高度可略低于桥面,用钢丝绳将加劲梁与过河钢缆作多点连接,适当张紧形成抛物面网络。

(3)加强加劲梁的水平风撑,加大横向刚度。

3)主缆垂度调整

对采用少量索股的悬索桥,结构条件许可时,才可对主缆的垂度进行调整。先将要调整的主缆一侧的恒载卸载,放松索夹,用卷扬机或其他张拉设备逐股张紧主缆索索股,再用调整索股端头的螺杆固定。

4)索鞍座复位

当索鞍座偏移超出设计允许值时,可用千斤顶将其辊轴归位。

5)锚旋板及锚室结构变形、开裂的处理方法

锚旋板及锚室结构变形、开裂,应及时查明原因,进行加固处理。锚旋板开裂,可增补钢筋混凝土锚旋板,支撑开裂或破损可增加型钢支撑;若锚室发生变形、位移,可用增加重压等方法处理山体。

七、墩台与基础

墩台基础加固方法及适用范围介绍如下。

1. 地基承载力不足时可采用的加固措施

1)重力式基础的加固

(1)在刚性实体基础周围浇筑混凝土扩大基础。一般应修筑围堰,抽干水后开挖基坑,再浇筑混凝土。新旧基础(承台)之间可埋置连接钢筋,并将旧基础表面刷洗干净、凿毛,使新旧混凝土连成整体。

(2)当梁式桥桥台基础承载能力不足时,可在台前增加桩基及柱并浇筑新盖梁、增设支座。这时梁的支点发生变化,应根据结构受力变化对主梁进行验算及加固。

(3)对于拱桥基础可在桥台两侧加设钢筋混凝土实体耳墙,并将耳墙与原桥台用钢销连

接起来，增大桥台基础面积，提高桥台承载力。

(4)当桥下净空允许时，可在台前加建新的扩大基础及台身，将主拱改建为变截面拱支承到新基础及台身上。新老基础之间用钢筋或钢销进行连接，有条件时可在台前新基础下增加短桩，以提高承载力。

2)桩基础的加固

(1)采用加桩，可用钻孔桩或打入桩增设基桩，并扩大原承台。对单排架桩式桥墩采用加桩加固时，如原有桩距较大(4 ~5 倍桩径)，可在桩间插桩。如原有桩距较小，但通航净空有富余时，可在原排架两侧增加新桩，变为三排式桩墩。

(2)对钻孔灌注桩桩身损坏、露筋、缩颈等质量问题，可采用灌(压)浆或扩大桩径的方法进行维修加固。

3)人工地基加固

对墩台基础以下的地层，采用注浆、旋喷注浆或深层搅拌等方法，将各种浆液及加固剂注入或搅拌于土层中，通过浆液凝固使原来松散的土固结，成为有足够强度和防渗性能的整体。所采用的材料应通过试验确定。

2. 墩台基础防护加固

墩台基础局部被冲空时，可分情况采取下列加固措施。

(1)水深 3m 以下，可筑围堰将水抽干，以砌石或混凝土填补冲空部分。桥台基础采用上述方法加固时，还应修整或加筑护坡。

(2)水深 3m 以上，可在基础四周打板桩或做其他围堰，灌注水下混凝土。也可用编织袋装干硬性混凝土(每袋装量为装容积的 2/3)，通过潜水作业将袋装干硬性混凝土填塞冲空部分，填塞范围比基础边缘宽 0.4m 以上。

(3)当基础置于风化岩层上，基底外缘已被冲空时，应先清除岩层严重风化部分，再用混凝土填补。对基础周围的风化岩层还应用水泥砂浆进行封闭。

(4)当河床不稳定、基础埋置较浅、冲刷范围较大时，可采用平面防护加固，其范围要覆盖全部冲刷坑。方法为：打梅花桩，桩间用块石、片石砌平卡紧；用块、片石防护或用水泥混凝土板、水泥混凝土预制块防护；用铁丝笼、竹笼等柔性结构防护。

(5)墩台周围河床冲刷严重，危及基础安全时，除分别采用上述方法进行防护加固外，在洪水期过后，采取必要的调治构造防护措施。

3. 桥台变位

桥台发生滑移和倾斜时，应分析原因，根据不同情况采用下列加固方案。

(1)梁式桥或陡拱因台背土压力过大，造成桥台向桥孔方向位移，可采取下列方法进行加固：

①挖除台背填土，改用轻质材料回填，减轻台后土压力，以使桥台稳定；拱桥在换填材料时，应维持与拱推力的平衡，如在桥孔设临时拉杆或在台后设临时支撑；挖去台背填土，加厚台身。

②对于单跨的小跨径梁式桥，可在两桥台基础之间增设钢筋混凝土支撑梁或浆砌片石支撑板，支撑顶面应不高于河床；埋置式桥台可采用挡墙、支撑杆或挡块等进行加固。

(2)拱桥桥台产生向台后方向位移，可根据不同情况采用下列加固方法：

①在 U 形桥台两侧加厚翼墙，翼墙与原桥台应牢固结合，增大桥台断面和自重，借以抵抗水平位移；若为一字形桥台，可增设翼墙变为 U 形桥台。

②当桥台的位移尚未稳定时，可在台后增设小跨引桥和摩擦板，以制止继续位移。

③当桥下净空许可时，可在墩台之间设置拉杆承受推力，限制水平位移；对于多孔拱桥，要注意各孔之间的推力平衡。

4. 墩台基础沉降的加固

若桥梁墩台发生较明显的沉降、位移，除按本节前述方法加固外，还可采用下述方法使上部结构复位。

(1)梁式桥上部结构状况基本完好，桥面没有损坏，下部地基较好时，可对上部结构整体或单孔顶升，然后加设垫块、调整支座。

(2)梁式桥上部结构状况基本完好，但桥面损坏严重时，可凿除桥面及主梁之间的连接，将主梁逐一移位，加厚盖梁，重新安装主梁，并重新铺装桥面。

(3)拱桥桥台发生位移，使拱轴线变形较大，承载能力不足时，可采用顶推方法调整拱轴线，恢复其承载能力。

复习思考题

1. 如何对承包人的施工机具设备进行施工前检查与审批？

2. 桥涵工程施工准备阶段监理工作的主要内容有哪些？

3. 明挖基础地基的强度应如何测定？监理工程师应做哪些工作？

4. 监理工程师如何审查承包人的施工方案？

5. 在钻孔桩施工中，监理工程师应对哪些项目进行质量检查？

6. 当对吊装索道的安全可靠性进行检验时，其主要步骤有哪些？

7. 预应力混凝土张拉作业前，主要应对哪些内容进行检验？

8. 在施工中，由于拆模不当而引起的混凝土损坏，其修补费用是否应由业主承担？

9. 混凝土预制块件时，为什么每个预制块件应一次浇筑完成，不得间断？

10. 桥梁混凝土施工过程中如何控制材料质量？

11. 对支架及模板的制作和安装质量应进行哪些方面的检验？

12. 承包人在制作模板、拱架、支架前多少天，向监理工程师提交模板、拱架、支架的施工图以及内力及预计挠度计算书？

13. 即使有监理工程师的批准，混凝土的强度未达到图纸规定值之前也不可以拆除支架，这种论述是否正确？

14. 论述桥梁工程竣(交)工验收的程序。交工验收时的实测项目包括哪些？

15. 某桥梁主梁，在一段时间内生产的40MPa混凝土，为检验其抗压强度，共做试块20组，经28d养护后，测得其抗压强度如表5-21所示，试判断其质量保证能力。

表5-21

序号	混凝土抗压强度测定值(MPa)									
1	42.2	41.5	41.9	40.2	42.5	42.7	41.8	39.8	42.6	43.2
2	41.6	42.9	43.5	45.9	42.1	41.6	42.5	41.8	39.5	42.8

第六章

隧道工程施工质量监理

教学要求

1. 说明隧道的基本组成与质量要求；
2. 叙述隧道工程施工准备阶段监理工作的主要内容；
3. 描述隧道工程各部位施工质量监理程序及控制要点；
4. 描述隧道工程施工质量检测项目及交工验收程序。

公路隧道工程是地下建筑物，为保持岩体的稳定、保证行车安全，通常需修筑主体和附属建筑物。

隧道工程的主要项目包括隧道主体、路线接线工程、洞内排水系统、辅助坑道、管理设施、交通工程设施、环保绿化工程等。

隧道主体工程施工一般可分为以下五个分项工程：

①隧道开挖工程；

②隧道衬砌工程；

③施工辅助坑道工程；

④洞口及洞身砌筑工程；

⑤隧道防水与排水、安全设施、通风及照明等。

隧道工程质量的实测项目与质量标准如表6-1所示。

隧道总体实测项目与质量标准　　表6-1

项次	检查项目	规定值或允许偏差	检查方法和频率	权值
1	车行道宽度(mm)	±10	尺量：每20m(曲线)或每50m(直线)检查1处	2
2	净总宽(mm)	不小于设计值	尺量：每20m(曲线)或每50m(直线)检查1处	2
3	隧道净高(mm)	不小于设计值	水准仪：每20m(曲线)或每50m(直线)测一个断面，每个断面测拱顶和两拱腰3点	3
4	隧道偏位(mm)	20	全站仪或经纬仪：每20m(曲线)或每50m(直线)检查1处	2
5	路线中线与隧道中线的衔接(mm)	20	分别将引道中线与隧道中线延长至两侧洞口，比较其平面位置	2
6	边坡、仰坡	不小于设计值	坡度板：检查10处	1

● 第一节 隧道工程施工准备阶段质量监理 ●

一、现场调查

现场调查的主要内容如下：

(1)预测隧道施工对地表和地下已建结构物的影响。

(2)了解施工现场的布置与洞口的相邻工程、弃渣方案、农田水利、征地等的关系。

(3)了解周围建筑物、道路工程、水利工程和电信、电力线等设施的拆迁情况和数量。

(4)调查和测试水源、水质并拟订供水方案。

二、熟悉设计文件

熟悉设计文件的主要内容如下：

(1)了解隧道方案的选定及设计经过，掌握工程的难点和重点。

(2)重点复查对隧道施工和环境保护影响较大的地形、地貌、工程地质及水文地质条件是否符合实际。

(3)核对隧道平面、纵断面设计，了解隧道与所在区段的总平面、纵断面设计的关系。

(4)核对洞门位置、式样、衬砌类型是否与洞口周围环境相适应。

(5)核对设计文件中确定的施工方法、技术措施与施工实际条件是否符合。

(6)核对洞外排水系统和设施的布置是否与地形、地貌、水文、气象等条件相适应。

三、检查与审核承包人的准备工作

1. 施工机械设备的检查

隧道施工机械设备包括开挖掘进、出渣运输、隧道混凝土拌和、发电和供水、隧洞撑护等方面的机械设备。施工前，承包人应将进场主要施工机械设备汇总上报监理工程师审查。监理工程师应审核的主要内容如下：

(1)检查各类施工机械设备的类型、规格、型号、工作性能和数量、维修和存放场地等是否符合合同条款中的规定与要求。

(2)各类机械设备之间的工作效率是否匹配。

(3)各类设备的完好状态以及维修保障系统是否具备连续施工能力，存放场地是否符合合同条款中的规定与要求。

2. 人员与现场布置检查

检查各类施工人员是否进场，施工总平面布置、运输便道、场区道路、材料堆放场地和临时排布设备等应合理布局，并形成网络。

3. 审核承包人的施工方案及施工组织设计

(1)施工方案中所安排的工程进度计划的可行性和可靠性。隧道各分项工程包括隧洞开挖、衬砌所采用的施工方法是否合理可行；当施工中出现地质情况发生较大变化时，是否有应变措施及计划；在整个施工过程中，控制计量手段和措施是否可靠、有效；供水供电方案是否合理，且能保证施工的需求；安全防护措施是否能在整个施工过程中得到保证。

(2)在隧道施工过程中，质量控制手段和措施是否有效、可行。

(3)施工支护方式是否符合围岩的实际情况，安全防护措施是否能在整个施工过程中得到保证；在施工过程中出现地质情况发生较大变化时，是否已考虑了应变的措施。

(4)复查测量用的基准点及水准点，审核承包人的测量方案，检查承包人测量的精度是否满足要求。

①承包人在隧道开挖前，应根据监理工程师提供的设计文件，对隧道洞顶轴线、水准基点、平面控制的三角网基点、洞口投点等进行复测校核，并将复核结果提交监理工程师审批。

②隧道洞顶轴线复测校核的检查要点。隧道工程的起讫中线桩，一般应设在洞外一个平曲线以外，如平曲线的转角点距洞口较远，则工程起讫点中线桩可设于洞口外不小于200m处，且应在填挖交界以外；隧道群则以始端及终端隧道洞口为依据，按上述原则设置。

③承包人在施工放线中应设置必要的加桩、排水沟沟心桩、辅助水准点桩及其他控制桩，隧道测桩在直线上最大间距不得超过10m，在曲线上不得超过5m，并应在洞中附近按地质、地形情况适当多设。

④隧道平面控制测量网复测检查要点。为了保证隧道工程在两个或多个开挖的掘进中，施工中线在贯通面上的横向水平及竖向高程能满足贯通精度要求，并能符合路面及路线纵断面的技术要求，必须进行控制测量网的校核，使其施工中线在贯通面上的极限误差符合规范的规定。

⑤控制测量的精度应以中误差衡量，最大误差(极限误差)规定为中误差的两倍。为准确测定隧道各部位置和为施工准备条件，在复测中应做好洞外控制测量，补设或加固各开挖洞口的引测投点(各洞口投点应埋设混凝土金属标桩)。洞口投点的设置应尽量避免施工干扰，且便于引测进洞。各掘进洞口至少应设一个投点，并应尽量纳入控制网内，只有在条件允许时，方可用插点形式与控制网联系。

⑥当洞口位于曲线上时，应在曲线或曲线附近增设一个投点，以利转角进洞；洞口位于直线上时，也可于洞口前后各设一个投点，其间距不宜小于200m，以便使隧道中线延伸，直线进洞。

(5)各种原材料的产地、数量、质量，供应方案及存储条件。

①隧道工程所需原材料主要指水泥、砂、碎(砾)石、片块石、外掺剂、钢材。对于外购材料的质量控制主要是审查材料出厂质量合格证明，但必要时应抽样检查；对于自产材料的质量主要是审查承包人提供的自检报告，必要时监理工程师应通过监理试验室复检。

②水泥应优先选用普通水泥，其强度等级不低于42.5级，3d抗压强度不得低于16MPa，且一般为配制混凝土强度等级的1.5~3.0倍；用于C20混凝土时为2.0~2.5倍，用于C30混凝土时为1.5~2.0倍；当有抗冻要求时，在寒冷地区不得低于42.5级，在严寒地区不宜低于42.5级，否则需加入塑性外掺剂。

③圬工用石料的石质应为均匀、不易风化、无裂纹和无表面剥落的坚硬岩石加工而成。其中片、块石的强度等级不得低于30MPa，粗料石不得低于40MPa，混凝土块件不低于15MPa，片石混凝土中的片石掺用量不应超过总体积的20%。严寒地区有渗水或受冻害的部位不宜用石砌体，必须使用时，石料的吸水率应不大于2.5%，砂岩的软化系数应在0.8以上。

④混凝土粗集料应用坚硬的碎、卵石，亦可用经试验合格并筛分所得到的隧道弃渣。粗集料应具有适当的级配，其最大颗粒尺寸应为构件最小尺寸的1/4。对特殊要求(抗渗性、抗冻

性)和强度等级大于30 MPa的混凝土,应采用通过试验室确定的最佳级配。

⑤混凝土细集料一般采用天然中粗砂,也可用经过试验和鉴定合格并通过监理工程师批准的炼铁高炉的水淬矿渣砂。

⑥水可用饮用自来水或洁净的自然水。

⑦混凝土中一般不允许有外掺剂。若需采用,除图纸中有要求外,必须取得监理工程师书面同意。常用的外掺剂有塑化剂、引气剂、早强剂、速凝剂和减水剂。其掺用量应视工程具体情况,通过试验加以确定。

(6)隧道工程混凝土配合比的审查。图纸上所示不同等级的混凝土配合比设计均应由承包人在混凝土浇筑前至少35d完成,并提交监理工程师审批。其审批内容如下:

①确定水灰比和坍落度是否符合规定。

②用水量的确定。

③水泥用量的计算。水泥用量=选定用水量/水灰比,在隧道主体工程上,混凝土的水泥用量,采用机械拌和时不宜少于200kg/m^3,但是也不应超过450kg/m^3。

④选择的含砂率是否恰当。

⑤对防水抗渗要求较高的混凝土配合比的审查。对防水抗渗透要求较高的混凝土配合比应经试验决定,一般防水混凝土的水灰比应小于0.6,砂率应为35%~40%,并需结合改善集料级配进行,必要时还可用防水水泥或外掺剂。

(7)承包人的质量保证体系是否建立、健全。

第二节 隧道工程施工阶段质量监理

一、洞口及洞门施工质量监理要点

洞门是隧道的咽喉,也是外露部分,它包括边、仰坡土石方工程,边墙,翼墙及洞口排水系统等。这些工程相互关联,往往一项工程安排不周就会影响其他工程,因此,应全面考虑,妥善安排,尽快完成,以减少干扰,保证安全,为洞身施工创造条件。洞口工程质量监理要点如下:

(1)洞门基础开挖及支护方案应报监理工程师审批。要注意基坑的检查验收,基础必须置于稳固的地基上,并有足够的埋置深度。做好防、排水工程,基坑不得被水浸泡。基坑内的废渣,在浇筑混凝土前必须清除干净。若基底岩层软硬不均,应采取措施防止不均匀沉降导致开裂。

(2)隧道洞门应尽早修建,并尽可能安排在雨季前施工。隧道洞口开工前,应先施工洞口土方及挡护工程,洞口的边、仰坡必须保证其稳定,避免大挖大刷,且应自上而下进行,严禁掏底取土。避免采用大量爆破,尽量做到少扰动原地层;洞口仰坡坡脚至洞口墙背的水平距离不应小于1.0m。

(3)位于悬崖峭壁下的洞口,一般不宜切削原山坡,当坡面及岩顶稳定,且无落石或坍塌可能时,可贴壁进洞,否则应延伸洞口设置明洞,或采取其他措施,以保证安全。

(4)洞门处的衬砌拱墙与洞口衬砌拱墙应整体施工,洞门端墙与隧道衬砌应连接良好,使之连成整体。洞门端墙的砌筑(或浇筑)与回填,应两侧同时进行,防止对衬砌产生偏压。

(5)洞口装饰应按图纸要求进行,表面应平整清洁,隧道名牌字样要求美观醒目,保持美感;装饰应由熟练工人操作,在监理工程师在场的情况下进行,并经认可。

(6)洞口边、仰坡外的截水沟及排水沟应于土石方开挖前完成,截水沟及排水沟的上游进水口应与原地面紧密衔接,下游出水口应妥善地引入排水系统。

(7)进洞前宜将土石方及其有关工程做完,避免与洞内施工干扰。废弃土石方,应堆放在指定的位置。

二、洞身工程施工质量监理

洞身工程是隧道施工中的主体,由于洞身开挖、衬砌都是在地下进行施工,空间有限,工作面狭小,光线暗,劳动条件差,要注意采用合适的施工方法,保证施工通风和照明,以及安全防护措施。

1. 隧洞开挖监理要点

1)隧洞开挖方法

洞身是隧道工程的主要组成部分,有两种不同的设计和施工方法,即新奥法和矿山法。目前我国公路隧道设计和施工中普遍采用新奥法。

2)隧洞开挖质量控制

在隧道洞身开挖施工过程中,根据对隧道围岩的直接观察量测和试验结果,结合岩层构造、岩性及地下水情况,承包人应判断坑道围岩的稳定性。当发现图纸围岩分类与实际情况和设计不相符时,在提出处理意见报监理工程师审批后才可施工。

(1)承包人应选择最适合于隧道具体情况的施工方法,并经监理工程师批准。施工方法应根据地质、机械设备等条件,采用减少扰动围岩的自承作用的开挖方法。

(2)岩石隧道爆破,应采用光面爆破或预裂爆破技术,使隧道开挖断面尽可能地符合设计轮廓线,减轻对围岩的扰动,减少超挖、欠挖。

(3)爆破后应有专人负责清理洞顶、洞壁,同时要对开挖和未衬砌地段进行检查。如察觉险情出现,承包人应采取措施及时处理。

(4)注意施工安全防护,在通过煤层或煤系地层时,应采取封闭措施,防止煤层瓦斯逸入坑道;在施工过程中要加强对瓦斯浓度的量测;施工通风应能满足洞内各项作业所需的最大风量,并要采取有效的防尘措施,如采用的防尘措施不能达到规定的粉尘浓度标准时,严禁采用干式凿岩。

(5)严格控制断面的开挖,不应欠挖。仅在岩层完整、抗压强度大于30MPa,确认不影响衬砌结构的稳定性和强度时,岩石个别突出部分可侵入衬砌,但不超过5cm。拱墙脚以上1m内断面严禁欠挖。应尽量减少超挖,不论因任何原因或目的造成的超挖所形成的空间,应采用与衬砌相同的材料回填密实。

(6)注意煤层采空区和溶洞的探测,及时、妥善处理施工中发生的坍方。

2. 施工支护

标准、安全开挖的重要手段是及时、正确地支护。除完整且稳定的围岩外,及时支护是隧道施工成败的关键所在。

3. 衬砌工程监理要点

隧道衬砌,有整体式衬砌和复合式衬砌两种类型。衬砌材料可选用混凝土、混凝土砌块石和粗料石等。

承包人应在衬砌前，按设计中线和高程对开挖断面进行复测和整修，确认无误并经监理工程师批准后，方可进行衬砌。

隧道衬砌是为了保持岩体的稳定和行车安全而修建的人工永久性建筑物。衬砌通常需要承受较大的围岩压力、地下水压力，有时还要受到化学物质的侵蚀，地处高寒山区的隧道往往还要受到冻害等。所以，要求用于衬砌的材料应具有足够的强度、耐久性、抗渗性、耐腐蚀性和抗冻性等；衬砌的质量直接影响整个结构物的安全，在施工中要加强质量监控。

(1)隧道衬砌施工，其中线断面尺寸、净空大小均须符合图纸及测量精度要求，还应事先考虑施工误差。施工前必须按设计中线和高程对开挖断面进行复测和修整，确认无误且经监理工程师签认后方可施工。

(2)衬砌施工前，应根据设计要求，做好各种防水、排水设施，对个别漏水孔洞的缝隙要采取排水、堵水措施，防止侵蚀性水侵入混凝土，并采用抗侵蚀性水泥，才能确保衬砌结构的强度。

(3)衬砌用的拱架、墙架和模板，宜采用定型的金属结构，必须有足够的强度和刚度，对大跨度的拱架，施工时应特别注意其稳定性，防止失稳或移动造成的拱圈开裂。

(4)衬砌材料的标准规格及要求，应满足设计图纸的规定，施工中要抽验材料的质量，控制好混凝土的配合比和拌和质量，保证混凝土的强度、耐久性与不透水性。

(5)注意检查衬砌背后回填材料的密实性，它关系到隧道结构的安全，这在稳定性差的围岩中尤为重要。

(6)加强衬砌的养护。衬砌浇筑10～20h后立即进行养护，须连续养护7～14d。寒冷和严寒地区，应做好衬砌的防寒保温措施。

(7)严格控制拱架、墙架和模板的拆除时间，衬砌强度达到设计要求后方能拆除。

(8)衬砌装修。

①承包人应根据图纸要求，在装修施工前30d，对不同部位分别提出材料供应、装修方法和采用设备的计划。施工程序应符合规范要求，并获监理工程师批准。

②根据图纸要求，对衬砌表面应清洗干净并补平。若有渗漏水，先采取措施，做好装修前的防、排水工作，再进行喷涂或安装饰面砖。

③如监理工程师认为涂料或饰面砖由于存储不当，或其他任何原因，不符合厂家的技术说明，就拒绝使用；若发现已装修部分被损坏或黏结不牢，背后有空鼓，应要求承包人予以修补或更换。

④装修材料不得侵入隧道建筑界限，装饰工程应满足运营设施的维修和更换的方便。

4. 隧道混凝土的施工监理要点

隧道混凝土施工工序包括配料、拌和、运送、灌注、衬砌及背后回填、养护和拆模等。施工质量监理要点如下：

(1)在混凝土配料前应对各种计量设备进行校核，对袋装水泥亦应过秤查对，并严格按配合比配料。

(2)混凝土拌制时，应采用强制式搅拌机。

(3)混凝土拌和物的途中运送持续时间，应满足规范有关规定。

(4)混凝土拌和物在灌注时，其自由倾落高度应小于2m，且在灌注左右两侧边墙和拱圈时，应两侧对称分层进行，并应满足允许灌注厚度，其振捣时间应符合有关规定，衬砌背后空隙应回填密实。

(5)当超挖在允许限值内时，须用与衬砌同强度等级的混凝土填筑；超挖已超过允许限值时，可用M5水泥砂浆(渗漏时用M7.5～M10)或片石混凝土回填；当围岩稳定、干燥无水时，方可用干砌片石回填。

(6)除寒冷及严寒地区并受冻害影响的圬工外，当环境温度在5℃以下时，可不洒水养护，但应按冬季施工有关规定做好防冻保温工作。

三、隧道防水与排水系统施工质量监理

1. 隧道防水与排水系统施工监理

施工前，承包人应提出可能出现的地下水分布情况，并预计涌水量，提出防、排水方案，机具配置意见，并获得监理工程师批准。施工中，应对出水部位、水量大小、补给情况、变化规律和水质成分等作好观察、试验和记录，供监理工程师核查，并作为竣工资料的一部分。

2. 隧道给排水

(1)隧道给水。隧道给水主要指隧道交付运营后的生产、生活、消防等各种用水。给水工程的水源、水量、水压、水质以及供水设备、储水构筑物及输水设施等，监理工程师应要求承包人按图纸要求，提出实施性施工组织设计以供审批。实施性施工组织设计应包括施工方案、施工进度、必要的施工详图以及机具、材料供应等内容。给水工程应先施工水源部分，并在施工过程中随时记录和分析实际的水文地质资料，进行抽水试验、水质化验等。具体检验项目，则应按不同用水对象，根据规范或由监理工程师指定。

(2)排水。施工过程中监理工程师应监督承包人按国家现行排放标准进行废(污)水的排放。对供水系统废(污)水的排放，应符合《工业企业设计卫生标准》排放标准的要求；洞内废(污)水的排放，应通过隧道侧沟将水导入洞口路堑边沟排除，即应充分利用洞口有关工程的排水系统，将废(污)水顺利排除；当排放的废(污)水可能影响水源或饮用水的水质时，监理工程师应要求承包人提出处理措施。

四、隧道附属设施安装工程质量监理

1. 辅助坑道施工监理

辅助坑道的设置，应根据隧道长度、工期、地形、水文、设备，结合通风排水及出渣的需要，通过技术经济比较确定，且应获得监理工程师的批准。

2. 隧道通风与防尘

在公路隧道施工期间，承包人应根据其选择的施工方法、设备条件、道坑掘进长度及其他影响健康的因素，并通过计算所需风量，选择合适的通风系统为施工提供通风，其目的是保证正常的空气成分和控制温度升高，以保护工人的身体健康和不影响正常的生产效率。通风设备应由专门经过培训的技术工人维护和保养，并在安全监理工程师的领导下进行工作。

施工中，监理工程师一定要提醒承包人：通风设备应具有100%的能力作为备用；当采用湿式凿岩法施工时，应注意其游离粉尘；工作面供水在形成泥浆之前，应积极采取防尘措施，如喷雾、洒水、使用装石运输车上的集尘器除尘等；任何汽油动力设备都不允许停在隧道内或在

隧道内使用,在任何情况下不允许将汽油运入洞内。

3. 消防设备

隧道内的消防设备包括化学灭火器、消火栓及报警装置等消防设施。同一隧道内应采用统一规格的消火栓、水枪和水龙头,并应按照设计图纸要求放置于明显易于取用的地点。值得注意的是,消防设施及其附件、材料等,均应有批准采用的厂商提供的产品合格证或产品质量检验证;隧道外输水管道及与消防水源的连接、管道的敷设及自动控制装置的连接等技术要求,应满足图纸要求及有关规范的规定。

4. 洞口运营管理设施工程

隧道洞口运营管理设施工程包括通风工程、遮光栅工程、变电工程及房屋工程等。

1)通风工程

(1)隧道通风工程包括为隧道运营通风而设的通风机房、通风洞、通风值班室等与通风有关的土建工程。

(2)通风机房及机房内的附属设施(如吊运风机的天车、检修台等)应在机房施工中按设计图纸的要求一次完成,并应符合国家和部颁标准的有关规定。

2)遮光栅工程

(1)隧道洞口的遮光栅工程包括钢筋混凝土遮光框架、遮光墙、预制遮光板及其吊装等。遮光栅的施工应与洞口装修工程一并安排,当不能一并安排时,可于规定的位置预留装修工程安装时所需的孔洞。

(2)当遮光栅框架、立柱及基础位于路堤填方路段内时,应要求承包人施工前提交施工方案与施工方法报监理工程师审批。

(3)施工中,监理工程师要严格监督承包人的路基施工质量,不能因遮光栅框架、立柱、下纵撑和下横撑的设备而影响路基压实的质量。

3)变电工程

照明灯具和配电控制板的安装、配线、电缆的敷设以及接地工程等,应遵守现行《电气安装工程施工和验收规范》的有关规定。

5. 隧道附属设施安装工程

隧道附属设施包括隧道外面的交叉道路、中心控制楼和收费广场(含风雨棚下道路)的照明,隧道监控、通信、收费系统工程等。关于隧道的监控、通信、收费系统请参阅第七章交通工程施工质量监理的有关内容。

•第三节　隧道工程交工验收质量监理•

一、交工验收监理工作程序

隧道工程完工后的交工验收程序如下:

(1)当工程按合同规定要求完工后,承包人应根据合同文件及《公路工程质量检验评定标准(土建工程)》(JTG F80/1—2004)的要求进行系统质量自检,并填写"质量自检报告",各项自检质量合格后,即可填写"中间交工验收申请报告",一并提交监理工程师审批。

(2)监理工程师收到承包人报送的“中间交工验收申请通知单”后,首先应汇总检查该项工程每道工序的“质量验收单”,并将“质量验收单”编号,填写到“中间交工证书”中,然后检查“开工申请单”及相关的资料是否齐全。

(3)及时组织监理人员按照合同和《公路工程质量检验评定标准(土建工程)》(JTG F80/1—2004)规定的基本要求、实测项目、外观鉴定对已竣工的工程进行现场验收检查,并核对承包人提交的自检报告和各项检验结果。若“质量验收单”证明每道工序均已符合规范要求,则最后的交工验收也应符合规范要求。当以上各项合格后,监理工程师即可填写“交工检验报告”。否则,应责令承包人返工,直至合格为止。

(4)成立该项工程竣工交工验收评估小组,根据检查结果进行工程质量等级评定,并填写“工程交工验收评估报告”。

(5)监理工程师签发“中间交工证书”,并进行工程计量与支付。

二、交工验收与质量评定

隧道工程的交工验收可根据上述交工验收程序,按照《公路工程质量检验评定标准(土建工程)》(JTG F80/1—2004)中的基本要求、实测项目、外观鉴定及质检资料四个部分的项目及内容,进行质量检验和评定。

1)基本要求

(1)洞口设置应符合设计要求。

(2)必须按照设计设置洞内外的排水系统,不淤积、不堵塞。

(3)隧道防、排水施工质量必须符合《公路工程标准施工招标文件(2009年版)》的规定。

2)实测项目

隧道工程的总体实测项目及质量标准如表6-1所示。

3)外观鉴定

洞内应无渗漏水现象。不符合要求时,视其严重程度,高速公路、一级公路隧道减5~10分;其他公路隧道减1~5分。冻融地区存在渗漏水现象扣分取高限。

4)质检资料

其检查要求和减分规定与其他项目一致。

•第四节 隧道工程常见质量问题与防治•

由于隧道位于地面之下,隧道四处的深度及其与地形起伏的关系、地层含水程度、地层温度及有害气体情况、有无不良地质现象等,都会对隧道施工产生影响,施工中难免会遇到各种质量问题。在此对隧道工程常见质量缺陷情况归纳、整理和分析如下。

一、洞口坍塌

1.质量问题及现象

在隧道施工过程中,洞口部位经常出现滑坡坍塌现象,导致洞口堵塞,干扰洞内正常施工,延误工期,甚至会出现人员伤亡事故。

2. 原因分析

多数隧道洞口部位地质条件不良，土质松散，稳定性差，开挖隧道又破坏了原有的土体平衡状态，开挖不好，特别是在雨水的作用下易产生坍塌现象。

3. 预防措施

(1)隧道开挖进洞前应尽早完成洞口排水系统，按设计要求进行边坡和仰坡放线，自上而下逐段开挖，不得掏底开挖或上下重叠开挖。

(2)清除洞口上方可能滑塌的表土、树木及危石等；石质地段爆破后，应及时清除松动石块，土质地段开挖后应及时夯实整平边(仰)坡。

(3)不得采用深眼大爆破开挖边(仰)坡，开挖的土石方不得弃在危害边仰坡稳定的地点，洞口支挡工程应结合土石方开挖一并完成。

二、洞口段洞顶出现偏压

1. 质量问题及现象

当隧道洞口位于山坡不稳定、地形条件较差处，且隧道顶两侧土体严重不一致，即为偏压现象。如果处治不当，可能会出现隧道开裂，严重时发生坍塌事故。

2. 原因分析

当隧道单侧压力过大，隧道结构受力不均，局部应力集中，变形过大，可能会使隧道结构遭到剪切破坏。

3. 预防措施

(1)平衡压重填土，即对地形较低侧进行填土夯实，增加侧压力，当填土达到一定高度后，两侧压力基本平衡时再开挖洞口。

(2)隧道边墙基础应坐在稳固的岩层上，否则应设混凝土基础。

(3)隧道拱圈应采用钢筋混凝土结构，且外墙尺寸加厚，必要时应加设仰拱，以增强隧道结构的整体抗变形能力。

三、坍方及冒顶事故

1. 质量问题及现象

出现大量超挖，增大出渣量和填塞量，造成人员伤亡，机械设备损坏，影响工期，增大投资。

2. 原因分析

(1)隧道开挖中，围岩性质及地质条件发生变化，岩质由硬变软，或出现断层、破碎带、梯形软弱带等不利地质情况而未及时改变开挖方法、支护方式。

(2)未严格按钻爆设计要求钻孔、装药，孔间距不符合要求或过量装药，爆破后使洞壁围岩过于破碎，裂缝深大而坍落；或爆破震动过大，造成局部围岩失稳而坍方、冒顶。

(3)施工组织管理不善、工序衔接不当，支护不及时，采用支护方式不妥，衬砌未及时跟进。

(4)忽视对开挖面的未衬砌面、未支护段围岩变化情况的监测检查，或对已发现的险情未及时处理。

3. 预防措施

(1)隧道开挖中，如发现围岩性质、地质情况发生变化，应及时对所用的掘进方法、支护方式作相应调整，以适应新的围岩条件，确保安全施工。

（2）施工操作人员应严格按钻爆设计要求钻孔、装药、爆破，严格禁止超量装药，爆破工必须经培训合格方能上岗，避免人为因素造成坍方冒顶。

（3）加强施工组织管理，严格按施工组织设计施工，各工序应有跟进，相互衔接；如因施工组织设计中开挖、支护方式与实际开挖围岩情况不相适应，应及时作出调整。

（4）加强对开挖面、未支护及未衬砌面围岩变化情况的监测和检查，如有坍方、冒顶征兆要及时作强支护处理；对已支护地段亦要经常检查有无变形或破坏，锚杆是否松动，喷射混凝土是否开裂、掉落等；一经发现应立即补救，采取适当方式加固处理。

四、喷射混凝土质量问题

1. 质量问题及现象

混凝土开裂、剥落、离层、厚度不够。

2. 原因分析

（1）受喷面粉尘、杂物未清除或清除不彻底，松动危石未清除，松动石块存有较大空隙，混凝土受遮挡无法喷入。

（2）喷射混凝土所用的材料不合格或混凝土配比不合适，养生不及时或养生时间不足。

（3）开挖爆破距喷射混凝土作业完成时间间隔过短，受爆破冲击、振动，受喷面平整度太差，高低起伏过大或钢筋网钢筋过粗。

3. 预防措施

（1）喷射混凝土作业前应对上喷面用高压风或水彻底清除干净，对松动石块、危石或遮挡物用人工彻底清除。

（2）喷射混凝土所用的各种材料必须合格，宜采用普通硅酸盐早强水泥，等级不低于32.5级，混凝土配合比应通过试验确定，拌制的混凝土有良好的流动性、和易性并满足设计强度和喷射工艺要求；为减少回弹量，喷射混凝土应均匀、分层进行施工，直至达到设计厚度。

（3）混凝土终凝2h后应喷水养生，经常保持其表面湿润，养生不得少于7d。

（4）严格控制开挖爆破距喷射混凝土作业完成的时间间隔，对于受喷面高低起伏过大的，应事先对低洼处用喷射混凝土作找平处理，个别突出的地方应予凿除。

五、衬砌混凝土开裂与拱顶下沉

1. 质量问题及现象

开裂损害外观形象，出现渗漏水病害，严重的会使衬砌垮塌；拱顶下沉会影响隧道的净空高度。

2. 原因分析

（1）衬砌混凝土厚度不够，致使整个衬砌承载力不足或局部薄弱；混凝土强度不足，则不足以抵抗围岩压力。

（2）钢筋保护层不足或钢筋未除锈除油。

（3）沉降缝、伸缩缝设置不当或未设置；施工缝处理不当。

（4）围岩压力大，而衬砌尚未形成封闭环，因拱顶下沉、拱脚内移或下沉引起衬砌混凝土开裂。

3. 预防措施

(1)设计时应根据围岩类别、结构等地质情况,正确选取衬砌结构形式及混凝土衬砌厚度,确保衬砌有足够的承载能力,保证隧道结构安全;施工欠挖必须严格控制在容许范围内。

(2)钢筋保护层必须大于等于3cm,钢筋使用前应进行除锈、除油处理。

(3)衬砌施工时应按要求正确设置沉降缝、伸缩缝;施工缝尽量与沉降缝、伸缩缝位置一致,否则应按施工规范要求处理。

(4)拱顶下沉往往是因拱脚内移或下沉引起的,它不仅会导致拱圈开裂,还会导致拱顶高程降低,因此,对于软质、低类别围岩,应在拱脚处打斜向锚杆,加固围岩地基或在两拱脚间加设足够的支撑。

六、衬砌后隧道洞顶、洞壁渗水及路面冒水

1. 质量问题及现象

在渗漏水的长期作用下,隧道的衬砌面和设备会受到侵蚀;在寒冷地区因冻融的反复循环,会加快衬砌和设备的损坏;路面冒水造成行车环境恶化,降低车轮与路面的摩擦力,影响行车安全。

2. 原因分析

地表水渗透到衬砌中,地下水上冒到隧道路面或衬砌中,围岩中的水渗透到衬砌中。

3. 预防措施

(1)衬砌后设置排水管沟时,应根据隧道的渗水部位及开挖情况适当选择好位置,并配合衬砌进行施工,注意防止排水管被堵塞。

(2)在初期支护与二次衬砌间铺设防水板,宜选用耐老化、耐细菌腐蚀、易操作、强度及延伸率较好的塑料板材。

(3)采用防水混凝土做隧道衬砌,必须严格按混凝土防水要求进行施工。

(4)为防止路面冒水,可在路面底部每隔10~20m设置一道横向碎(砾)石盲沟,并使其与纵向排水沟相连。

(5)洞外排水要根据当地的地形、地质、气候条件因地制宜在洞顶设置防、排水设施,可将地表填平、铺砌、抹面、喷射混凝土等,将穴或钻探孔堵死、封闭,达到防渗、抗渗的目的。

复习思考题

1. 同一隧道内是否应采用统一规格的消火栓、水枪和水龙带?
2. 隧道开挖进洞前是否应尽早完成洞口排水系统?
3. 隧道工程的基本组成是什么?隧道工程的质量要求是什么?
4. 简述隧道工程施工准备工作的主要监理工作。
5. 简述隧道工程的施工质量监理程序及要点。
6. 简述隧道工程的常见质量问题及产生原因。

第七章

交通工程施工质量监理

教学要求

1. 描述交通安全设施的组成，叙述交通安全设施的主要功能；
2. 分析和描述交通安全设施的基本质量要求及施工质量监理要点；
3. 叙述交通安全设施交工验收程序。

●第一节　概　　述●

一、交通工程质量监理的主要内容

交通工程质量监理主要是对交通工程设施及附属工程的监理。交通工程设施主要由道路安全设施、监控系统、通信系统、收费系统及支持上述系统的土建工程、管理中心、收费站、养护站、验票站、服务区的房建工程、绿化工程等组成。

交通工程质量监理的工作内容大致有以下四个部分：

(1)道路交通标志、标线、防撞护栏、视线诱导设施、防眩设施等交通安全设施工程质量监理。

(2)监控、通信、收费系统、高杆灯、网架照明、中央空调等机电工程质量监理。

(3)服务区、监控中心、收费站、养护站等房建工程和土建结构工程质量监理。

(4)环保与绿化工程质量监理。

二、交通安全设施施工质量的基本要求

(1)护栏、隔离设施的立柱应有足够的强度，安装必须牢固可靠。

(2)交通标志、路面标线及视线诱导设施应当清晰、醒目，反光膜效果良好。

(3)金属材料必须作防锈处理或采取相应的防锈措施。

(4)各种构件的安装应满足设计和规范要求。

三、交通安全设施施工准备阶段的质量监理

(1)总监理工程师应按要求召开监理工作交底会。

(2)监理工程师应对施工单位提交的联合设计文件进行详细的审查，重点审查技术实施方案，审定工程量，明确设备材料的品牌、规格、型号、产地、技术指标是否符合合同要求，平面

设计、施工工艺是否合理、规范，并提出审查意见，复核联合设计中的工程量清单。

(3)总监理工程师应按《公路工程施工监理规范》(JTG G10—2006)的要求及时组织审核施工单位提交的施工组织设计，审批施工单位的分项、分部、单位工程进度计划，审查施工单位配备的施工机具、器具、机械设备和进场时间安排，审查施工单位采购的设备、材料进场计划。

(4)监理工程师应按规定审批施工单位的质量保证体系和环境保护措施。

(5)签发项目开工预付款支付证书。

(6)总监理工程师应组织和主持召开合同工程第一次工地会议。

(7)监理工程师应对机电工程施工场地进行检查，如机房装修、电力条件、光(电)缆路由、设备材料存放地等是否符合要求，审核施工界面是否清晰，是否具备开工条件等。

(8)审查承包人提交的开工报告，发布合同工程开工令。

●第二节　交通工程施工阶段质量监理●

在公路交通工程中，重点介绍交通安全设施施工阶段的质量监理。交通安全设施包括防撞护栏、交通标志、道路标线、视线诱导设施、防眩设施、隔离栅等。各种交通安全设施的质量要求及施工监理工作要点如下。

一、防撞护栏

防撞护栏是高速公路安全设施的重要组成部分，且对防止行车事故起着极其重要的作用。防撞护栏按其设置位置可分为路侧护栏、中央分隔带护栏，路桥过渡段护栏和活动护栏。护栏的形式按刚度的不同可分为柔性护栏、半刚性护栏和刚性护栏三种。从国内外实际应用情况来看，半刚性的波形梁护栏的应用最为广泛。

1. 质量要求

(1)波形梁、端头、立柱、横隔梁、防阻块等护栏部件的质量要求，应符合交通行业标准有关护栏产品标准的规定。

(2)波形梁护栏部件的检验包括外观检查、尺寸检查、热镀锌层质量检查。冷弯型钢一般不做力学性能试验，如有要求时，可在原钢带上进行，其力学性能和工艺性能应符合相应标准的规定。

2. 施工质量监理要点

波形梁护栏产品质量的检测内容，可分为以下四个部分：

(1)表面质量，外形尺寸、钢板原材料性能及镀锌层质量。

(2)具体检测时，其抽样组批规则是将同一基底材料、同一规格尺寸、采用同一表面处理方法处理的产品作为一批。

(3)每一批的数量不超过50t，且以不大于1 000件作为一批。

(4)若产品超过1 000件，则应以每1 000件作为一批，并分批抽样。

所有产品的检测应遵循以下规定：

(1)首先对样品进行目测，合格者作为正式样品，目测不合格者，直接按废品处理。

(2)当首次测量超差，经对仪器校正并确认无误，且样品抽检亦符合有关技术规范和法定程序时，一般应进行复测，如经确认不是仪器故障、环境干扰、操作方法或操作误差时，则应如实填报检测报告。

（3）当检测过程中发生非人力可避免的意外事故或自然灾害时，当时所检测的结果及样品应一律作废，待意外事故或自然灾害处理完毕后再重新检测。

（4）波形梁护栏安装完毕后，以500m长为验收单位，并连续取10跨护栏进行检验。

其具体的检测项目包括立柱外边缘距路肩边线距离、立柱中距、立柱竖直度、护栏顺直度、横梁中心高度。主要用量具进行测试，且以设计文件的要求为合格判断的依据。

监理工程师应注意的是：波形梁护栏不得在现场焊接和钻孔；波形梁护栏不得有剥落、气泡、裂纹、疤痕、擦伤等表面缺陷；波形梁的线形应顺适，且色泽应一致。

二、交通标志

根据《道路交通标志和标线》（GB 5786—2009）的规定，交通标志可分为主标志和辅助标志两大类。其中主标志包括警告标志（警告车辆、行人注意危险地点的标志）、禁令标志（禁止或限制车辆、行人交通行为的标志）、指示标志（指示车辆、行人行进的标志）、指路标志（指示道路方向、地点、距离等信息的标志）；辅助标志是附设在主标志下，起辅助说明的标志。交通标志从结构上可分为单柱、双柱、悬臂、门架式几种形式。除门架式标志外，其他均设在路侧。

交通标志的设置应以完全不熟悉路况环境的驾驶员为对象，使其通过交通标志的引导，顺利、快捷、安全地抵达目的地。为避免产生错误行驶，交通标志的总体设置应注意动、静结合，并与其他系统协调配合，尽量做到完善、适用、美观。交通标志由标志底板、支柱、基础紧固件和标志板组成。

1. 质量要求

（1）交通标志支撑结构都应按设计所给的尺寸建造，并且在装配后要涂漆，应符合《道路交通标志和标线》（GB 5768—2009）的规定。

（2）交通标志的形状、图案、颜色应符合《道路交通标志和标线》（GB 5768—2009）的规定。指路标志的汉字必须采用黑体大号28点字体，阿拉伯数字也应符合《道路交通标志和标线》（GB 5768—2009）的规定，不允许采用其他字体。

（3）定向反光标志膜应采用高强定向反光膜。定向反光膜应和压合胶黏剂或不剥落的热活性胶黏剂来粘贴，表面不产生任何气泡等缺陷。

2. 施工质量监理要点

（1）对运到现场的粘贴反光标志膜的标志，要对其表面进行抽查，不得有龟裂纹、明显的划痕及明显的颜色不均匀。标志板面要保证四个单面垂直，其垂直度不应大于±2°，不允许超过规范要求的±3mm/m的翘曲。要对板面内的符号、字体、尺寸大小进行严格检查。

（2）对于交通标志基础，由于有些标志设置于公路回填的边坡上，因此要保证基础开挖后的基坑四周不被扰动。在基础混凝土施工过程中要注意混凝土的振捣，以保证混凝土的质量，并且要保证预埋件不被移动。只有当基础混凝土达到设计强度后，才允许承受全部荷载。

（3）交通标志在安装过程中，要求承包人对已完工程进行保护，同时标志处的路缘石、路面等要用保护物进行覆盖。

（4）由于交通标志设置于道路上，完全暴露在自然环境之中，其材料、结构均需满足自然环境的侵蚀。标志的制作应符合现行国标《道路交通标志和标线》(GB 5768—2009)和部颁标准《公路交通标志板技术条件》(JT/T 279)的有关规定。

(5)为减少交通标志板对驾驶员的眩光,路侧设置的标志和悬空标志均应符合《道路交通标志和标线》(GB 5768—2009)和施工规范要求。在安装过程中要检查板面与水平轴或垂直轴的旋转角度以及板面与道路的间距尺寸。若不符合要求,应及时调整。

应当注意的是,承包人在取得监理工程师的批准前,不得进行标志牌的安装施工。交通标志施工完成后,监理工程师应按《公路工程质量检验评定标准(土建工程)》(JTG F80/1—2004)进行质量检验。一般应检测立柱竖直度、标志安装角度、标志板下缘至路面净空、标志板内侧距路肩边线距离、基础尺寸、混凝土强度等,且应符合《公路工程质量检验评定标准(土建工程)》(JTG F80/1—2004)的规定。

三、交通标线

由路面标线、箭头、文字、立面标记、突起路标和路边线轮廓标等构成的道路标线,是管制和引导交通的重要安全设施。标线可以和标志配合使用,也可以单独使用。

道路交通标线按其功能可分为指示标线、禁止标线、警告标线。按其形态可以分为:线条(标于路面、缘石或立面上的实线和虚线);字符标记(标于路面上的文字和数字及各种图形符号);突起路标(安装于路面上用于标示车道路分界、边缘、分合流、弯道、危险路段、路宽变化、路面障碍物位置的反光或不反光体);路边线轮廓标(安装于道路两侧,用以指示道路的方向、车行道边界轮廓的反光柱或反光片。高速公路的轮廓可安置于防撞护栏上)。按其材料可以分为油漆标线和热塑标线两种。一般油漆标线用于车行道边缘线和收费广场标线;热塑标线用于永久性的车道分界线、横向标线、人字、斑马纹导流标线、出入口标线和车道导向箭头。

道路交通标线一般采用白色,因为白色比较醒目,尤其在沥青道路上,黑白分明,视认效果较好。近年来,国内外在交通标线中采用了黄色标线,用做分隔路幅及限制道路上对向车流相互跨越带来的干扰的分界线。

一般在高速公路上需设计主线标线、匝道标线、互通立交区出入口斑马线、车距确认标线、减速标线及立面标线等标线。

1. 质量要求

(1)喷涂标线前,路面应清洁无起灰现象。

(2)所有路面标线的位置、颜色、形状,应符合图纸和标准的规定。

(3)所有标线应具有光洁、均匀及整齐的外观。

2. 施工质量监理要点

(1)路面标线施工前承包人应将拟用的材料样品、施工方法报监理工程师,并喷涂一般试验标线,以此检验涂(漆)料配方是否满足图纸要求,施工机具和工艺是否合适。

(2)路面标线位置以道路中心线为基准进行检查;对于人字线,要先按设计图在路面放大样图,经检查符合设计要求后,方可开始施工。

(3)喷涂油漆前,施工机械设备,尤其是反光标线的施工,要保证设备不发生泄露现象,玻璃珠要能均匀地喷洒。

(4)对热塑线的施工,要注意材料的加热温度,并避免在已完工的路面上进行材料加热。

(5)标线在施工完后,要对其进行保护,防止污染和破坏。

(6)标线表面不应出现网状裂缝、断裂裂缝、起泡现象。

道路标线工程的施工质量检测,其内容主要包括外观检测和实测项目检测两个方面,分述如下:

①外观检测。标线以外的道路被标线材料污染的面积不超过10cm^2。喷涂后的标线边缘无明显毛边,且标线顺滑平直。反光标线玻璃珠和标线的厚度应均匀。

②实测项目。标线实测项目见《公路工程质量检验评定标准(土建工程)》(JTG F80/1—2004)。

四、视线诱导设施

按诱导功能将视线诱导设施分为:以指示道路线形轮廓为主要目的的轮廓标志,以指示交通分流、合流为主要目的的分流、合流诱导标志,以指示或警告改变行驶方向为主要目的的指示和警告性线形诱导标志,以辅助和加强标线作用、保证行车安全、提高道路服务质量为主要目的的突起路标四类。上述四种视线诱导设施从不同侧重点诱导驾驶员视线,使行车更安全、舒适。

1. 质量要求

(1)视线诱导设施的反射器的亮度、颜色应满足规范的规定。当入射角从0°~20°的范围变化时,反射器必须保持恒定的光学性能。

(2)柱体轮廓标志的形状尺寸,应与设计图相符,柱体表面不应有明显的伤痕、掉角等缺陷。柱体轮廓标志的形状尺寸、轮廓标志的混凝土基础尺寸应与设计图相符,预留的柱体凹穴各部尺寸正确,达到规定的强度。

(3)附着于构造物上的轮廓标,其支撑结构和紧固件,应与设计图相符。

(4)各种诱导标志的图形符号应符合标准,板面平整,加强肋应连接牢固。基础混凝土材料符合要求,强度应达到现场规定要求,基础尺寸正确。

(5)设置于道路边缘的视线诱导设施是一种指示和诱导标志,对驾驶员起视线诱导效果。因此,视线诱导设施的反射器必须具备优良的反射性能。

2. 施工质量监理要点

(1)视线诱导标志的施工应在路面施工完成后进行。附着于护栏上的视线诱导设施,可在护栏安装过程中或在护栏安装完成后进行。

(2)在施工安装前,应对全线视线诱导设施的埋设条件、位置、数量进行核对。

(3)轮廓标志应按设计图纸量距定位。附着于构件物上的轮廓标志可按立柱间距定位。分流、合流诱导标和线形诱导标均应按设计图纸量距定位。

(4)埋置于土中的轮廓标或诱导标志,均应浇筑混凝土基础,混凝土浇筑完后应采取正常的养护措施,直到混凝土达到规定的强度。当轮廓标柱体或立柱为装配式,则应预留柱体插入的空穴,或用法兰盘连接。

(5)分流、合流诱导标志和线形诱导标志应在基础混凝土达到设计强度的80%以上方可进行安装。当诱导标附着于护栏立柱上时,应事先对立柱的位置、垂直度进行检查,达到要求后,才能安装诱导标的面板。

(6)施工时应注意,当不同材质的金属构件互相接触时,为防止静电腐蚀,在其相互接触的部位应使用非金属套、垫层或保护层,使二者隔离。

(7)视线诱导设施的产品质量及施工质量应按照《公路工程质量检验评定标准(土建工程)》(JTG F80/1—2004)进行检测,以保证其工作质量。

(8)视线诱导设施系公路的最后装饰设施,一般需在路面施工完毕后着手安装,尤其是附着于护栏或其他构造物上的视线诱导设施,均在最后安装。安装过早,因高速公路还未封闭,这种设施极易破坏。对此,监理工程师应引起足够的重视。

五、防眩设施

在夜间交通量较大,大型车辆混入车流的混入率较高的路段;平曲线半径小于一般最小半径的路段;设置有竖曲线并对驾驶人员有严重眩目影响的路段;无照明设施的大桥和高架桥上;长直线路段及地形起伏变化较大的路段等地段,应于道路的中央分隔带上设置用于消除汽车前照灯夜间眩光影响的防眩设施。

按构造物种类,防眩设施可分为防眩板、防眩网、植树(间距型、密集型)三类。工程实践证明,防眩板的防眩效果最佳,防眩板构件可采用钢材、塑料或其他不容易变形的材料,且大多数高速公路或一级公路设置的防眩设施均以此为主。

1. 质量要求

(1)防眩板的材料、镀锌量、几何尺寸应符合设计要求,平面弯曲不得超过板长的0.3%。

(2)防眩设计整体应与道路线形一致。

(3)防眩板遮光角应符合设计要求,安装要牢固。

2. 施工质量监理要点

(1)施工前检查清理场地,确定控制点(如桥梁、立交、中央分隔带开口及防眩设施需变化的路段),在控制点之间测距定位、放样的情况。

(2)注意按设计要求处理好路段与桥梁上的防眩设施的位置及高度,不得出现高低不平甚至扭曲的外形。

(3)防眩板单独埋设立柱时,应在基础达到设计强度后,方可安装上部构件。

(4)施工过程中不应损坏金属涂层。任何形式涂层的损伤,均应在24h内给予修补。

(5)防眩设施其检测结果判定如下:

①只有当材料性能和镀层质量的所有检测指标同时合格后,该两项性能指标可判为合格。

②对外观质量、镀层厚度和外形尺寸三项性能指标,当不合格样品数不大于要求数据时,可判定其合格。

③若检测不合格,且该项又是非现场检测项目,当供货商又提出申诉时,则可从同一批产品中再取双倍数量的试样进行复检。复检结果要求所有试样的所有指标完全合格。

④若该项目是现场检测项目,则按规定抽取比这批抽样样品数大的下一批样品数进行复检,其复检结果要求该项目的所有指标完全合格,否则该批产品的质量仍判定为不合格。

六、隔离防护设施

隔离设施主要由立柱、斜撑、隔离网、连接件、门柱等构件组成。隔离设施的各种材料均为标准化产品，一般可分为网片材料、立柱和斜撑材料以及连接材料三大类。

1. 质量要求

(1)冷弯成型的槽钢立柱、斜撑和钢板网框、角网，其标称厚度应以距端部100mm处横截面处部分尺寸为准，其基底金属的标称厚度允许偏差为±2mm。立柱、斜撑的标称长度允许偏差为±5mm/m，立柱和斜撑的槽钢宽度允许有3mm的正公差。弯曲度不允许大于5mm/m。

(2)槽钢表面不得有气泡、裂纹、疤痕、折叠、夹杂和端面分层缺陷，允许有不大于公称厚度10%的轻微凹坑、压痕、疤痕、擦伤。

(3)产品质量检验包括外观检查、尺寸检查、基底钢材的抗拉强度、屈服强度、延伸率和镀锌层厚度测试。

2. 施工质量监理要点

(1)对高速公路、一级公路，进行隔离封闭的人工构造物称之为隔离防护设施。隔离防护设施主要指设置于公路路基两侧用地边界，即沿用公路用地界线以内20~50cm设置的隔离栅，以及设置于上跨公路主线的分离式立交桥或人行天桥两侧的防护网。其作用是阻止人员及动物进入，减少横向干扰和减少延误，避免由此产生的交通延误或交通事故，从而保证通行车辆快速、舒适、安全、经济地运行；防止非法侵占公路用地，保障公路产权不受侵犯。

(2)施工中碰到测量标桩和永久边界标志时，未经监理工程师批准，均不得随便移动。当需在标桩和边界标志附近竖立栅栏桩时，应尽量靠公路一侧加以设置。

(3)隔离设施的各种材料均为标准化产品，其技术条件及性能均应满足设计要求，符合其相应标准的规定，且需具有产品合格证并经工地检验合格及监理工程师批准后，方可使用。

(4)基于隔离栅的材料性能要求，对隔离栅网片、立柱(包括斜撑、门柱)等应成批检查。每批应由厂家同时交货的或同时产生的同一基底材料、同一规格尺寸、同一方法进行表面防腐处理的产品组成。一批样本网片数，按面积计不大于2 000m^2；一批钢管、型钢及混凝土立柱的数量不大于500根，其质量检测的内容包括外观质量、几何尺寸，镀层质量则采用三氯化锑法、锤击法、硫酸铜试验法等进行拉伸、弯曲及化学试验。具体检测方法请读者参阅本章波形梁护栏材料检测的有关叙述。

(5)隔离栅立柱的埋设应符合设计要求，立柱与基础、立柱与隔离栅网片之间的连接应稳固，且立柱和基础的混凝土强度均不得小于设计要求及《公路工程质量检验评定标准(土建工程)》(JTG F80/1—2004)中对立柱竖直度、柱顶高度、立柱中距、顺直度和混凝土强度的质量评定要求。

七、机电工程

交通工程设施中的机电工程，是一项总承包工程(交钥匙工程)，包括监控系统、通信系统、收费系统及照明设施等施工内容。一般情况下，业主均要求承包商提供设计、供货、运输、安装测试、开通、试运行、技术培训和售后服务等全套服务。

机电工程的施工质量监理以《公路工程施工监理规范》(JTG G10—2006)为依据。具体要点如下：

(1)从总监理工程师签发公路机电工程总开工令之日起，至机电工程完工验收之日止的

时间段为施工监理阶段。

(2)监理工程师须审查、检验施工单位报检的进场设备、材料,与合同工程量清单规定的型号、规格、品牌、产地相符,须有产品检验合格证、质量检验单和出厂合格证;必要时可进行通电测试。经检验符合合同要求的设备、材料应批准进场。没有获得监理工程师批准使用的设备、材料,不得在工程中使用。国外进口设备应要求施工单位出具商检部门的检验证书。进场的计算机平台软件须有合法授权文件、软件拷贝及说明书。

(3)监理工程师应参加主要设备、材料、定制产品或施工现场无条件进行单机测试的设备的出厂检验,在制造厂方的测试条件下进行检测。检测比例按供货设备、材料数量的15% ~ 100%的比例进行抽样(设备、材料数量为3台件时抽样比例取100%;设备、材料数量增加,抽样比例减少,最少不得少于15%)。制造厂检验合格的设备、材料,才准予启运。监理工程师参加测试的设备、材料的测试数据作为工程资料的组成部分。

(4)监理工程师应审查施工单位提交的软件需求分析、概要设计、详细设计和软件测试大纲,开发软件安装前应在开发商试验室进行开发软件的测试。测试合格后,监理工程师应批准其在现场安装。开发软件安装后按机电工程系统测试方法进行测试。

(5)监理工程师按如下要求审批施工单位拟用的机具装备。

①监理工程师应按合同规定的施工机具型号和数量对施工单位申请使用的施工机械进行审查,满足合同要求后批准使用;

②如施工单位要求使用非规范规定的施工机具,监理工程师应经审查确认施工单位变动原因合理、拟使用的施工机具符合合同要求后,可批准使用;

③未经监理工程师批准使用的施工机具,不得用于机电工程施工。

(6)监理工程师应审查施工单位提交的施工图设计文件,重点审查设备、材料是否与合同清单一致,设备平面布置是否合理,安装结构、施工工艺是否规范,与相关系统的联结是否可行,界面(物理、技术、责任)是否清晰。经审查,与施工组织设计一致且满足合同、规范要求的,予以批准采用。未经监理工程师批准使用的施工工艺,施工中不得采用。

(7)监理工程师按《公路工程施工监理规范》(JTG G10—2006)要求审批工程分包;审查施工单位提交的分项、分部工程的开工申请,以及工程的质量控制指标及质量保证措施、施工安全技术措施和环境保护措施以及分项工程的进度计划等。如上述保证措施得力,施工图已获批准,建设单位提供的施工工程界面已就绪,准备工作已获得监理工程师批准,且分项、分部工程的施工人员、设备、材料、机器具等均已进场到位,即可批准该分项、分部工程开工。

(8)监理工程师应按《公路工程施工监理规范》(JTG G10—2006)要求进行施工现场巡视检查,旁站关键工序和重要部位的施工。监理工程师应对施工中容易出现问题、事后难以检测或如返工造成的损失较大的工序和部位,安排相关专业监理人员进行该工序或部位施工全过程的旁站监理;对关键工序、重要的隐蔽工程、事后难以检测或返工且会造成较大损失的工程实行工序质量验收。检验不合格的工序,监理工程师要求施工单位进行再整改,直至合格为止。缺陷处理不好的工序、前道工序未经监理工程师检查、验收、认可,不得批准下道工序施工;施工单位应将需要检验的隐蔽工程,在隐蔽前三日提出检验计划报监理工程师,监理工程师应安排时间,检查并办理签认手续。工序检验应遵从以下原则:符合合同图纸和工程量清单所含内容;符合技术规范及监理工程师批准采用的施工方法和工艺;符合国家、交通、信息、电力行业标准或合同规定的技术标准和检验方法。

(9)监理工程师按《公路工程施工监理规范》(JTG G10—2006)第3.1.13条处理工程质量事故;施工中发生了危及工程质量或安全的质量事故或隐患时,监理工程师应下达部分工程暂停指令;在事故处理结束或消除了隐患后,具备继续施工的条件时,监理工程师应相应地签发该部分工程的复工令。具体发布工程暂停指令及签发复工令的条件、程序和要求按规范规定执行。

(10)监理工程师须对施工单位安装完工、并自检合格的公路机电工程的单位、分部或分项工程硬件设备安装质量、数量进行验收;监理工程师应根据施工单位提交的机电工程中间报验报告涵盖的内容,重点检查报验工程项目的设备、材料的质量和数量、安装位置、安装工艺。监理工程师验收合格,签发“安装验收证书”;未经安装验收或验收不合格的工程,不得签发“安装验收证书”,不得进入调试工序。

(11)监理工程师应监督施工单位进行机电系统调试和测试工作,使各系统功能、技术指标符合合同的要求;审查、批准机电工程进度计划及施工中调整的机电工程进度计划,并监督其实施;检查、监督施工单位安全保证体系的运行情况,保证机电工程的安全建设;检查、监督施工单位制订的环境保护措施的落实情况,认真履行监理工程师环境监理职责。

(12)监理工程师应对检验合格的进场设备、材料和签发“安装验收证书”的工程进行计量并签发“中期计量表”。报验资料不完整、手续不完备、安装验收资料不齐全的工程项目,暂不予计量。

(13)监理工程师允许施工单位就安装合格的分部机电工程,进行系统参数设置、功能调试;监理工程师应随时掌握调试工作进展情况,监督施工单位将系统调试到符合合同技术规格书的全部要求,并作好调试记录。

(14)监理工程师须认真审查施工单位编制的测试大纲,根据合同定义的系统功能、技术指标就测试内容、测试方法、测试仪表、测试时间、测试人员、测试表格进行确认、批复。认真审查施工单位按监理工程师批准的测试大纲所完成机电工程功能测试(包括软件测试)和技术指标测试工作的自测报告。监理工程师认为施工单位的自测项目完整且各项功能、指标满足合同要求,应组织工程建设的有关各方进行机电工程系统签证测试。公路机电工程的签证测试按合同要求的比例进行。公路机电工程测试的步骤如下:

①单机测试、分系统测试、系统测试(系统功能测试、系统指标测试);

②如果受工地现场条件限制而无法进行的单机测试,可以厂验技术指标为依据;

③监理工程师应对机电工程测试记录逐项给出测试结论并签名;

④公路机电系统可靠性、稳定性在试运行期间进行的检验,由试运行人员给出评估。

(15)监理工程师应要求施工单位将经监理工程师签署意见的系统测试记录整理成机电工程测试报告,形成申请完工验收的资料。

(16)监理工程师在机电工程建设进程中,可受理由于施工图设计错漏、设计与实地情况不符、技术进步、设备材料供应发生变化、局部功能调整等原因导致的工程变更申请,由提议单位提出变更申请,经监理工程师审查、签署监理审查意见后,报建设单位批准。

(17)总监理工程师办公室每月应编制“监理月报”,于次月5日前完成,并报送建设单位等有关单位。监理月报的编制内容按有关要求进行。

(18)监理工程师应逐日将所从事的监理工作写入监理日志,特别是涉及设计、施工和需要返工、进行缺陷处理的事项,应详细作出记录。

(19)监理工程师应根据施工进程情况,召开工地例会、专题工地会议,解决机电工程进程中出现的问题。

(20)机电工程总监办应每周召开监理工作例会,检查本周监理工作完成情况,调整工作计划,商讨监理难点问题,研究监理对策,布置下周监理工作,总结经验,不断提高监理业务水平。

(21)监理工程师受理施工单位提出的完工申请,应认真核查完工条件,明确剩余工程项目,作出处理意见;具备完工条件的系统工程,建议建设单位安排完工验收会议,准备启动完工验收程序。

(22)监理工程师应参加机电工程的完工验收会议,通过完工验收的工程,总监理工程师应在完工证书上签字。

(23)监理工程师应按有关要求编写工程监理报告。

电子监控、收费、通信及照明涉及电子技术、现代通信技术、自动测控技术、供电、照明等高新技术领域,是多学科的综合技术在公路交通工程中的应用。工程实践证明,各类设备的工程原理、应用范围差异甚大,而这些方面的技术规范及相应的行业标准还正在研究与制订之中。现场施工质量应经监理工程师签认,并符合有关质量评定的要求。

●第三节　交通工程交工验收质量监理●

一、交工验收监理程序

交通工程完工后的交工验收程序如下:

(1)当工程按合同规定要求完工后,承包人应根据合同文件及《公路工程质量检验评定标准(土建工程)》(JTG F80/1—2004)的要求进行系统质量自检,并填写“质量自检报告”。各项自检质量合格后,即可填写“中间交工验收申请报告”,一并提交监理工程师审批。

(2)监理工程师收到承包人报送的“中间交工验收申请通知单”后,首先应汇总检查该项工程每道工序的“质量验收单”,并将“质量验收单”编号,填写到“中间交工证书”中,然后检查“开工申请单”及相关的资料是否齐全。

(3)及时组织监理人员按照合同和《公路工程质量检验评定标准(土建工程)》(JTG F80/1—2004)规定的基本要求、实测项目、外观鉴定,对已竣工的工程进行现场验收检查,并核对承包人提交的自检报告和各项检验结果。若“质量验收单”证明每道工序均已符合规范要求,则最后的交工验收也应符合规范要求。当以上各项合格后,监理工程师即可填写“交工检验报告”。否则,应责令承包人返工,直至合格为止。

(4)成立该项工程竣工交工验收评估小组,根据检查结果进行工程质量等级评定,并填写“工程交工验收评估报告”。

(5)监理工程师签发“中间交工证书”,并进行工程计量与支付。

二、交工验收与质量评定

交通安全设施的交工验收可根据上述交工验收程序，按照《公路工程质量检验评定标准（土建工程）》（JTG F80/1—2004）规定的基本要求、实测项目及外观鉴定进行质量检验和评定。

复习思考题

1. 交通工程设施的种类有哪些？其主要作用是什么？
2. 交通工程监理的主要内容及质量要求是什么？
3. 简述业主要求承包人提供机电工程的全套服务包括哪些？
4. 简述交通标志和交通标线的施工质量监理的要点。
5. 简述机电工程施工质量监理的程序。
6. 照明设施技术指标的含义是什么？其质量监理的内容有哪些？
7. 按构造物防眩设施可分为哪几类？哪种防眩设施的防眩效果最佳？防眩板构件可采用什么材料？
8. 简述波形梁护栏和视线诱导设施的施工质量监理要点。

第八章

公路环境工程质量监理

教学要求

1. 解释公路工程施工期环境监理,叙述公路环保主要监理依据和监理工作的内容;

2. 分析公路施工中对环境造成的影响及防治措施;

3. 进行公路建设项目的环境影响评价、水土保持方案审批和竣工环境保护验收;

4. 分析和描述公路施工环保监理的任务和各施工阶段的工作内容;

5. 描述公路环保和景观设计理念和设计技术。

●第一节 概 述●

环境监理是建设单位委托具有相应环境监理资质的监理单位作为第三方,依据有关环境保护的法律、法规、政策、技术标准以及经批准的设计文件、投标文件和依法签订的环境监理合同、施工承包合同等,对工程建设期的环境保护工人进行监督管理。

环境监理是"第三方"监理,是社会化管理。环境监理应强化社会监理作用,在政府的监督管理下,依据有关规定,利用业主授予的权力,对工程实施不间断、全过程、全方位的环境管理,使环境监理成为施工期环境管理的核心。

公路工程施工期环境监理包括环保达标监理和环保工程监理两方面,既体现了公路环境保护工作点与线的结合,又反映了监理工作时与空的布局,以及工程与环境保护质与量的协调。

一、公路工程环境保护监理

公路工程环境保护法必须根据经济规律和生态规律的要求,认真贯彻"经济建设、城市建设、环境建设同步规划、同步实施、同步发展"的三同步方针和"经济效益、环境效益、社会效益"的三统一方针。

自20世纪80年代起,按照国家有关环境保护的规定,在公路建设项目的可行性研究阶段执行环境影响评价制度。通过环境影响评价,对项目存在的环境影响问题进行分析、预测,并针对不利环境的影响提出防治措施,要求项目在规划设计阶段和建成运营阶段严格落实执行。亚行和世行贷款项目对环境保护问题尤为重视,要求在环境影响评价报告的基础上编制环境保护行动计划,以指导项目的整个实施过程。因此,在公路施工过程中实行环境保护,是对项目全过程进行环境保护管理不可缺少的重要环节,也完全符合国家关于环境保护必须与工程主体“同时设计、同时实施、同时交付使用”的三同时原则。

二、公路工程环境保护监理分类

1. 环保达标监理与环保工程监理

公路施工环境保护监理就工作内容而言,主要包括两部分内容:一是对公路主体工程施工过程环保达标等方面的监理,如对噪声、废气、污水等污染物排放、水土流失和生态环境破坏等情况的监理,称为“环保达标监理”;二是对保护施工和营运期环境而建设的配套环境保护设施的施工,如水处理设施、声屏障、绿化工程、自然保护区、水源保护区以及风景名胜保护区的保护等进行监理,称为“环保工程监理”,如图 8-1 所示。

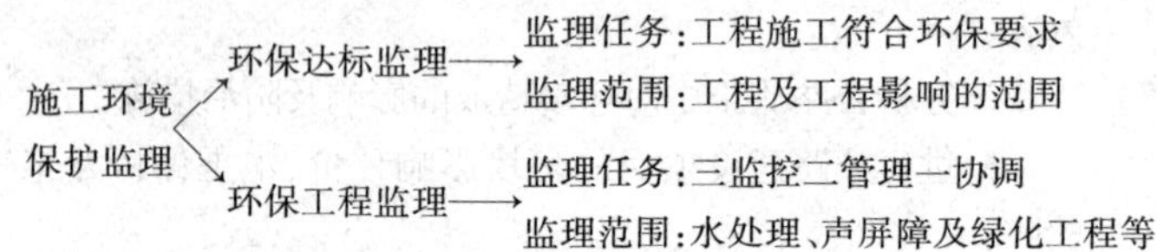

图8-1 施工环境保护监理内容

环保工程监理注重对于建设项目的环保工程(防噪工程、污水防治工程、水土保持工程等)进行质量和进度监理,体现了公路建设与环境保护设施建设“三同时”的环保制度,没有包括公路工程施工“过程”中环保组织及施工的内容。此部分工作内容涉及环保技术,具有特殊性。环保达标监理指对在工程及工程影响范围内的一切施工活动中,按符合环保要求进行质量和进度监理,体现对公路施工全过程进行环境监理的理念。

2. 专业、专职与兼职环境监理

专业环境监理指具备环境保护专业技术知识的人员,取得环境监理工程师资质后,持证对公路工程施工进行环境监理,一般主要进行项目环保工程的监理。目前我国尚未颁发环境监理工程师资质。

专职环境监理指具备一些环境保护知识或相近专业(如绿化、地质、水利等)的工程技术人员,经项目环保培训后,专门从事公路建设过程中环境保护监理工作,负责水、气、声等环保达标的和项目环保工程建设的监理业务。

兼职环境监理指公路施工过程中,土建、交通工程、计量等监理工程师,经过环保培训之后,在负责自身监理工作的同时,负责业务范围内有关的环境监理工作,工程的质量、进度和费用控制,完全与环境保护监理融为一体,同步进行。

三、公路工程环境保护监理依据

公路工程环境保护监理的依据如下:

(1)项目的环境影响评价报告书。

(2)项目的环境行动计划(贷款项目均有此文件)。

(3)国家有关资源环境保护法规。

(4)国家有关文物保护法规。

(5)国家有关环境质量法规。

(6)地方有关环境质量法规。

四、公路工程环境保护监理工作

公路工程施工期环境保护监理工作实质上就是施工活动过程中对环保的管理工作,必须与整个施工组织管理紧密结合,要以法制观念强化工程管理人员的环保意识,使环保管理工作制度化、合理化、规范化和标准化,环保监理工作有以下几个主要环节。

1. 施工期环境保护措施报告表的报批

此报告表要求由承包人编制,并随总体施工组织设计、各单项工程开工申请表同时提交。

报告表编制时,要求承包人依据国家各项有关环境保护法规、政策,环境影响评价报告书或环境行动计划提出的环保措施,针对施工活动的具体内容,提交承包人在施工组织管理过程中的环保承诺。报告表由监理工程师审核,随总体施工组织设计或各单项工程开工报告一同批准实施。

2. 施工期环境保护措施实施的监理

监理工程师应定期或不定期地对施工现场进行环保措施实施情况的核查,检查承包人在环保措施报告中承诺的各项环保措施是否得到落实和执行,该检查结果应有文字记录备案,作为工程竣工验收的考核内容。

3. 施工现场环境监测

监理人员应对施工现场进行定期(或不定期)的环境监测,并及时将监测结果通报承包人和驻地监理工程师,以便双方能够掌握施工现场环境质量动态情况,及时调整环保监控力度。同时,环境监测结果也是对施工现场执行环保措施的客观评价。环境监测方法按国家环保总局有关环境监测分析方法的规定执行。

五、环境保护监理工作制度

公路工程施工环境保护监理工作制度具体如下。

1. 例会制度

建立施工环境保护监理例会制度,定期召开环保会议。在例会期间,施工单位对近一段时间的环境保护工作进行回顾性总结,监理工程师对该月单位工程的环境保护工作进行全面评议,肯定工作中的成绩,提出存在的问题及整改要求。每次会议都应形成会议纪要。

2. 报告制度

监理单位在定期编报的月报或年报中,应包括环保监理工作情况,主要内容有:当前阶段环保工作的重点和取得的成果,现存的主要环境保护问题,建议解决的方案,随后的工作计划书。

3. 函件往来制度

监理工程师在现场检查过程中发现的环境保护问题,应通过书面监理通知单形式,通知施工单位需要采取的纠正或处理措施。情况紧急需口头通知时,随后必须以书面函件形式予以确认。同样,施工单位对环境问题处理结果的答复以及其他方面的问题,也应致函监理工程师。

4. 人员培训制度

对监理工程师必须进行培训,持证上岗,并协助建设单位组织对工程施工人员进行环境保护培训。

5. 工作记录制度

施工环境保护监理记录是信息汇总的重要渠道,是监理工程师作出决定的重要基础资料,其内容主要有:

(1)会议记录。如第一次工地会议,工地会议(监理例会)、工地协调及其他非例会会议记录等。

(2)监理日记。应记录巡视检查的情况,作出的重大决定,对施工单位的指示,发生的纠纷及解决的可能办法,与工程有关的特殊问题,对下级的指示,工程进度或存在问题。

(3)环保监理月报。根据工程的进展情况,对环保状况及存在问题每月以报告书的形式向建设单位报告并备案。

(4)气象及灾害记录。主要记录每天的温度变化、风力、雨雪情况及其他特殊天气情况及地质灾害等,还应记录因天气变化而损失的工作时间。

(5)质量记录,如采样、监测、检验结果分析记录,包括照片、录像等影响资料等。

(6)交工文件。交工记录包括施工过程中分项、分部工程的环保交工验收记录和竣工验收阶段记录两部分,竣工验收阶段记录应包括验收检查、验收监测、验收评定及验收资料各方面内容。

●第二节　公路建设项目环境保护●

一、公路施工对环境的影响分析

1. 公路施工对生态环境的影响

公路施工对生态环境的影响包括:道路的廊道与分割效应;水文影响;对土地利用的影响;对生态敏感地区的影响。

2. 公路施工噪声及振动的影响

公路施工噪声及振动的影响包括:在公路施工期间,各种作业机械和运动车辆产生施工噪声,对环境产生一定影响。

3. 公路施工废水的影响及防治

公路施工废水对环境的影响包括:桥梁施工的影响;施工物料流失的影响;机修及洗车废水的影响;施工人员生活污水的影响。

4. 公路施工对空气环境的影响及防治

公路施工阶段,对空气环境的污染主要来自施工扬尘、施工车辆尾气及路面铺浇沥青的烟气。

5. 公路建设对社会环境的影响及防治

公路建设对社会环境的影响包括:对社会经济的影响;征地拆迁的影响;对基础设施的影响;对水、电等基础设施的影响;对其他道路的影响;对人员交往的阻隔;对文物保护的影响。

二、公路建设项目的环境影响评价

公路建设项目环境影响评价，是指对公路建设项目实施后可能造成的环境影响进行分析、预测和评估，提出预防或者减轻不良环境影响的对策和措施，并进行跟踪监测的方法与制度。

1. 环境影响评价的依据

(1)1998 年 11 月 18 日国务院第 10 次常务会议通过，1998 年 11 月 29 日中华人民共和国国务院令第 253 号发布，自发布之日起施行的《建设项目环境保护管理条例》。

(2)1999 年 4 月 21 日国家环境保护总局环发[1999]107 号文件《关于执行建设项目环境影响评价制度有关问题的通知》。

(3)2002 年 10 月 28 日第九届全国人民代表大会常务委员会第三十次会议通过，同日国家主席令第 77 号公布，自 2003 年 9 月 1 日起施行的《中华人民共和国环境影响评价法》。

(4)2003 年 4 月 11 日中华人民共和国交通部第 3 次常务会议通过，2003 年 5 月 13 日中华人民共和国交通部令 2003 年第 5 号公布，自 2003 年 6 月 1 日起施行的《交通建设项目环境保护管理办法》。

2. 环境影响评价的目的

环境影响评价的目的是加强公路建设项目环境保护管理，预防公路建设项目对环境造成的不良影响，促进公路事业可持续发展。

3. 评价机构

公路建设项目的环境影响评价工作，由建设单位自主选择熟悉公路建设项目施工工艺、污染物排放和生态损害及其防治对策，具备公路建设项目工程分析能力，依法取得相应的资格证书，并向交通管理部门办理备案手续的机构承担。

4. 编制方法

公路建设项目环境影响评价文件的内容和格式，应当符合国家规定及技术规范[《公路建设项目环境影响评价规范》(JTG B03—2006)]的要求。

5. 编制内容

建设项目的环境影响报告书应当包括下列内容：

(1)工程概况与工程分析。

(2)环境概况。

(3)环境要素专题评价。

(4)公众参与。

(5)事故污染风险分析。

(6)环境管理计划、环境监测计划与环境监理要求。

(7)环境保护措施与投资估算。

(8)环境影响经济损益分析。

(9)环境影响评价结论。

6. 报批程序

1)审批权限

国务院环境保护行政主管部门(国家环保总局)负责审批下列项目的环境影响评价文件：

(1)核设施、绝密工程等特殊性质的建设项目。

(2)跨省、自治区、直辖区行政区域的项目。

(3)由国务院审批的或由国务院授权有关部门审批的建设项目。

2)审批时间

建设单位应当在公路建设项目可行性研究阶段报批公路建设项目环境影响评价文件。经交通主管部门审核,并经有审批权的环境保护行政主管部门同意,可在初步设计完成前报批公路建设项目环境影响评估文件。

三、公路建设项目的水土保持方案

1. 水土保持方案的意义和作用

(1)落实法律规定的水土流失防治义务。

(2)水土保持列入开发建设项目的总体规划。

(3)水土流失防治有科学规划和技术保证。

(4)有利于水土保持执法部门监督实施。

2. 水土保持的原则和目标

1)水土保持的原则

公路建设水土保持必须按照经济规律和生态规律进行,以保护生态环境为基点来建立水土保持目标,促进经济的发展。公路建设水土保持的原则应当遵守水土保持法规、水土保持技术标准和环境保护总体要求的共同原则,同时还要根据主体工程设计及施工的特点,遵守以下基本原则:

(1)坚持"预防为主、防治结合"的水土保持方针。

(2)水土保持与公路建设相结合。

(3)因地制宜、因害设防,重点治理与一般防护相结合。

(4)公路水土保持管理与地方水土保持管理相结合。

2)水土保持的预期目标

公路施工及运营过程中,通过布设水土保持工程的生物措施,使新增水土流失得到有效控制,项目区原有的水土流失得到有效控制,减少水土流失造成的危害。恢复和保护公路沿线水土保持设施,加大公路绿化里程,改善生态环境。具体目标如下:

(1)通过采用有效的水土保持措施使边坡稳定,岩石、表土不裸露,为公路安全运行服务,避免水土流失对工程本身的危害。

(2)取土场全部作防护处理,使开挖坡不裸露,并覆土加以利用。

(3)通过对弃土(渣)场进行综合治理,使工程施工过程中产生的弃土、石渣得到有效拦挡或利用。

(4)工程与植物措施相结合,使泥沙不进入下游河道,不影响河流正常行洪。

(5)做好公路绿化工程的养护,使生态环境明显改善。

3. 水土保持方案编制内容

(1)方案编制总则,含编制依据、技术标准。

(2)建设项目及其周边地区概况。

(3)生产建设过程中水土流失预测。

(4)水土流失防治措施。

(5)水土保持投资概(预)算及效益分析。

(6)方案实施保证措施。

4. 水土保持方案审批规定

1)行业归口管理

各级水行政主管部门及地方政府设立的水土保持机构负责审批建设项目的水土保持方案。

2)分级审批制度

(1)国家审批立项的项目,其方案由水利部审批(含各部委的项目)。

(2)地方审批立项的项目,其方案由相应级别的水行政主管部门审批。

(3)乡镇、集体、个体项目的方案由所在地县级水行政主管部门审批。

(4)跨地区项目的方案由上一级水行政主管部门审批。

3)修改申报制度

经审批的水土保持方案,如项目性质、规模、地点等发生变化,应及时修改方案,并报原批准单位审批。

5. 水土保持方案实施规定

1)投资责任

企事业单位在公路建设和生产过程中造成水土流失,由其自己负责治理。

2)组织治理方式

项目建设单位有能力(主要是技术、人员、管理等能力)进行治理的,自行治理;因技术等原因无力自行治理的,可以缴纳防治费,由水行政主管部门代为组织治理。

3)监督实施

工程所在地的水土行政主管部门有权监督建设单位按批准的水土保持方案进行实施,具有法律强制性。

4)竣工验收

根据水土保持"三同时"制度的要求,建设项目主体工程验收时,应同时验收水土保持设施。

四、公路工程竣工环境保护验收

公路建设项目竣工环境保护验收是指公路建设项目竣工后,环境保护行政主管部门依据《建设项目竣工环境保护验收管理办法》,根据环境保护验收监测或调查结果,并通过现场检查等手段,考核该公路建设项目是否达到环境保护要求的活动。

1. 公路竣工环境保护验收依据

(1)2001 年 12 月 11 日经国家环境保护总局第 12 次局务会议通过,2001 年 12 月 20 日国家环境保护总局令第 13 号发布,2002 年 2 月 1 日起施行的《建设项目竣工环境保护验收管理办法》。

(2)2003 年 4 月 11 日经中华人民共和国交通部第 3 次部务会议通过,2003 年 5 月 13 日中华人民共和国交通部令2003年第5号公布，自2003年6月1日起施行的《交通建设项目环境保护管理办法》。

环境保护验收目的是加强公路建设项目环境保护管理，监督落实环境保护措施，防治环境污染和生态破坏。

2. 验收方法

(1)公路建设项目竣工后，建设单位应当向有审批权的(即审批该建设项目环境影响评价文件的)环境保护行政主管部门申请环境保护设施竣工验收，同时报县级以上人民政府交通主管部门，省级以上人民政府交通主管部门按规定组织公路建设项目的竣工验收，且应当有交通环境保护机构参加。

(2)公路建设项目的建设单位、设计单位、施工单位、监理单位、环境影响报告书(表)编制单位、环境保护验收调查报告(表)的编制单位应当参与验收。

(3)对填报建设项目竣工验收登记卡的建设项目，环境保护行政主管部门经过核查后，可直接在环境保护验收登记卡上签署意见，作出批准决定。

(4)国家对建设项目竣工环境保护验收实行公告制度，环境保护行政主管部门应定期向社会公告建设项目竣工环境保护验收结果。

3. 验收申报

建设单位应最迟在建设项目整体正式验收两个月前按要求填写"建设项目竣工环境保护执行报告"及"建设项目竣工环境保护验收申请报告"(申请登记表、登记卡)，并附环境保护验收调查报告(调查表)，报环境保护行政主管部门。

4. 验收条件

(1)建设前期审查、审批手续完备，技术资料与环境保护档案资料齐全。

(2)环境保护设施及其他措施等已按批准的环境影响评价文件和设计文件的要求建成或者落实。

(3)环境保护设施安装质量符合国家和有关部门颁发的专业工程验收规范、规程和检验评定标准。

(4)具备环境保护设施正常运转的条件，包括：经培训合格的操作人员，健全的岗位操作规程、及相应规章制度，原料、动力供应落实，符合交付使用的其他条件。

(5)污染物排放符合环境影响评价文件中提出的标准及核定的污染物排放总量控制指标的要求。

(6)各项生态保护措施按环境影响评价文件规定的要求落实，项目建设过程中受到破坏并可以恢复的环境已按规定采取了恢复措施。

(7)环境监测项目、地点、机械设置及人员配备，符合环境影响评价文件和有关规定的要求。

(8)环境影响评价文件提出需对环境保护敏感点进行环境影响验证、施工期环境保护措施落实情况进行工程环境监理的，已按规定要求完成。

5. 验收范围

(1)与公路建设项目有关的各项环境保护设施，包括为防治污染和保护环境所建成或配备的工程、设备、设施和监测手段，各项生态环境保护设施。

(2)环境影响评价文件和有关项目设计文件规定应采取的其他各项环境保护措施。

6. 提交材料

公路建设项目竣工环境保护验收时,要提交下列材料:

(1)"建设项目竣工环境保护执行报告"。由建设单位在环境保护行政主管部门进行现场检查前自行负责编写。

(2)"建设项目竣工环境保护验收申请报告"或"建设项目竣工环境保护验收申请表"、"建设项目竣工环境保护验收登记卡"。申请报告或申请表附环境保护验收调查报告或调查表,其编制单位为建设单位委托的经环境保护行政主管单位批准,有相应资质的环境监测站或环境影响评价单位。原承担该项目环境影响评价的单位不得同时承担。"建设项目竣工环境保护验收申请报告"(申请登记表、登记卡)的内容和格式由国家环境保护总局制订。

●第三节 公路施工环境保护监理●

一、概 述

施工环境保护监理,是指监理单位受建设单位的委托,依法对施工单位在施工过程中影响环境的活动进行监督管理,确保各项环保措施满足公路施工环境保护的要求。

1. 监理任务

公路施工环境保护监理是针对施工过程环境保护的全方位、全环节、全过程的监理,其主要任务如下:

(1)根据《中华人民共和国环境保护法》及相关法律法规、监理合同的有关条款、公路项目环境评价的内容及相关批复,对工程建设过程中污染环境、生态破坏防治及恢复的措施进行监督管理,如噪声、废气、污水等污染物的排放应达标,减少水土流失和生态环境破坏,也称为"环保达标监理"。

(2)对建设项目配套的环保工程进行施工监理,确保"三同时"的实施,如对水处理设计、噪声屏障、绿化工程、自然保护区、水源保护区以及风景名胜保护区的保护等进行监理,也称为"环保工程监理"。

2. 监理依据

公路工程施工环境保护监理的主要依据包括:

(1)国家有关的法律、法规、条例、办法和规定,地方性法规和文件。

(2)国家标准,主要有噪声标准、空气标准、水质标准和振动标准等。

(3)项目的环境影响评价和水土保持报告及批复。

(4)项目的环境行动计划。

(5)工程设计文件。

(6)监理合同、施工合同以及有关补充协议。

(7)施工过程中的会议纪要和文件。

3. 监理工作程序

公路工程施工环境保护监理一般应按照下列工作程序进行：

(1)依据监理合同、设计文件、环评报告、水土保持方案以及施工合同、施工组织设计等编制施工环境保护监理规划。

(2)按照施工环境保护监理规划、工程进度、各项环保对策措施等编制施工环境保护监理实施细则。

(3)依据编制的施工环境保护监理规划和实施细则，开展施工期环境保护监理。

(4)工程竣工交工后编写施工环境保护监理总结报告，整理监理档案资料，提交建设单位。

(5)参与工程竣工环保验收。

施工环境保护监理工作程序见图8-2。

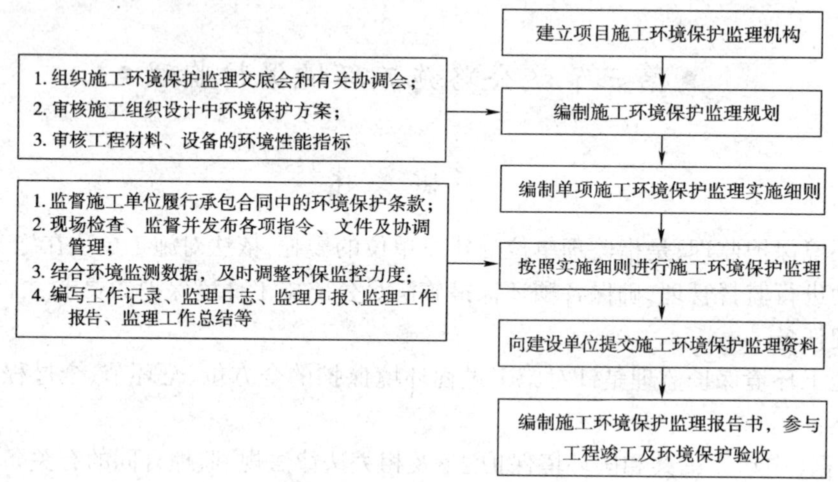

图8-2 公路施工环境保护监理工作程序

4. 监理工作方法和手段

监理工程师一般应常驻工地，对施工活动的环保工作进行动态管理。工作方式包括巡视、检查、旁站及指令等。监理工程师应根据施工区污染源分布情况，定期进行巡视。对特别关心的节点可以进行旁站监理，必要时还可以进行环境监测。对各种监理的情况，均应予以详细记录。

监理过程中如发现环境污染和生态破坏等情况，监理工程师应立即通知施工单位限期整改。一般性或操作性的问题，可以采取口头通知形式。口头通知无效或有污染隐患时，应发出书面的监理通知，要求施工单位整改，并根据施工单位的书面回复，检查整改结果。严重的环境问题，还应同时向建设单位汇报，如整改情况不理想，可以发布停工指令。

5. 事故处理

当工程施工过程中出现重大环境污染和生态破坏事故时，按如下程序处理：

(1)施工单位在发生事故后，除在规定时间口头报告监理工程师外，应尽快提出关于事故初步调查结果的书面报告，报告应初步反映该工程名称、部位、污染事故原因、应急环保措施等。

(2)立即汇报建设单位,及时向当地汇报,同时书面通知施工单位暂停该工程的施工,并根据环保主管部门的有关意见,采取有效的环保措施。

(3)监理工程师和施工单位对污染事故继续深入调查,并和有关方面商讨,提出事故处理的初步方案后报建设单位,交环保主管部门研究处理。

(4)督促施工单位做好善后工作。

二、公路工程施工准备阶段的环境保护监理

公路工程施工准备阶段的环境保护监理要点如下。

1. 施工临时用地

(1)为避免因选地址不慎造成的生态影响,基本上应采取避让的措施。通过实地踏勘,避开各种生态敏感点。对于公路施工区域附近可能存在的生态敏感点,应加强管理,防止产生人为干扰。

(2)施工区域临近城镇或农村的居民点时,应尽可能租用当地的民居作为施工生活区。若无现成的房屋可以租用,应尽可能避开农、林等生产用地。

2. 生活区、办公区及试验室

(1)妥善处理生活垃圾。

(2)修建临时性污水处理设施。

(3)施工噪声应当符合国家规定的环境噪声施工场界排放标准(GB 12523—90)。

(4)厨房应设置排风系统。

(5)放射源的服役、退役管理必须严格执行《中华人民共和国放射性污染防治法》。

3. 临时施工道路的潜在环境影响

(1)应规划好临时施工道路的路线走向,以减少植被破坏为首要原则,尽量利用现有道路。若无现成道路可利用,则应严格控制施工道路修筑边界,路线走向必须绕开各种生态敏感点(区)。

(2)对于施工道路边界上可能出现的土质裸露边坡,应有临时防护设施。

(3)施工便道属临时性质,载货汽车来往频繁,容易损坏,应随时保持运行状态良好,减少扬尘污染。

(4)运输车辆行驶产生的扬尘影响植物(作物)正常的繁殖和发育过程,应通过路面硬化处理以及定期清扫、洒水来抑制扬尘的发生,路面应始终保持湿润。

(5)施工噪声应当符合国家规定的施工场界排放标准(该阶段施工场界噪声的限值为昼间75dB,夜间55dB)。

(6)在施工前,应对现场初始的地形地貌、地表植被等自然特征有客观的文字描述和完整的影像记录,以作为将来进行恢复的依据和参考。施工结束后,必须恢复临时占用土地原有的土地利用功能。

4. 监理准备工作

在施工准备阶段,监理工程师应做好以下准备工作:

(1)熟悉工程资料,掌握工程整体情况(包括工程环境影响区域)。

(2)编制施工环境保护监理规划。

(3)根据施工环境保护规划,编制各单位工程环境保护监理实施细则。

(4)根据工程情况,配置必需的环境监测设备和仪器。

(5)建立环保工作网络,要求施工单位建立环境保护管理体系。

(6)审查施工单位编制的施工组织设计,对不符合工程环保要求的环节和内容提出改正要求,对其中遗漏的环节和内容要求增补。

(7)审查取(弃)土场、采石场的选址,对生态敏感点和取(弃)土场、采石场进行必要的实地踏勘。

(8)审查施工单位的临时用地方案,所有便道、便桥、便隧,必须经监理工程师审批同意后才能使用。

(9)参加第一次工地会议,对施工单位进行环境保护监理交底。

(10)对现场试验室放射源的处置,监理工程师应全过程旁站监理,保证放射源得到妥善处置。

(11)施工场地和便道附近有敏感保护对象时,对施工车辆作出限速行驶的规定,并对执行情况进行巡检。

(12)对营地、办公区、试验室、材料堆场、拌和场、预制场以及取(弃)土场的环保措施执行情况、环保设施运行维护情况,进行巡检。

三、路基工程施工阶段的环境保护监理

1. 路基工程环境保护要点

对于路基施工应做好临时排水,并与永久性排水系统相结合,避免积水及冲刷边坡;取土场、弃土场应做好水土保持措施,施工产生的振动、噪声、扬尘应减少到最低限度。

1)场地清理及结构物拆除环保要点

开挖施工中表层土保护是一个重点环境保护问题,表层土流失除引起水土流失外,也可能引发一系列生态平衡失调,如植被丢失、景观破坏等。地表清理及结构物拆除潜在环境影响如表 8-1 所示。

地表清理及结构物拆除潜在环境影响　　表 8-1

序　号	活动内容	潜在影响
1	清除草丛、树木等	1. 生态破坏;2. 水土流失
2	清淤	水土流失
3	结构物拆除	1. 扬尘;2. 噪声;3. 损坏景观
4	场地内积水处理	1. 水污染;2. 传播病媒
5	废弃物处理	1. 废弃物流失;2. 传播病媒

(1)结构物拆除。路基用地范围内的旧桥梁、旧涵洞、旧路面和其他障碍物的拆除,若周围 30m 范围内有居民点的,在拆除时宜整体大部件吊装移除,减少粉尘排放,并且在拆除前应对被拆体充分洒水,保持湿润,并对正常排水作出妥善安排。拆除的废弃物应及时清运,以防造成二次污染。

(2)植被保护。在清除表层淤泥、杂草前,应明确清理对象和范围,不应仅考虑方便施工而任意破坏沿线两侧的植被。

(3)表土保护。清除的表土可集中堆放在弃土场内,以备将来临时用地生态恢复或造田时使用。

(4)文物保护。对施工中发现的文物,承包人要立即停工保护现场,经过文物保护专家现场调查后,再采取相应的措施。

2)路基开挖环保要点

路基开挖潜在环境影响如表8-2所示。

路基开挖潜在环境影响　　表8-2

序　号	活 动 内 容	潜 在 影 响
1	土石方开挖	1. 生态破坏;2. 水土流失;3. 噪声;4. 扬尘;5. 损坏景观
2	挖掘机、装载机等作业	1. 噪声;2. 漏油;3. 扬尘;4. 有害气体
3	土石方运输	1. 沿路撒落;2. 随意丢弃
4	运输车辆	1. 噪声;2. 尾气;3. 扬尘

路基开挖对沿线植被及动物栖息地将造成永久性的破坏。此外,土壤的开挖与剥离容易造成土壤结构的破坏和肥力的下降。

(1)土石方开挖。

①将开挖范围严格控制在施工范围内,不应仅考虑方便施工而任意破坏施工范围之外的植被和土壤。

②路基开挖,应有相应的土石方调配方案,尽可能利用挖方土。

③对于施工取土,需做到边开采、边平整、边绿化,同时要做到计划取土,及时还耕。

④挖、填方工程量过大的路段应避开雨季施工,避免雨季施工带来的严重水土流失。

⑤开挖回填时应做好临时排水系统,雨季来临前将开挖回填、弃方的边坡处理完毕。

⑥在有雨水地面径流汇集处开挖路基时,或在临时土堆周围,以及其他容易产生水土流失的地段,应设置沉淀池,作用是雨水流经时减慢流速使泥沙下沉,防止水土流失。

(2)石方爆破。

①凡不能采用机械或人工直接开挖的石方,才可采用爆破法开挖,石方爆破作业应查明空中缆线、地下管线的位置,确定爆破作业的危险区域,并采取有效措施防止人、畜、建筑物和其他公共设施受到危害和损失。

②石方开挖,应充分重视挖方边坡稳定。在地形、地质、开挖断面适合时,应采取预裂、光面爆破技术开挖边坡,减少对山体的扰动,保持边坡稳定。

③夜间禁止开山爆破。敏感点及文物保护附近禁止开山放炮。确需放炮作业的,应先检查被保护建筑是否属于危房,适当加固,并加以阻挡和防护,防止飞石,减少震动对建筑物的影响。

④在山地或森林等野生动物分布较集中的区域,爆破前宜采用人工手段对爆破区内可能存在的野生动物进行驱赶,避免其因爆破造成意外死亡。

(3)边坡修整。边坡开挖后出露的块石及植物根系应尽量予以保留,以减少开挖面土壤的散落;及时开始边坡的护坡工程和绿化植草,土木工程和生物工程相结合。

(4)噪声控制。施工机械引起的振动、噪声、扬尘,符合国家规定的相关要求,在学校、疗养院、居住区等敏感点附近,夜间应停止作业,若确需连续作业,应报环保部门批准,并公告居民。该阶段施工场界噪声限值为昼间75dB,夜间55dB。

3)路堤填筑环保要点

路堤施工中,环境保护的重点控制对象是砂石料场、施工便道及其施工沿线的敏感点等。路堤填筑应采取有效的环保措施防止水土流失、边坡冲刷,确保路基稳定。

(1)砂石料场。开采之前,环境监理应严格规定其开采范围(开采深度和放坡比例),并做明显的标记。承包人应在批准的开采范围内,严格按要求作业。

(2)施工便道。对于新开施工便道,要控制便道的范围,防止大面积破坏沿线植被;尽量利用原有道路作为施工便道,控制重点是便道洒水降尘和运输车辆噪声等。

路堤填筑潜在环境影响如表8-3所示。

路堤填筑潜在环境影响

表8-3

序　号	活动内容	潜在影响
1	借方作业	1.噪声;2.漏油;3.扬尘;4.有害气体
2	土石方运输	1.沿路撒落 2.随意丢弃
3	运输车辆	1.噪声;2.尾气;3.扬尘
4	压路机、夯实机械等	1.噪声;2.漏油;3.有害气体
5	履带式设备行驶	对道路场地破坏
6	施工设备、车辆等维修保养	1.机油洒弃;2.零配件丢弃;3.包装物丢弃
7	土工格栅等铺设	边料丢弃

2.路基工程环境保护监理要点

(1)在路基开工前,监理工程师应审批施工单位编制的施工方案,对其环保措施提出审查意见。

(2)监理工程师应根据工程情况,确定本阶段环保监理的巡视、旁站计划,对施工单位环保措施的执行效果进行检查。

(3)挖除地表土,并将表土搬运到经监理工程师同意的储料堆。

(4)地表清理遇到古树名木或珍稀植物,采取移植等异地保护措施时,监理工程师应审查其移植方案,并对移植过程全程旁站监理。

(5)监理工程师应严格控制路基开挖,在用地范围内分段进行,同时配合挡土墙、边坡防护的修筑。

(6)弃土弃渣的堆放地点应事先经监理工程师同意。

(7)对施工过程中不符合环保要求的行为,监理工程师可以发出监理指令,责令改正。

(8)施工过程中监理工程师应关注扬尘、噪声、废水的SS、石油类等环境监测指标,必要时可根据需要进行现场监测。

四、路面工程施工阶段的环境保护监理

路面施工过程中,其基层和面层对环境的潜在影响分别如表8-4、表8-5所示。

路面基层潜在环境影响

表8-4

序　号	活动内容	潜在影响
1	拌和场地准备	1.植被破坏;2.水土流失
2	拌和场搬运、安装	1.噪声;2.扬尘

续上表

序　号	活动内容	潜在影响
3	拌和场运行	1. 噪声;2. 水土污染;3. 有害气体
4	混合料运输	沿路撒落
5	现场砂、石料堆放	扬尘
6	水泥、石灰及矿粉	1. 空气污染;2. 土壤污染
7	破碎机、振动筛等	1. 噪声;2. 扬尘;3. 振动
8	各种运输车辆	1. 噪声;2. 扬尘;3. 漏油;4. 有害气体
9	摊铺、压实设备运行	1. 噪声;2. 扬尘;3. 漏油;4. 有害气体
10	夜间拌和场强光直射	强光

沥青混合料面层潜在环境影响　　表 8-5

序　号	活动内容	潜在影响
1	拌和场地准备	1. 植被破坏;2. 水土流失
2	拌和场搬运、安装	1. 噪声;2. 扬尘
3	拌和场运行	1. 噪声;2. 环境污染;3. 有害气体
4	现场砂、石、矿粉等堆放	扬尘
5	沥青废料	液体废弃物
6	沥青混合料运输	沿路撒落
7	破碎机、振动筛等	1. 噪声;2. 扬尘;3. 振动
8	各种运输车辆	1. 噪声;2. 扬尘;3. 漏油;4. 有害气体
9	摊铺、压实设备运行	1. 噪声;2. 扬尘;3. 漏油;4. 有害气体
10	夜间拌和场强光直射	强光

1. 路面施工环境保护要点

路面拌和场应远离自然村落,并在其常年主导风向下风处,场地应硬化处理。沥青路面拌和设备配料除尘装置应保持良好的除尘效果,施工过程中剩余的废弃物必须及时收集到弃料场集中处理,不得随意抛弃。路面施工应与路基、桥梁施工有合理的安排,减少交叉施工引起的环境污染。

2. 路面施工环境保护监理要点

(1)在路面工程开工前,监理工程师应审批施工方案的环保措施,尤其是对沥青拌和场选址方案的审批。

(2)监理工程师根据现场施工情况,确定本阶段环保监理的巡视、旁站计划,对施工单位环保措施的执行效果进行复核。

(3)监理工程师应特别注意沥青拌和料废料的处置方法,并随时对执行情况进行巡检。

(4)监理工程师应特别注意沥青烟气的污染防治,在靠近水源的地区施工时,还应注意到水源保护问题。

(5)对施工过程中不符合环保要求的行为,监理工程师可以发出监理指令,责令改正。

五、桥涵工程施工阶段的环境保护监理

桥梁施工应充分了解设计提供的工程地质资料,根据当地的气候及周边环境,在施工组织

设计中,制定相关的环境保护措施。桥涵工程潜在环境影响如表8-6所示。

桥涵工程潜在环境影响　　表8-6

序号	活动内容	潜在影响
1	基坑开挖	1.生态破坏;2.污染环境
2	钻孔机和打桩机作业	1.噪声;2.漏油;3.水土污染
3	水泥混凝土拌和与浇筑	1.噪声;2.水土污染;3.废配件丢弃
4	钢筋作业	1.噪声;2.扬尘;3.废弃物;4.锈水污染;5.强光
5	钢模板	1.噪声;2.锈水污染
6	钻孔平台搭设	使用后的处置
7	钢管支架作业	1.噪声;2.扬尘;3.锈水污染;4.零扣件散落
8	机械设备作业、维修保养和进出场运输	1.漏油;2.粉尘撒落;3.废配件丢弃
9	各种运输车辆	1.噪声;2.扬尘;3.漏油;4.有害气体
10	夜间拌和场强光直射	强光

1.桥涵工程环境保护要点

1)明挖基础

明挖基础施工过程中,应核对地质水文资料,若得知基础地基下有涌泉、流沙、溶洞等地质情况时,施工单位应考虑有关准备措施。

(1)围堰。围堰施工考虑流速增大对河床集中冲刷、通航及导流的影响,并应清除围堰的材料。

(2)基坑开挖。采用先进的施工工艺,如沉井法施工,减少作业面和影响面;保护地表水体,开挖的工程弃方不能随意丢弃河流中或崖边,应暂时堆放在距离水体较远的地带,防止冲刷或塌落进入水体;旱桥施工中只允许砍伐墩、台永久施工部分的植被,桥跨范围的植被不得砍伐、清除,尽可能保留桥跨部分的原生植被,减少桥梁墩、台施工对地表原生植被的破坏。

2)钻孔灌注桩基础

(1)泥浆制作准备。在现场选择或开挖一处低洼地做泥浆沉淀池,用于储存将来使用后废弃的泥浆;当现场没有可以利用的低洼地时,应自行挖掘或砌筑泥浆池;泥浆池周围应设置良好的排水系统,以免雨水过大而造成泥浆外溢破坏当地环境。

(2)钻孔施工。钻孔桩必须设置泥浆沉淀池,不得将泥浆直接排入河水或河道中,经沉淀后将清水排放,减小悬浮固体的排放量;废弃的泥浆以及其他废弃物,应运至事先准备的沉淀池临时储存,待吹干后,运往弃渣场,不得弃于河道或河滩,以防抬高河床,淤塞河道;在水上钻孔时,一般应采取平台施工。

(3)混凝土浇筑施工。灌注混凝土时,溢出的泥浆应引流至事先准备的适当地点处理,待吹干后,运往弃渣场,以防止污染环境或堵塞河道和交通。

2.桥涵工程环境保护监理要点

(1)在桥涵工程开工前,监理工程师应审批施工方案中的环境保护措施。

(2)监理工程师根据工程情况,确定本阶段环保监理的巡视、旁站计划,对施工单位环保

措施的执行效果进行检查。

(3)基坑开挖的弃土堆放地点应事先经监理工程师同意。

(4)监理工程师应经常巡视检查钻孔桩泥浆水的处理效果,对发生泄漏或任意排放的,应当场责令施工单位改正,并旁站监督整改过程。

(5)需要用围堰施工的,应事先取得当地水利部门的许可,手续完备并经监理工程师审查后才能施工。

六、隧道工程施工阶段的环境保护监理

1. 隧道工程环境保护要点

修建隧道比路基开挖对生态环境的影响要小,但易引起水资源的严重漏失,会对隧道顶部的水利设施产生极大的影响,会使隧道范围内的田地干枯、植被枯黄,甚至引起较大区域的地表塌陷。隧道施工中产生的污水、粉尘、噪声、振动及弃渣对环境影响较大,应作为重点防治对象,实施相应措施。

1)洞口工程

(1)严格控制隧道口开挖和隧道施工的影响范围,不应仅考虑方便施工而任意破坏施工场地以外的植被。

(2)洞门开挖前应先在开挖面上修建截水沟,以防止水土流失,并尽可能避开雨季施工。洞口尽量减少开挖面积,洞顶采取护挡结构以保护自然坡面。

2)洞身工程

(1)隧道施工时可能造成地下水变化导致顶部生态变化和破坏当地村民水源。隧道位置若处于潜水层时,应重视地下水渗漏问题。一旦发现处于潜水层,应及时采取措施进行止水。对高切坡处出现的地下涌水也应采取止水措施。

(2)凿岩施工应采取湿法钻孔,严禁干孔施钻。

2. 隧道工程环境保护监理要点

(1)在隧道工程开工前,监理工程师应审批施工方案的环保措施,特别注意对当地生态环境的保护、落实好珍稀物种保护、弃渣和废水处理以及施工现场劳动防护等措施。

(2)对洞口临时堆放弃渣或就近设置轧石场的方案,应要求施工单位同时提出环境保护措施和环境恢复方案。

(3)对爆破方案的审查,监理工程师明确提出防治噪声和扬尘的要求。

(4)监理工程师根据工程情况,确定本阶段环保监理的巡视、旁站计划,对施工单位环保措施的执行效果进行审核。

(5)施工区域如果发现国家保护的珍稀物种,监理工程师应全过程参与物种保护,做好过程的监督。

七、施工阶段其他工程的环境保护监理

1. 排水工程环境保护监理要点

(1)及时沟通排水系统,为邻近的土地所有者提供灌溉与排水用的临时管道。污水不得排入农田和污染自然水源,不得引起淤积和冲刷。

(2)施工过程中应当采取措施,控制扬尘、噪声、振动、废水、固体废弃物等污染,防止或者减轻施工对水源、植被、景观等自然环境的破坏,改善、恢复施工场地周围的环境。不论何种原因,在没有得到有关管理部门同意的情况下,各类施工活动不应干扰河流、渠道或排水系统的自然流动。

2. 取、弃土场环境保护监理要点

(1)在路侧选用田地取土时,取土厚度应在当地地下水位线以上至少0.3m,防止地下水出露影响植被类型。

(2)禁止废渣、土石等向洞口、山体、山涧的随意堆弃和无序倾倒。弃渣不得弃入或侵占耕地、渠道、河道、道路等场所。必须运至指定的弃渣场。

(3)弃渣应在指定范围内严格按照设计技术要求进行堆置。堆放应整齐、稳定,不遗留陡坡、滑坡、塌方等隐患,并且排水通畅。河道不得弃渣。桥头弃土不得挤压桥墩、阻塞桥孔。

(4)在施工结束后,应对取、弃土场进行修整、清理和生态恢复,包括复耕或绿化等,并必须有相应的水土保持措施。

3. 其他工程的环境保护监理要点

(1)在各单位工程开工前,监理工程师应审批施工方案的环保措施,确定环保措施是满足工程要求的。

(2)监理工程师根据工程情况确定本阶段环保监理的巡视、旁站计划,对施工单位环保措施的执行效果进行复核。

(3)监理工程师应对取、弃土场的环保措施的执行情况进行巡检,特别注意取、弃土场的排水、挡土措施。在对取、弃土场生态恢复(植被绿化)阶段,监理工程师应根据工程实际情况,有重点地旁站监理。

(4)在特殊生态保护地区,监理工程师应禁止施工单位将施工废料弃置在野地,并随时巡视检查执行效果。

八、竣工交工及缺陷责任期环境保护监理

1. 环境保护初步验收

1)环境保护初步验收的程序与内容

(1)工程完工,环保资料编制完成后,施工单位向监理工程师提交初验申请。

(2)监理工程师审查初验申请。

(3)监理工程师会同建设单位,组织施工单位、设计单位对工程现场和相关资料进行检查。

①对工程区环境质量状况进行预检,主要通过感观和利用环境监测单位监测的资料与数据进行检查,必要时进行实地监测。

②现场监督检查施工单位对遗留环境问题进行的处理情况。

(4)建设单位组织召开环保初验会议,监理工程师主持,对施工单位执行环境保护合同条款与落实各项环境保护措施的情况与效果进行综合评估,审查环保遗留问题的整改措施和计划,决定是否通过初验。会后,由监理工程师向建设单位提出工程环境保护初验报告。

2)施工单位应具备的环境保护资料

施工单位在交工前应整理好关于施工期环境保护的有关资料,一般应包括以下内容:

(1)工程资料。

(2)环保制度与措施。

(3)环保自查记录、整改措施与环境保护月报。

(4)与监理单位往来文件。包括环境保护监理备忘录、环境保护监理检验报告表、环保事故报告表、环境保护监理业务联系单及回复单等。

(5)环境恢复措施,主要包括:

①临时设施处置计划。主要内容有建筑物、构筑物(包括沉淀池、化粪池等)的处置计划。

②生态恢复及生态补偿措施。主要包括取(弃)土场整治、道路(便道、便桥)及预制(拌和)场地、生活及建筑垃圾的处置,边坡整治、绿化等生态恢复和补偿措施。

2. 缺陷责任期的环境保护监理

缺陷责任期的环境保护监理工作内容主要包括:

(1)监理工程师定期检查施工单位对环保遗留问题整改计划的实施,并根据工程具体情况,建议施工单位对整改计划进行调整。

(2)监理工程师检查已实施的环保达标工程和环保工程,对交工验收后发生的环保问题或工程质量缺陷及时进行调查和记录,并指示施工单位进行环境恢复或工程修复。

(3)监理工程师督促施工单位按合同及有关规定完成环保施工资料。

3. 组织竣工交工环保验收

在工程竣工环保验收阶段,环境保护监理单位应协助建设单位负责做好以下工作:

(1)整理施工环境保护监理竣工资料,主要内容有:

①施工环境保护监理规划;

②施工环境保护监理实施细则;

③与建设单位、施工单位、设计单位来往的环保监理文件;

④监理通知单及回复单;

⑤因环保问题签发的停(复)工通知单;

⑥与环境保护有关的会议记录和纪要;

⑦施工环境保护监理月报。

(2)编制工程环境保护监理总结报告。

(3)提出工程试运行前所需的环保部门的各种批件,并予以协助办理。

(4)收集保存竣工环保验收时所需的资料。

(5)完成竣工验收小组交办的工作。

• 第四节　环保工程质量监理 •

公路建设项目涉及的环保工程,包括隔声屏障、绿化工程、污水处理工程、护坡、拦渣工程等。作为公路工程的附属工程,环保工程施工监理的内容、程序和方式与主体工程的施工监理基本一致,以下主要介绍这些工程的质量监理要点。

一、护坡工程监理

护坡工程是为了稳定公路开挖坡面或堆置固体废弃物形成的不稳定高陡边坡或滑坡危险地段而采取的水土保持措施。常见的护坡工程措施有削坡开级措施、植物护坡措施、工程护坡措施、综合护坡措施等。

1. 质量要求

(1)护坡工程应根据非稳定边坡的高度、坡度、岩层构造、岩土力学性质、坡脚环境等,分别采取不同的措施。

(2)不同的护坡工程防护功能不同,造价相差很大,必须进行充分的调查研究和分析论证,做到既符合实际,又经济合理。

(3)稳定性分析是护坡工程设计的最关键的问题。大型护坡工程应进行必要的勘探和试验,并采用多种分析方法比较论证,务求稳定,技术合理。

(4)护坡工程应在满足防护要求的前提下,充分考虑植被恢复和重建,特别是草灌植物的应用,尽力把工程措施和植物措施很好地结合起来。

2. 施工质量控制要点

1)削坡开级

削坡是削掉非稳定边坡的部分岩土体,以减缓坡度,削减助滑力,从而保持坡体稳定的一种护坡措施;开级则是通过开挖边坡,修筑阶梯或平台,达到相对截短坡长、改变坡型、坡度、坡比,降低荷载重心,维持边坡稳定目的的又一护坡措施。二者可单独使用,亦可合并使用,主要用于防止中小规模的土质滑坡和石质崩塌。

削坡开级措施应重点研究岩土结构及力学特性、周边暴雨径流情况,分析论证边坡稳定性,然后确定工程的具体布设、结构形式、断面尺寸等技术要素。大型削坡开级工程还应考虑地需问题。

2)植物护坡

同边坡生态防护相关内容。

3)工程护坡

对堆置固体废弃物或山体不稳定的地段,或坡脚易遭受水流冲刷的地方,应采取工程护坡,其具有保护边坡,防止风化、碎(砾)石崩落、崩塌、浅层小滑坡等的功能。工程护坡省工,施工速度快,但投资高。

护坡工程应重点考察和勘测与坡体稳定性有关的各项特征因子,详细进行稳定分析;并根据周边防护设施的安全要求,确定合理的稳定性设计标准;坡脚易遭受洪水冲刷的应进行水文计算。然后比选护坡工程方案,明确工程布设、结构形式、断面尺寸及建筑材料。

工程护坡措施有勾缝、抹面、捶面、喷浆、锚固、干砌石、浆砌石、抛石、混凝土砌块等多种形式。

4)综合护坡

综合护坡措施是在布置有拦挡工程的坡面或间隙上种植植物,其不仅具有增加坡面工程的强度,提高边坡稳定性的作用,而且具有绿化美化的功能。综合护坡措施是植物和工程有效结合的护坡措施,适宜于条件较为复杂的不稳定坡段。

综合护坡措施应在稳定性分析的基础上，比选工程与植物结合和布局的方案，确定使用工程物料的形式、质量，并选择适宜的植物种，在特殊地段布局上还应符合美学要求。

二、绿化工程监理

1. 质量要求

(1)种植的植物材料的整形修剪应符合设计要求。中央分隔带苗木修剪后的高度应为1.4～1.6m，栽植的株、行距合理，应满足防眩功能的要求，不得影响交通安全。

(2)苗木、草坪无明显病害。乔、灌木的成活率应达到95%以上，珍贵树种和孤植树应保证成活；花卉种植地应无杂草、无枯黄，各种花卉生长茂盛，种植成活率达到95%；草坪无杂草，种植覆盖率应达到95%。

(3)种植用土要求有机质含量达到一定指标。

(4)绿地表面平整，排水良好。

2. 施工质量控制要点

1)施工准备阶段监理

(1)工程施工前，设计单位应向施工单位进行设计交底，施工单位应按设计图进行现场核对。如有不符之处，应及时提交设计单位作变更设计。

(2)正式开工前，施工单位应根据工程实际情况编写施工组织设计，并报监理工程师审查同意。

2)施工阶段监理

(1)整地。即土壤改良和土壤管理，是保证树木成活和茁壮成长的有力措施。具体任务：清理障碍物，整理现场，设置水源，客土栽培等。

(2)定点、放线。

①种植穴、槽定点放线应符合设计图纸要求，位置必须准确，标记明显；

②种植穴定点时应标明中心点位置，种植槽应标明边线；

③定点标志应标明树种名称(或代号)、规格；

④对于设计图上无固定点的绿化种植，定点时应注意植株的生态要求自然美观。

(3)种植穴、槽的开挖，穴、槽必须垂直下挖，上口下底相等。

(4)种植材料和播种材料的选择。种植材料应根系发达，生长茁壮，无病虫害，规格及形态符合设计要求。

(5)苗木种植前的修剪。

(6)树木的种植。

(7)草坪、花卉的种植。

(8)上边坡生态防护的种植。上边坡坡度大于45°时，应铺设金属网，坡度小于45°时，原则上不需铺网，但坡面非常光滑或坡面为积雪、黏性土坡面时，应铺设金属网或打止滑杆。

(9)树木养护。

三、声屏障工程监理

声屏障工程按其组成材料的不同，划分为金属或合成材料声屏障、砌块体声屏障、绿化林带工程等几种形式。下面主要介绍金属或合成材料声屏障、砌块体声屏障的施工监理要点，绿化林带工程的施工监理要点参照绿化工程。

1. 质量要求

(1)降噪效果符合设计要求；其与路肩边线位置偏移、高程、竖直度允许偏差应符合有关质量标准；厚度不小于设计。

(2)砌块体声屏障墙体外观平整美观，无表面破损；砌筑灰缝应用砌筑砂浆充实。

(3)金属或合成材料声屏障屏体颜色均匀一致，无裂纹；基础外观平整美观，不得造成路面污染及构筑物破损；屏体与立柱及屏体间的缝隙必须密实。

2. 施工质量控制要点

(1)施工前应充分考虑在标志牌、电话亭、桥梁伸缩缝等处的声屏障安装方式。

(2)基础放线应符合设计图纸要求，位置必须准确，标记明显。

(3)由于部分声屏障基础立于路基的边坡上，因此要保证基础开挖后的基坑四周土不被扰动。

(4)基础钢筋规格、质量应符合设计要求，钢筋笼绑扎应符合施工规范要求。如有预埋件的，应检查预埋件的间距、摆放角度是否准确。

(5)砌块的安装。根据基底高程不同，砌体块应从底部砌起，并应由高处向低处搭砌。设计无要求时，搭接长度不应小于基础扩大部分的高度。砌体的转角处与交接处应同时砌筑。不能同时砌筑时，应留茬、接茬。墙上预留临时施工洞口的净宽度不应大于允许宽度。临时施工洞口应做好补砌。施工过程中的墙体超过2m高时，应采用临时支撑等有效措施，防止大风侵袭。砌筑墙身，应挂线砌筑以保证墙身平整和顺直。

(6)金属或合成材料的安装。金属立柱、连接件和声屏障屏体在运输时，应采取可靠措施防止构件变形或防腐处理层损坏。严禁安装变形的构件。屏障体材料表面的平整度、有无划痕是检查的重点。监理工程师应要求供货厂家提供关于屏障体的国家有关部门的吸、隔声检测报告或产品合格证。划痕面积超过板材面积的千分之一，不能采用。

屏障体安装时，板材之间、立柱框架与板材之间以及屏障与基础之间的缝隙必须填灌密实，才能保证隔声效果。

第五节　公路环保与景观设计

公路工程环保的原则是公路建设与环境保护并举，须按照“保护优先，防护为主，防治结合”的方针，解决公路工程建设过程中的环境问题。

景观美或美学意义上的景观，是指视觉意义的景物及其景象，是人类对环境的一种感知，也是人类对环境的一种需求，此时，景观的含义与风景、景色相一致。景观是人类的一种环境，从环境保护角度考察，景观包括自然景观和人文景观两大类别。自然景观主要指自然地理环境和生态所展示的景观形象；人文景观是指由人类生产和活动创造的一切文化所显示的景观形象。与环境保护直接相关的主要是古今建筑、园林建设以及其他人类活动遗迹或印记等。

一、公路设计新理念

公路设计新理念是解决景观资源的影响与保护问题，依据交通部公路勘察设计典型示范工程的要求，公路特别是高速公路设计的理念是：

(1)“以人为本”的交通安全理念。

(2)“天人合一”的景观协调理念。

(3)“师法自然”的生态恢复理念。

(4)“个性鲜明”的地域文化理念。

(5)“资源节约”的全寿命周期成本理念。

二、公路环保与景观

公路建设项目因其规模大、涉及面广，地貌改变或破坏剧烈，经常会遇到公路环境的影响与景观资源的保护问题。

公路景观包括公路本身形象的景观及其沿线的自然景观和人文景观，即公路景观环境。它是公路与周围景观的综合景观体系。

1. 公路景观资源

公路景观资源主要包括公路形象景观资源、自然景观资源和人文景观资源等。

1)形象景观

公路自身形象的景观不同于单纯的造型艺术、观景景观，而是为了满足交通运输功能而具有特定的形态、性能、结构特点，同时还包括含一定的社会、文化、地域和民族特点，其中地域性特点赋予公路特定的性质。公路的形象景观一般包括两个方面：

①动态景观。乘车人在公路上高速行驶时对公路景观的感受和认知，如公路线形、坡度、上边坡的景观、公路标志物、隔离栅等。

②静态景观。公路外的居民对公路景观的感受和认知，如上下坡、桥梁、路堤、空间廓线及公路背景的调和程度等。

2)自然景观

自然景观指公路用地范围外的自然景观客体，包括：

①地形地貌。山峦丘陵、峭壁悬崖、荒原、沙漠、沟壑峡谷、平原梯田等，为地形地貌。

②水体水面。江河湖海、崖滩沙洲、沼塘溪涧、瀑布流泉等，为水体水面。

③林木花草。木林、草原、树木、地方植物、麦田菜花、果园苗木等，为林木花草。

④气象节令。日出日落、云霞雨雾、春花秋月、风雨虹霓等，为气象节令。

3)人文景观

人文景观指公路沿线一切人类创造的景观事物，包括：

①城镇。指建筑物、空间廓线、街道景致、绿化体系、功能区域等。

②农村。指建筑风貌、服饰礼仪、农业景观、乡村文化等。

③文化。指名人遗迹、现代建筑(桥梁、隧道、农灌系统、电网路网、林网水网等)。

2. 重要景观资源的识别

景观资源识别的任务是识别具有保护意义的景观。所谓“具有保护意义的景观”，主要是指:具有美学意义和景观价值的自然景观,这些景观有可能成为旅游资源,或虽构不成一种旅游资源,但对当地人民的审美活动有贡献,也因此具有经济或文化意义。

公路对自然景观资源和人文景观资源的影响和保护要求,随景观资源的保护级别而不同。公路景观应服从这些特殊景观的保护要求。

重要景观资源包括许多地质遗迹,如火山口、地震断裂、各种名泉怪泉、丹霞地貌和喀斯特地貌等;地理特征物,如分水岭、河源、地理标志等;各种历史文化遗迹,如古长城、古战场、古关隘、古栈道、古名人遗迹等;现代生态学关注的珍稀植物、特殊生态系统以及岸滩湿地等,也都是重要的景观资源。

其中具有标志性意义的地貌景观,包括自然景观和人文景观,这些景观或与某种历史事件相联系,或与一些历史名人活动相关联,或是地方或是民族民俗所敬重的事物等。

公路景观属于景观学的范畴,同时又是公路工程学与景观学交叉、融合所产生的新学科,因此,公路景观除具备普通景观学的特点外,还有其独特的属性,包括功能性、动态性、整体性和宏观性。这是公路景观设计的根本所在。

三、公路景观设计技术

1. 景观设计的理念和原则

公路景观设计的理念和原则具体如下:

(1)坚持"原景原貌原生态"的设计理念,提倡"本土文化和原生态之美",返璞归真,采用自然的、渐进的、连续的方法来选择、利用和营造景观,体现本土特色;同时充分挖掘人文景观,使公路自然景观与人文景观交相辉映。

(2)景观序列构建。公路景观随着沿线区域的自然和人文景观环境的不同而产生了明确的景观序列变化,围绕这种景观序列变化,可以建立"景观区域、景观段落和景观节点"的景观结构层次,分别有针对性地进行设计,保证景观设计的独特性、典型性和代表性。

(3)景观的主题设计。确定沿线的主题鲜明的景观带,在典型地形地貌路段设置景石或景物点,供人们观赏、遐思。

(4)融入自然的景观地形设计。全线填方、挖方边坡及互通的地形设计尽可能以单面坡的地形为主,规划用地范围内外地形自然衔接,互为融合,在不增加用地的情况下,使得公路和周围环境融为一体。

(5)原生态的植物景观设计。在进行沿线适生植物的调研基础上,选择多样性、原生态的植物品种,营造自然的植物群落景观,以达到原生态的景观效果。

2. 公路线形景观设计

公路线形是公路景观的基础。公路线形的景观主要侧重于对线形要素内部的协调统一及对地形地貌的保护和利用上,目的是使公路形成流畅、景观多变的视觉景观廊道,如图 8-3 所示。

3. 边坡及排水设施景观设计

公路边坡景观设计的最终目的就是实现边坡与路线、边坡与周围环境的协调统一,尽量弱化边坡的人工痕迹,使公路边坡融入到路线和周围环境中去。

路基挖方路段及低填方路段的排水方式,可采用明暗结合,将常规的地表排水沟设计为隐藏的地下排水沟，增加公路与自然的融合，如图8-4所示。

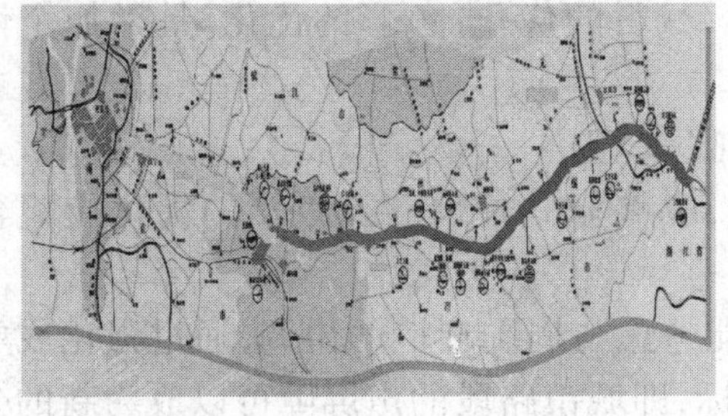
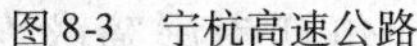

图8-3　宁杭高速公路

图8-4　边坡与排水

4. 桥梁景观设计

桥梁景观设计是对桥梁及桥梁景观在满足功能、技术、经济的前提下进行景观尺度、景观生态、景观文化及美学方面的综合考虑与组织设计，以最大限度地实现美学、历史文化、环保、功能、技术、经济的统一，如图8-5所示。

5. 隧道景观设计

隧道的景观设计实质上就是隧道洞口段的景观设计，它包括洞门、相关范围内的边坡、仰坡和相关的景观因素（铭牌、灯杆等），除工程构筑物本身的美感外，重点研究构筑物与周围环境的协调性、工程损伤引起的环境恢复和人们因此的认同反映，如图8-6所示。

图8-5　万山桥—蝶恋花

图8-6　分离式隧道

6. 互通立交区景观绿化设计

互通立交区景观绿化设计包括互通区内地形的处理；互通区内边坡设计；绿化以自然风格为主，以原有植被组成为恢复目标；植物栽植突出重点和功能性；明确不同绿化功能区。

7. 路侧绿化带景观设计

路侧绿化带主要包括填方路基隔离栅与排水沟之间的绿地。其景观设计的目的是防止水土流失、改善视觉效果。

8. 中央分隔带景观绿化设计

公路中央分隔带的绿化直接体现高速公路环境的美化与舒适，是高速公路景观的重要组成部分。中央分隔带的景观绿化设计在充分保证“遮光防眩、引导视线、美化环境、隔离车道”的基础上，兼顾前期建设成本和后期养护成本，植物选择上结合项目路线沿线地区气候特点以及高速公路建设的特殊性，适地适树，以乡土植物为主，乔灌花草结合运用，力求为广大驾乘人员营造一种安全、舒适、自然的美感。

9. 交通工程设施景观设计

(1)交通标志。包括标志结构形式的优化、材料的优化、色彩的优化,是增加个性化的标志。

(2)护栏。遵守统一性和多样化的设计原则。

(3)隔离栅。尽可能采用刺铁丝式等形式,隔离栅立柱尺寸及色彩的优化应配合绿化栽植。

(4)声屏障设计。公路声屏障设计应尽可能考虑与周围环境的协调,通过强化或弱化等不同的景观处理手段实现声屏障景观设计的目标,即城镇路段的声屏障可以成为新的公路景观,自然村庄路段的声屏障应尽可能融入环境。声屏障设计包括声屏障的布设和声屏障的色彩,如生态型的声屏障、人工化的声屏障等。

10. 服务区景观设计

服务区应依据每个项目的具体情况,结合国内外较先进的服务区规划设计案例对其进行综合环境景观设计。具体包括以下几个方面:

(1)强化功能区划。

(2)合理的交通流线组织。

(3)提供完善突出的标示系统。

(4)独具特色的信息提供功能。

(5)提供宜人的休息设施。

(6)设置生态型停车场。

如图8-7所示的宁常高速滆湖服务区,采用了英国伦敦桥的建筑风格,跨路建在伸入湖中的人工半岛上,既节省了土地,又增添了高速公路的景观效果,设计新颖、以人为本、节约资源的理念得到了很好的体现。

图8-7 滆湖服务区

•第六节 公路环保监理文件与监理用表•

一、监 理 文 件

1. 环保监理文件的构成

1)施工环境保护监理规划

施工环境保护监理规划是施工监理规划的组成部分之一,是监理工程师全面开展施工环境保护监理工作的指导性文件。监理单位在接受业务委托之后,根据委托监理合同,结合工程的实际情况,广泛收集工程环保信息和资料,制订施工环境保护监理规划。施工环境保护监理规划应明确环境保护监理工作范围、内容、方式和目标,一般应包含以下内容:

(1)工程项目概况。

(2)实行环境保护监理的依据。

(3)环境保护监理的范围。

(4)工作内容、工作目标和工作方式。

(5)监理单位组织机构、人员安排、岗位职责。

(6)人员、设施或设备的进出场计划。

(7)环境保护监理程序和工作要点。

2)施工环境保护监理实施细则

施工环境保护监理实施细则是在监理规划的基础上,由各专业监理工程师针对建设项目各分项工程编制的操作性文件。监理实施细则应明确人员职责、监理重点、具体控制措施、工作方法、阶段控制目标等内容。

3)施工环境保护监理总结报告

环保监理工作完成后,监理单位应及时进行施工环境保护监理工作总结,向建设单位提交施工环境保护监理工作总结,主要内容包括:委托监理合同履行情况概述,环境保护监理任务或环保监理目标完成情况的评价,尚存的主要环境问题及建议继续监测或处理的方案。

2. 环保监理资料体系

环保工程监理资料体系应和主体工程施工监理是一致的。环保达标监理的资料主要有:

(1)日常工作记录。监理工程师日常的环保监理检查工作应在监理日志中做好记录。

(2)会议记录。

(3)监理月报。

①施工环境保护监理月报。监理单位的施工环境保护监理月报应包含两大部分内容,即环保达标监理内容和环保工程监理内容。后者主要是工程内容,可以参照工程监理月报格式书写,前者应包括以下内容:

a. 本月主要施工内容。

b. 本月环境保护和污染防治情况,上月遗留的环保问题以及处理情况。

c. 环保监测的结果。

d. 本月环境保护存在的问题以及处理计划。

e. 下月施工计划以及根据下月施工内容提出的污染防治计划。

②承包人月报。为使监理工程师及时掌握施工过程的环保情况,施工单位应在月报中增加环境保护章节,包括以下内容:

a. 施工中的环境保护情况。本月施工单位污染源统计,如废气、噪声、固体废物等,是否有增减或变化;针对以上污染源采取的防治措施,以及根据污染源的变化拟订的处置计划;本月施工单位排放污染物[打桩泥浆、罐车清洗车、碎(砾)石清洗水、生活垃圾、建筑垃圾、弃土弃料等]的种类及排放地点、排放方式、排放去向以及生态保护情况。

b. 执行情况。施工环境保护监理检查情况,内容包括本月监理工程师现场检查情况,发现的问题,以及收到通知单或联系单后的整改措施落实情况等;其他情况。

(4)与建设单位、施工单位往来函件。

(5)工程交、竣工文件。

(6)工程建设环保文件。

(7)环境监测报告。环境监测报告包括两部分,一部分是由建设单位委托有资质的环境监测单位定期进行监测后,由监测部门分期提交的监测结果报告;另一部分是监理单位根据现场情况自主进行监测的结果报告。两者都应进行归档。

(8)施工单位、监理单位的竣工环保总结报告及其他资料。

(9)其他资料。

二、监 理 用 表

环境监理用表分为监理用表、环境监测用表和月报表三大类。其中,监理用表又分为工程监理用表、工程质量检查表、环境质量控制表三种。

1. 监理用表

1)工程监理用表

工程监理用表是监理人员进行质量控制的基础,可在原监理用表的基础上,根据需要增加关于环保和水保监理内容,将环保工作纳入日常工作中,由路基、桥梁、路面、隧道等专业监理工程师负责填写。在进行工程质量控制的同时,进行环境质量控制。监理日志、分部工程开工申请/批复表等为工程监理用表结合环境质量检查内容的例表。

2)工程质量检查表

工程质量检查表是项目进行质量控制的基础,可在原质量检查表的基础上,根据需要增加关于环保和水保检测内容,将环保工作纳入日常工作中,由路基、桥梁、路面、隧道等专业监理工程师负责填写,在进行工程质量控制的同时,进行环境质量控制。地表清理与掘除检查表、土方路基检查表等为工程质量检查表结合环境质量检查内容的列表。声屏障、污水处理设施、绿化工程等质量用表的编制同工程质量检查表,由专职和兼职环境监理填写。

3)环境质量控制表和环保工程质量监理表

施工环境保护方案审查批复单、施工临时用地计划审批表、施工临时用地恢复情况一览表、取弃土场变更审批表、重大环境污染(水土流失)事故报告单及分部/单位工程环保验收申请批复单等为环境质量控制表,由专职环境监理工程师负责填写,进行施工过程质量控制。

2. 环境监测用表

现场环境质量抽检结果报告单等是环境人员(或环境监理)的监测用表,用以表明施工现场的环境质量情况,以便环境监理进行质量控制和评价。

3. 月报表

施工期环保进度月报表、环保内容概况表等为月报表,用于资料汇总和总体质量控制。由专职环境监理工程师负责填写。

复习思考题

1. 公路环境保护监理的主要依据是什么?
2. 如何有效防止公路施工中的大气污染?
3. 如何减缓公路建设对社会环境的影响?
4. 什么是公路建设项目环境影响评价?它的目的是什么?
5. 如何防治临时施工道路对环境的潜在影响?

6. 简述路基工程环境保护监理的要点。
7. 简述路面工程环境保护监理的要点。
8. 简述桥梁工程环境保护监理的要点。
9. 简述公路工程景观设计的关键技术。

第九章

竣(交)工验收及缺陷责任期质量监理

教学要求

1. 区别公路工程的中间交工验收与竣工交工验收；

2. 叙述公路工程竣工交工验收的必要条件及监理程序；

3. 叙述公路工程缺陷责任期的质量监理工作内容和监理要点；

4. 叙述公路工程施工的竣工资料、竣工文件及竣工文件编制程序与监理要点。

● 第一节　公路工程竣(交)工验收

公路工程验收分为交工验收和竣工验收两个阶段。交工验收是检查施工合同的执行情况，评价工程质量是否符合技术标准及设计要求，是否可以移交下一阶段施工或是否满足通车要求，对各参建单位工作进行初步评价的工作。竣工验收是综合评价工程建设成果，对工程质量、参建单位和建设项目进行综合评价的工作。

一、竣(交)工验收的依据

(1)批准的工程可行性研究报告。

(2)批准的工程初步设计、施工图设计及变更设计文件。

(3)批准的招标文件及合同文本。

(4)行政主管部门的有关批复、批示文件。

(5)交通运输部颁布的公路工程技术标准、规范、规程及国家有关部门的相关规定。

二、交工验收

1. 公路工程(合同段)交工验收条件

公路工程(合同段)交工验收应具备以下条件。

(1)合同约定的以下各项内容已完成：

①合同范围内的全部工程已基本完成(主体工程已全部完成，附属工程允许有不足20%的剩余工程)。

②承包人已将各水准点、控制点和路线整桩全部恢复。

③施工现场已全面清理和恢复完毕。

④验收所需资料已准备齐全。

(2)施工单位按交通运输部制订的《公路工程质量检验评定标准(土建工程)》(JTG F80/1—2004)及相关规定的要求对工程质量系统自检合格,提交书面交工申请报告,并附有完整、真实的自检资料。

(3)监理工程师对工程质量的评定合格。

(4)质量监督机构按交通运输部规定的公路工程质量鉴定办法对工程质量进行检测(必要时可委托有相应资质的检测机构承担检测任务),并出具检测意见。

(5)施工资料和竣工文件已按交通运输部规定的内容编制完成。

(6)施工单位、监理单位已完成本合同段的工作总结。

(7)验收指出的各种质量问题是否均已得到妥善解决。

公路工程各合同段符合交工验收条件后,经监理工程师同意,由施工单位向项目法人提出申请,项目法人应及时组织对该合同段进行交工验收。

2. 交工验收的主要工作内容

(1)检查合同执行情况。

(2)检查施工自检报告、施工总结报告及施工资料。

(3)检查监理单位独立抽检资料、监理工作报告及质量评定资料。

(4)检查工程实体,主要检查交工工程外观质量、外形尺寸、各类构造物,并应对检查中发现的所有剩余工程和工程缺陷作详细记录和描述。确认剩余工程和缺陷工程,审查剩余工程完成计划和缺陷工程处理方案。

(5)审查有关资料,主要检查申请交工工程及工序的原始施工记录、自我评分等所有质量保证资料的真实性、完整性、系统性和规范性。

①竣工验收资料的内容。工程项目竣工验收资料主要有:工程项目开工报告、竣工报告;分项、分部工程和单位工程技术人员名单;图纸会审记录;设计变更通告单;水准点位置、定位测量记录、沉降及位移记录;材料、设备、构配件的质量合格证明资料、试验检验报告;隐蔽工程验收记录、施工日志;工程质量事故调查及处理报告;竣工图;质量检验评定资料等。

②竣工验收资料的审核。监理工程师对竣工验收资料应进行以下几个方面的重点审核:材料、设备、构配件的质量合格证明材料;试验检验资料;隐蔽工程记录及施工记录;竣工图。

③竣工验收资料的签认。监理工程师审查完承包单位提交的竣工资料之后,认为符合工程合同及有关规定,且准确、完整、真实,便可签认同意竣工验收的意见。

工程资料是工程项目交工验收的重要依据之一,施工单位应按合同要求提供全套竣工验收所必需的工程资料,经监理工程师审核,确认合格后,方能同意竣工验收。

(6)核查工程完工数量是否与批准的设计文件相符,是否与工程计量数量一致。

(7)对合同是否全面执行、工程质量是否合格作出结论,按交通主管部门规定的格式签署合同段“交工验收证书”。

(8)按交通运输部规定的办法对设计单位、监理单位、施工单位的工作进行初步评价。

3. 参加验收单位的主要职责

项目法人负责组织公路工程各合同段的设计、监理、施工等单位参加交工验收。拟交付使用的工程,应邀请运营、养护管理单位参加。

(1)项目法人负责组织各合同段参建单位完成交工验收工作的各项内容,总结合同执行过程中的经验,对工程质量是否合格作出结论。

(2)设计单位负责检查已完成的工程是否与设计相符,是否满足设计要求。

(3)监理单位负责完成监理资料的汇总、整理,协助项目法人检查施工单位的合同执行情况,核对工程数量,科学公正地对工程质量进行评定。

(4)施工单位负责提交竣工资料,完成交工验收准备工作。

4. 工程质量评定

项目法人组织监理单位按《公路工程质量检验评定标准(土建工程)》(JTG F80/1—2004)的要求对各合同段的工程质量进行评定。

监理单位根据独立抽检资料对工程质量进行评定,当监理按规定完成的独立抽检资料不能满足评定要求时,可以采用经监理确认的施工自检资料。

项目法人根据对工程质量的检查及平时掌握的情况,对监理单位所作的工程质量评定进行审定。

5. 工程质量评分

合同段和建设项目工程质量评分按《公路工程竣(交)工验收办法》进行计算。

各合同段工程质量评分采用所含各单位工程质量评分的加权平均值。工程各合同段交工验收结束后,由项目法人对整个工程项目进行工程质量评定,工程质量评分采用各合同段工程质量评分的加权平均值。

工程质量等级评定分为合格和不合格,工程质量评分值大于等于 75 分的为合格,小于 75 分的为不合格。

6. 交工验收报告

公路工程各合同段验收合格后,项目法人应按交通运输部规定的要求及时完成项目交工验收报告,并向交通主管部门备案。国家、部重点公路工程项目中 100km 以上的高速公路、独立特大型桥梁和特长隧道工程向省级人民政府交通主管部门备案,其他公路工程按省级人民政府交通主管部门的规定向相应的交通主管部门备案。

公路工程各合同段验收合格后,质量监督机构应向交通主管部门提交项目的检测报告。交通主管部门在 15d 内未对备案的项目交工验收报告提出异议,项目法人可开放交通进入试运营期。试运营期不得超过 3 年。

7. 工程质量缺陷责任

交工验收提出的工程质量缺陷等遗留问题,应进行质量缺陷的调查、处理与责任划分。当工程质量缺陷因所用材料、设备或施工工艺不符合合同要求,或由承包人负责设计的部分永久性工程在设计上有失误,或因承包人一方疏忽,所有费用应由承包人负担。而对非承包人原因造成的工程质量缺陷,由承包人进行修复时,监理工程师应对其进行费用估价,并向业主签发为承包人追加费用的证明,并由施工单位限期完成。

8. 签发"工程交工验收证书"

当合同范围内的全部工程已完成,并经过对工程全面检查,认为符合合同文件要求时,监理工程师向承包人签发的交工证书,即为合同工程的交工验收证书。

根据合同条件,监理工程师一旦签发"工程交工验收证书",就明确表示:

(1)获得交工证书的工程范围;获得交工证书的日期;审查交工工程的单位;交工证书的签认人。

(2)该部分工程已经达到合同和规范规定的质量标准。

(3)该部分工程从交工证书签发之日起,即进入缺陷责任期。

(4)该部分工程可提交业主进行有效的使用和管理。

(5)该部分工程的维护将从由"承包人全面负责"变为由"业主全面负责"。

9. 工程交工验收程序

合同范围(合同段或整个项目)内的工程完工后,承包人先进行自检,并向监理提交完整施工资料和交工验收报表;成立有监理工程师、业主(必要时建议业主邀请监督部门参加、承包人列席)参加的工程交工验收检查小组;检查小组审查承包人竣工交工的申请,并提出具体审查和审核意见,提请业主组织验收;检查小组经过对工程全面检查和评价,写出检查验收报告,符合合同文件要求时,报送业主,同时抄送给承包人;由业主、监理工程师、设计代表及承包人各方代表协商签认"竣工交工证书"的事宜。最后由监理工程师签发"工程竣工交工证书"。

工程交工验收的具体监理程序如下:

(1)成立交工验收检查小组:由参与三方、设计方、质监方代表组成。

(2)审查交工申请报告。

(3)组织现场检查验收与评价。

(4)确认剩余工程和缺陷工程,审查剩余工程完成计划和缺陷工程处理方案。

(5)验收检查小组提交交工检查报告。

(6)签发"竣工交工证书"。

三、竣 工 验 收

1. 竣工验收条件

公路工程进行竣工验收应具备以下条件:

(1)通车试运营 2 年后。

(2)交工验收提出的工程质量缺陷等遗留问题已处理完毕,并经项目法人验收合格。

(3)工程决算已按交通运输部规定的办法编制完成,竣工决算已经审计,并经交通主管部门或其授权单位认定。

(4)竣工文件已按交通运输部规定的内容完成。

(5)对需进行档案、环保等单项验收的项目,已经有关部门验收合格。

(6)各参建单位已按交通运输部规定的内容完成各自的工作报告。

(7)质量监督机构已按交通运输部规定的公路工程质量鉴定办法对工程质量检测鉴定合格,并形成工程质量鉴定报告。

公路工程符合竣工验收条件后,项目法人应按照项目管理权限及时向交通主管部门申请验收。交通主管部门应当自收到申请之日起 30d 内,对申请人递交的材料进行审查,对于不符合竣工验收条件的,应当及时退回并告知理由;对于符合验收条件的,应自收到申请文件之日起 3 个月内组织竣工验收。

2. 竣工验收的主要工作内容

(1)成立竣工验收委员会。

(2)听取项目法人、设计单位、施工单位、监理单位的工作报告。

(3)听取质量监督机构的工作报告及工程质量鉴定报告。

(4)检查工程实体质量、审查有关资料。

(5)按交通运输部规定的办法对工程质量进行评分,并确定工程质量等级。

(6)按交通运输部规定的办法对参建单位进行综合评价。

(7)对建设项目进行综合评价。

(8)形成并通过竣工验收鉴定书。

竣工验收委员会由交通主管部门、公路管理机构、质量监督机构、造价管理机构等单位代表组成。大中型项目及技术复杂工程,应邀请有关专家参加。国防公路应邀请军队代表参加。项目法人、设计单位、监理单位、施工单位、接管养护等单位参加竣工验收工作。

3. 竣工验收的主要职责

参加竣工验收工作各方的主要职责是:

(1)竣工验收委员会负责对工程实体质量及建设情况进行全面检查。按交通运输部规定的办法对工程质量进行评分,对各参建单位进行综合评价,对建设项目进行综合评价,确定工程质量和建设项目等级,形成工程竣工验收鉴定书。

(2)项目法人负责提交项目执行报告及验收所需资料,协助竣工验收委员会开展工作。

(3)设计单位负责提交设计工作报告,配合竣工验收检查工作。

(4)监理单位负责提交监理工作报告,提供工程监理资料,配合竣工验收检查工作。

(5)施工单位负责提交施工总结报告,提供各种资料,配合竣工验收检查工作。

4. 工程质量评分

竣工验收工程质量评分采取加权平均法计算,其中交工验收工程质量得分权值为0.2,质量监督机构工程质量鉴定得分权值为0.6,竣工验收委员会对工程质量评定得分权值为0.2。

工程质量评定得分大于等于90分为优良,小于90分且大于等于75分为合格,小于75分为不合格。

5. 参建单位综合评价

竣工验收委员会按交通运输部规定的办法对参建单位的工作进行综合评价。评定得分大于等于90分且工程质量等级优良的为好,大于等于75分为中,小于75分为差。

6. 建设项目综合评分

竣工验收建设项目综合评分采取加权平均法计算,其中竣工验收工程质量得分权值为0.7,参建单位工作评价得分权值为0.3(项目法人占0.15,设计、施工、监理各占0.05)。

评定得分大于等于90分且工程质量等级优良的为优良,大于等于75分为合格,小于75分为不合格。

7. 签发"公路工程竣工验收鉴定书"

负责组织竣工验收的交通主管部门对通过验收的建设项目按交通部规定的要求签发"公路工程竣工验收鉴定书"。

通过竣工验收的工程,由质量监督机构依据竣工验收结论,按照交通部规定的格式对各参建单位签发工作综合评价等级证书。

●第二节　缺陷责任期的质量监理●

当工程按合同完成,圆满地通过了规定的各项检验,且符合要求,并由监理工程师签发竣工交工证书后,仍需在规定时间内继续完成工程剩余的工作,并检验该工程的使用质量。这个规定的期限称为“缺陷责任期”。缺陷责任期是从监理工程师签发工程竣工交工证书之日算起,期限一般为一年。对于有多个交工日期的单项工程,缺陷责任期应分别从各自不同的交工日期算起。

设置缺陷责任期的主要目的,是工程在使用条件下,证明合同的各项规定已得到遵守。承包人除必须完成交工证书中所列的尚未完成的工作项目外,还必须修补在使用条件下因施工质量原因而出现的任何缺陷。

一、缺陷责任期的工作任务

在缺陷责任期内,监理工程师的主要工作任务是督促设计单位和承包人进行质量回访,巡视检查工程在运行中的质量情况,并记录发现的质量问题,鉴定质量问题的责任;督促承包人进行修复;督促和监督承包人对“剩余工程计划”的执行;监督承包人继续进行竣工图纸和竣工资料的编制和整理;继续解决合同管理中的支付、最终结账单、工程变更、延期和索赔等方面的问题;应做好签发“工程缺陷责任终止证书”的各项准备工作。

二、缺陷责任期质量监理的工作内容

(1)监理工程师应根据剩余工程量,配置缺陷责任期的监理人员,包括:现场巡视检查的监理人员,质量检测的试验人员,处理合同事宜(索赔、变更)、办理计量支付、督促整理交工资料的合同管理人员。

(2)质量监理人员对剩余工程和缺陷工程的现场施工进行旁站监理,并组织抽检验收;定期检验承包人剩余工程计划的实施情况,使施工操作和工程质量满足规范要求。巡视检查工程在运行中的质量情况,发现新的工程缺陷或病害,应作好详细的检查记录,并对缺陷或病害原因及其责任者进行调查与确认,同时对修复工作作出费用估价,研究修复措施。如确认是承包人的责任造成,应指令承包人根据有关规定自费修复;若不属于承包人的责任,监理工程师应同业主、承包人协商,由业主委托承包人或其他人进行修复,费用由业主承担,监理据实办理计量支付。

(3)在缺陷责任期终止前,监理工程师参加业主组织有关部门对工程进行的全面检查,使本工程达到业主和监理工程师认为符合合同所要求的条件(正常磨损除外)。对于经检查仍不能满足合同规定的,应及时通知和指导承包人组织进行调查,并向业主呈交一份调查报告副本。指令承包人在缺陷责任期内或在其终止后14d内,按照业主的指示和监理工程师的要求,对存在的缺陷、病害或其他不合格之处进行修补、修复或重建,以使工程质量满足合同要求。

如果承包人未能在规定的时间内执行上述指令,则业主有权雇佣其他施工单位完成上述各项修复工作。

(4)根据交通部《公路工程竣工验收办法》审核承包人缺陷责任期的资料。

(5)编制缺陷责任期监理工作报告,内容包括:工程概况,缺陷责任期起止时间,剩余工程完成及缺陷工程和新发现的工程病害修复情况,资料整理情况,缺陷计划实施情况,监理检查工作情况,工程变更、质量控制和养护管理工作应注意的事项和建议等。

(6)移交缺陷责任期全部竣工资料,包括:缺陷责任期监理工作报告,缺陷责任期工程修复资料、计量支付资料、工程变更资料等。

三、缺陷责任终止证书的签发

1. 缺陷责任终止证书签发的必要条件

缺陷责任终止证书签发的必要条件是:工程范围内恢复原地面和施工现场的清理工作已经完成,并获得监理工程师认可;交工证书签发后剩余的工程项目已全部完成,并达到合同规定的检验标准;新的质量缺陷修补、修复或重建完毕。

2. 缺陷责任终止证书签发的程序和内容

监理工程师确认已具备缺陷责任终止证书条件后,"工程缺陷责任终止证书"签发程序如下:

(1)承包人提交签发缺陷责任终止证书的申请报告。

(2)监理工程师确认已具备签发"工程缺陷责任终止证书"的必要条件后,成立由监理工程师、业主(必要时建议业主邀请监督部门参加,承包人列席)参加的缺陷责任期工程检查小组。

(3)检查小组审查承包人终止缺陷责任的申请。

(4)在最终检查和评价的基础上,检查小组写出检查报告,报送业主,同时抄送给承包人;如承包人修复质量不符合要求,应再行整修,直到合格为止。

(5)签发"工程缺陷责任终止证书"。

3. 签发缺陷责任终止证书

监理工程师收到检查小组的报告,并确认承包人缺陷责任期的工作达到合同规定的标准,即可在合同规定的时间内向承包人签发"工程缺陷责任终止证书",签发日期以工程通过最终检验的日期为准。"工程缺陷责任终止证书"应包括以下主要内容:

(1)获得证书的工程范围。

(2)审查缺陷责任期工作的单位。

(3)工程交工日期及合同缺陷责任期终止日期。

(4)"工程缺陷责任终止证书"的签字人员(业主、监理工程师、承包人各方代表)。

尽管签发了缺陷责任终止证书,但承包人和业主仍应负有在缺陷责任终止证书签发之前按合同规定应予履行的,而缺陷责任终止证书签发之时尚未完成的义务。

• 第三节　竣工资料及竣工文件编制 •

工程竣工文件的编制是工程质量监理的一项重要内容。在工程交工验收前,监理工程师应尽早制订编制办法和统一规定,对竣工图质量提出统一的标准要求,并及时掌握和处理竣工文件编制的进度情况和出现的问题。竣工文件编制的监理工作内容主要包括以下几个方面:

(1)制订有关竣工文件编制的规定和要求。

(2)督促承包人及早开始竣工图的绘制工作。

(3)确定竣工文件编制的分工和职责范围。

(4)汇总、反映、研究、解决编制过程中遇到的问题。

(5)审查编制成果。

(6)强调印刷装订工作。

(7)验收竣工文件。

(8)完成工程监理部分竣工文件的编制。

一、竣 工 资 料

1. 工程监理报告

工程监理报告包括以下六种形式:监理工作月报;试验工作月报;工程进度快报;监理工作季度报告;监理工作年度总结报告;工程监理报告。

2. 常用施工监理表

常用施工监理表共 17 种:施工放样报验单,分项工程开工申请批复单,承包人每周工作计划,监理日报,检验申请批复单,工作指令,工程变更令,索赔申请单,索赔时间/金额审批表,工地会议记录,中间交工证书,分包申请报告单,工程暂时停工指令,复工指令,工程质量事故处理报告单,工程交工证书,工程缺陷责任期终止证书,其编号为监表 1 至监表 17。

3. 常用工程质量检验表

常用工程质量检验表共 113 种,其中路基工程为检验表 1 至检验表 5,排水工程为检验表 6 至检验表 10,挡土墙、防护及其砌石工程为检验表 11 至检验表 19,路面工程为检验表 20 至检验表 34,桥梁工程为检验表 35 至检验表 92,隧道工程为检验表 98 至检验表 101,交通工程设施为检验表 102 至检验表 113。

4. 常用费用支付表

常用费用支付表共 14 种:工程进度表,中期支付证书,清单支付报表,计日工支付表,工程变更一览表,价格调整汇总表,价格调整表,单价变更一览表,永久性材料价差金额一览表,永久性工程材料到达现场计量表,扣回材料设备预付款一览表,扣回动员预付款一览表,中间计量表,中间计量支付汇总表,其编号为支表 1 至支表 14。

二、竣 工 文 件

竣工文件包括工程竣工图、竣工表、管理文件、施工文件、交工文件。承包人和监理应按照竣工文件的编制体系,进一步完善竣工文件,并在竣工验收之前 2 ~ 3 个月内将竣工文件提交给业主,由业主按照案卷归档的要求将全部资料统一组卷装订,编排档号和总目录。

1. 竣工图

竣工图成册顺序如下:

第一册　路线平面竣工图

第二册　路线纵断面竣工图

第三册　路基横断面竣工图(含边沟)

第四册　路基路面排水防护工程竣工图

第五册　桥梁工程竣工图

第六册　互通式立交竣工图

第七册　涵洞竣工图

第八册　隧道工程竣工图

第九册　交通工程竣工图

具体编制时应注意：

(1)竣工图成册序号按上述所列序号进行编制，不补空缺。每册后面可设若干分册。

(2)竣工图采用复印图。图幅尺寸为297mm×420mm，图框、图标尺寸及标注内容按样图绘制。个别构造物图、剖面图等可适当延长，但装订成册时一律按297mm×420mm手风琴式折叠。

(3)当以施工图代竣工图时，需换成竣工图标，其图号应按竣工图号编写。

2. 竣工表

竣工表按竣工表式样填写(样表因篇幅有限，略，读者可参阅有关资料)，表中项目应与竣工图相对应。当无内容填写时应将空白表装入。具体工程项目应结合该项目施工特点，增补必要的不同内容的竣工表格，但增补的表格应列在竣-27表(交通工程一览表)之后。

3. 决算文件

决算文件由六种表格组成，分别是：建筑安装工程成本表，公路工程、桥梁工程竣工概况表，公路、桥梁竣工财务决算表，公路桥梁交付使用财产表，公路桥梁交付使用财产表9(移交其他单位的设备、车辆、家具、用具、卧具)，剩余物质清单。

成本核算包括中期支付证书和终期支付证书所付工程款项，其中包括2.5%的保留金。2.5%的保留金须待交工证书签发之后支付承包人，并可于终期支付时一并付款。

4. 施工文件

(1)项目中心试验室应参照交通部交公路发[1995]1081号文件附录A第四部分有关试验内容，如各种原材料试验报告、混凝土及砂浆配合比试验报告、击实试验报告、稳定土试验报告、石灰(水泥)剂量试验报告、油石比试验报告、筛分试验报告、其他各种试验报告、外购材料(产品)合格证书等内容进行收集整理，并单独成册归档。

(2)承包人按有关文件中的样表，在各分项工程完工后先进行自检，然后将自检结果如实填写入分项工程质量检验评定表。

(3)各种汇总表按交通部交公路发[1995]1081号文件附录A第四部分(二)-3、4和(五)中的目录，如混凝土及砂浆抗压强度试验汇总表、压实度检验汇总表、弯沉检验汇总表、预应力张拉记录报告汇总表等收集成册。

(4)施工照片单独成册，封面仍用科学技术档案案卷装订。

5. 交工文件

交工文件包括中间交工资料、竣工交工资料及缺陷责任期资料等。

三、竣工文件的编制

1. 竣工文件编制程序

1)前期准备工作

(1)工程准备期,制订监理表式并及时下发。

(2)明确单位、分部、分项工程的划分。单位、分部、分项工程的划分以部颁《公路工程质量检验评定标准(土建工程)》(JTG F80/1—2004)为依据。对于特大桥等工程,亦可根据具体情况另行划分。在工程开工之前,监理工程师应督促承包人按合同规定并结合工程特点进行分项、分部、单位工程的划分。监理工程师审核同意分部、单位工程的划分后,报业主批准。当工程规模较大,承包人较多,为便于统一划分,应由监理工程师提出划分方案建议,征求承包人意见后,决定施工期间的文件、报表按此归档。

(3)下发《竣工文件编制方法》。《竣工文件编制方法》内容应包括竣工文件构成体系和编制责任、各卷组成和使用的表格或图表、归卷要求和份数等。《竣工文件编制方法》应由业主或业主委托监理单位编制,编写完成后,应征求业主和档案管理部门的意见,最终定稿,并尽快印发给各监理机构和承包人。以两年工期为例,宜在开工后的半年内编写完成。

2)交工资料

工程交工资料是交工验收的必备资料,是竣工文件的基础部分。在工程交工验收之前,按照交工条件的要求,承包人和监理机构除应完成项目实施过程中的检验、试验和合同、支付等资料的汇编外,还应按编制责任完成工程项目的质量评定和各类汇总报表(如质量评定成果、工程交接表和工程总结等;编制竣工图表;完成竣工决算的基础资料;收集施工过程中的原始记录;完成各种文件的整理分类等)。

3)竣工资料

监理单位和承包人的竣工资料应按《竣工文件编制方法》的要求,在施工过程中逐步形成。监理工程师应在施工过程中对资料整理档案管理定期检查督促。在编制办法印发后,应和承包人就《编制方法》的规定统一认识,明确要求,必要时应制订补充规定或组织研讨。在路基、小桥涵基本完成和路面工程完工时,应组织全面检查,审查资料的完整性、准确性以及编制办法要求的符合性,督促监理机构和承包人对存在的问题及早整改。

4)竣工文件

竣工文件是科学技术档案,须按交通部交公路发[1995]1081号文件和《竣工文件编制办法》的规定收集和归档,全部资料应规范统一组卷,方便利用和保管。具体如下:

第一部分　综合文件

①竣工验收文件,包括竣工验收鉴定书、交工验收报告、竣工验收申请、批准文件。

②工程总结,包括施工总结(承包人作)、监理总结(监理方作)、设计总结(设计单位作)、建设管理总结(业主方作)、质量监督工作总结(质监站作)。

③征地拆迁资料,包括征地拆迁合同及协议、征地批文、征地数量一览表、占地图及土地证。

④上级批准文件及有关指示。

⑤工程建设项目承包合同、协议文件。

⑥工程交接表(工程名称、主要工程数量、固定资产价值)。

⑦竣工平面图(1:2 000)。

第二部分　竣工决算

竣工决算文件按交通部及国家有关规定编制。

第三部分　竣工图表

竣工图表应在施工图设计文件的基础上进行编制，当施工中变更时可直接采用施工图设计文件中的图表。

第四部分　设计施工文件

①设计技术文件，包括：审批的设计及有关文件，审批的设计变更及有关文件，涉及设计、施工中的重大技术问题的往来文件、会议纪要等。

②施工技术文件，包括：质量文件（工程质量自检报告、重大安全质量事故及处理情况报告、路面弯沉检验汇总表等），试验、检测报告（各种原材料试验报告、混凝土及砂浆强度试验报告、路面检查记录、其他各种中间检查记录等），成品与半成品检查记录（预制件成品检查记录、各种分项工程完工后检查记录等）。

第五部分　进度控制文件

进度控制文件包括：总进度图（表），计划、批准文件，分期进度图（表），月、季、半年、一年计划、批准文件，开工申请报告和批复文件，有关进度的往来文件，总监理工程师签发的开工令。

第六部分　投资控制文件

投资控制文件包括概、预算审批文件及投资增减变化的文件，即工程量清单、工程变更令等。

第七部分　施工原始记录

施工原始记录包括：施工日志，监理日志，开工与完工记录，天气与温、湿度及自然灾害等记录，各工点、各工序测量原始记录，施工照片集，其他原始记录（含音像资料等）。

2. 竣工文件编制注意事项

(1)分包工程的竣工文件编制。因指定分包而出现施工交叉时，由分包人完成的工程资料应由分包人整理，质量评定应依据单位、分部、分项工程的划分确定由承包人或分包人进行。竣工决算、竣工图表宜由双方共同完成。

(2)编制人员的管理。竣工文件编制人员应定人、定岗、定责，避免因中途变更人员而造成编制工作脱节，一般由负责日常管理文档的人员主持竣工文件编制工作。

(3)分阶段实施，集中管理。在施工过程中，承包人的现场质量检查、质量验收资料必须按划分的分项、分部和单位工程收集归档。每完成一分项工程，应及时评定工程质量，并将该工程的资料（包括原始记录）按竣工文件的编制要求进行初步整理，逐步完善每一单位工程乃至全线的基础资料。施工结束时，填报编制综合类文件，再集中整理，以完全符合编制要求。

3. 竣工文件编制中的监理工作

1)审查承包人的工程决算表

竣工决算是竣工文件的重要组成部分，包括工程决算。监理工程师的主要职责是审查承包人的工程决算。工程决算内容如前表所示。监理工程师审查的重点应放在最终支付证书、工程变更及费用增加一览表和工程索赔一览表上。最终支付证书是由总监理工程师签发并经业主批准的最后支付证书，应与工程竣工结算单和清账书中所列的工程款一致。工程变更和索赔一览表中的项目应有相应的批准文件，数量和款额计算正确，附有关依据或证明，无漏项和重复列支，并有确认再无任何追加项目的说明。

2)审查承包人的竣工图表

监理工程师审查竣工图表应掌握以下几个要点:

(1)竣工图、表应完整、准确,全面反映工程竣工的实际情况。各项数据如长度、宽度、厚度、高程、坡度、角度、地质情况等要与竣工部位的实际完成情况一致。

(2)凡竣工项目均必须有竣工图。竣工图要求图面清晰,线条、字迹、图表等工整、清楚、干净。竣工图应逐张加盖竣工章。

(3)依据竣工数据绘制竣工图,应遵循以下原则,并重点审查变更工程项目的图表。

①如果某项工程完全按照原设计图纸施工没有变化时,可利用原设计图纸,加盖竣工图;

②在施工中如设计图无变更,仅有工程数量的变化,则仅制作竣工工程数量表装入竣工图内;

③若实际工程与原设计图不符,发生工程变更,则必须重新绘制竣工图。

3)监理工作报告

监理工作报告是本工程施工监理工作的全面总结,说明监理工程师对监理合同的履行情况、实施监控的措施和达到的效果,以及对工程运营和养护提出建议,内容包括:

(1)工程基本概况。

(2)监理组织机构及工作起、止时间。

(3)关于工程质量、进度、费用监理和合同管理的执行情况。

(4)分项、分部、单位工程质量评估(包括缺陷责任期中发现的质量及处理措施)。

(5)工程费用分析。

(6)对工程建设中存在的问题的处理意见和建议。

(7)照片或录像。

4. 竣工文件编制的监理要点

在工程竣工交工验收前,监理工程师应尽早制订竣工文件的编制办法和统一规定,对竣工图的质量提出统一的标准和要求,并及时掌握和处理竣工文件编制的进度情况和出现的问题。竣工文件编制的监理工作内容为:制订竣工文件编制的有关规定和要求;督促承包人及早开始竣工图的绘制工作;确定竣工文件编制的分工和职责范围;汇总、反映、研究解决在编制过程中遇到的问题;审查编制成果;印刷装订;验收竣工文件资料;完成工程监理部分竣工文件的编制。

复习思考题

1. 简述中间交工验收与竣工交工验收有何区别。
2. 公路工程竣工交工验收的必要条件是什么?简述竣工交工验收监理程序。
3. 工程项目合同竣工后,监理工程师应如何做好"竣工证书"的签发?
4. 什么叫缺陷责任期?其起止日期如何确定?为什么要规定缺陷责任期?
5. 对工程质量缺陷,监理工程师如何进行处理?
6. 在缺陷责任期内,监理工程师应做哪些方面的工作?
7. 缺陷责任终止证书的签发应具有哪些监理程序及内容?

附录

基本概念与常用术语

1　监理　supervision

监理人员依据监理合同对工程质量、安全、环保、费用、进度实施的监督和管理活动称为监理。

2　监理单位　supervision unit

检验法人资格并取得交通主管部门颁发的公路工程施工监理资质证书的企业称为监理单位。

3　监理机构　supervisor organization

由监理单位派出并代表监理单位履行监理合同的现场监理组织称为监理机构。

4　监理人员　supervisor

监理工程师和监理机构中的相关专业技术人员统称为监理人员。

5　监理工程师　supervision engineer

监理机构中具有交通部核准的公路工程监理工程师或专业监理工程师资格的人员统称为监理工程师。

6　总监理工程师　general site supervision engineer

指具有交通部公路工程监理工程师资格，经项目建设单位同意，在监理机构中负责项目工程全部监理工作的总负责人。

7　驻地监理工程师　supervise engineer in the construction site

指具有交通部公路工程监理工程师资格，经总监理工程师授权，负责项目部分工程监理工作的驻地监理负责人为驻地监理工程师。

8　监理计划　surveillance planning

由总监理工程师主持编制、在监理合同期内开展监理工作的指导性文件称为监理计划。

9　监理细则　detailed rules of monitoring

根据监理计划，针对技术复杂、专业性较强的分项、分部工程或监理工作的某一方面，由驻地监理工程师主持编写、总监理工程师批准的操作性文件称为监理细则。

10　巡视　inspection tour

监理人员对施工现场进行的经常性巡回检查活动称为巡视。

11　旁站　side station

监理人员在施工现场对某一具体工序、工艺或部位施工全过程进行的监理称为旁站。

12　抽检　random examination

监理人员按规定对工程材料构件、配件、设备或工程实体进行的旨在检查、评价质量合格与否的试验、检测称为抽检。

13　自检　self-test

施工单位按合同技术规范规定的项目和频率对工程材料构件、配件、设备或工程实体进行的旨在检查、评价质量合格与否的试验、检测称为自检。

14　验证试验　verification test

验证试验指对材料或构件预先鉴定,以决定取舍。

15　标准试验　standard test

在工程开工前,为确保工程材料的最佳组合(如含水率、级配、配合比),建立施工控制和检验标准所进行的试验称为标准试验。

16　工艺试验　technological test

工艺试验指按照技术规范规定,在动工之前对路基路面等工程需要预先通过试验确定施工工艺,并依据试验结果全面指导施工。

17　抽检试验　random inspection test

抽检试验指对各项工程实施中的实际内在品质进行符合性检查,是实现质量控制的关键环节。

18　验收试验　acceptance test

对各项已完工程的实际内在品质作出评定的试验称为验收试验。

19　路床　roadbed

路床指路面结构层底面以下 0.80m 范围内的路基部分,在结构上分为上中路床(0 ~ 0.30m)和下路床(0.30m ~ 0.80m)。

20　路堤　embankment

路堤指高于原地面的填方路基。路堤在结构上分为上路堤和下路堤,上路堤是指路面底面以下 0.80 ~ 1.50m 范围内的填方部分;下路堤是指上路堤以下的填方部分。

21　路堑　cutting

低于原地面的挖方中基称为路堑。

22　填石路堤　rock-fill embankment

用颗粒大于 37.5mm 且含量超过总质量 70% 的石料填筑的路堤称为填石路堤。

23　土石路堤　earth-rock embankment

石料含量占总质量 30% ~ 70% 的土石混合材料修筑的路堤称为土石路堤。

24　CBR(加州承载比) california bearing ratio

CBR 是表征路基土、粒料、稳定土强度的一种指标,即标准试件在贯入量为 2.5mm 时所施加的试验荷载与标准碎石材料在相同贯入量时所施加的荷载之比值,以百分率表示。

25　基层　base

直接位于沥青面层下、用高质量材料铺筑的主要承重层或直接位于水泥混凝土面板下、用高质量材料铺筑的结构层称为基层。基层可以是一层或两层,可以是一种或两种材料。

26　底基层　subbase

在沥青路面基层下、用质量较次材料铺筑的主要承重层或在水泥混凝土路面基层下、用质量较次材料铺筑的辅助层称为底基层。底基层可以是一层或两层以上,可以是一种或两种材料。

27　细粒土　fine grained soil

颗粒的最大粒径小于9.5mm,且其中小于2.36mm的颗粒含量不少于90%(如塑性指数不同的黏性土、粉性土、砂性土、砂和石屑等)的土称为细粒土。

28　中粒土　midium grained soil

颗粒的最大粒径小于26.5mm,且其中小于19mm的颗粒含量不少于90%(如砂砾土、碎石土、级配砂砾、级配碎石等)的土称为中粒土。

29　粗粒土　coarse grained soil

颗粒的最大粒径小于37.5mm,且其中小于31.5mm的颗粒含量不少于90%(如砂砾土、碎石土、级配砂砾、级配碎石等)的土称为粗粒土。

30　水泥稳定土　cement stabilized soil

水泥稳定土是用水泥做结合料所得混合料的一个广义的名称,它既包括用水泥稳定各种细粒土,也包括用水泥稳定中粒土和粗粒土,在经过粉碎的或原来松散的土中,掺入足量的水泥和水,经拌和得到的混合料在压实和养生后,当其抗压强度符合规定的要求时,称为水泥稳定土。

用水泥稳定细粒土得到的强度符合要求的混合料,视所用的土类而定,可简称为水泥土、水泥砂或水泥石屑。

用水泥稳定中粒土和粗粒土得到的强度符合要求的混合料,视所用原材料而定,可简称为水泥碎石、水泥砂砾等。

31　综合稳定土　composite stabilized soil

同时用水泥和石灰稳定某种土得到的强度符合要求的混合料,简称为综合稳定土。

32　水泥改善土　cement improved soil

仅使用少量水泥改善级配砾石的塑性指数或提高级配石的强度,使其能适合做轻交通道路上沥青面层的基层,而达不到规定的强度要求时,这种材料称为水泥改善土。

33　土的均匀系数　cofficient of uniformity of soil

筛分土的颗粒组成时,通过量为60%的筛孔尺寸与通过量为10%的筛孔尺寸比值,称为土的均匀系数。

34　集料　aggregate

由碎石(或砾石)、砂粒和粉粒(有时还可能有黏粒)组成的,并以碎石(或砾石)和砂粒为主的矿料混合料,称为集料。

粒径大于2.36mm的集料,称粗集料;粒径小于2.36mm的集料称为细集料。

35　石灰稳定土　lime stabilized soil

指在粉碎的或原来松散的土(包括各种粗、中、细粒土)中,掺入足量的石灰和水,经拌和、压实及养生后得到的混合料;当其抗压强度符合规定的要求时称为石灰稳定土。

36　石灰改善土　lime improved soil

仅使用少量石灰改善级配砾石的塑性指数或提高级配砾石的强度,使其能适应做轻交通道路上沥青面层的基层,但达不到规定的强度要求时,这种材料称为石灰改善土。

37 石灰工业废渣稳定土 lime industrial waste stabilized soil

一定数量的石灰和粉煤灰或石灰和煤渣与其他集料相配合，加入适量的水(通常为最佳含水率)，经拌和、压实及养生后得到的混合料，当其抗压强度符合规定的要求时，称为石灰工业废渣稳定土(简称石灰工业废渣)。

38 级配碎石 graded crushed rock

粗、中、小碎石集料和石屑各占一定比例的混合料，当其颗粒组成符合规定的密实级配要求时，称为级配碎石。

39 级配砾石 graded gravel

粗、中、小砾石和砂各占一定比例的混合料，当其颗粒组成符合规定的密实级配要求且塑性指数和承载比均符合规定要求时，称为级配砾石。

40 石屑 screenings

轧石场通过筛分设备最小筛孔(通常为5mm或3mm)的细筛余料，称为石屑。其理论颗粒组成为0～$d$mm(d为轧石场用最小筛孔的尺寸)。实际上，石屑中常有部分粒径大于d的超尺寸颗粒。

41 填隙碎石 dry bound macadam

用单一尺寸的粗碎石做主集料，形成嵌锁结构，起承受和传递车轮荷载的作用，用石屑做填隙，增加密实度和稳定性，这种材料称为填隙碎石。

42 松铺厚度 thickness of uncompacted layer

用各种不同方法摊铺任何一种混合料时，其密度经常显著小于碾压后达到的规定密实度。这种未经压实的材料层厚度称为松铺厚度。

43 松铺系数 coefficient of loose paving material

材料的松铺厚度与达到规定压实度的压实厚度之比值称为松铺系数，常精确到小数点后两位。

44 沥青结合料 asphalt hinder, asphalt cement

沥青结合料是在沥青混合料中起胶结作用的沥青类材料(含添加的外掺剂、改性剂等)的总称。

45 乳化沥青 emulsified bitumen(英), asphalt emulsion, emulsified asphalt(美)

石油沥青与水在乳化剂、稳定剂等的作用下经乳化加工制得的均匀沥青产品，也称为沥青乳液。

46 液体沥青 liquid bitumen(英), cutback asphalt(美)

液体沥青是用汽油、煤油、柴油等溶剂将石油沥青稀释而成的沥青产品，也称为轻制沥青或稀释沥青。

47 改性沥青 modified bitumen(英), modified asphalt cement(美)

改性沥青是指掺加橡胶、树脂、高分子聚合物、天然沥青、磨细的橡胶粉，或者其他材料等外掺剂(改性剂)制成的沥青结合料，从而使沥青或沥青混合料的性能得以改善。

48 改性乳化沥青 modified emulsified bitumen(英), modified asphalt emulsion(美)

在制作乳化沥青的过程中同时加入聚合物乳，或将聚合物乳与乳化沥青成品混合，或对聚合物改性沥青进行乳化加工得到的乳化沥青产品，称为改性乳化沥青。

49　天然沥青　natural bitumen(英),natural asphalt(美)

石油是在自然界长期受地壳挤压、变化,并与空气、水接触逐渐变化而形成的,以天然状态存在的石油称为天然沥青,其中常混有一定比例的矿物质。按形成的环境可以分为:湖沥青、岩沥青、海底沥青、页岩沥青等。

50　透层　prime coat

为使沥青面层与非沥青材料基层结合良好,在基层上喷洒液体石油沥青、乳化沥青、煤沥青而形成的透入基层表面一定深度的薄层称为透层。

51　黏层　tack coat

为加强路面沥青层与沥青层之间、沥青层与水泥混凝土路面之间的黏结而洒布的沥青材料薄层称为黏层。

52　封层　seal coat

为封闭表面空隙、防止水分侵入而在沥青面层或基层上铺筑的有一定厚度的沥青混合料薄层称为封层。铺筑在沥青面层表面的称为上封层,铺筑在沥青面层下面、基层表面的称为下封层。

53　稀浆封层　slurry seal

用适当级配的石屑或砂、填料(水泥、石灰、粉煤灰、石粉等)与乳化沥青、外掺剂和水,按一定比例拌和而成的流动状态的沥青混合料,将其均匀地摊铺在路面上形成的沥青封层称为稀浆封层。

54　沥青混合料　bituminous mixtures(英),asphalt mixtures(美)

沥青混合料是由矿料与沥青结合料拌和而成的混合料的总称。按材料组成及结构分为连续级配沥青混合料、间断级配沥青混合料。按矿料级配组成及空隙率大小分为密级配沥青混合料、半开级配沥青混合料、开级配沥青混合料、间断级配沥青混合料。按矿料级配组成及空隙率大小分为密级配沥青混合料、半开级配沥青混合料、开级配沥青混合料。按公称最大粒径的大小可分为特粗式(公称最大粒径大于31.5mm)沥青混合料、粗粒式(公称最大粒径等于或大于26.5mm)沥青混合料、中粒式(公称最大粒径16mm或19mm)沥青混合料、细粒式(公称最大粒径9.5mm或13.2mm)沥青混合料、砂粒式(公称最大粒径小于9.5mm)沥青混合料。按制造工艺分为热拌沥青混合料、冷拌沥青混合料、再生沥青混合料等。

55　路面水泥混凝土　paving cement concrete

路面水泥混凝土是指满足路面摊铺工作性、弯拉强度、表面功能、耐久性及经济性等要求的水泥混凝土材料。

56　滑模铺筑　slipform paving

滑模铺筑即采用滑模摊铺机铺筑混凝土路面的施工工艺。其特征是不架设边缘固定模板,能够一次完成布料摊铺、振捣密实、挤压成形、抹面修饰等混凝土路面摊铺功能。

57　轨道铺筑　traiform paving

轨道铺筑即采用轨道摊铺机铺筑混凝土路面的施工工艺。

58　三辊轴机组铺筑　paving by vibrator and triple-roller-tube combination

三辊轴机组铺筑即采用振捣机、三辊轴整平机等机组铺筑混凝土路面的施工工艺。

59　小型机具铺筑　simple machine paving

小型机具铺筑即采用固定模板，人工布料，手持振捣棒、振动板或振捣梁振实，棍杠、修整尺、抹刀整平的混凝土路面施工工艺。

60　碾压混凝土路面铺筑　paving by roller compacted concrete pavement

碾压混凝土路面铺筑即采用特干硬性水泥混凝土拌和物，使用沥青摊铺机摊铺、压路机械碾压密实成形的混凝土路面施工工艺。

61　真空脱水工艺　vacuum pumping technique

真空脱水工艺即在混凝土路面摊铺后，随即使用真空泵及真空垫等专用吸水装置，将新铺筑路面混凝土中多余水分吸除的一种面层施工工艺。

62　工作性　workability

工作性是指混凝土拌和物在浇筑、振捣、成形、抹平等过程中的可操作性。它是拌和物流动性、可塑性、稳定性和易密性的综合体现。

63　振捣棒的有效作用半径　vibrator effective radius

使用拉长、塑性刻槽或硬性刻槽等工艺制作的沟槽或纹理的平均深度称为振捣棒的有效作用半径。

64　基准水泥混凝土　reference cement concrete

基准水泥混凝土是指不掺掺和料或外加剂的水泥混凝土。在对比掺和料的使用效果时，为不掺掺和料但掺有外加剂的混凝土；在比较外加剂的使用效果时，为无掺和料和外加剂、用基准水泥配制的混凝土。

65　前置钢筋支架法　pre-located steel guesses method

前置钢筋支架法是指混凝土路面铺筑过程中，布料前在基层上预先安置胀缝或缩缝传力杆钢筋支架的一种施工方法。

66　净跨径　clear span footpath

所谓净跨径，对于梁式桥是指设计洪水位上相邻两个桥墩（或桥台）之间的净距；对于拱式桥是指每孔拱跨两个拱脚截面最低点之间的水平距离。

67　计算跨径　calculation strides over a footpath

所谓计算跨径，对于有支座的桥梁，是指桥跨结构相邻两个支座中心之间的距离；对于拱式桥，是指两相邻拱脚截面形心点之间的水平距离。

68　标准跨径　the standard strides over a footpath

所谓标准跨径，对于梁式桥，是指两相邻桥墩中线之间的距离，或墩中线至桥台背前缘之间的距离；对于拱桥，则是指净跨径。

69　桥梁高度　bridge altitude

桥梁高度即桥面与低水位之间的高差，或为桥面与桥下线路线面之间的距离。

70　建筑高度　build altitude

建筑高度即桥上行车道路面高程至桥跨结构最下缘之间的距离。

71　伸缩缝　expansion joint

伸缩缝即为减轻材料膨胀对建筑物的影响而在建筑物中预先设置的间隙。

72　沉降缝　settlement joint

沉降缝即为减轻地基不均匀变形对建筑物的影响而在建筑物中预先设置的间隙。

73 施工缝 construction joint

当混凝土施工时,由于技术上或施工组织上的原因,不能一次连续灌注时,而在结构的规定位置留置的搭接面或后浇间隔槽称为施工缝。

74 胶接缝 glued joint with epoxy resin

预应力混凝土梁体分块预制,悬臂拼装成大跨度连续梁,梁体间采用现浇混凝土把梁块连成整体的接缝称为胶接缝。

75 顶推法 incremental launching method

梁体在桥头逐段浇筑或拼装,在梁前端安装导梁,用千斤顶纵向顶推,使梁体通过各墩顶的临时滑动支座就位的施工方法称为顶推法。

76 预拱度 camber

为抵消梁、拱、桁架等结构在荷载作用下产生的位移(挠度),而在施工或制造时所预留的与位移方向相反的校正量称为预拱度。

77 施工荷载 construction load

施工阶段为验算桥梁结构或构件安全度所考虑的临时荷载称为施工荷载,如结构重力、施工设备、人群、风力、拱桥单向推力等。

78 分环(层)分段浇筑法 concretion layer by layer and segment by segment

在拱架上浇筑大跨径拱圈(拱肋)时,为减轻拱架负荷,沿拱圈纵向分成若干条幅或上下分层浇筑的方法称为分环(层)分段浇筑法。分为条幅时中间条幅先行浇筑合龙,再横向对称、分次浇筑其他条幅,其浇筑顺序应通过计算确定。

79 缆索吊装法 erection with cableway

利用支承在索塔上的缆索运输和安装桥梁构件的施工方法称为缆索吊装法。

80 索塔 cable bent tower

悬索桥或斜拉桥支承主索的塔形构造物称为索塔。

81 吊索 suspender

将悬索桥主缆与主梁相联系的受拉构件称为吊索。将主梁承受的恒荷载及活载传递给主缆。

82 顶进法 jack-in method

利用顶进设备将预制的箱形或圆管形构造物逐渐顶入路基,以构成立体交叉通道或涵洞的施工方法称为顶进法。

参 考 文 献

[1] 中华人民共和国行业标准. JTG B01—2003 公路工程技术标准[S]. 北京:人民交通出版社,2003.

[2] 中华人民共和国行业标准. JTG F80/1—2004 公路工程质量检验评定标准(土建工程)[S]. 北京:人民交通出版社,2004.

[3] 中华人民共和国行业标准. JTG B03—2006 公路建设项目环境影响评价规范(试行)[S]. 北京:人民交通出版社,2006.

[4] 中华人民共和国行业标准. JTG D20—2006 公路路线设计规范[S]. 北京:人民交通出版社,2006.

[5] 中华人民共和国行业标准. JTJ 018—97 公路排水设计规范[S]. 北京:人民交通出版社,1997.

[6] 中华人民共和国行业标准. JTG D60—2004 公路桥涵设计通用规范[S]. 北京:人民交通出版社,2004.

[7] 中华人民共和国行业标准. JTG D63—2007 公路桥涵地基与基础设计规范[S]. 北京:人民交通出版社,1985.

[8] 中华人民共和国行业标准. JTG D70—2004 公路隧道设计规范[S]. 北京:人民交通出版社,2004.

[9] 中华人民共和国行业标准. JTG D30—2004 公路路基设计规范[S]. 北京:人民交通出版社,2004.

[10] 中华人民共和国行业标准. JTG D50—2006 公路沥青路面设计规范[S]. 北京:人民交通出版社,2006.

[11] 中华人民共和国行业标准. JTG D40—2002 公路水泥混凝土路面设计规范[S]. 北京:人民交通出版社,2002.

[12] 中华人民共和国行业标准. JTG F10—2006 公路路基施工技术规范[S]. 北京:人民交通出版社,2006.

[13] 中华人民共和国行业标准. JTJ034—2000 公路路面基层施工技术规范[S]. 北京:人民交通出版社,2000.

[14] 中华人民共和国行业标准. JTG F40—2004 公路沥青路面施工技术规范[S]. 北京:人民交通出版社,2004.

[15] 中华人民共和国行业标准. JTG F30—2003 公路水泥混凝土路面施工技术规范[S]. 北京:人民交通出版社,2003.

[16] 中华人民共和国行业标准. JTJ 052—2000 公路工程沥青及沥青混合料试验规程[S].

北京:人民交通出版社,2000.

[17] 中华人民共和国行业标准. JTG E30—2005 公路工程水泥及水泥混凝土试验规程[S]. 北京:人民交通出版社,2005.

[18] 中华人民共和国行业标准. JTG E51—2009 公路工程无机结合料稳定材料试验规程[S]. 北京:人民交通出版社,2009.

[19] 中华人民共和国行业标准. JTG H10—2009 公路养护技术规范[S]. 北京:人民交通出版社,1996.

[20] 中华人民共和国行业标准. JTG G10—2006 公路工程施工监理规范[S]. 北京:人民交通出版社,2006.

[21] 李宇峙. 工程质量监理[M]. 北京:人民交通出版社,2007.

[22] 浙江省交通厅质量监督站. 公路施工环境保护监理[M]. 北京:人民交通出版社,2006.

[23] 中华人民共和国行业标准. JTG E60—2008 公路路基路面现场测试规程[S]. 北京:人民交通出版社,2008.

[24] 中华人民共和国行业标准. JTG/T B07-01—2006 公路工程混凝土结构防腐蚀技术规范[S]. 北京:人民交通出版社,2006.

[25] 中华人民共和国国家标准. GB 6722—2003 爆破安全规程[S]. 北京:中国标准出版社,2003.

[26] 交通部. 公路工程竣(交)工验收办法. 2004.